全国船舶工业职业教育教学指导委员会“十三五”规划教材

船舶与海洋平台焊接工艺

主　编　马志超　杨玉坤
副主编　刘奔浪　袁　健
主　审　杜金印

哈尔滨工程大学出版社
Harbin Engineering University Press

内容简介

本书为船舶行指委“十三五”规划教材。本书内容以船舶与海洋工程行业的最新规范和标准为主要依据,以职业岗位能力的需求为出发点,从船舶与海洋平台结构特点出发,对船舶与海洋平台建造材料、常用焊接方法等进行了详细介绍,并根据生产实际列举了典型的船舶与海洋平台焊接工艺。

本书可作为高等职业院校焊接技术与自动化专业的教材,也可作为船舶与海洋工程类专业的参考书,还可供焊接技术与工程专业的本科生及相关技术人员参考。

图书在版编目(CIP)数据

船舶与海洋平台焊接工艺/马志超,杨玉坤主编. —哈尔滨:哈尔滨工程大学出版社,2020.10

ISBN 978-7-5661-2825-6

Ⅰ.①船… Ⅱ.①马… ②杨… Ⅲ.①造船-焊接工艺 ②海上平台-焊接工艺 Ⅳ.①U671.83②TE951

中国版本图书馆 CIP 数据核字(2020)第 199795 号

选题策划 史大伟 薛 力
责任编辑 卢尚坤 马毓聪
封面设计 李海波

出版发行 哈尔滨工程大学出版社
社　　址 哈尔滨市南岗区南通大街 145 号
邮政编码 150001
发行电话 0451-82519328
传　　真 0451-82519699
经　　销 新华书店
印　　刷 哈尔滨市石桥印务有限公司
开　　本 787 mm×1 092 mm 1/16
印　　张 15.75
字　　数 409 千字
版　　次 2020 年 10 月第 1 版
印　　次 2020 年 10 月第 1 次印刷
定　　价 42.00 元

http://www.hrbeupress.com
E-mail:heupress@hrbeu.edu.cn

船舶行指委“十三五”规划教材编委会

前　言

焊接技术已成为现代制造业的重要加工技术之一，广泛地应用于造船、海洋工程装备、能源工程、航空航天等行业，在推动工业的发展和产品的技术进步，以及促进国民经济的发展方面发挥着重要作用。

船舶与海洋平台是一种典型的焊接结构。据统计，焊接工时占船体建造总工时的30% ~ 40%，焊接成本占船体建造总成本的30% ~50%。焊接技术作为船舶与海洋平台制造领域的关键技术之一，其质量和效率直接影响船舶与海洋平台的建造周期、成本及使用性能，在一定程度上决定着船舶与海洋平台的建造水平。

本书从船舶与海洋平台结构特点出发，对船舶与海洋平台建造材料、常用焊接方法等进行了详细介绍，并根据生产实际列举了典型的船舶与海洋平台焊接工艺，便于读者学习理解。

本书由天津海运职业学院的马志超和杨玉坤担任主编，南通振华重型装备制造有限公司的刘奔浪和江苏航运职业技术学院的袁健担任副主编，参与编写的还有南通振华重型装备制造有限公司的杜高峰。具体分工如下：模块1、模块2、模块4由马志超编写；模块3、模块5由杨玉坤编写；模块6由马志超、杨玉坤共同编写；模块7由马志超、刘奔浪、杜高峰共同编写；模块8由袁健编写。天津海运职业学院的杜金印在百忙之中对本书进行了审校。

本书在编写过程中参考了大量与焊接有关的文献著述，部分参考文献已列于书末，尚有一些资料未能一一列出，敬请谅解。

由于编者的知识水平有限，书中难免有疏漏或不妥之处，恳请广大读者及同行专家批评指正。

编者

2020年7月

目　　录

模块1 船舶与海洋平台焊接概述

船舶与海洋平台焊接技术是现代船舶与海洋平台建造过程中的关键技术之一。先进而高效的焊接技术，在提高建造效率，降低建造成本，提高建造质量等方面具有重要的作用，也是建造企业提高经济效益的有效途径。先进而高效的焊接技术涉及船舶与海洋平台建造过程中的工艺设计、计算机数控下料、各零部件装焊等工序或工位的焊接工程，同时也会牵动与之相关的焊接产业链，如焊接材料、焊接设备和专用工装、焊接辅器具、金属的加工、焊接接头设计、焊接接头性能与质量控制、焊接标准与规范等。

项目1 船舶简介

一、船舶类型

船舶是人们从事水上交通运输和水上作业的重要工具，随着海洋资源的开发、利用和航运业的发展，船舶发挥的作用越来越大。船舶种类繁多，性能也各异，因此分类方法也有多种，按航行区域可分为远洋船、沿海船和内河船；按推进动力可分为风帆船、内燃机船、燃气轮机船和核动力船；按推进器可分为螺旋桨推进船、喷水推进船、空气螺旋桨推进船和明轮船；按建造材料可分为钢船、木船、铝合金船和玻璃钢船等；按用途可分为运输船、工程船、渔业船、港务船、战斗舰艇等。

通常，运输船也称货船，较为常见，按用途和承运的货物的种类分为散货船、集装箱船、油船、客船等；工程船包括挖泥船、起重船、布设船、救捞船、破冰船、打桩船等；渔业船包括网渔船、钓鱼船、渔业指导船、渔业加工船、捕鲸船等；港务船包括拖船、引航船、消防船、供应船、交通船、助航工作船等；战斗舰艇包括巡洋舰、驱逐舰、护卫舰、航空母舰、布雷舰艇、扫雷舰艇、登陆舰艇、潜艇和各种快艇等。

二、常见船舶的介绍

1. 散货船

散货船是专门用来运输不加包扎的货物，如煤炭、矿石、木材、牲畜、谷物等散装货物的船舶。散装运输谷物、煤炭、矿砂、盐、水泥等大宗干散货物的船舶，都可以称为干散货船，简称散货船。散货船的货舱口处多设有起吊设备的克令吊，此类船舶的优点是对货物种类和码头条件的适应性强，缺点是装卸效率低。由于谷物、煤和矿砂等的积载因数（每吨货物所占的体积）相差很大，所要求的货舱容积的大小、船体的结构、布置和设备等方面都有所不同，因此，一般习惯上仅把装载谷物、煤炭等货物的积载因数相近的船舶称为散货船，而把装载矿砂等货物的积载因数较小的船舶称为矿砂船。

散货船又可分为灵便型散货船、巴拿马型散货船、好望角型散货船和大湖型散货船等。

(1)灵便型散货船:载重量为2万~5万吨的散货船,其中载重量超过4万吨的又被称为大灵便型散货船。载重量相对较小的灵便型散货船具有较强的对航道、运河及港口的适应性,载重量适中,且多配有起卸货设备,方便灵活,因而被称为“灵便型”。

(2)巴拿马型散货船:在满载情况下可以通过巴拿马运河的最大型散货船,满足船舶总长不超过274.32 m、型宽不超过32.30 m的运河通航有关规定。该型船舶载重量一般为6万~7.5万吨。

(3)好望角型散货船:载重量较大的散货船。该型船舶用途以运输铁矿石为主,由于尺寸限制不能通过巴拿马运河和苏伊士运河,需绕行好望角和合恩角。

(4)大湖型散货船:经由圣劳伦斯水道航行于美国、加拿大交界处五大湖区的散货船,以承运煤炭、铁矿石和谷物为主。该型船舶尺寸上要满足圣劳伦斯水道通航要求,船舶总长不超过222.50 m,型宽不超过23.16 m,且桥楼任何部分不得伸出船体外,吃水不得超过各大水域最大允许吃水,桅杆顶端距水面高度不得超过35.66 m。该型船舶的载重量一般为3万吨左右,大多配有起卸货设备。

散货船发展的一个特点是船舶大型化。散货船平均单船吨位的增长主要体现在6万~8万载重吨巴拿马型、12万~20万载重吨好望角型和4万~5万载重吨大灵便型散货船的增加,而4万载重吨以下船舶数量明显减少。同时各型散货船的平均吨位也呈现增大趋势。推动散货船大型化的主要因素有三个,即大型船舶的经济性较好,船舶设计和建造水平的不断提高,码头港口规模的扩大和设施的改进。图1-1为散货船全貌。

图1-1 散货船全貌

2. 集装箱船

集装箱船是专门从事集装箱运输的船舶,舱内和舱面专为装运集装箱而设计。集装箱船一般不设装卸设备,利用岸上集装箱装卸桥来进行集装箱的吊装和吊卸作业。集装箱船是装载规格统一的标准货箱的货船,因此,与散货船相比,集装箱船装卸效率高,停港时间短,航速也较快,通常可以达到20 kn[①] 以上。近年来为了节能,一般采用经济航速(18 kn左右)。沿海短途航行的集装箱船,航速仅10 kn左右。集装箱船以装箱数量作为船舶大小的标志,TEU为一个国际标准集装箱单位,大型集装箱船的装箱数量已达10 000 TEU以上。集装箱船没有内部甲板,机舱设在船尾,船体其实就是一个庞大的仓库,可达300 m长,再用垂直导轨分为小舱。当集装箱下舱时,这些集装箱装置起着定位作用,在海上遇到恶劣天气时,它们又可以牢牢地固定住集装箱。因为集装箱都是由金属制成的,而且是密封的,里面的货物不会受雨水或海水的浸蚀。集装箱船一般停靠在专用的货运码头,用码头上专门的大型吊车装卸,其效率比普通杂货船高。

按照装运集装箱情况,集装箱船可分为部分集装箱船、全集装箱船和可变换集装箱船三种。

(1)部分集装箱船:以船的中央部位作为集装箱的专用舱位,其他舱位仍装普通杂货的船舶。

(2)全集装箱船:专门用于装运集装箱的船舶。与一般杂货船不同,其货舱内有格栅式货架,装有垂直导轨,便于集装箱沿导轨放下,四角有格栅制约,可防倾倒。全集装箱船的舱内可堆放3~9层集装箱,甲板上还可堆放3~4层集装箱。

(3)可变换集装箱船:货舱内装载集装箱的结构为可拆装式的。因此,它既可装运集装箱,必要时也可装运普通杂货。

集装箱船航速较快,大多本身没有起吊设备,需要依靠码头上的起吊设备进行装卸。因此这种集装箱船也称吊上吊下船。

2018年,由我国自主研制的世界最大级别集装箱船"宇宙号"在上海正式交付。这是我国在高端船舶建造领域的新突破,也将进一步提升我国海上运输的能力。"宇宙号"集装箱船总长400 m,型宽58.6 m,最大载重量19.8万吨,设计时速达到约每小时42千米,最多可装载21 237个国际标准集装箱。图1-2为"宇宙号"集装箱船全貌。

图1-2　"宇宙号"集装箱船全貌

3. 油船

油船从广义上讲是指散装运输各种油类的船。除了石油外,其还可装运石油的成品

① 1 kn=1 n mile/h=1.852 km/h。

油、各种动植物油等。但是,通常所说的油船,多数是指运输石油的船。油船的载重量大。由于石油货源充足,装卸速度快,因此油船可以建造得很大。近海油船的总载重量(dead weight,DW)为3万吨左右;近洋油船的总载重量为6万吨左右;远洋大油船的总载重量为20万吨左右;超级油船的总载重量为30万吨以上。世界最大的油船总载重量可达55万吨。油船的载重量越大,运输成本越低,但是太大的油船会受到航道和港口的吃水限制。大型油船与其他货船相比,船长宽度比 L/B 较小,而船宽吃水比 B/d 和方形系数 C_B 较大,因此船型较肥。这主要是船舶造价、空船压载吃水要求及总纵向强度等影响的结果。

世界造船业将油船按载重量分为以下几种:通用型油船(载重量1万吨以下);灵便型油船(一般称之为1万~5万吨级的油船,又分大灵便型和小灵便型两种。大灵便型油船载重量4万~5万吨。灵便型油船的特点是灵活性强,吃水浅,船长短,舱数量多,需求量很大);巴拿马型油船(船型以巴拿马运河通航条件为上限,如运河对型宽、吃水的限制,载重量6万~8万吨);阿芙拉型油船(平均运费指数最高,经济性最佳,其船型是适合白令海冰区航行油船的最佳船型,载重量8万~12万吨);苏伊士型油船(船型以苏伊士运河通航条件为上限,载重量12万~20万吨);大型油船(very large crude carrier,VLCC)(载重量20万~30万吨)、超大型油船(ultra large crude carrier,ULCC)(载重量30万吨及以上)。图1-3为超大型油船全貌。

图1-3 超大型油船全貌

4. 客船

根据《1974年国际海上人命安全公约》(*International Convention for Safety of Life at Sea* (1974),简称SOLAS1974)的规定,凡载客超过12人的船舶,定义为客船。客船是指专门用于运送旅客及其行李和邮件的船舶。兼运少量货物的客船也称客货船。客船的特点是上层建筑发达,用于布置旅客舱室;抗沉、防火、救生等方面的安全要求较严格;设有完善的餐厅、卫生和娱乐设施;减摇、避震、隔声等方面的舒适性要求高。客船的航速较高,一般为16~20 kn,大型高速客船航速可达24 kn左右。豪华客船全貌如图1-4所示。客船绝大多数定期定线航行,这种客船又称班轮。随着远程航空运输的发展,客船逐渐转向为短程运输和旅游服务。

图1-4 豪华客船全貌

客船的主要特点如下。

(1)客船的外形美观,采用飞剪式船首,艏部甲板外飘,上层建筑庞大、层数多且长,其两端呈阶梯形,与船体一起形成一流线型。

(2)客船的水下线型较瘦削,方形系数小,适用于中机型。这对生活舱室设施和各种管系布置来说也较方便。

(3)为了满足布置旅客居住舱室的需要,客船设置多层甲板,大型客船的甲板多达8~9层,加上多层上层建筑,水线以上的干舷高,侧向受风面积大。

(4)客船要求保证在破舱浸水后,有足够的浮力和稳性,因此水密横舱壁的间距较小。

(5)客船的防火要求较严格,主竖区防火舱壁、甲板、上层建筑等必须采用不燃材料制作。而家具等设施要经过防火处理,在各个防火区之间的通道上要设防火门。

(6)由于客船的居住舱室布置在水线以上,旅客又可以上下左右到处流动,所以客船的重心高,客船的侧向受风面积又大,故客船要求有较高的稳性,一般需要装设固定的压载,如生铁块等。对于客货船,水线以下的船舱应尽可能用来装货。

(7)客船要按照《1974年国际海上人命安全公约》的要求,配备有足够的救生设施。

(8)为了减小船的摇摆,大型豪华客船一般装设有减摇鳍,可减小横摇角50%~80%。

(9)为了保证使旅客按预期时间到达目的地,客船的航速高,主机功率大,大部分客船都装设有2部主机、2个螺旋桨,有的大型客船装有4部主机、4个螺旋桨。一般国际航线的大型客船,航速为20~23 kn,个别的达到30 kn以上。国内沿海客船的航速为14~17 kn。

三、船体结构简介

钢质船舶的主体结构通常是由一系列钢板和骨架相互连接、相互支撑并焊接而成的。通常,船体的甲板和外板(包括舷侧外板、舭部外板、船底外板)是由钢板制成的,形成一个水密的外壳。在甲板和船体外板的里面,布置许多骨架支撑钢板。这些骨架是由型钢沿着船舶纵向、横向和竖向纵横交错地排列着,并且通过焊接连接在一起构成的,也称船体板架或框架。这样船体形成一个外部由骨架和钢板包围着,中间是空心的结构。如果船体结构仅由钢板组成,需要用增加钢板的厚度来达到强度的要求,会使船体质量大。而在钢板上装设骨架支撑着,就会大大增加结构的强度和刚性,使钢板厚度减到最小,节省了钢材,减小了结构质量。所以,这种由骨架和钢板组成的船体结构的优点是,在同样的受力条件下,船体结构质量小。船体结构按结构中骨架的排列方式可分为横骨架式船体结构、纵骨架式船体结构、混合骨架式船体结构。

1. 横骨架式船体结构

当甲板和船体外板里面的支撑骨材横向布置较密,而纵向布置较稀时,这种形式的船体结构称为横骨架式船体结构(图 1 -5)。

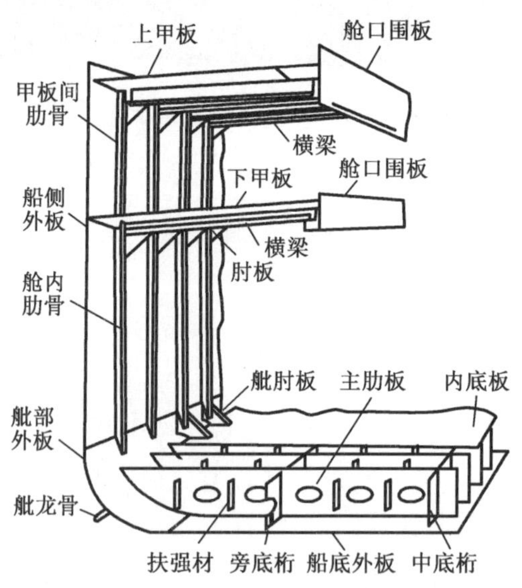

图 1 -5　横骨架式船体结构

横骨架式船体结构实质上是由一系列间距很小的横向环绕着船的肋骨框架组成的。这些肋骨框架包括船底肋板、舷侧肋骨和甲板下横梁,以及把它们连接起来的肘板。肋骨框架的作用是加强和支撑船体外板与甲板,并共同承担着船体的横向强度。横骨架式船体结构船的纵向强度主要由船体外板和甲板以及少量的大型纵向构件来承担。

横骨架式船体结构形式是从木船结构形式演变而来的,是在造船中应用最早的一种结构形式。其优点是船体的横向强度和局部强度好,结构简单,建造容易。另外,由于舱内肋骨和甲板下横梁尺寸较小,结构整齐,使其舱容利用率较高,方便货物装卸。其缺点是船体的纵向强度主要靠少数的纵向构件和甲板、船体外板来保证。为了承担较大的纵向强度,必须把甲板和外板做得较厚,增大了船体质量。故横骨架式船体结构适用于对纵向强度要求不高的中小型船舶。

2. 纵骨架式船体结构

纵骨架式船体结构是甲板和船体外板里面的支撑骨材纵向布置较密、横向布置较稀的一种船体结构。其在横向布置少量的强肋骨、强横梁和肋板组成大型肋骨框架(图1 -6)。船体外板和甲板与纵向连续构件一起承担着纵向强度。船体的横向强度主要由大型肋骨框架及其附连的甲板和外板来承担。船的首尾部仍采用横骨架式结构作为局部加强。由于纵骨架式船体结构的骨材大部分是沿着船的纵向布置的,故其优点是船体的纵向强度大,甲板和船体外板可以做得薄些,船体质量小。但是,由于货舱内布置着大型肋骨框架,有碍货物装卸。不过这并不妨碍像油那样的液体货物的装卸。所以,纵骨架式船体结构主要用在对纵向强度要求较高的大型油船上。

3. 混合骨架式船体结构

混合骨架式船体结构是指主船体中段的强力甲板和船底采用纵骨架式船体结构,而舷侧和下甲板采用横骨架式船体结构(图1-7),船的首尾端也采用横骨架式船体结构。混合骨架式船体结构结合了横骨架式船体结构与纵骨架式船体结构的优点,船体纵向强度大,并有足够的横向强度,建造也较容易,货舱内突出的大型构件少,不妨碍货物积载和装卸,目前在大、中型干散货船上广泛采用。

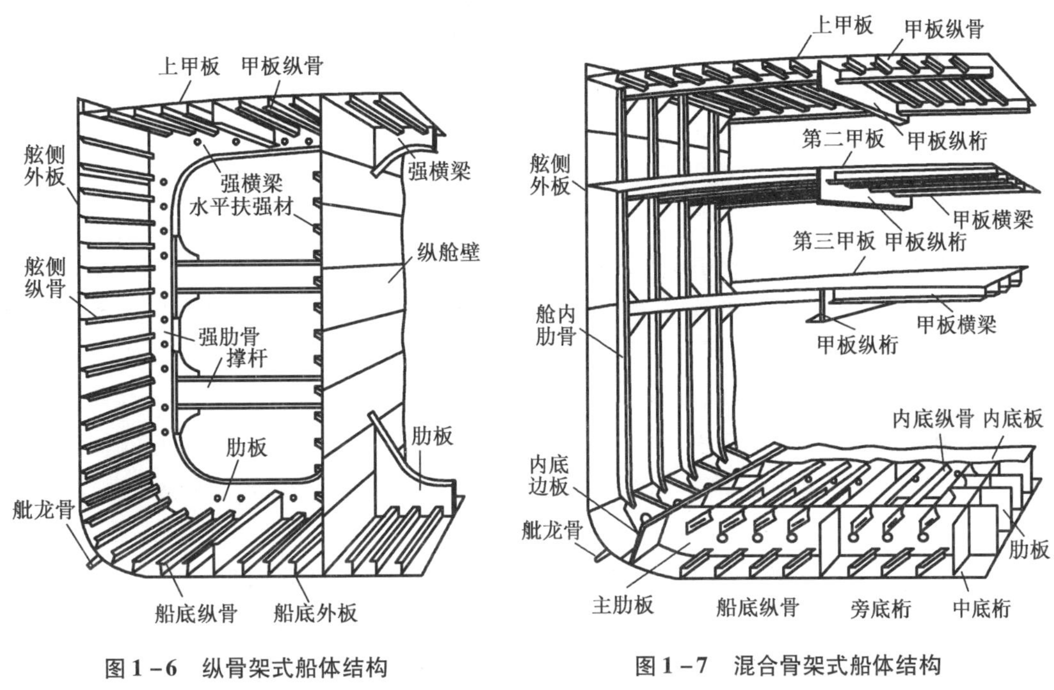

图1-6　纵骨架式船体结构

图1-7　混合骨架式船体结构

项目2　海洋平台简介

在全球能源供应紧张与人口迅速增长的矛盾日益突出的情况下,开发海洋资源是历史发展的必然。海洋资源利用相关行业很多,主要有海洋渔业、海洋交通运输业、海盐及盐化工业、海洋油气业及海水直接利用业等。海洋油气资源的开发最为引人注目。据统计,2003年世界海洋石油生产量达12.57亿吨,约占世界石油总生产量的34.1%;2003年世界海洋天然气生产量达6 856亿立方米,约占世界天然气总生产量25.8%。海洋平台是为在海上进行钻井、采油、集运、观测、导航、施工等活动提供生产和生活设施的构筑物。

一、海洋工程设备概念

海洋油气资源开发主要有三个过程:物探、钻探和开发。物探是指通过地球物理勘探船采用地震勘探法了解海底地质构造,以寻找储油构造,为钻探提供依据。该过程通常利用工程船舶作为海上交通工具进行海上勘探活动。钻探是指在充分获取地球物理勘探资料的基础上,利用海洋平台,对可能有油气的地质进行钻井、取芯,以决定是否钻评价井、评价井的数量和井位。开发主要是制订开发方案,包括资源、工程与经济评价,然后确定采用何种海洋平台进行生产、储存和运输。上述的每个过程都需要海洋工程设备来实现。所谓海洋工程设备主要指海洋资源(特别是海洋油气资源)勘探、开采、加工、储运、管理、后勤服务等方面的大型工程装备和辅助装备。

但事实上,除石油、天然气外,其他海洋资源如可燃冰、锰结核、热液硫化物等,远未进入商业勘探和开发阶段,因此当前海洋工程设备主要是指海洋油气开采设备,包括用于进行海上油气资源调查的地球物理勘探船、地质勘查船、自升式钻井式平台、半潜式钻井平台等勘探设备,用于油气处理储存的浮式生产储油卸油装置(floating production storage offloading,FPSO)、张力腿式海洋平台(tension leg platform,TLP)、柱体式平台等生产设备,用于海底管道和线缆铺设的起重铺管船、铺缆船等作业船舶,以及用于平台上日常消耗品供给的平台供应船等辅助船舶。

一般而言,海洋工程设备可分为钻井设备、采油设备是和配套设备。钻井设备指海洋钻井平台,可细分为钻井驳船、钻井船、内陆驳船、自升式钻井平台、平台钻机、半潜式钻井平台、坐底式钻井平台和钻井模块八种;采油设备包括浮式生产储卸油装置、浮式储油装置(floating production storage unit,FPSU)、半潜式平台生产系统(含张力腿平台生产系统、柱体式平台生产系统、自升式平台生产系统、驳船式生产系统等)、移动式海上采油生产系统(mobile offshore production unit,MOPU)、油气水分析处理系统等;配套设备包括旋转塔、软钢臂、单点系泊装置等生产储油卸油装置的配套设备,海洋平台的自由控制设备,大型锚机、空压机、油水分离设备,石油钻采设备,海洋探测设备等,还包括特种工程船,如三用工作船、海洋救助船、守护船、地球物理勘探船、地震船、起重船、铺管船等。

二、海洋平台结构形式和特点

专门为海上钻井采油而设计的平台称为海洋采油平台,简称海洋平台或钻井平台,可分为固定式海洋平台和移动式海洋平台两类。固定式海洋平台靠打桩或自身重力固定于海底,而移动式海洋平台是一种装备有钻井设备,并能从一个井位移到另一个井位的海洋平台。

1. 固定式海洋平台

(1)导管架式海洋平台

导管架式海洋平台如图 1 - 8 所示,其通过打桩的方法固定于海底,主体是钢制桁架结构,适用于浅近海。导管架式海洋平台可以看作最原始、最直接的将钻井设备与海底连接起来的措施。钢桩穿过导管打入海底,并由若干根导管组合成导管架。导管架先在陆地预制好,拖运到海上安装就位,然后顺着导管打桩,桩是打一节接一节的,最后在桩与导管之间的环形空隙里灌入水泥浆,使桩与导管连成一体固定于海底。导管架是由若干竖向立柱

(圆钢管)和横向、斜向连接钢管焊接成的空间框架结构,横向和斜向的钢管分别称为横撑和斜撑,也称横拉筋或斜拉筋,竖向大直径圆管称为桩腿。

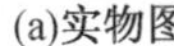

(a)实物图

(b)示意图

图1-8 导管架式海洋平台

(2)重力式(混凝土)海洋平台

重力式(混凝土)海洋平台的底部通常是一个巨大的混凝土基础,用三个或四个空心的混凝土立柱支撑着上部甲板结构,其底部的巨大基础被分隔为许多圆筒形的贮油舱和压载舱。这种海洋平台的质量可达数十万吨,是依靠自身的巨大重力固定于海底并安全生产的。图1-9为重力式(混凝土)海洋平台。

(3)张力腿式海洋平台

张力腿式海洋平台通过张力腿(实为系泊钢管或钢索)垂直向下固定于海底,利用绷紧状态下的锚索产生的拉力与平台的剩余浮力保持平衡。张力腿式海洋平台的重力小于浮力,相差的力可依靠锚索向下的拉力来补偿,而且此拉力应大于由波浪产生的力,使锚索上经常有向下的拉力,起着绷紧海洋平台的作用。导管架式海洋平台的造价与水深大致呈指数关系,而张力腿式海洋平台的造价随水深增加变化较小。图1-10为张力腿式海洋平台。由于每个张力腿都有很大的预张力,因此张力腿式海洋平台在波浪中的运动幅度远小于移动式海洋平台,这对海上作业是十分有利的。

图1-9 重力式(混凝土)海洋平台

(4)牵索塔式海洋平台

牵索塔式海洋平台得名于支撑该海洋平台的结构犹如一组桁架式的塔,该塔用对称布置的缆索使塔保持正浮状态。原油一般通过管线运输,在深水中可用近海装油设施进行输送。图1-11为牵索塔式海洋平台,它由甲板、塔体、牵索系统三部分组成。塔体是钢架结构,牵索对称布置,可以吸收出外力产生的能量以保证塔体的运动幅度在规定的范围内。

2. 移动式海洋平台

(1)坐底式海洋平台

坐底式海洋平台有两个船体,上船体又叫工作甲板,安置生活舱室和设备,通过艉部开口借助悬臂结构进行钻井作业;下船体是沉垫,其主要起压载和海底支撑作用,用作钻井的基础。两个船体间由支撑结构相连。坐底式海洋平台由拖轮拖至作业地点,在到达作业地点后往沉垫内打压载水,使其着底。从稳性和结构方面看,其作业水深不但有限,也受到海底基础(平坦及坚实程度)的制约。坐底式海洋平台是早期在浅水区域作业的一种移动式海洋平台。图 1 – 12 为我国建造的坐底式海洋平台。

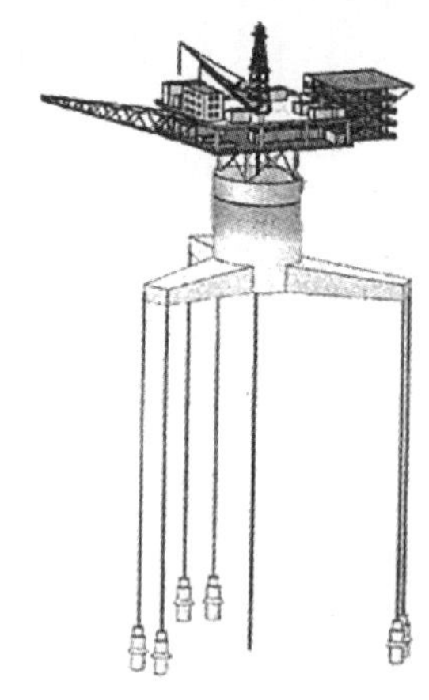

图 1 – 10　张力腿式海洋平台

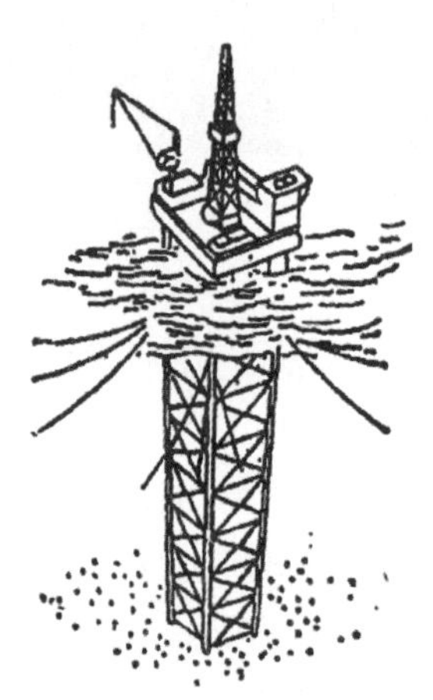

图 1 – 11　牵索塔式海洋平台

(2)自升式海洋平台

自升式海洋平台又称甲板升降式海洋平台。这种海洋平台上装载有钻井机械、动力装置、器材、居住设备以及若干可升降的桩腿,钻井时桩腿着底,平台则沿桩腿升离海面一定高度;移位时平台降至水面,桩腿升起,平台就像驳船一样可由拖轮把它拖移到新的井位。自升式海洋平台既要满足移位时的浮性、稳性方面的要求,又要满足作业时座底稳性和强度方面的要求,以及升降平台和升降桩腿的要求。图 1 – 13 为自升式海洋平台,桩腿采用桁架式结构。

图 1 – 12　坐底式海洋平台

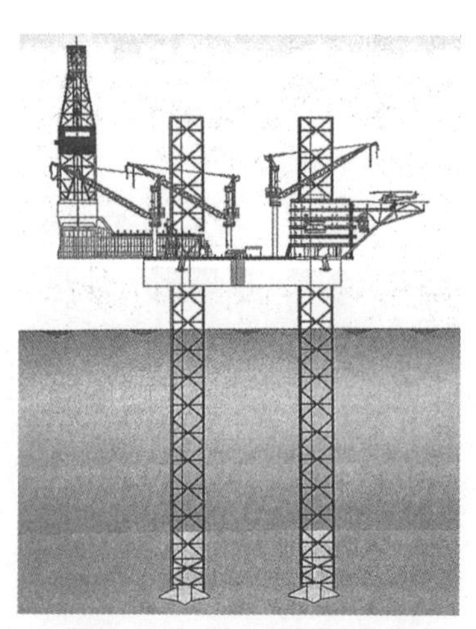

图 1 – 13　自升式海洋平台

图 1 - 14 为我国太重(天津)滨海重型机械有限公司建造的首座具有完全自主知识产权的 400 英尺[①]自升式钻井平台——TZ400 自升式钻井平台,该平台采用国内首创重载运输车滑移平行下水工艺,实现了平台建造工艺方面的一项重大突破。TZ400 自升式钻井平台是具有完全自主知识产权的海上石油天然气勘探开发作业的高端海洋工程装备,适用于泥沙质或淤泥质海床作业,具有深井探井和大位移丛式井/水平井钻井功能。其最大工作水深可达122 m(约 400 英尺),钻机能力 9 000 m(约 30 000 英尺),空船质量约 16 000 t,甲板有效面积 3 700 m^2,最大可变载荷 3 900 t,其结构外形尺寸为 70 m(长) ×72 m(宽) ×9.5 m(高),定员 150 人,与同船型 JU2000E 自升式钻井平台相比具有环境适应性好、可变载荷大、自持力强等显著市场优势。

图 1 - 14 TZ400 自升式钻井平台

(3) 半潜式海洋平台

半潜式海洋平台是大部分浮体没于水面下的一种小水线面的移动式海洋平台。它从坐底式海洋平台演变而来,由平台本体、立柱和下体或浮箱组成。此外,在下体与下体、立柱与立柱、立柱与平台本体之间还有一些支撑与斜撑连接,下体间的连接支撑一般都设在浮体的上方,这样,当该海洋平台移位时,可使它位于水线之上,以减小阻力;该海洋平台上设有钻井机械设备、器材和生活舱室等,供钻井工作用。半潜式海洋平台的类型有多种,其主要差别在于水下浮体的式样与数目。按水下浮体的式样,其大体上可分为沉箱式和下浮体式两类。图 1 - 15 为双下体半潜式海洋平台。

半潜式海洋平台的浮体位于水面以下的深处,大大减小了波浪作用力。因此,半潜式海洋平台具有极强的抗风浪能力、优良的运动性能、巨大的甲板面积和装载容量、高效的作业效率,易于改造并具备钻井、修井、生产等多种工作功能,无须海上安装,具有全球全天候的工作能力和自存能力,在深海能源开采中具有其他海洋平台无法比拟的优势。平台本体与浮体之间连接的立柱,水线面小,立柱与立柱之间相隔适当距离,以保证平台的稳性,所

① 1 英尺 0.3048 米。

以其又称立柱稳定式海洋平台。

(4)钻井船

钻井船是浮船式钻井平台,它通常是在机动船或驳船上布置钻井设备。钻井船靠锚泊或动力定位系统定位。钻井船在船中央设有井孔和井架,它漂浮于水面作业,能适应较大的水深。但是由于它在波浪作用下运动响应大,在深海恶劣的海洋环境下往往被引起很大的运动,使得钻井作业无法再进行下去,这是钻井船发展的最大技术难题。图1－16为我国首艘自主设计建造并具有完全知识产权的"Tiger号"钻井船。

图1－15 双下体半潜式海洋平台

图1－16 "Tiger号"钻井船

钻井船按其推进能力,分为自航式、非自航式;按船型,分为端部钻井、舷侧钻井、船中钻井和双体船钻井;按定位,分为一般锚泊式、中央转盘锚泊式和动力定位式。钻井船浮于海面,易受波浪影响,但是它可以由现有的船只改装而成,因而能以最快的速度投入使用。

(5)浮式生产储卸油装置

浮式生产储卸油装置是海洋石油工业集油气生产、储存、外输、生活、动力于一体的海上油气处理大型设施,目前已成为海上油气田开发的主流生产设备。图1－17为浮式生产储卸油装置。

图1－17 浮式生产储卸油装置

项目3 船舶与海洋平台常用金属材料简介

船舶与海洋平台工作时，处在风、浪、流、海上腐蚀甚至严寒的恶劣环境下，结构外板受海上的化学腐蚀、电化学腐蚀和海生物、微生物的腐蚀；结构还要承受较大的风浪冲击和交变负荷。其外部形状导致其制造加工复杂，为此船舶与海洋平台对金属材料的各项性能要求比较严格。

一、船舶与海洋平台对金属材料的要求

1. 对强度的要求

金属材料的强度是指单位面积所能承受的拉力，通常采用拉伸试验进行测定。金属材料的强度通常分为抗拉强度和屈服强度。船舶与海洋平台大部分都选用热轧钢板作为材料。结构用热轧钢板按强度等级划分为一般强度、高强度和超高强度三个等级。

一般强度热轧钢板是屈服强度为235 MPa的优质碳素钢。高强度热轧钢板又分三个强度等级：H32、H36和H40。H32的屈服强度为315 MPa，H36的屈服强度为355 MPa，H40的屈服强度为390 MPa。高强度热轧钢板通常称为低合金高强度结构用钢。超高强度热轧钢板屈服强度为420 MPa～690 MPa，其主要用于海洋工程结构中的特殊结构，如平台甲板、模块底座、自升式海洋平台的桩腿及提升系统、吊车底座等，其用量可以达到海洋工程钢材总用量的45%以上。

2. 对冲击韧性的要求

冲击韧性是指金属材料在冲击载荷作用下抵抗脆性破坏的能力，通常在专用的摆锤式冲击试验机上测定金属材料的冲击韧性。船舶与海洋平台对冲击韧性有较高的要求，尤其是在寒冷海域作业的船舶与海洋平台，需要具有足够的低温韧性。船舶与海洋平台对强度和冲击韧性的要求见表1－1。

表1－1 船舶与海洋平台对强度和冲击韧性的要求

强度等级	屈服强度/MPa	最小冲击韧性/($J \cdot cm^{-2}$)
一般强度	235	27
H32	315	31
H36	355	34
H40	390	41
420	420	42
460	460	46
500	500	50
550	550	55

表 1－1(续)

强度等级	屈服强度/MPa	最小冲击韧性/$(J \cdot cm^{-2})$
620	620	62
690	690	69

3. 耐腐蚀性能要求

船舶与海洋平台在海洋环境中工作，将受到潮流、盐分、水温及微生物等腐蚀影响，并且在海上的不同部位(海洋大气带、飞溅带、潮差带、全浸带和海土带)受到的腐蚀情况不尽相同。海洋大气中含有大量含盐微粒的水气，因此，海洋大气腐蚀较为严重。通常，耐海洋大气腐蚀的有效合金元素有 Cu、P、Si、Al、Mo、Cr 等，其中效果最显著的合金元素为 Cu 和 P，对于船舶与海洋平台不与海水直接接触的部分可采用耐海洋大气腐蚀钢。飞溅带是指平均潮位受到海水波浪作用的上限部分，这一地带受到海水交替的干湿变化影响，溶解的氧量也比较多，由于受日光的照射使温度升高，再加上海面上的污损物等的附着以及台风、流水等促进腐蚀，因此这一地带的腐蚀速度可达到全浸带的好几倍，提高钢在飞溅带的耐腐蚀能力的有效合金元素有 P、Cu、Mo、Ni、Cr、Si、W、Ti 等，效果最显著的合金元素为 P、Cu、Mo。由于潮差带的有氧情况比下部的全浸带好，在潮差带和全浸带之间形成氧浓差电池，使潮差带作为氧浓差电池的阴极而受到了保护，腐蚀的速度和程度降低，提高了钢在潮差带的腐蚀能力，可选用与飞溅带相同的有效合金元素；全浸带由于氧浓差电池的作用和海水流动及海洋生物的作用，较潮差带腐蚀严重，能减轻全浸带腐蚀的合金元素有 Cr、P、Al、Mo、Si 等；在深海中，由于含氧量小，海水温度随海水深度的增加而降低，海洋生物减少，同时海水流速减慢，所以腐蚀速度较慢，合金元素效果也变得不明显；对部分埋在海底，部分裸露在海水中的钢结构，由于氧浓差电池作用，加快了埋在海底中的钢结构的腐蚀，特别是在浅海的海土中，由于从陆地上流入的污染土中存在大量具有腐蚀性的微生物，腐蚀更为严重。

4. 冷加工性能要求

一般船体结构用钢，即使是大型船舶建造用钢，钢板厚度也仅有 30～50 mm，但海洋平台等大型海洋结构物则需要用60～70 mm 甚至更厚的钢板，而且建造过程中主要是进行冷加工，因此船舶与海洋平台结构用钢要有较好的冷加工性能。

经过多年的发展，我国已经建立了比较完备的船舶与海洋工程用钢体系，并以相关规范及国家标准的形式颁布，主要包括 CCS(China Classification Society，中国船级社)规范和 GB 712—2011《船舶及海洋工程用结构钢》，钢级涵盖了早期大型船体采用的一般强度钢和现在海洋工程设备常采用的焊接结构用超高强度钢，见表 1－2。

船舶与海洋平台用结构钢按照其屈服强度分为一般强度结构钢、高强度结构钢和超高强度结构钢三种。一般强度结构钢按韧性分为 A、B、D 和 E 四个等级；高强度结构钢按强度及韧性分为 AH32、DH32、EH32、FH32 等等级；超高强度结构钢按强度及韧性分为 AQ43、DQ43、EQ43、FQ43 等等级。表 1－2 为主要船舶与海洋工程用钢。

表1-2　主要船舶与海洋工程用钢

海洋工程类别	强度等级	屈服强度/MPa	牌号
所有船舶与海洋工程	一般强度	235	A、B、D、E
	高强度	315	AH32、DH32、EH32、FH32
		355	AH36、DH36、EH36、FH36
		390	AH40、DH40、EH40、FH40
集装箱船、钻井船、FPSU、FPSO、半潜式钻井平台，固定式钻井平台	超高强度	420	AQ43、DQ43、EQ43、FQ43
		460	AQ47、DQ47、EQ47、FQ47
		500	AQ51、DQ51、EQ51、FQ51
		550	AQ56、DQ56、EQ56、FQ56
		620	AQ63、DQ63、EQ63、FQ63
		690	AQ70、DQ70、EQ70、FQ70

注：船舶与海洋工程用钢需要取得船级社的认证才能生产使用，虽然船级社标准中涵盖了这40多个钢级，但不同的钢铁企业通过认证等级不同。

二、船舶结构钢

我国作为世界造船大国，正向着轻量化、大型化、安全化、长寿化的趋势发展，在高技术船舶的设计建造及材料应用方面已跻身世界先进行列，船体结构用钢的屈服强度为235～1 000 MPa，年需求量达到1 200万吨以上。海洋工程用的材料最主要是钢铁材料，并且细化为海洋平台、海底油气管线、舰船制造、海洋风力发电用钢铁材料等。

具有强度高、韧性高、易焊接、止裂性高、耐低温、耐腐蚀及厚度大、规格宽等关键特性的钢板成为船舶与海洋工程用钢的发展方向，如海洋平台桩腿齿条钢使用的Q690、海底油气管线使用的X65/70、舰船制造使用的+EQ56/70等。我国已经实现绝大部分舰船建造所需材料的国产化。国内海洋工程装备制造中的普通钢结构件工艺较为成熟，但重要结构件的特殊钢材的工艺整体水平还有待提升，如冰级船舶、化学品船、LNG船（liquified natural gas carrier，液化天然气船）、大型邮轮等特殊船舶所需特种钢材。

20世纪末，高强度钢开始稳步地发展，许多船体结构用钢的屈服强度已经达到了很高的级别。近几年集装箱船的设计已经开始在舱口围壁、甲板区域使用屈服强度为470 MPa的超高强度钢。如图1-17所示，质量越大的船只，采用高强度钢的比例越高，船体的质量减小越明显。

三、海洋平台结构钢

海洋平台服役期一般为20～40年，比普通船舶高约50%，由于海洋平台处于深水、浪涌、低温等复杂而苛刻的工作环境中，因此，海洋平台建造所采用的钢材需要具有高强度、高韧性、抗疲劳能力、抗层状撕裂能力、良好可焊性和可加工性等。海洋平台建造材料屈服强度390～690 MPa，最大厚度可达259 mm。EH36及以下等级海洋平台建造用钢基本实现国产化，占海洋平台建造用钢量的90%，但关键部位所用超高强度（屈服强度600 MPa以上)、大厚度(100 mm 以上)、高韧性(-40 ℃以下冲击韧性)、适应50 kJ/cm 以上大焊接热量输入的钢材还需进口。海洋平台建造用钢主要遵循的通用标准包括 BS/EN 系列欧标、美标 API、北海 NOSOK 及国际船级社规范等。我国的海洋平台建造用钢标准体系还需要进一步完善。随着我国海洋开发的不断发展,对海洋平台建造用钢的需求量不断扩大,预计年用钢需求量在 300 万吨以上。

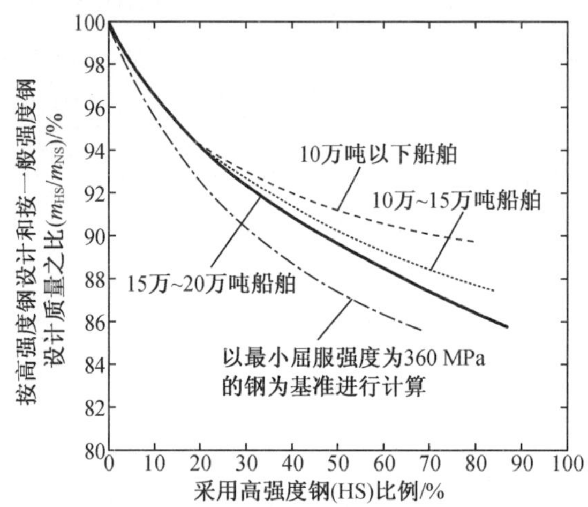

图 1-17　高强度钢建造船只和一般强度钢建造船只质量之比

对半潜式钻井平台,为了减少浸水部分的容积,气压沉箱和支架齿条等使用抗拉强度为 500 MPa 的超高强度钢。对自升式钻井平台,桩腿长度可达到 100 m 以上,平台航行时,桩腿升起,重心提高,平台的稳性降低。因此,有必要减小桩腿的质量,降低重心。图 1-18 中的齿条、弦管目前已经使用屈服强度为 690 MPa 的超高强度钢。现在一些设计公司在一些特殊结构上正在考虑使用屈服强度为 980 MPa 甚至 1 100 MPa的超高强度钢。

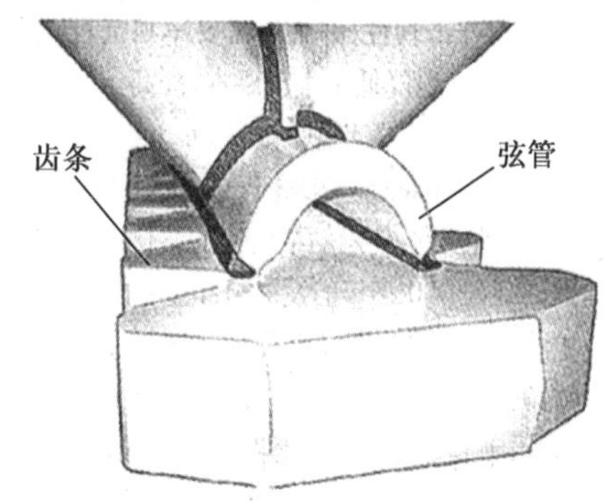

图 1-18　桩腿结构示意图

虽然在海洋平台建造过程中,高强度钢具有其独特的优势,但随着屈服强度的增加,其焊接性能会变差,当屈服强度超过 650 MPa 时,钢板的焊接将变得很困难,从而在一定程度上增加了海洋平台钢结构在服役时的风险和修理的难度。

焊接技术通过加热、加压或两者并用,使焊件达到原子结合,从而令原来分开的物体构成一个整体,这是任何其他连接形式所不具备的能力。因此,焊接技术具有节省材料(与铆接相比节省 15% ~20% 的材料;与铸造相比节省 40% 的材料)、减小结构质量、降低劳动强度、改善劳动条件、提高产品质量等优点。焊接技术因此在各行各业中得到了广泛应用。在船舶与海洋平台建造领域,焊接是结构建造的主要工艺方法之一,其工作量占结构建造工作量的 30% ~40%。因此,焊接技术水平的高低与船舶与海洋平台的建造质量、建造周期、经济效益是密切相关的,其提高对船舶与海洋平台等领域的发展和进步起着重要的促进作用。

项目4　船舶与海洋平台焊接技术发展概述

一、焊接技术发展概述

到目前为止,焊接技术应用于造船的历史已有80多年,在这段时间内,焊接技术的发展可分为四个时期:头30年为全手工焊接时期;20世纪50年代初至60年代中期为第二个时期,主要发展了埋弧自动焊、半自动焊、电渣焊、气体保护焊及大直径平角焊等新技术、新材料;20世纪60年代中期到70年代末为第三个时期,主要发展和应用了单面焊双面成形、重力焊、自动角焊、垂直自动焊和横向自动焊等新技术;20世纪70年代末至今为第四个时期,主要发展了高效焊接技术,这一时期造船焊接技术发展最快,在造船生产中应用的高效焊接技术达40多种。随着先进技术在焊接领域的应用,尤其是焊接机器人的出现,微电子、计算机、自动化、智能化等新成果在焊接设备上的广泛应用,大幅提升了船舶与海洋工程装备的生产率和技术水平。

根据我国船舶制造企业造船模式的现状,可将我国船舶制造企业分为以下三类。

第一类主要是众多的小型造船企业和沙滩船厂,其造船模式属于整体造船模式。其焊接方法及设备的使用现状为:平板拼接、管道焊接及船体焊接均采用硅整流式变压器手工焊条电弧焊,刚开始应用晶闸管式 CO_2 气体保护焊机。

第二类主要是地方造船厂和规模较大的民营造船厂,其造船模式属于分段造船模式。其焊接方法及设备的使用现状为:平板拼接采用 CO_2 气体保护焊机和晶闸管式埋弧焊机;平角焊、立角焊采用 CO_2 气体保护焊和手工电弧焊;分段焊接亦以 CO_2 气体保护焊和手工电弧焊为主;管道焊接则采用 TIG 焊、CO_2 气体保护焊和手工焊条电弧焊。其趋势是向以 CO_2 气体保护焊和焊接过程自动化为主的方向发展。

第三类则是中国船舶工业集团有限公司和中国船舶重工集团有限公司下属的大型企业,如上海外高桥造船有限公司、大连船舶重工集团有限公司、沪东中华造船(集团)有限公司以及南通中远川崎船舶工程有限公司等,其造船模式属于分段造船模式,并向更先进的集成造船模式发展。上述企业焊接方法及设备的使用现状为:平板拼接采用 CO_2 气体保护焊机和晶闸管式埋弧焊机;平角焊、立角焊基本采用 CO_2 气体保护焊;区域连接采用气电立焊;管道焊接采用钨极气体保护焊(tungsten inert gas welding,简称 TIG 焊)和 CO_2 气体保护焊。其船舶焊接基本以 CO_2 气体保护焊和焊接过程自动化为主导,并开始采用机器人焊接。

高效焊接技术是指与常规焊条电弧焊相比,熔敷速度和焊接速度快、操作方便且易于自动焊的焊接工艺方法。其特点是生产率高、焊接质量好、节约能源和材料、劳动条件较好和对环境较友好等。对于船舶制造可以大大缩短造船周期、降低造船成本,故对我国造船业来说,船舶焊接技术及设备的整体发展趋势应是向高效焊接技术及设备发展。目前我国的第三类船舶制造企业中采用高效焊接技术的焊接工作量已占全部焊接工作量的80%,但众多的中小船舶制造企业则相差很远。

船舶高效焊接技术主要有以下几种。

(1)手工焊:采用铁粉焊条的焊条电弧焊、重力焊。

(2)气体保护焊:CO_2 气体保护焊、双丝熔化极活性气体保护电弧焊(metal active gas arc welding,简称 MAG 焊)、垂直气电自动焊、TIME 焊。

(3)埋弧焊:单丝、多丝埋弧焊,窄间隙埋弧焊。

(4)单面焊:手工单面焊、CO_2 气体保护单面焊、埋弧单面焊(FCB、FAB、RF 法)。

(5)其他:电渣焊、激光焊、激光 - 电弧复合热源焊、搅拌摩擦焊等。

随着船舶建造量的增加及船舶吨位的加大,对焊接自动化、智能化的需求也就愈加迫切。

电渣焊和气电焊主要用于焊大型船舶的舷侧结构隔舱壁的垂直对接焊缝。这两种焊接方法的共同特点是:焊接生产率较高,焊接接头的准备比较简单。气电焊的焊接速度较快,成本较低,适用于中等厚度板和薄板,但易受风的影响,一旦失去保护作用就容易产生焊接缺陷。电渣焊的焊接质量稳定,适用于厚板,生产率较气电焊低。如果能够很好地保证气保护效果,则气电焊较电渣焊更有发展前途。

熔嘴电渣焊主要用于船底纵桁、甲板纵桁等短材的垂直焊接。这种方法的生产率较高,焊接材料边缘处理简单,焊缝成形良好。实践证明,这种方法对于厚 14 mm 以上、长 1 m 左右的垂直接头的焊接最为适宜,其生产率为手工焊的 5 ~ 10 倍。

船体壳板的横向接缝自动焊、大合龙垂直接缝自动焊技术已经得到应用。

船体中的角焊缝占船体焊缝总长度的 80%,因此,提高角焊缝焊接的自动化和智能化程度对提高造船焊接的生产率有着重要的作用。目前,角焊的新技术有双面多极水平自动角焊、垂直自动角焊、重力焊、CO_2 气体保护焊和管状焊丝电弧焊等。

双面多极水平自动角焊也是埋弧自动焊的一种,专门用于肋骨的装配焊接。通常采用双面双丝,即一台焊机有 4 根电极,可同时焊接 2 条角焊缝;有的在一台装置上设有 2 台焊机,只需一个人操作,同时焊接 2 根肋骨,即 4 条角焊缝,焊接速度可达 80 ~ 90 m/h,其生产率相当于重力焊的 9 倍。

在船体结构的角焊缝中,垂直角焊缝占有相当大的比例。为了提高这类角焊缝的焊接生产率,垂直自动角焊技术获得了发展。

我国劳动力资源日益紧张和成本的不断提高,将给船舶制造企业带来不小的压力。但这也为船舶制造业高效焊接技术和自动化、智能化焊接设备的推广应用带来了契机。减少焊工与增加焊接设备投资,在两者达到某一平衡点的时候,采用自动化焊接设备的利润显然要比采用人工焊接所带来的利润大。它可大大提高生产设备的自动化水平,从而提高劳动生产率,同时又可提升企业的产品质量,提高企业的整体竞争力。虽然自动化焊接设备一次性投资比较大,但它的日常维护费用和消耗的人工费用低。因此,从长远看,造船成本还会大大降低。

二、焊接材料发展概述

1. 焊条

铁粉焊条:熔敷效率可提高 130% ~240%,生产率可提高 50% 以上。

重力焊条:采用高效铁粉焊条(一般直径为 5 ~ 8 mm,长度为 550 mm、700 mm 或

900 mm)。生产率是常规手工焊的 6 倍。

2. 气体保护实芯焊丝

我国气体保护实芯焊丝的品种较少(ER49－1、ER50－6),今后应大力增多品种,同时也应进一步改进实芯焊丝的工艺性能,减少飞溅,使成形更美观。如新研制开发的活性实芯焊丝,其表面做了活化处理,具备防锈、润滑等功能。

3. 气体保护药芯焊丝

从发展的趋势来看,药芯焊丝将是 21 世纪船舶制造企业使用的主要焊材,目前应用率已达到 60% 以上。其特点为焊道成形美观、焊接电弧稳定、飞溅少、全位置焊接工艺性能良好、焊接熔敷速度快、生产率高等。因此,国内大部分船厂均实现了集中储罐式供气和焊接工位的焊丝盘托盘供应。

目前我国的药芯焊丝,无论是数量、质量还是品种与国外相比均有较大的差距,应大力开发与研究,如碱性药芯焊丝,自保护药芯焊丝,金属型药芯焊丝,水下药芯焊丝,以及不锈钢、耐热钢药芯焊丝等。

4. 其他焊接材料

随着我国焊接自动化程度的提高,将大力发展多丝 MAG 焊、垂直立焊、全位置管线 MAG 焊,以及机器人 MAG 焊等。无论是实芯焊丝还是药芯焊丝,在适应性方面都要进行大量的工作。多丝埋弧焊也将有很大的发展空间,其焊丝、焊剂特别是烧结焊剂需大力发展。单面焊双面成形的各类衬垫在高效焊接中也是不可忽视的。

5. 可持续发展的高效焊材

焊接是污染大户,有强光、噪声,并伴有大量烟尘、飞溅,污染空气和环境,时有职业病发生。因此,在发展高效焊材的同时,必须考虑可持续发展。根据 GB 9448—1999《焊接与切割安全》的规定,各类焊接作业的烟尘量应小于或等于 6 mg/m^3。然而,实际各工厂的焊接场地均不符合此规定,特别是车间和封闭的容器内,如船舱内可达 38～312 mg/m^3,碳弧气刨的烟尘量更大,可达 200～1 300 mg/m^3。

不同焊条的发尘速度及发尘量见表 1－3。不同焊材的平均发尘速度及飞溅量见表 1－4。从表 1－3 和表 1－4 中数据可以看出,高效焊材(实芯及药芯焊丝)发尘量最多,其次是低氢型焊条。但各类焊材的发尘量均超出规定。因此,发展各类高效焊材的同时必须降低其发尘量,减少飞溅,后者对碱性低氢焊材尤为重要。

表 1－3　不同焊条的发尘速度及发尘量

焊条类型	发尘速度/($mg \cdot min^{-1}$)	每千克焊条的发尘量/($g \cdot kg^{-1}$)
钛钙型	200～280	6～8
高钛型	280～320	7～9
钛铁矿	300～360	8～10
低氢型	300～450	10～20

表1-4　不同焊材的平均发尘速度及飞溅量

	焊条	实芯焊丝	药芯焊丝
发尘速度/($mg \cdot min^{-1}$)	200~450	400~600	500~850
飞溅量/($g \cdot min^{-1}$)	2~3	2.5~3.5	0.7~1.2

金属型药芯焊丝可减少烟尘及飞溅,并能提高生产率和改善焊接工艺性。采用活性焊丝可以提高焊接电弧的稳定性,减少飞溅。此外,采用逆变电源亦可减少飞溅,改善焊缝成形。为了保护焊工的健康,焊接工位应安装通风、洗尘设备,特别是在封闭容器内焊接时。

三、焊接方法概述

1.电弧焊

电弧焊是目前应用最广泛的焊接方法。它包括焊条电弧焊、埋弧焊、钨极气体保护电弧焊、等离子弧焊和熔化极气体保护电弧焊等。

(1)焊条电弧焊

焊条电弧焊(手工电弧焊)是各种电弧焊方法中发展最早、目前仍然应用最广泛的一种焊接方法。它以外部涂有涂料的焊条作为电极和填充金属,电弧在焊条的端部和被焊工件表面之间燃烧。焊条电弧焊设备简单、轻便,操作灵活。其可应用于维修及装配中的短缝的焊接,特别是难以达到的部位的焊接。焊条电弧焊配用相应的焊条可适用于大多数工业用碳钢、不锈钢、铸铁、铜、铝、镍及其合金。

(2)埋弧焊

埋弧焊以连续送进的焊丝作为电极和填充金属。焊接时,在焊接区的上面覆盖一层粒状焊剂,电弧在焊剂层下燃烧,将焊丝端部和局部母材熔化,形成焊缝。

埋弧焊可以采用较大的焊接电流。与焊条电弧焊相比,其最大的优点是焊缝质量好、焊接速度快。因此,它特别适合焊接大型工件的直缝,且多数情况下采用机械化焊接。

(3)钨极气体保护电弧焊

钨极气体保护电弧焊是一种不熔化电极的气体保护电弧焊,利用钨极和焊件之间的电弧使金属熔化而形成焊缝。焊接过程中钨极不熔化,只起电极的作用,同时由喷嘴送进氩气或氦气作保护气体,还可根据需要另外添加金属。钨极气体保护电弧焊由于能很好地控制热输入,因此是一种极好的连接薄板金属和进行打底焊的方法。这种焊接方法几乎可以用于所有金属的连接,尤其适用于焊接铝、镁这些能形成难熔氧化物的金属以及钛和锆这样的活泼金属。采用这种焊接方法得到的焊缝质量高,但与其他电弧焊方法相比,其焊接速度较慢。

(4)等离子弧焊

等离子弧焊也是一种不熔化电极的电弧焊。它利用电极和焊件之间的压缩电弧(叫作转发转移电弧)实现焊接。所用的电极通常是钨极。产生等离子弧的等离子气可用氩气、氮气、氦气或其中二者的混合气。焊接的同时还用喷嘴送进惰性气体做保护。焊接时可以加填充金属,也可以不加填充金属。

钨极气体保护电弧焊可焊接的绝大多数金属,均可采用等离子弧焊。与钨极气体保护电弧焊相比,对于厚度1 mm以下的极薄的金属,用等离子弧焊进行焊接较容易。

(5)熔化极气体保护电弧焊

这种焊接方法利用连续送进的焊丝与焊件之间燃烧的电弧作为热源,由焊炬喷嘴喷出的气体保护电弧来进行焊接。

熔化极气体保护电弧焊的主要优点是可以方便地进行各种位置的焊接,同时也具有焊接速度较快、熔敷率高等优点。熔化极活性气体保护电弧焊适用于大部分主要金属,包括碳钢、合金钢的焊接。熔化极惰性气体保护电弧焊适用于不锈钢、铝、镁、铜、钛、锆及镍合金。利用这种焊接方法还可以进行电弧点焊。

管状焊丝电弧焊也是利用连续送进的焊丝与焊件之间燃烧的电弧作为热源来进行焊接的,可以认为是熔化极气体保护电弧焊的一种类型。其所使用的焊丝是管状焊丝,管内装有各种组分的焊剂。焊接时,外加保护气体主要是CO_2。焊剂受热分解或熔化,起着造渣保护熔池、渗合金及稳弧等作用。

管状焊丝电弧焊除具有上述熔化极气体保护电弧焊的优点外,由于管内焊剂的作用,在冶金上更具优势。管状焊丝电弧焊可以应用于大多数黑色金属各种接头的焊接。管状焊丝电弧焊在一些工业先进国家已得到广泛应用。

2. 电阻焊

电阻焊是以电阻热为能源的一类焊接方法,包括以熔渣电阻热为能源的电渣焊和以固体电阻热为能源的电阻焊。电渣焊在本书后面详细介绍。这里主要介绍几种以固体电阻热为能源的电阻焊,主要有点焊、缝焊、凸焊及对焊等。

点焊、缝焊和凸焊的特点在于焊接电流(单相)大(几千至几万安培),通电时间短,设备昂贵、复杂,生产率高,因此适用于大批量生产,主要用于焊接厚度小于3 mm的薄板组件。各类钢材、铝、镁等有色金属及其合金、不锈钢等均可焊接。

3. 高能束焊

高能束焊主要包括电子束焊和激光焊。

(1)电子束焊

电子束焊是以集中的高速电子束轰击焊件表面时所产生的热能进行焊接的方法。

电子束焊与电弧焊相比,主要的特点是焊缝熔深大、熔宽小,焊缝金属纯度高。它既可以用于很薄的材料的精密焊接,又可以用于很厚的构件(厚度最大达300 mm)的焊接。所有用其他焊接方法能进行熔化焊的金属及合金都可以采用电子束焊。电子束焊主要用于要求高质量的产品的焊接,还能解决异种金属、易氧化金属及难熔金属的焊接,但不适用于大批量产品。

(2)激光焊

激光焊是利用大功率相干单色光子流聚焦而成的激光束作为热源进行焊接的。这种焊接方法通常分为连续功率激光焊和脉冲功率激光焊。

激光焊的优点是不需要在真空中进行,缺点则是穿透力不如电子束焊的强。激光焊时能进行精确的能量控制,因而可以实现精密微型器件的焊接。它能应用于很多金属,特别是能解决一些难焊金属及异种金属的焊接。

4. 钎焊

钎焊的能源可以是化学反应热,也可以是间接热能。钎焊利用熔点比被焊材料的熔点低的金属作钎料,经过加热使钎料熔化,靠毛细管作用将钎料送入接头接触面的间隙内,润湿被焊金属表面,使液相与固相之间相互扩散而形成钎焊接头。因此,钎焊是一种固相兼液相的焊接方法。

5. 其他焊接方法

这些焊接方法属于不同程度的专门化的焊接方法,适用范围较窄,主要包括:以电阻热为能源的电渣焊、高频焊;以化学能为能源的气焊、气压焊、爆炸焊;以机械能为能源的摩擦焊、超声波焊、扩散焊。

(1)电渣焊

如前所述,电渣焊是以熔渣的电阻热为能源的焊接方法。其焊接过程于立焊位置在由两焊件端面与两侧水冷铜滑块形成的装配间隙内进行,焊接时利用电流通过熔渣产生的电阻热将焊件端部熔化。

(2)高频焊

高频焊以固体电阻热为能源,焊接时利用高频电流在焊件内产生的电阻热使焊件焊接区表层加热到熔化或接近熔化的塑性状态,随即施加(或不施加)顶锻力而实现金属的结合。因此,它是一种固相电阻焊方法。

(3)气焊

气焊是用气体火焰作为能源的一种焊接方法,应用最多的是以乙炔作为燃料的氧-乙炔焰。气焊设备简单,操作方便,但其加热速度及生产率较低,热影响区较大,且容易引起较大的变形。

(4)气压焊

气压焊和气焊一样,也是以气体火焰为能源的,焊接时将两对接的焊件的端部加热到一定温度后,再施加足够的压力以获得牢固的接头。气压焊是一种固相焊接方法,在焊接时不加填充金属,常用于铁轨焊接和钢筋焊接。

(5)爆炸焊

爆炸焊也是以化学能为能源的一种固相焊接方法,但它是利用炸药爆炸所产生的能量来实现金属连接的。在爆炸波作用下,两件金属在不到 1 s 的时间内即可被加速撞击形成金属的结合。

在各种焊接方法中,爆炸焊可以焊接的异种金属的组合范围最广。可以用爆炸焊将冶金上不相容的两种金属焊成各种过渡接头。爆炸焊多用于表面积相当大的平板包覆,是制造复合板的高效方法。

(6)摩擦焊

摩擦焊是利用两表面间机械摩擦所产生的热来实现金属的连接的。摩擦焊的热量集中在接合面处,因此热影响区窄。

(7)超声波焊

超声波焊也是一种以机械能为能源的固相焊接方法。进行超声波焊时,焊件在较低的静压力下,由声极发出的高频振动能使接合面产生强烈摩擦并加热到焊接温度而结合。超声波焊可以用于大多数金属材料之间的焊接,能实现金属、异种金属及金属与非金属间的焊接,适用于金属丝、箔或 3 mm 以下的薄板金属接头的重复生产。

(8)扩散焊

扩散焊一般是以间接热能为能源的固相焊接方法,通常在真空或保护气体中进行,焊接时使两焊件的表面在高温和较大压力下接触并保温一定时间,以达到原子间距离,经过原子相互扩散而结合。焊前需要清洗焊件表面的氧化物等杂质,而且焊件表面粗糙度要低于一定值才能保证焊接质量。

模块2 焊接电弧的基本知识

项目1 焊接电弧的产生

一、焊接电弧的形成基础

焊接电弧(以下简称电弧)产生的基本原理是电极(焊条或焊丝等)与焊件之间的强烈气体放电。中性气体原本是不能导电的,为了在气体中产生电弧而通过电流,就必须使气体分子或原子电离成正离子和电子。并且,为了维持电弧燃烧,要求电弧的阴极不断地发射电子,并不断地输送给电弧,以补充能量消耗。电离和电子发射是电弧中最基本的物理现象。

1. 电离

中性气体粒子(分子或原子)吸收足够的外部能量,使得分子或原子中的电子脱离原子核的束缚而成为自由电子和正离子的过程称为电离。电弧中气体粒子的电离因外加能量的种类不同分为以下几种。

(1)热电离:气体离子受热作用而产生的电离。

(2)光电离:中性粒子受光辐射作用而产生的电离。

(3)撞击电离:高能中性粒子碰撞而产生的电离。

2. 电子发射

阴极表面的原子或分子受到外加能量的作用,内部的电子冲破电极表面的束缚而飞到电弧空间的现象称为电子发射。电子发射是引弧和维持电弧稳定燃烧的一个很重要的因素。按其能量来源,电子发射可分为热发射、光电发射、重粒子撞击发射和强电场作用下的自发射。

(1)热发射

物体的固态或液态表面受热后,其中某些电子具有大于逸出功的动能而逸到表面外的空间中去的现象称为热发射。热发射在焊接电弧中起着重要作用,它随着温度的上升而增强。

(2)光电发射

物质的固态或液态表面接受光辐射的能量而释放出自由电子的现象称为光电发射。对于各种金属和氧化物,只有当光辐射波长小于能使它们发射电子的极限波长时才能产生光电发射。

(3)重粒子撞击发射

能量大的重粒子(如正离子)撞到阴极上,引起电子的逸出,称为重粒子撞击发射。重粒子能量越大,电子的逸出越强烈。

(4)强电场作用下的自发射

物质的固态或液态表面,虽然温度不高,但在存在强电场并在表面附近形成较大的电位差时,阴极有较多的电子发射出来,这种现象称为强电场作用下的自发射,简称自发射。电场越强,发射出的电子形成的电流的电流密度就越大。自发射在焊接电弧中也起着重要作用,特别是在非接触式引弧时,其作用更加明显。

二、焊接电弧的引燃

焊接电弧的引燃(引弧)一般有两种方式:接触引弧和非接触引弧。

1. 接触引弧

接触引弧即在弧焊电源接通后,电极(焊条或焊丝)与焊件直接短路接触,随后拉开3~4 mm而引燃电弧。这是最常用的一种引弧方式。

由于电极和焊件表面都不是绝对平整的,只是在少数突出点上有着短路接触,如图2-1所示。通过这些接触点的短路电流要比正常的焊接电流大得多,而接触点的面积又小,因此电流密度极大,这就可能产生大量的电阻热,使电极金属表面发热、熔化甚至汽化,引起热发射和热电离。随后,在拉开电极的瞬间,电弧间隙极小,只有1×10^{-6} cm左右,使其电场强度达到很大的数值(约为1×10^{6} V/cm^2)。这样,即使在室温下都可能产生明显的自发射。在强电场作用下,又使已产生的带电质点加速,互相碰撞,引起撞击电离。随着温度的升高,光电离和热电离也进一步加强,使带电质点的数量猛增,从而能维持电弧的稳定燃烧。焊条电弧焊、CO_2气体保护焊都采用这种引弧方式。

2. 非接触引弧

非接触引弧是指在电极与焊件之间存在一定间隙,然后施以高电压(约1 000 V)击穿间隙,使电弧引燃。这种引燃电弧的方式采用引弧器才能实现,它可分为高频高压引弧和高压脉冲引弧。这是一种依靠高电压使电极表面产生电子的自发射,从而把电弧引燃的引弧方式。这种引弧方式主要应用于钨极氩弧焊和等离子弧焊。

三、焊接电弧的组成

焊接电弧由阴极区、弧柱区和阳极区三部分构成。图2-2为焊条电弧焊焊接电弧构成。

阴极区是电弧的重要部分。它是靠近阴极表面的一段很短的区域,其长度约为1×10^{-6} cm,温度达2 400~3 500 K,放出的热量为电弧总热量的36%左右。

弧柱区中主要是阳离子和自由电子的混合物,也有一些阴离子和中性微粒,弧柱区中所进行的物理化学过程比较复杂,其中心温度达6 000~8 000 K,放出的热量为电弧总热量的21%左右。由于阴极和阳极的部件很薄,所以弧柱长度几乎等于电弧长度。

阳极区是靠近阳极很薄的一层,但它的长度要比阴极区大一些(约为1×10^{-4} cm)。由十阴极表面受到高速电子的撞击,传给阳极较大的能量,因此阳极获得的能量较阴极高。在和阴极材料相同的情况下,阳极表面的温度略高于阴极表面,可达2 600~4 200 K,放出的热量为电弧总热量的43%左右。

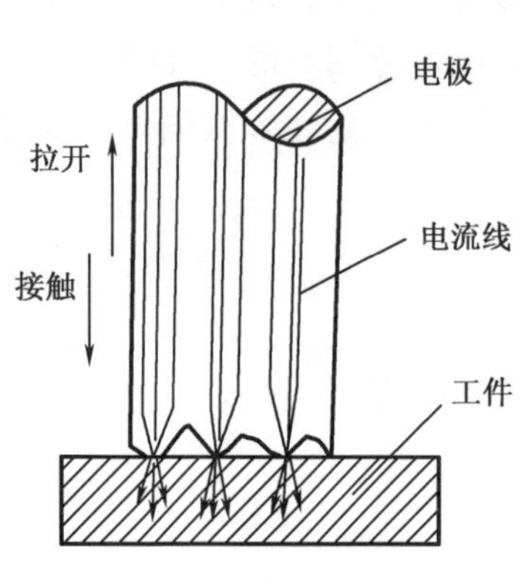

图2-1　接触引弧

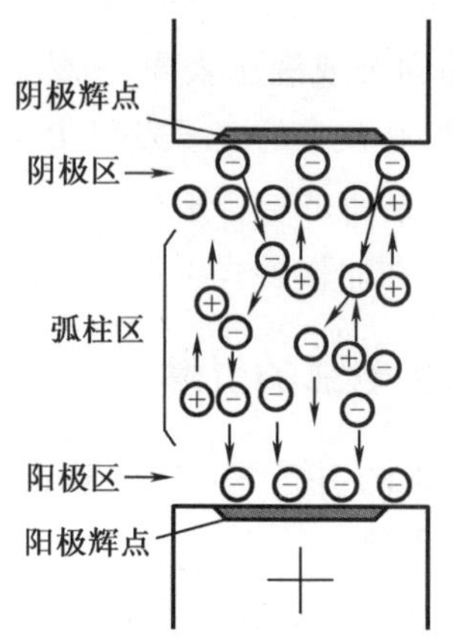

图2-2　焊条电弧焊焊接电弧构成

项目2　焊接电弧的分类和特性

一、焊接电弧的分类

焊接电弧的性质与电流的种类、电弧的状态、电弧周围的介质以及电极的材料有关。焊接电弧可做如下分类：

(1)按电流的种类，分为交流电弧、直流电弧和脉冲电弧(包括高频脉冲电弧)；

(2)按电弧的状态，分为自由电弧和压缩电弧；

(3)按电极的材料，分为熔化极电弧和非熔化极电弧。

二、焊接电弧的静特性

一定长度的电弧在稳定状态下，电弧电压 U_f 与电弧电流 I_f 之间的关系称为焊接电弧的静态伏安特性，简称伏安特性或静特性，可用以下函数表示：

$$U_f = f(I_f)$$

焊接电弧是非线性负载，即电弧两端的电压与通过电弧的电流之间不是呈正比例关系的。当电弧电流从小到大在很大范围内变化时，焊接电弧静特性曲线近似呈U形，故也称U形特性，如图2-3所示。焊接电弧静特性曲线可看成由三段(Ⅰ、Ⅱ、Ⅲ)组成。Ⅰ段，电弧电压随电弧电流的增大而减小，是下降特性段；Ⅱ段，呈等压特性，即电弧电压不随电弧电流而变化，而取决于电弧的长度，电弧的长度越长，则电弧电压越高，是水

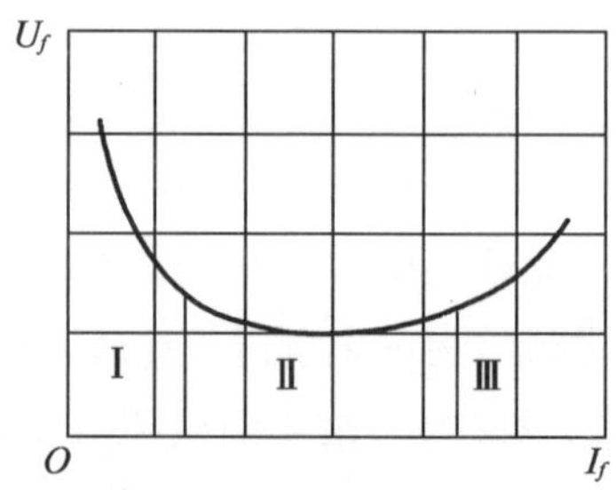

图2-3　焊接电弧静特性曲线

平特性段；Ⅲ段，电弧电压随电弧电流增大而增大，是上升特性段。

对于不同的焊接方法，它们的焊接电弧静特性曲线也是有所不同的，而且其正常使用范围并不包括焊接电弧静特性曲线的所有部分。焊接电弧静特性曲线的下降特性段由于电弧燃烧不稳定而很少被采用。手工电弧焊、埋弧焊多半工作在焊接电弧静特性曲线的水平特性段，即电弧电压只随电弧的长度而变化，与焊接电流关系很小；不熔化电极的气体保护焊、等离子弧焊也多半工作在水平特性段，当焊接电流较大时才工作在上升特性段；熔化极气体保护电弧焊（氩弧焊和 CO_2 气体保护焊）和水下焊接基本上工作在上升特性段。

三、焊接电弧的稳定性

焊接电弧的稳定性是指电弧保持稳定燃烧，即不产生断弧、偏吹、摇摆等现象的能力；具体来说，是指焊接过程中，当焊接电流和电弧电压保持某一定值时，电弧可在长时间内连续且稳定燃烧的能力。电弧燃烧稳定与否，对焊接的质量影响很大。电弧的稳定性的影响因素有以下几个。

1. 焊接电源

焊接电源种类和极性都会影响电弧的稳定性。焊接电源为直流电的电弧要比焊接电源为交流电的电弧稳定；空载电压较高的焊接电源的电弧燃烧较空载电压较低的稳定。

采用直流焊机焊接时，由于焊机有正、负两极，因此有两种不同的接法。将焊件接到焊机的正极，焊条接到焊机的负极，这种接法叫直流正接（图 2－4(a)）；反之，将焊件接到焊机的负极，焊条接到焊机的正极，这种接法叫直流反接（图 2－4(b)）。通常应根据焊条性质和焊件厚度来选用不同的接法，如用碱性焊条时，必须采用直流反接才能使电弧燃烧稳定。

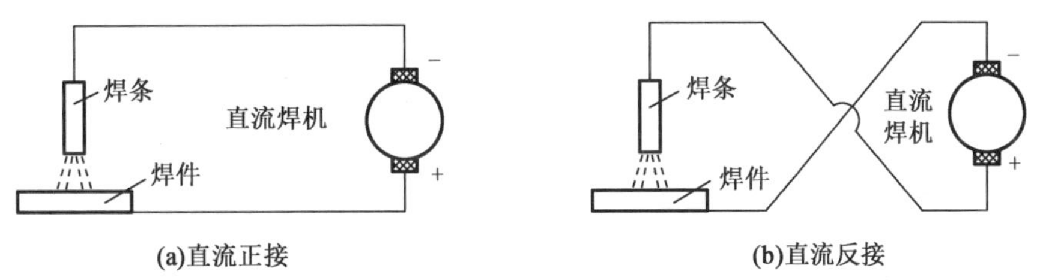

图 2－4　直流焊接电源的极性

进行焊条电弧焊时，当阳极和阴极的材料相同时，阳极区的温度大于阴极区的温度。焊接厚板采用酸性焊条时，应采用直流正接，以获得较大的熔深；焊接薄板时，应采用直流反接，可防止烧穿。酸性焊条采用交流焊机时，其熔深介于直流正接和直流反接之间。

在使用碱性低氢焊接重要结构焊条时，无论焊薄板还是厚板，均应采用直流反接，这样可以减少飞溅和气孔，并能使电弧稳定燃烧。在碱性焊条药皮中加一些电离电位低的物质，如钾等，提高了电弧的稳定性后，可以使用交流电源焊接。对于交流焊机来说，由于电源的极性是交变的，因此不存在正接和反接。

2. 焊条药皮和焊剂成分

焊条药皮和焊剂成分是影响电弧稳定性的重要因素。当焊条药皮或焊剂中含有过多氟化物及氯化物时,会使电离困难,降低电弧的稳定性。当焊条药皮或焊剂中含有低电离能的物质(K、Na、Ca)时,会增加电弧中带电粒子的数量,提高电弧的稳定性。

一般来说,厚药皮的优质焊条要比薄药皮焊条更容易获得稳定燃烧的电弧。当药皮局部剥落或采用裸焊条焊接时,很难获得稳定燃烧的电弧。

3. 焊接电流

焊接电流增大,电弧温度升高,电弧中粒子的电离程度和热发射作用增强,电弧中带电粒子增多,电弧的稳定性提高。

4. 焊接处杂质

焊接处如有油漆、油脂、水和锈层等存在,也会严重影响电弧的稳定性。因此,焊前做好焊件表面清洁工作十分重要。

5. 气流

露天进行焊接时,气流能影响电弧的稳定性,特别是在大风中或狭小长缝处进行焊接时,由于空气的流速很快,可能会造成严重电弧偏吹而无法进行焊接。

6. 焊工操作技术

焊工操作技术对电弧稳定性影响很大。如焊接操作中焊工对电弧长度控制不当,将会产生断弧。

7. 电弧偏吹

正常焊接时,电弧的轴线基本上与焊条的轴线在同一线上,如图 2 - 5 所示。但在焊接过程中,有时会发现电弧左右或前后摆动,即电弧的轴线与焊条的轴线不在同一线上,这样焊接电弧就产生了偏吹,如图 2 - 6 所示。

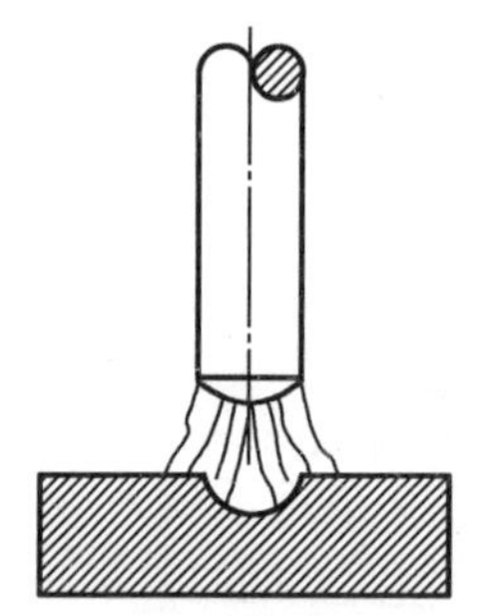
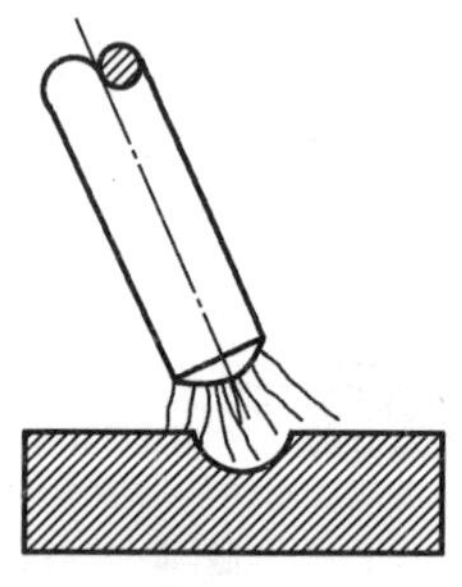

图 2 - 5　正常焊接时的焊接电弧

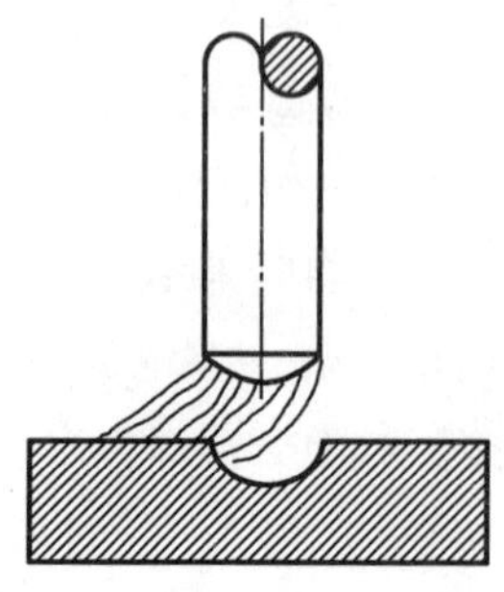
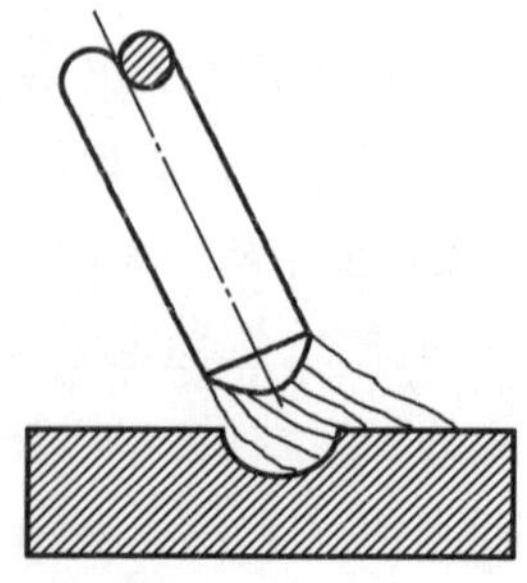

图 2 - 6　焊接电弧的偏吹

电弧偏吹使焊工难以控制电弧对熔池的集中加热,并会影响对熔池金属的保护作用,也会使焊缝焊偏,导致焊接质量降低。严重的电弧偏吹还会使电弧熄灭无法进行焊接。因此,在焊接过程中,必须注意防止产生电弧偏吹。

项目3　焊　　缝

在焊接过程中,在焊接电弧的高温作用下,焊条端部金属熔化形成熔滴,母材(或焊件)也局部熔化,在母材(或焊件)上形成一定形状和尺寸的液态熔池,电弧移动,熔池由熔滴填满,冷却后形成焊缝。在焊接过程中,熔池上部充满大量气体和熔渣,使熔池金属得到保护,也使焊缝金属的性能得到改善。图2-7为焊条电弧焊焊接过程。

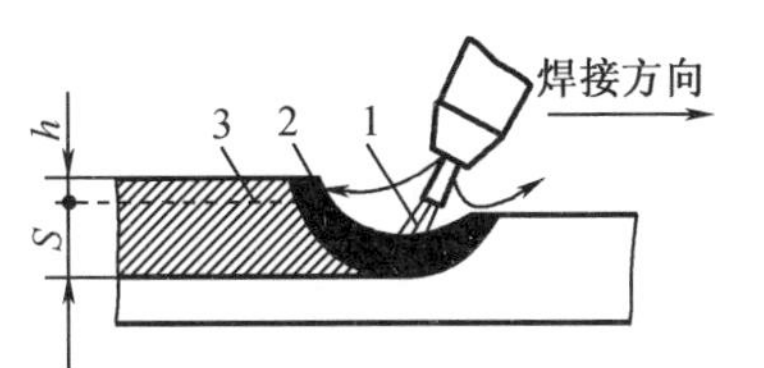

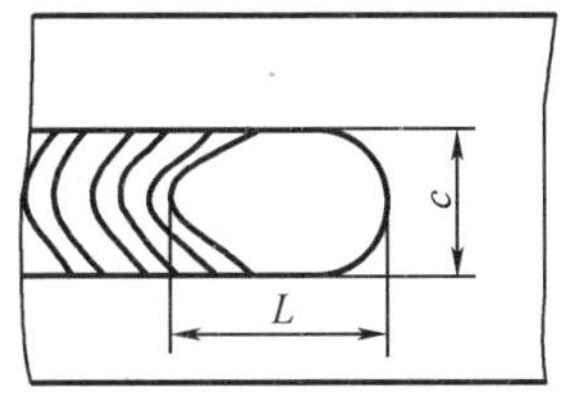

1—电弧; 2—熔池金属;3—焊缝金属;

S—熔池深度;L—熔池长度;c—熔池宽度;h—焊缝余高。

图2-7　焊条电弧焊焊接过程

一、焊缝形成和熔滴过渡

焊接时,电流通过焊条产生电阻热,使焊条预热(通常可达600~700 ℃),同时焊条端部受到电弧的直接加热而迅速熔化。在这两部分热量中,电弧热是使焊条熔化的主要热量。

焊条端部金属在电弧热作用下熔化,熔化的液体以颗粒状不断地向熔池转移,这个过程称为熔滴过渡。

1. 焊缝的形成

(1)熔池的体积和形状

对于一定的焊件,熔池的体积主要由电弧的热作用决定,其形状主要取决于电弧对熔池的作用力。电弧的压力作用可使熔池表面形成凹坑,电流密度越大,电弧动压力越大,熔池表面的凹坑越深。熔滴过渡的机械冲击力也会对熔池表面形状产生很大的影响,射流过渡时冲击力较大,会使熔池形成很深的凹坑。

接头形式及空间位置不同,重力和表面张力对熔池的作用也不同;焊接方法和焊接参数不同,熔池体积和熔池长度等也不同。平位施焊熔池处于最稳定的位置,容易得到成形良好的焊缝。在生产中常采用焊接翻转机或焊接变位机等装置回转或倾斜焊件,使接头处于水平位置进行焊接。在立位、仰位等空间位置进行焊接时,由于重力的作用,熔池金属有下淌趋势,因此应限制熔池的尺寸或采取特殊措施控制焊缝成形。

(2)焊缝的结晶过程

焊缝的结晶过程与熔池的形状有着密切的关系,因而对焊缝的组织、质量有着重要影响。焊缝的结晶过程总是从熔池边缘处母材半熔化的原始晶粒开始,沿熔池散热的相反方向进行,直至在熔池中心与不同方向结晶而来的晶粒相遇终止。显然,焊缝晶粒为柱状晶,其方向均与熔池池壁垂直,如图2-8所示。当焊缝宽度与深度之比较小(图2-8(b))时,焊缝柱状晶在焊缝中心交叉,容易使低熔点结晶物及杂质聚焦在焊缝中心而产生裂纹、气孔及夹渣缺陷。焊缝尾部形状决定了晶粒的交角,尾部越细长(图2-8(c)、图2-8(d)),焊缝中心的杂质偏析越严重,产生纵向裂纹的倾向越大。

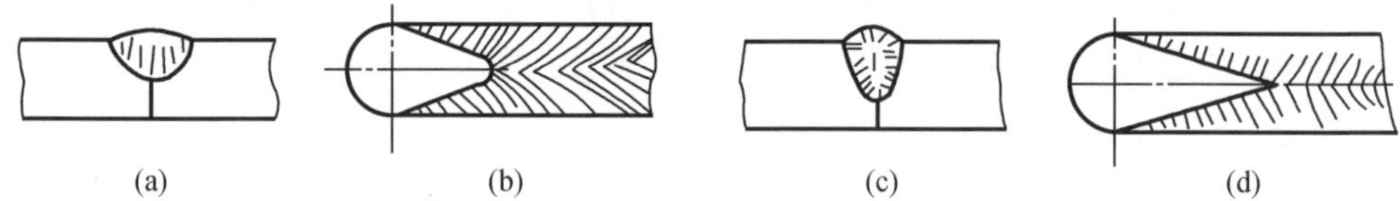

图2-8　熔池形状对焊缝的结晶过程的影响

2.熔滴过渡的形式

电弧焊中,熔滴的过渡有三种形式,即短路过渡、滴状过渡和射流过渡。

(1)短路过渡

当电弧长度小于焊条直径时,焊条熔化的金属在焊条末端与熔池之间形成液体金属小桥并随后爆破而向熔池过渡,这种熔滴过渡称为短路过渡,如图2-9所示。

短路过渡时,熔化金属首先集中在焊条下端,并开始形成熔滴。然后熔滴加大、颈部变细拉长,这时颈部电流密度加大,电磁力促进颈部继续下延。当熔滴与熔池接触时发生短路,电弧熄灭,短路电流迅速上升,电压为零。此时电磁力也迅速增大,并在重力、表面张力和气体吹力等共同作用下,颈部爆断,熔滴落入熔池。在颈部断开的瞬时,电源电压很快恢复到引弧电压,于是电弧又重新引燃,焊条末端又出现熔滴,重复上述过程。

(2)滴状过渡

当电弧长度大于焊条直径时,焊条金属以颗粒熔滴形式向熔池过渡,这种熔滴过渡称为滴状过渡(图2-10),因为不发生短路,所以焊接电流和电弧电压的波动很小。

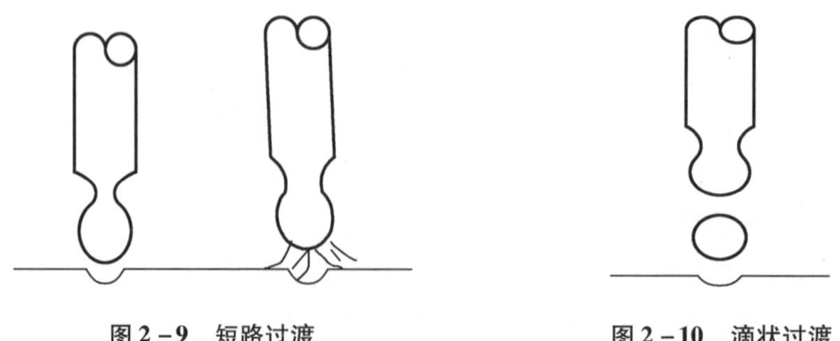

图2-9　短路过渡　　　　**图2-10　滴状过渡**

滴状过渡起作用的力主要是熔滴自身的重力、气体吹力和电磁力,而液体金属表面张力则起阻碍作用。

(3)射流过渡

在细焊丝、大电流(即焊接电流的电流密度超过一定临界值)时,熔滴不再是较大的滴状,而以极微小的颗粒状向熔池喷射,这种熔滴过渡称为射流过渡。射流过渡具有电弧稳定、没有飞溅、熔深大、焊缝成形好以及生产率高等优点。在熔化极氩弧焊中,当采用大电流、反接时,熔滴常以射流形式过渡。

二、焊缝的金相组织

在焊接过程中,母材(焊件)受到高温加热的作用,内部的金相组织会发生一系列变化,这些变化在很大程度上决定了焊接接头的质量。焊接接头由焊缝金属、热影响区金属和在焊接过程中不发生变化的基体金属三部分所组成,如图 2-11 所示。

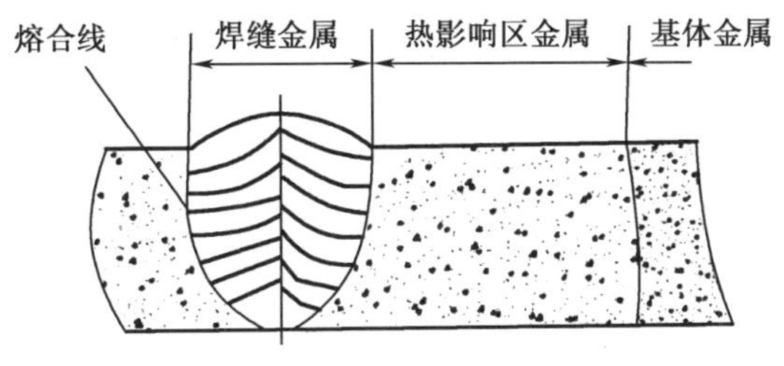

图 2-11　焊接接头的组成

图 2-11 中熔合线是熔池的边缘液体金属与基体金属的交界处。此处母材处于部分熔化状态,焊缝结晶就是从熔合线的晶粒表面开始的,因熔合线是熔池温度最低的部位,散热条件好,熔池金属就沿散热的相反方向结晶,最后形成柱状晶粒。

此外,在焊接热源的作用下,靠近熔池的一部分母材被加热到较高的温度,随后又冷却,这相当于使其受到一次热处理,会引起这部分金属组织和性能变化,因此称这部分金属为热影响区金属,称其所在区域为热影响区。

热影响区的大小与接头形式、焊接方法、焊接规范以及焊条的化学成分等因素有关。通常使用优质焊条焊接时,热影响区的宽度为 5 ~6 mm。

热影响区金属组织的变化取决于母材的化学成分以及焊接时加热和冷却的情况。不同牌号的钢材具有不同的过热倾向和淬火能力。在焊接低碳钢时,热影响区金属组织的变化对其力学性能和使用性能影响并不大,但焊接某些含碳量较高的碳素钢和低合金钢时,可能由于冷却速度快而造成淬火,得到脆性组织,或者由于高温停留时间太长而造成金属过热,晶粒粗大,其结果都会使热影响区金属的塑性、韧性下降,甚至在应力作用下出现裂缝。有些具有特殊性能的合金钢,还会由于内部组织的变化而失去其原有的特殊性能(如不锈钢的抗腐蚀性能等)。

通常根据母材的化学成分、生产工艺条件、结构形式和用途对热影响区金属的组织和焊接接头性能提出一定的要求。因此,必须通过选择焊接参数、控制层间温度、采用预热或焊后热处理等措施来控制焊接热循环或调整热影响区金属组织,以使焊接接头的力学性能满足相应的质量要求。

三、焊缝性能的控制

控制焊缝性能是控制焊接质量的主要目标。在焊接工作中用于改善焊缝性能的途径很多,但归纳起来主要是焊缝的固熔强化、变质处理和调整焊接工艺。

1. 焊缝的固熔强化和变质处理

改善焊缝凝固组织性能的有效方法之一就是向焊缝中添加某些合金元素,起固熔强化和变质处理的作用。根据目的和要求的不同,可加入不同的合金元素,以改变焊缝凝固组织的形态,从而提高焊缝的性能。近年来采用了多种微量合金元素,大幅度地提高了焊缝的强度和韧性。

通过焊接材料向熔池中加入细化晶粒的合金元素(如 Mo、V、Ti、Nb、B、Zr、Al)和稀土元素等,可以改变结晶形态,使焊缝的晶粒细化,既可提高焊缝的强度和韧性,又可改善其抗裂性能。

2. 调整焊接工艺

(1)振动结晶

改善焊缝凝固组织性能的另一途径就是采用振动的方法来破坏正在成长的晶粒,从而获得细晶组织。

(2)焊后热处理

焊后热处理可以改善整个焊接接头(包括焊缝)的组织性能,充分发挥焊接结构的潜在性能,因此,一些重要的焊接结构都要进行焊后热处理。虽然近年来对于大型球罐已成功地采用了内加热、外保温的技术进行整体热处理,但对某些复杂的大焊接结构采用整体热处理仍有困难,因此常采用局部热处理来改善其性能。

(3)多层焊接

对于相同板厚焊接结构,采用多层焊接可以有效地提高焊缝金属的性能。这种方法由于每层焊缝变小而改善了凝固结晶的条件,更主要的是后一层焊缝对前一层焊缝具有附加热处理的作用,从而改善了焊缝固态相变组织性能。

(4)锤击焊道表面

锤击焊道表面既能改善后一层焊缝的凝固结晶组织性能,也能改善前一层焊缝的固态相变组织性能。因为锤击焊道表面可使前一层焊缝不同程度地晶粒破碎,使后一层焊缝在凝固时晶粒细化,这样逐层锤击焊道就可以改善整个焊缝的组织性能。

(5)跟踪回火处理

所谓跟踪回火,就是每焊完一道焊缝立即用气焊火焰加热焊缝表面,温度控制在 900 ~ 1 000 ℃。如果焊条电弧焊焊道的平均厚度约为 3 mm,则跟踪回火对前三层焊缝均有不同程度的热处理作用。相当于上层焊缝(0 ~ 3 mm)受正火处理,中层焊缝(3 ~ 6 mm)受约 750 ℃的高温回火处理,下层焊缝(6 ~ 9 mm)受 600 ℃左右的回火处理。因此,采用跟踪回火处理不仅改善了焊缝的组织性能,同时也改善了整个焊接区的性能,焊接质量因而得到显著提高。

模块3　常用焊接方法

项目1　焊条电弧焊

焊条电弧焊是手工操作焊条进行焊接的电弧焊方法，是最基本的一种熔焊方法，也是目前焊接生产中使用最广泛的焊接方法。

情景1　焊条电弧焊的工作原理及特点

一、焊条电弧焊的工作原理

焊条电弧焊的工作原理如图3－1所示，它利用焊条与焊件之间建立起来的稳定燃烧的电弧，使焊条和焊件熔化，从而获得牢固的焊接接头。焊接过程中，药皮不断地分解、熔化而生成气体及熔渣，保护焊条端部、电弧、熔池及其附近区域，防止大气对熔化金属的有害污染。焊条的焊芯也在电弧热作用下不断熔化进入熔池，成为焊缝的填充金属。

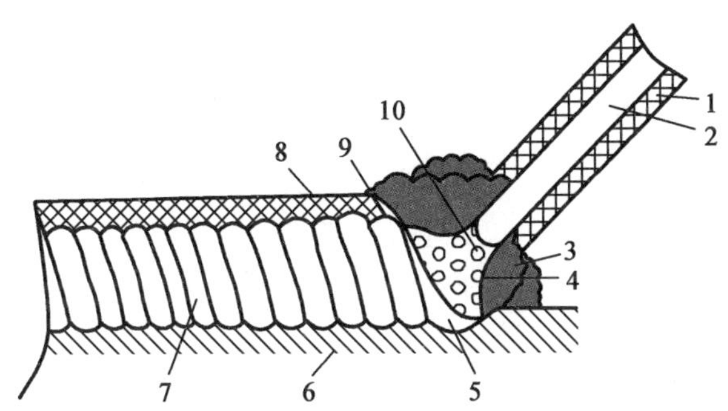

1—药皮；2—焊芯；3—保护气体；4—电弧；5—熔池；6—母材；7—焊缝；8—焊渣；9—熔渣；10—熔滴。

图3－1　焊条电弧焊的工作原理

二、焊条电弧焊的特点

与其他熔焊方法相比，焊条电弧焊具有如下特点。

（1）操作方便，使用灵活，适应性强，适用于各种钢材、各种位置和各种结构的焊接，特别是对不规则的焊缝，均能灵活运用，操作自如。

（2）设备简单，使用维护方便。无论是交流焊机还是直流焊机，焊工都容易掌握，使用可靠，维护方便，不像埋弧焊、电渣焊设备那样复杂。

（3）由于手工操作，生产率低，焊工的劳动强度也比较大。

(4)焊接质量不稳定。焊条电弧焊的焊接质量与焊工的技能水平有关,由于培训焊工的难度较大,以及手工操作的随意性比较大,焊条电弧焊焊接质量不稳定,这是焊条电弧焊的最大缺点。

情景2　焊条电弧焊的设备及工具

一、焊条电弧焊的设备

焊条电弧焊的主要设备是弧焊机,按其供给的焊接电流种类可分为交流弧焊机和直流弧焊机两类。交流弧焊机的特点是成本低、构造及维修简单、电弧偏吹轻微,但电弧稳定性较差。而直流弧焊机则与其相反,具有成本高、构造及维修复杂、电弧偏吹严重,但电弧稳定性好的特点。

1. 交流弧焊机

交流弧焊机焊接时的电流为交流电,是一种特殊的降压变压器,它具有结构简单、价格低、使用可靠、工作噪声小、维护方便等优点,所以焊接时常用交流弧焊机。它的主要缺点是焊接时电弧不够稳定。常见交流弧焊机电源外形如图3-2所示。焊接时,通过旋转摇杆来调节焊接电流,其原理是通过改变次级线圈的匝数改变电流。

2. 直流弧焊机

直流弧焊机焊接时的电流为直流电。它具有电弧稳定、引弧容易、焊接质量较好的优点,但是直流弧焊机结构复杂、噪声大、成本高、维修困难。在焊接质量要求高或焊接2 mm以下薄钢件、有色金属、铸铁和特殊钢件时,宜用直流弧焊机。直流弧焊机与交流弧焊机不同,有正极与负极之分。当焊钳一端接负极,焊件一端接正极时,称为直流正接;当焊钳一端接正极,焊件一端接负极时,称为直流反接。常见直流弧焊机电源外形如图3-3所示。图3-3中直流弧焊机电源类型为逆变式直流弧焊电源,操作面板上有焊接电流调钮与电弧推力调钮,通过电流数显表可直观地看出电流数值。

图3-2　常见交流弧焊机电源外形

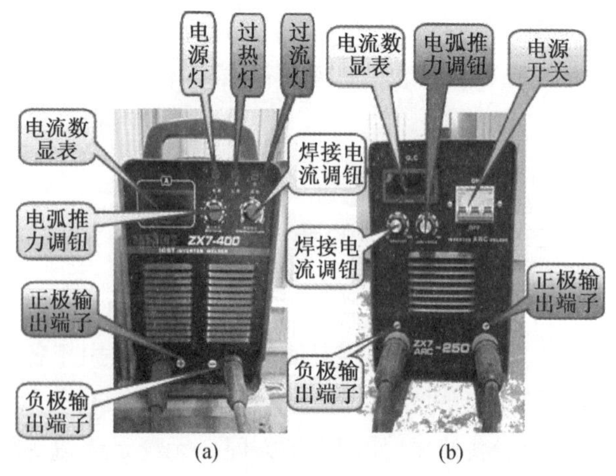

图3-3　常见直流弧焊机电源外形

二、焊条电弧焊的工具

焊工在工作时要与电源、火源、易燃易爆气体、压力容器等接触，在焊接过程中还会产生一些有害气体、金属蒸气和烟尘、电弧光的辐射、焊接热源的高温等。因此，要配备一些特定的器具及个人防护用品。焊条电弧焊必备的工具有焊接电缆、焊钳、面罩等。

1. 焊接电缆

焊接电缆用来实现焊钳、焊件与焊接电源的连接，以传导焊接电流。焊接电缆外表应有良好的绝缘层，不允许导线裸露。其外皮如有破损，应用绝缘胶布包好，以防破损处引起短路和发生触电等事故。

2. 焊钳

焊钳是夹持焊条并传导电流以进行焊接的工具，有 300 A、500 A 两种规格。焊钳必须严格绝缘。

3. 面罩

面罩是防止焊接时的飞溅、辐射对焊工面部和颈部造成损伤的一种遮盖工具，焊接时面罩还可用来观察熔池。面罩上有护目镜，可过滤弧光。护目镜按亮度分为 6 个型号(7 ~ 12 号)，号数越大，颜色越深，对弧光的过滤效果越强。

4. 焊工手套

焊工手套是保护焊工手臂不受飞溅和辐射伤害，防止触电的专用工具，用皮革制成。

5. 护脚

护脚是用来保护焊工的脚腕不受损伤的防护用品。

6. 工作服

工作服是防止弧光及飞溅灼伤人体的防护用品，一般选用浅色的较坚固的阻燃材料制成，袖口要小，开口不应过多。

7. 绝缘鞋

焊工在操作时接触到的二次空载电压为 70 ~ 80 V，为防止触电，焊工应穿绝缘鞋。

8. 平光眼镜

平光眼镜是焊工清渣或修磨焊缝时佩戴的，可防止熔渣灼伤眼睛，对防止打眼也有一定的作用。

9. 焊条保温桶

焊条从烘干箱中取出后，应贮存在焊条保温桶中，在施工现场随用随取。

10. 角向砂轮机

角向砂轮机主要用于焊后清渣、修整接头坡口，以及焊缝返修、修磨等。

11. 辅助器具

常用的辅助器具有敲渣锤(清除焊渣用的尖锤)、扁錾、钢丝刷等，用于清除焊件上的铁锈和熔渣。

情景3　焊　　条

一、焊条的组成及作用

焊条是涂有药皮的供焊条电弧焊用的焊接材料，由焊芯和药皮组成，如图3－4所示。焊条规格是以焊芯直径 d 来表示的，常用的有2.5 mm、3.2 mm、4 mm、5 mm几种规格，其长度 L 一般为250～450 mm。

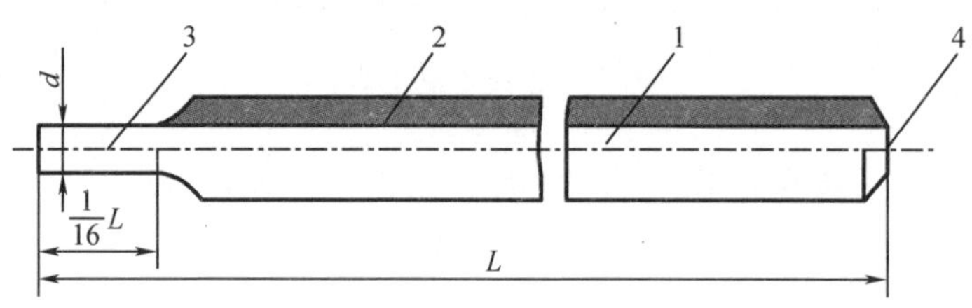

1—焊芯；2—药皮；3—夹持端；4—引弧端。

图3－4　焊条的组成

1. 焊芯

焊条中被药皮包覆的金属芯称为焊芯。焊接时，焊芯有两个作用：一是传导焊接电流产生电弧，把电能转换成热能；二是熔化作为填充金属与熔化母材金属熔合形成焊缝。焊条电弧焊时，焊芯金属占整个焊缝金属的50%～70%。所以，焊芯的成分直接影响焊缝的质量。

2. 药皮

压涂在焊芯表面上的涂料层称为药皮。药皮由矿物、铁合金和其他金属、有机物及某些化工产品等组成。药皮的成分相当复杂，一般一种药皮配方的原料都达8种以上。

（1）药皮的作用

①机械保护作用：药皮熔化后产生的大量气体和形成的熔渣起隔绝空气作用，防止空气中的氧、氮侵入，保护熔滴和熔池金属。

②冶金处理渗合金作用：通过药皮熔化后形成熔渣与熔化金属的冶金反应，可去除有害杂质（如氧、氢、硫、磷）和添加有益元素，使焊缝获得合乎要求的力学性能。

③改善焊接工艺性能：焊接时适当的药皮可使电弧稳定燃烧、飞溅少、焊缝成形好、易脱渣，熔敷效率高，适用于全位置焊接等。

（2）药皮的类型

药皮类型较多，主要有钛铁矿型、钛钙型、高纤维素钾型、高纤维素钠型、高钛钠型、铁粉钛型、低氢钠型、低氢钾型、铁粉低氢型、氧化铁型等。下面介绍生产中常用的几种类型的药皮。

①钛钙型：该型药皮中含30%以上的氧化钛和20%以下的钙或镁的碳酸盐。采用该型药皮时熔渣流动性良好，脱渣容易，电弧稳定，熔深适中，飞溅少，焊波整齐。该型焊条适用于全位置焊接，交流或直流正、反接。其主要用于焊接较重要的碳钢结构。常用的使用该

型药皮的焊条型号为E4303、E5003。

②高纤维素钾型:该型药皮中纤维素含量较高,并加入了少量的钙与钾的化合物。采用该型药皮时电弧稳定,交流或直流反接均可。其适用于全位置焊接,主要用于焊接一般低碳钢结构,如管道等,也可用于打底焊。常用的使用该型药皮的焊条型号为E4311、E5011。

③低氢钠型:该型药皮主要由碳酸盐矿和萤石组成,碱度较高。采用该型药皮时焊接工艺性能一般,焊波较粗,熔深中等,脱渣性较好。该型药皮可用于全位置焊接,直流反接。其可使熔敷金属具有良好的抗裂性能和力学性能,主要用于焊接重要的碳钢结构,也可用于焊接某些低合金钢结构。常用的使用该型药皮的焊条型号为E4315、E5015。

④低氢钾型:该型药皮在低氢钠型药皮的基础上添加了稳弧剂,故可用于交流电施焊。采用该型药皮的焊条焊接工艺性能、力学性能、抗裂性能与采用低氢钠型药皮的焊条相似,主要用于焊接重要的碳钢结构,也可用于焊接某些低合金钢结构。常用的使用该型药皮的焊条型号为E4316、E5016。

二、焊条的分类

按焊条药皮熔化后熔渣的特性,焊条可分为酸性焊条和碱性焊条两大类。

1. 酸性焊条

酸性焊条的熔渣以酸性氧化物为主。其优点是焊接工艺性好,容易引弧,电弧稳定,飞溅少,脱渣性好,焊缝成形美观,对焊件的油污、铁锈等污物不敏感,焊接时产生的有害气体少,可交、直流两用,适用于全位置焊接。

其缺点是焊缝力学性能和抗裂性能差,仅适用于一般低碳钢和强度等级较低的普通低合金钢结构的焊接。药皮类型为钛铁矿型、钛钙型、高纤维素钾型、高钛钠型、铁粉钛型、氧化铁型的焊条为酸性焊条。

2. 碱性焊条

碱性焊条的熔渣以碱性氧化物和氟化钙为主。其优点是脱氧、硫、磷、氢的能力比酸性焊条强,故焊缝力学性能和抗裂性能比酸性焊条好。由于其焊缝含氢量低,因此碱性焊条也称低氢型焊条。碱性焊条适用于合金钢和重要碳钢结构焊接。

情景4 焊条电弧焊工艺

一、焊条电弧焊的操作技巧

1. 引弧

电弧焊开始时,引燃焊接电弧的过程称为引弧。根据操作手法的不同,可将引弧方式分为直击法和划擦法两种。

(1)直击法:使焊条与焊件表面垂直接触,令焊条的末端与焊件的表面轻轻一碰,便迅速将焊条向上提起2~3 mm,电弧随即被引燃。

(2)划擦法:先将焊条末端对准焊件,然后用焊条在焊件表面划擦一下,并倾斜向上拉起2～3 mm，电弧就能被引燃。

对于初学者来讲，如果起弧时出现焊条和焊件粘在一起的现象，只要用手腕的力量将焊条左右摇动几下，就可使焊条脱离焊件。必要时，可将焊钳从焊条上松开，断开焊接回路，待焊条稍冷后再拆下。若引燃电弧后，电弧熄灭，重新引燃困难，则需要将焊条末端的药皮套筒除掉，露出焊芯，再进行正常引弧过程。

2. 运条

焊接过程中，焊条相对焊缝所做的各种动作的总称为运条。运条包括三个动作，如图3－5所示。

(1)焊条沿轴线方向向熔池送进。焊接过程中，焊条在电弧热作用下逐渐变短。若不向下送进，则电弧长度将逐渐增加，造成焊缝表面成形难看，严重时还会导致断弧。

(2)焊条横向摆动。此动作的作用是获得一定宽度的焊缝，并保证焊缝两侧熔合良好。横向摆动幅度要均匀一致，并在两侧略微停顿，才能获得所要求的宽度和成形效果。对于直线型运条方法，可忽略此动作。

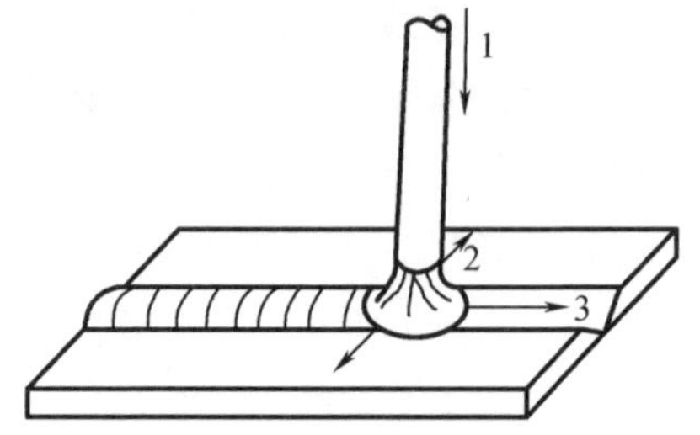

1—焊条沿轴线方向向熔池送进；
2—焊条横向摆动；
3—焊条沿焊接方向移动。

图3－5　运条的三个动作

(3)焊条沿焊接方向移动。一般焊接时，焊接方向由左向右。

3. 焊缝的接头

后焊焊缝与先焊焊缝的连接处称为焊缝接头。由于受焊条长度的限制，焊缝接头是不可避免的。焊缝接头处应避免出现焊缝过高、脱节、宽窄不一致等缺陷。焊缝接头连接时，要求在弧坑前10 mm附近引弧，电弧长度应比正常焊接时略长些，然后回移到弧坑处，压低电弧并稍做摆动，再向前正常焊接。这种接头方法是使用最多的一种。

4. 焊缝的收尾

焊接过程中，如果将电弧突然熄灭，则焊缝末端会留有弧坑，造成焊接缺陷。为保证焊缝成形，避免产生焊接缺陷，需要在收尾时采取特定的运条方式，即焊缝的收尾。常用的有反复断弧收尾法、画圈收尾法和回焊收尾法等。

(1)反复断弧收尾法：正常焊接至焊缝终点时，先熄灭电弧，之后，在焊缝末端仍发红时，立即在该处反复引弧、熄弧，填满弧坑。

(2)画圈收尾法：焊条移到焊缝终点时，并不立即熄灭电弧，而是在弧坑处画圆圈，直到填满弧坑再拉断电弧。

(3)回焊收尾法：焊条移到焊缝终点时，在弧坑处稍做停留，将电弧慢慢抬高，再引到焊缝边缘的母材坡口内。这时熔池会逐渐缩小，凝固后一般不出现缺陷。

反复断弧收尾法一般用于酸性焊条的焊缝收尾，回焊收尾法则多用于碱性焊条的焊缝收尾。对于单面焊双面成形焊缝，焊缝的收尾则主要采用反复断弧收尾法和回焊收尾法。

二、焊条电弧焊的焊接工艺参数

1. 焊条直径

焊条直径指焊芯直径。焊条直径一般根据焊件厚度选择，同时还要考虑接头形式、施焊位置和焊缝层数,对于重要结构还要考虑焊接热输入的要求。一般情况下,焊条直径与焊件厚度的关系见表3-1。

表3-1　焊条直径与焊件厚度的关系　　单位:mm

焊件厚度	2~6	6~12	13以上
焊条直径	2.5~3.2	3.2~4	4~5

2.焊接电源种类和极性

用交流电源焊接时,电弧稳定性差;用直流电源焊接时,电弧稳定,但存在电弧偏吹现象。碱性焊条用直流电源焊接时,一般采用反接;酸性焊条一般采用正接。

3.焊接电流

选择焊接电流时,应根据焊条类型、焊条直径、焊件厚度、接头形式、焊接位置和焊缝层数等方面综合考虑。焊接电流过小会使电弧不稳,造成未焊透、夹渣以及焊缝成形不良等缺陷;反之,焊接电流过大易产生咬边、焊穿等缺陷,增加焊件变形和金属飞溅量,也会使焊接接头的组织由于过热而发生变化。所以,焊接时要合理选择焊接电流。焊接电流与焊条直径的关系见表3-2。

表3-2　焊接电流与焊条直径的关系

焊条直径/mm	2.5	3.2	4
焊接电流/A	70~90	110~150	160~220

注:①表中焊接电流为平焊时焊接电流,立、横、仰焊时焊接电流应降低10%~15%;
②角焊焊接电流应比对接焊焊接电流稍大。

4.焊缝层数

在焊接厚板时,必须采用多层焊或多层多道焊。前一层焊道对后一层焊道起预热作用,后一层焊道对前一层焊道起热处理作用,有利于提高焊缝的塑性和韧性。每层焊道厚度不能大于焊条直径的1.5倍。

焊接层数主要根据焊件厚度、焊条直径、坡口形式和装配间隙等来确定,可用式(3-1)估算。

$$n=\delta/d \tag{3-1}$$

式中　n——焊接层数;

δ——焊件厚度,mm;

d——焊条直径,mm。

5.电弧电压

焊条电弧焊的电弧电压主要由电弧长度来决定。电弧长度越大,电弧电压越高;反之,电弧电压越低。在焊接过程中,应尽量使用短弧焊接。一般情况下,要求电弧长度不能超过焊芯直径。

6. 焊接速度

焊接过程中，焊接速度应该均匀适当。焊接速度过快，易造成未熔合、焊缝成形窄小等缺陷；焊接速度过慢，熔池金属会前逸，导致焊缝宽度增加，影响焊缝成形。在保证熔合良好的前提下，由焊工通过观察熔池流动灵活掌握焊接速度。

情景5　典型焊接实例——管板对接平角焊

一、任务引入

角接接头平焊位置角焊缝的焊接，叫平角焊。角焊时除了焊接缺陷应在技术条件允许的范围之内外，主要要求角焊焊缝的焊脚尺寸符合技术要求，以保证焊接接头处的强度。管板对接平角焊装配图如图3－6所示。焊后要求焊缝成形良好，焊脚高度为5～6 mm。

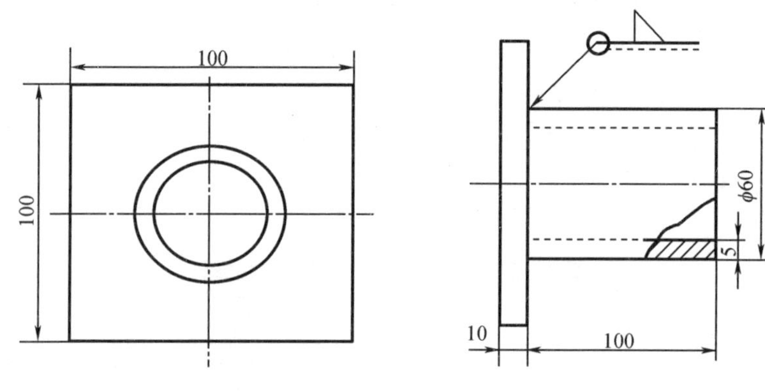

图3－6　管板对接平角焊装配图

二、焊前准备

1. 焊接电源

用ZX7－400型直流焊机，直流正接。

2. 焊条

用E4304(J422)型焊条，焊条直径3.2 mm。焊条烘干温度为150～200 ℃，保温1～2 h。

3. 焊件

焊前，对坡口及两侧各20 mm范围内的油污、铁锈及其他污物，进行打磨或清洗，使焊件露出金属光泽。

4. 定位焊

在管板之间点固焊三个点。第一个点与第二个点位置对称，防止管件翘起。定位焊的焊接电流比正式焊要大些，以保证熔深。定位焊焊缝长度不能太长，防止影响成形。

三、焊接操作

1. 引弧

引弧时，应避免在定位焊的焊点处引弧。起弧后，把电弧拉长些，保持1～2 s，进行预热,之后开始正常焊接。

2. 焊条角度

焊条与焊接方向管切线夹角为60°~85°,焊条与焊件之间的夹角为45°。焊接时,根据管的弧度,不断地调整身体位置,同时转动手腕,保证焊接角度不变。

3. 运条方式

采用半圈法,即将整条焊缝分为两部分。焊接过程中,运条方式为直线型,不需要摆动。

4. 焊缝接头

焊缝接头时,在前一条焊缝收尾弧坑位置之前10 mm处引弧,之后,将电弧提高,向后拉回弧坑2/3处,压低电弧,然后开始正常焊接。

5. 焊缝收尾

当焊接接近收尾时,焊条继续向后焊接,使其与预先焊的焊缝重合上,原地停留大约2 s,之后熄灭电弧。

三、焊接工艺参数

管板对接平角焊的焊接工艺参数见表3-3。

表3-3 管板对接平角焊的焊接工艺参数

焊缝名称	焊条直径/mm	焊接电流/A	电弧电压/V
定位焊	3.2	130~140	22~26
正式焊缝	3.2	128~135	

四、任务评价(表3-4)

表3-4 管板对接平角焊任务评价表

考核项目	考核内容及要求	分值	学生自评	小组评分	教师评分
外观检查	焊缝成形完整	5			
	焊缝起头圆滑	5			
	焊缝接头平整	5			
	焊缝平直	5			
	焊缝宽度一致	5			
	焊角尺寸达标	5			

表 3-4(续)

考核项目	考核内容及要求	分值	学生自评	小组评分	教师评分
操作技能	操作姿势正确	20			
	引弧方法正确	10			
	运条方法正确	10			
	收尾方法正确	10			
安全生产	无人身、设备事故	20			
总分	100				

项目2　埋　弧　焊

埋弧焊是电弧在焊剂层下燃烧进行焊接的焊接方法。这种焊接方法利用焊丝和焊件之间燃烧的电弧产生热量,熔化焊丝、焊剂和母材而形成焊缝。焊丝作为填充金属,焊剂对焊接区起保护和合金化作用。其因焊接时电弧被掩埋在焊剂层下燃烧,电弧光不外露而得名。

情景1　埋弧焊的焊接过程及特点

一、埋弧焊的焊接过程

埋弧焊焊接过程及焊缝断面如图 3-7(a)所示。焊接前电源的两极分别接在导电嘴和焊件上,焊丝通过导电嘴与焊件接触,在焊丝周围撒上焊剂,然后接通电源,则电流经过导电嘴、焊丝与焊件构成焊接回路。焊接时,焊机的启动、引弧、送丝、机头(或焊件)移动等全由焊机进行机械化控制,焊工只需按动相应的按钮即可完成工作。

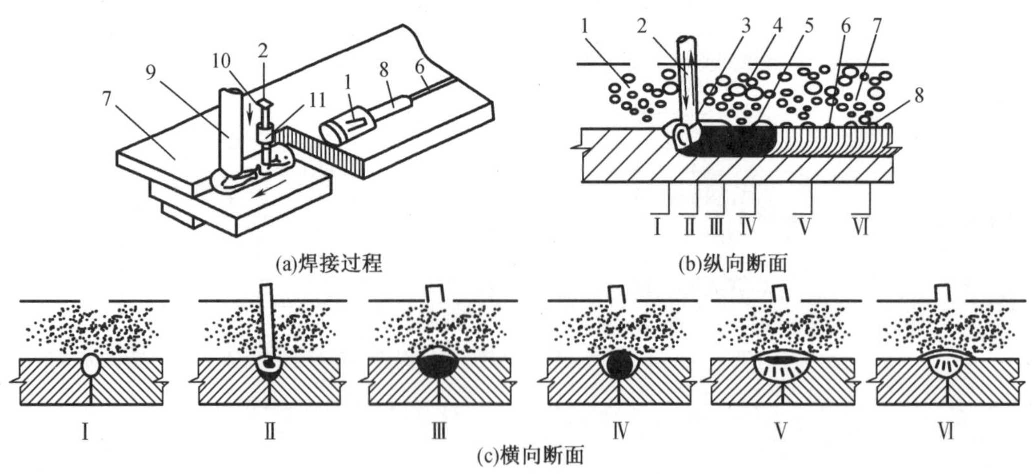

(a)焊接过程　(b)纵向断面

(c)横向断面

1—焊剂;2—焊丝;3—电弧;4—熔池;5—熔渣;6—焊缝;7—焊件;8—焊渣;9—焊剂漏斗;10—送丝滚轮;11—导电嘴。

图 3-7　埋弧焊焊接过程及焊缝断面

二、埋弧焊的特点

1. 埋弧焊的主要优点

(1)焊接生产率高

埋弧焊是通过导电嘴将焊接电流导入焊丝的,与焊条电弧焊相比,导电的焊丝长度短,其表面又无药皮包覆,不存在药皮成分受热分解的限制,所以允许使用比焊条电弧焊大得多的电流,使得埋弧焊的电弧功率、熔深及焊丝的熔化速度都相应增大。另外,由于焊剂和熔渣的隔热作用,电弧基本上没有热的辐射散失,金属飞溅也少,虽然用于熔化焊剂的热量损耗较大,但总的热效率仍然较焊条电弧焊大大增加。

(2)焊缝质量好

埋弧焊时电弧及熔池均处在焊剂与熔渣的保护之中,保护效果比焊条电弧焊好。焊剂的存在也使熔池金属凝固速度减缓,液态金属与熔化的焊剂之间有较多的时间进行冶金反应,减少了焊缝产生气孔、裂纹等缺陷的可能性,焊缝化学成分稳定,成形美观,力学性能好。此外,埋弧焊时,焊接工艺参数可通过自动调节保持稳定,焊缝质量对焊工操作技术的依赖程度可较焊条电弧焊大大降低。

(3)焊接成本较低

由于埋弧焊使用的焊接电流大,可获得较大的熔深,因此埋弧焊时焊件可开I形坡口或小角度坡口,因而既节约了因加工坡口而消耗掉的焊件金属和加工工时,也减少了焊缝中焊丝的填充量。而且,埋弧焊由于焊接时金属飞溅极少,又没有焊条头的损失,因此也节约了填充金属。此外,埋弧焊的热量集中,热效率高,故在单位长度焊缝上所消耗的电能也较焊条电弧焊大大减少。

(4)劳动条件好

由于埋弧焊实现了焊接过程的机械化,操作较简便,焊接过程中操作者只是监控焊机,因此大大降低了焊工的劳动强度。另外,埋弧焊电弧是在焊剂层下燃烧的,没有弧光的有害影响,放出的烟尘和有害气体也较少,所以焊工的劳动条件大为改善。

2. 埋弧焊的主要缺点

(1)难以在空间位置施焊

因为采用颗粒状焊剂,而且埋弧焊的熔池也比焊条电弧焊的大得多,为保证焊剂、熔池金属和熔渣不流失,埋弧焊通常只适用于平焊或倾斜度不大的位置的焊接。

(2)对焊件装配质量要求高

由于电弧埋在焊剂层下,操作人员不能直接观察到电弧与坡口的相对位置,当焊件装配质量不好时埋弧焊易焊偏而影响焊接质量。因此,埋弧焊时焊件装配必须保证接口间隙均匀,焊件平整,无错边现象。

(3)不适合焊接薄板和短焊缝

由于埋弧焊电弧的电场强度较高,焊接电流小于100 A时电弧稳定性不好,故不适合焊接太薄的焊件。另外,埋弧焊由于受焊接小车的限制,灵活性差,一般只适合焊接长直焊缝或大圆弧焊缝,焊接弯曲、不规则的焊缝或短焊缝则比较困难。

情景 2　埋弧焊的设备

目前国内最普遍使用的埋弧焊机是 MZ－1000 型埋弧焊机，国内很多制造厂家都生产该系列的焊机。埋弧焊机主要由焊接电源、焊接小车、行走轨道、控制电缆、电缆线等构成。

一、焊接电源

焊接电源与焊接小车组成自动埋弧焊机，适用于焊接各种中、厚钢板的对接、搭接、角接等焊缝，可焊接碳素结构钢、低合金钢、耐热钢等。图 3－8 为 MZ－1000Ⅳ型埋弧焊机焊接电源。

该焊接电源可用于埋弧焊与焊条电弧焊的焊机，电源外特性包括下降特性与水平特性，焊接前需要设定相应的焊接方法挡位。

二、焊接小车

MZ－1000Ⅳ型埋弧焊机配用的焊接小车如图 3－9 所示，它由送丝机构、行走小车、机头调整机构、控制盒、导电嘴、焊丝盘和焊剂漏斗等组成。焊接小车可实现焊接方向的设定，焊丝的送进与回抽，焊接电流、电弧电压、焊接速度的设定，焊接开始与暂停的控制等。该焊接小车的特点如下：

(1)行走稳定，焊接范围广，可适应直径 2～6 mm 各种焊丝的焊接；

(2)调整方便灵活，机头同焊枪一体升降、回转；

(3)横梁可回转及升降；

(3)带有校直机构双驱动送丝装置，送丝稳定、对中好、送丝能力强。

图 3－8　MZ－1000Ⅳ型埋弧焊机焊接电源

图 3－9　MZ－1000Ⅳ型埋弧焊机配用的焊接小车

三、行走轨道

该埋弧焊机的行走轨道为平直形状，适用于对接纵焊缝焊接。焊接环形焊缝时，需要更改为特定的环形轨道。

四、控制电缆

控制电缆的作用是实现焊接电源与焊接小车之间信号的传输，埋弧焊机用的控制电缆分别为7芯与4芯控制电缆。

五、电缆线

电缆线的作用是传输电能。焊接前要检查电缆线的完整性，防止漏电，造成电击事故。

情景3 埋弧焊的焊接材料与冶金过程

一、埋弧焊的焊接材料

埋弧焊的焊接材料包括焊丝和焊剂。埋弧焊焊丝和焊剂直接参与焊接过程中的冶金反应，因此它们的化学成分和物理特性都会影响焊接过程，并通过焊接过程对焊缝的化学成分、组织和性能产生影响。

1. 焊丝

焊丝在埋弧焊中用作填充金属，也是焊缝的组成部分，所以对焊缝质量有直接影响。根据焊丝的成分和用途可将其分为碳素结构钢焊丝、合金结构钢焊丝和不锈钢焊丝三大类。用埋弧焊焊接低碳钢时，以H08A型焊丝应用得最为普遍。当焊件厚度较大或对力学性能的要求较高时，则可选用含锰量较高的焊丝，如H10Mn2型焊丝。

埋弧焊常用的焊丝直径有2 mm、3 mm、4 mm、5 mm和6 mm五种。焊丝表面镀有一薄层铜，可防止焊丝生锈，并提高了电弧的稳定性。

2. 焊剂

焊剂在埋弧焊中的主要作用是造渣，以隔绝空气对熔池的污染，控制焊缝的化学成分，保证焊缝金属的力学性能，防止气孔、裂纹和夹渣等缺陷的产生。同时，考虑实施焊接工艺的需要，还要求焊剂具有良好的稳弧性能，形成的熔渣应具有合适的密度、黏度、熔点、颗粒度和透气性，以保证焊缝获得良好的成形，最后，熔渣凝固形成的渣壳应具有良好的脱渣性能。

二、埋弧焊的冶金过程

埋弧焊的冶金过程是指液态熔渣与液态金属以及电弧气氛之间的相互作用，其中主要包括氧化反应、还原反应、脱硫反应、脱磷反应，以及去除气体等。另一种说法是，埋弧焊的冶金反应主要是指液态金属中某一元素被焊剂中某元素取代的反应。对于钢埋弧焊来说，最主要的冶金反应有硅、锰的还原反应，碳的氧化烧损，硫、磷杂质的控制，去氢反应等。

1. 硅、锰的还原反应

硅、锰是低碳钢焊缝中最重要的合金元素。锰可以降低焊缝产生热裂纹的可能性，提高焊缝力学性能;硅可镇静焊接熔池,加快其脱氧过程,并保证焊缝的致密性。因此,必须有效控制熔池的冶金过程,保证焊缝中适当的硅、锰含量。

2. 碳的氧化烧损

低碳钢埋弧焊时,由于使用的焊剂中不含碳元素,因此碳只能通过焊丝及母材进入焊熔池。焊丝熔滴中的碳在过渡过程中发生非常剧烈的氧化反应:

$$C + O \xlongequal{} CO$$

在熔池内也有一部分碳被氧化,其结果是使焊缝中的碳元素烧损而出现脱碳现象。若增加焊丝中碳的含量,则碳的烧损量也增大。由于碳的剧烈氧化,熔池的搅动作用增强,使熔池中的气体容易析出,有利于遏制焊缝中气孔的形成。由于焊缝中碳的含量对焊缝的力学性能有很大的影响,因此碳烧损后必须补充其他强化焊缝的元素,才可满足对焊缝的力学性能要求,这正是焊缝中硅、锰元素质量分数一般都比母材高的原因。

3. 硫、磷杂质的控制

硫、磷在金属中都是有害杂质,焊缝含硫量增加时会造成偏析形成低温共晶,使产生热裂纹的倾向增大;焊缝含磷量增加时会提高冷脆性,降低其冲击韧度。因此,必须限制焊接材料中硫、磷的含量并控制其过渡。

4. 去氢反应

埋弧焊对氢的敏感性比较高,经研究和实验证实,氢是埋弧焊时产生气孔和冷裂纹的主要原因。因此,防止产生气孔和冷裂纹的重要措施就是去除熔池中的氢。去氢的途径主要有两条:一是杜绝氢的来源,这就要求清除焊丝和焊件表面的水、油污、铁锈和其他污物,并按要求烘干焊剂;二是通过冶金手段去除已混入熔池中的氢。后一条途径对于焊接冶金来说非常重要,可利用由焊剂中加入的氟化物分解出的氟元素和某些氧化物分解出的氧元素,通过高温冶金反应与氢结合成不熔于熔池的化合物 HF 和 OH 来对氢加以去除。

情景 4　埋弧焊工艺

焊接工艺参数决定焊缝成形,影响焊缝的抗裂性能以及对气孔、夹渣的敏感性,而焊接热输入又会对焊缝的强度和韧性造成影响。因此,焊接工艺参数直接决定焊缝质量。

一、埋弧焊的焊前准备

1. 坡口设计与加工

埋弧焊的坡口形式与焊条电弧焊基本相同,其中尤以 V 形、X 形、U 形坡口最为常用。焊件厚度为 10 ~24 mm 时,多开 Y 形坡口;焊件厚度为 24 ~60 mm 时,可开 X 形坡口。由于埋弧焊可使用较大焊接电流,电弧具有较强穿透力,所以当焊件厚度小于 10 mm 时,一般不开坡口也能将焊件焊透。

坡口常用气割或机械加工方法制备。气割一般采用自动气割机方便地割出直边、Y 形坡口和双 Y 形坡口。用刨削、车削等机械加工方法制备坡口,可以获得比气割更高的精度。

2. 焊件的清理与装配

焊件装配前，需将坡口及附近区域表面上的铁锈、油污、氧化皮、水等清理干净。装配时应根据不同焊件厚度选择定位焊间距及定位焊尺寸，直缝接头两端需加引弧板和熄弧板。

3. 焊丝表面清理与焊剂烘干

埋弧焊用的焊丝要严格清理，焊丝表面的油污、铁锈及拔丝用的润滑剂都要清理干净，以免污染焊缝造成气孔缺陷。

焊剂在运输及储存过程中容易受潮，所以使用前应经烘干除去水分。一般焊剂须在250 ℃温度下烘干，并保温1～2 h。限用直流焊接的焊剂使用前必须经350～400 ℃烘干，并保温2 h，烘干后应立即使用。回收使用的焊剂要过筛清除焊渣等杂质后才能使用。

4. 焊机的检查与调试

焊前应仔细检查焊接电缆和焊机连接的情况，及时更换损坏的绝缘器件。启动焊机前，应再次检查焊机和辅助装置的各种开关、旋钮等的位置是否正确无误，离合器是否可靠接合。检查无误后，再按焊机规定的操作顺序进行焊接操作。

二、埋弧焊的焊接工艺参数

1. 焊接电流

焊接电流决定了焊丝的熔化速度和焊缝熔深，焊接电流增大，焊接速度、焊缝熔深增大。

焊接电流与焊丝直径的匹配见表3－5。

表3－5 焊接电流与焊丝直径的匹配

焊丝直径/mm	2	3	4	5	6
焊接电流/A	200～400	350～600	500～800	700～1 000	800～1 200

2. 电弧电压

电弧电压增大，焊缝熔宽增大，熔深和余高略有减小。焊接电流增大时，应适当地加大电弧电压，以保证焊缝成形合格。电弧电压与焊接电流的对应关系见表3－6。

表3－6 电弧电压与焊接电流的对应关系

焊接电流/A	550～650	850～1 200
电弧电压/V	38～45	45～48

3. 焊接速度

焊接速度会影响焊缝的熔深和熔宽，焊接速度加快，焊缝的熔宽、熔深减小。

4. 焊件倾斜角度

合理的焊件倾斜角度应控制在6°~8°。

5. 焊丝伸出长度

焊丝伸出长度增加,焊丝熔化速度加快,焊缝余高增大。

6. 焊剂层厚度

焊剂层太薄,会使电弧外露,导致保护效果下降,容易产生气孔、裂纹等缺陷,并使熔深变浅。焊剂层太厚,容易产生未焊透缺陷,焊道变窄,余高增大。一般焊剂层厚度应控制在20~30 mm。

情景5　埋弧焊焊接实例

一、任务引入

现有两块Q235－A低碳钢板,准备实施I形坡口不留间隙平对接直缝焊,如图3－10所示。

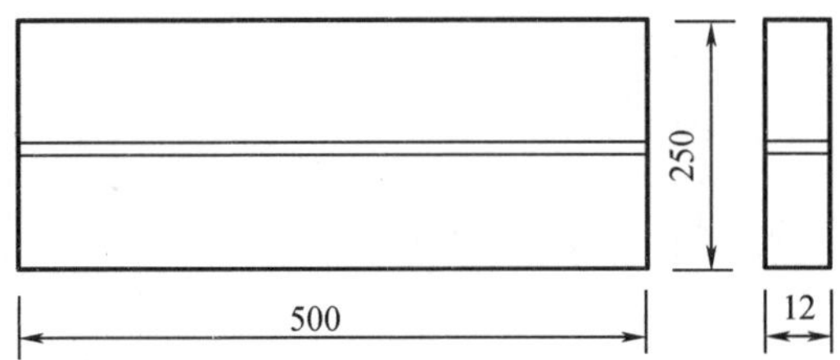

图3－10　I形坡口不留间隙平对接直缝焊

二、技术要求

(1)采用双面埋弧焊施焊。

(2)焊缝背面允许清根。

(3)焊缝余高0~3 mm,焊接要采用引弧板、收弧板,但必须全焊透。

(4)焊后变形量应小于3°。

三、安全文明生产要求

(1)焊接作业前,应先检查焊机设备及工、夹具是否安全可靠,机壳的接地是否良好。电缆的连接部位必须牢固,并要有绝缘措施。

(2)不能将刚焊完的母材靠近可燃物,避免发生火灾。

(3)齿轮、送丝轮备有齿轮罩、防护板,不允许卸去运行,以免发生伤人事故。

(4)焊接作业场所应配备灭火器,防止事故发生。

四、焊前准备

1. 焊前清理

对焊接区及附近的油污、铁锈等,用角向磨光机打磨干净,使其坡口面及其两侧各20 mm 范围内不存在污物,以免产生气孔或熔合不良等缺陷。

2. 焊接材料

(1)焊丝选用 H08MnA,直径 4 mm。

(2)焊剂选用熔炼焊剂 HJ431。焊前,焊剂应进行 200 ℃烘干。

3. 组装定位焊

准备两块 100 mm×100 mm×12 mm 的 Q235－A 钢板作为引弧板和收弧板,将其点焊在焊件两端。定位焊缝属于短焊缝,定位焊只在引弧板和收弧板两端进行,装配焊件应保证间隙均匀、高低平整,且定位焊焊缝质量应与主焊缝要求一致。

4. 调试焊机

焊接前对 MZ－1000Ⅳ型埋弧焊机进行焊接小车空载运行调试。

五、焊接工艺参数

双面埋弧焊的焊接工艺参数见表 3－7。

表 3－7 双面埋弧焊的焊接工艺参数

板厚/mm	焊丝直径/mm	焊接层次	焊接电流/A	电弧电压/V	焊接速度/($cm \cdot min^{-1}$)
12	4	1	620～660	40～42	42
		2	680～720		40

六、焊接过程

按照给定的焊接工艺参数进行操作。焊接过程中应防止焊剂中混入异物,导致阻塞焊剂引起弧光裸露。Ⅰ形坡口不留间隙平对接直缝焊焊缝形状如图 3－11 所示。第一层焊缝焊完后,将焊件翻身,用碳弧气刨清除焊根,以保证焊缝熔透。电弧焊至焊缝终端或引出板上时,应先关上焊剂斗阀门,再按下“停止”按钮。

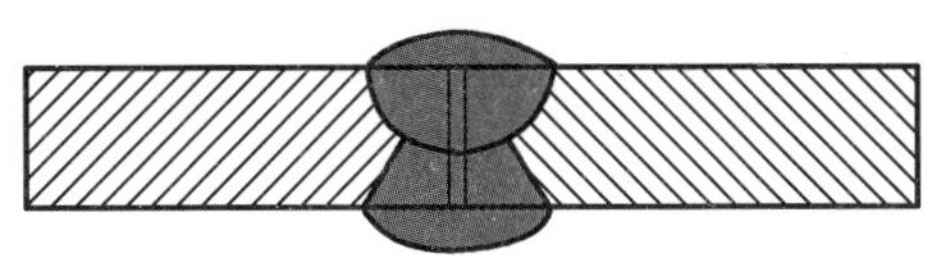

图 3－11 Ⅰ型坡口不留间隙平对接直缝焊焊缝形状

五、任务评价(表 3－8)

表 3－8 埋弧焊焊接任务评价表

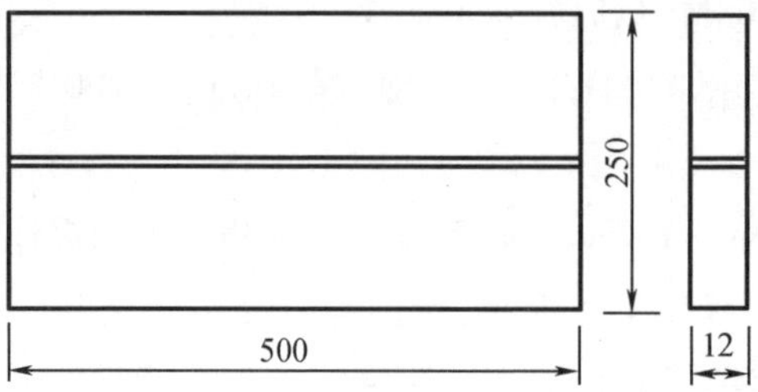

考核项目	500 250 12				
	考核内容及要求	分值	学生自评	小组评分	教师评分
外观检查	无未焊透	8			
	无焊瘤	8			
	无气孔	8			
	焊缝表面波纹细腻、均匀,成形美观	10			
焊缝尺寸	正面焊缝余高达标	10			
	背面焊缝余高达标	8			
	错边量≤10% 板厚	10			
	焊缝宽度一致	10			
	定位焊缝质量与主焊缝要求一致	10			
	变形量≤3°	8			
	余高差≤2 mm	5			
安全生产	无人身、设备事故	5			
总分	100				

项目 3 二氧化碳气体保护焊

情景 1 二氧化碳气体保护焊的工作原理及特点

二氧化碳气体保护焊(CO_2 气体保护焊)与其他电弧焊方法相比有更强的适应性、更高的效率、更好的经济性,更容易获得优质的焊接接头。因此,在船舶建造过程中,CO_2 气体保护焊得到了极为广泛的应用,并有逐步取代焊条电弧焊的趋势。

一、CO_2 气体保护焊的工作原理

CO_2 气体保护焊利用 CO_2 作为保护气体并形成足够的气体保护层,焊接时采用专用焊枪,依靠焊丝与焊件间的电弧热及电阻热提供焊接所需热量,从而实现半自动或自动焊接,

其工作原理如图 3－12 所示。

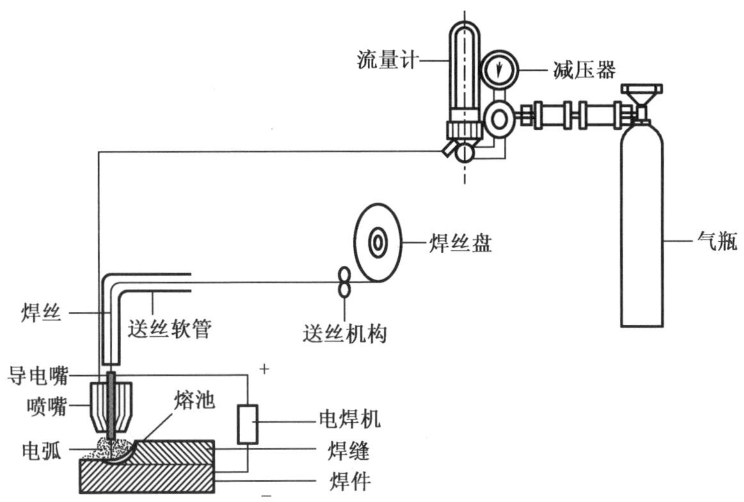

图 3－12 CO_2 气体保护焊工作原理

焊接时选择直流电源，电源的两极分别接到焊枪及焊件上。焊丝盘提供焊丝，经送丝机构带动并通过焊枪不断向焊接区域送进，以完成焊接所需的填充。同时，气瓶或管道输送的气体 CO_2 以一定压力和流量被送入焊枪，并从焊枪前端喷出形成"套筒"，在电弧和熔池周围形成保护气流。焊接时，熔化的焊丝和母材形成熔池，随焊枪移动及焊丝的不断送进，完成连续的焊接过程。

二、CO_2 气体保护焊的特点

1. 焊接成本低

CO_2 气体和焊丝价廉易得，焊接时电能消耗少。一般情况下，CO_2 气体保护焊成本仅为焊条电弧焊的 37% ~42%、埋弧焊的 40% 左右。

2. 焊接生产率高

CO_2 气体保护焊焊接电流的电流密度大，电弧热量利用率较高，使焊丝熔化率提高，母材熔透深度增加。此外，其焊丝又是连续送进，且焊后没有焊渣，特别是多层焊接时，节省了清渣时间，焊后不需要清渣，从而大幅提高了生产率。

3. 焊接变形小

CO_2 气体保护焊时电弧热量集中，焊件受热面积较小，CO_2 气流又具有较强的冷却作用，所以焊接变形较小。

4. 操作简便

CO_2 气体保护焊为明弧操作，利于监控，可进行全位置焊接，并可实现机械化和自动化。

5. 适应范围广泛

CO_2 气体氧化性强，使焊缝氢含量较低，对铁锈敏感性低，焊缝抗裂性能较好。另外，CO_2 气体保护焊既可焊接薄板，又可焊接厚板，可完成任何空间位置、角度、长度及复杂曲面

焊缝的焊接。

6. 焊接飞溅多、成形较差

CO_2 气体保护焊的冶金特性致使焊接弧光较强，焊缝成形较差。此外，CO_2 气体保护焊抗风能力较差，给室外作业带来一定困难。

7. 焊接区域内氧化性较强

CO_2 气体保护焊焊接区域内氧化性较强，不适用于易氧化金属材料的焊接。

情景 2　CO_2 气体保护焊的焊接材料

焊接生产中，焊接材料是保证焊接质量的物质基础。CO_2 气体保护焊焊接材料包括 CO_2 气体和焊丝，其中 CO_2 气体作为保护气体，始终承受电弧的高温作用；而焊丝用作熔化电极，对焊缝起到填充作用。CO_2 气体和焊丝参与了整个焊接冶金反应，其成分与质量直接决定了焊接过程及焊缝质量。

一、CO_2 气体

CO_2 气体是无色、无味、无毒的气体。在常温下它的密度为 1.98 kg/m^3，约为空气的1.5 倍。CO_2 气体在常温下很稳定，但在高温下会发生分解。

CO_2 有三种形态：固态、液态和气态。其形态转变的方式比较特殊，气态的 CO_2 只有受到压缩才能变成液态。常压冷却时，CO_2 气体将直接变成固态的干冰。固态的干冰在温度升高时也只能直接变成气态，而不经过液态的转变。但是，固态 CO_2 不适合在焊接中使用，因为空气中的水分会冷凝在干冰的表面上，使 CO_2 气体中带有大量的水分。因此，用于 CO_2 气体保护焊的是由瓶装液态 CO_2 所产生的 CO_2 气体。

供焊接使用的 CO_2 气体，一般要求其纯度大于 99.5%，优质接头焊接要求其纯度不低于 99.8%。影响 CO_2 气体纯度的主要是气瓶中的水分和空气中的氮的存在。如选择的 CO_2 气体纯度较低，会给产品质量造成严重影响，必须采取措施确保 CO_2 气体纯度。

二、焊丝

CO_2 气体保护焊的焊丝既是填充金属又是电极，必须含有一定量的脱氧剂，以防止产生气孔，减少飞溅并提高焊缝的力学性能。

按焊丝的结构形式，可将其分为实芯焊丝和药芯焊丝。实芯焊丝由优质焊接用钢丝拉拔、调直、镀铜而成，具备多种优良特性。其作用包括作为电极引燃电弧、作为熔敷金属构成焊缝。此外，在焊接冶金过程中，实芯焊丝还起到脱氧和渗合金等作用，以保证焊缝具有良好的力学性能。药芯焊丝是将药芯或金属粉末混合物（称为药粉）裹在金属外皮里面而构成的，可实现对焊缝的气 - 渣联合保护。药芯焊丝特点如下。

1. 飞溅少

药芯焊丝的药粉中加有稳弧剂，使电弧燃烧稳定，熔滴过渡平稳，飞溅大为减少，且飞溅颗粒细小，熔渣也易清除。

2. 焊缝成形美观

焊接时药粉熔化成渣，在液态熔渣的表面张力作用下，焊缝成形光顺美观。

3. 生产率高

药芯焊丝通电部分的金属外皮处于外层，表面积大、散热快，可提高焊接电流密度，加快焊丝熔化速度，提高生产率。

4. 焊缝质量好

借助气－渣联合保护，可进一步防止空气入侵熔池。熔渣使冶金反应充分，增强了脱氧、去硫及清除杂质能力。此外，在药粉中加入合金元素可起到渗合金作用，从而改善焊缝的力学性能。

5. 应用范围广

通过调整药粉中的合金成分，可获得需要的焊缝成分，可适应焊接各种钢材。药芯焊丝已被广泛应用于焊接碳钢、低合金高强度钢、耐热钢、不锈钢。药芯焊丝还被用于耐磨钢材的堆焊等。

6. 制造设备复杂

无论用何种工艺制造药芯焊丝，其制造设备的复杂程度，在加工精度、控制精度、设备的高技术含量、操作人员素质等方面的要求，均高于焊条和实芯焊丝的制造设备。药芯焊丝的生产设备的一次性投入费用高。

7. 制造工艺技术要求高

药芯焊丝制造工艺的复杂程度远大于焊条和实芯焊丝。制造出合格的药芯焊丝产品的关键除了精良的制造设备、优良的药粉配方外，另一关键在于制造工艺。目前，国内许多药芯焊丝制造厂家的产品在质量、批量上与国外相比存在差距，其原因还是在制造工艺方面尚不过关。

8. 成品要求有防潮保管措施

除了无缝药芯焊丝外表面可镀铜外，药芯焊丝在防潮保管方面比焊条和实芯焊丝要求高。在防潮性能方面，药芯焊丝不如镀铜实芯焊丝抗潮性好。药芯焊丝受潮后通过烘干恢复其性能的能力不如焊条。受潮较严重的药芯焊丝，或是无法烘干（因卷绕在塑料盘上），或是烘干效果不理想，基本上不能使用。在防潮保管问题上，一方面制造厂家对药芯焊丝包装要给予充分重视，采取相应的技术措施；另一方面建议使用单位不要长期大量保存药芯焊丝。现有的常规防潮包装可保证药芯焊丝在半年至一年内符合出厂时的技术要求。因此，使用单位应根据生产实际组织进货，尽量减少药芯焊丝的库存。

情景3　CO_2 气体保护焊焊接设备

焊接设备是保证焊接过程稳定进行的能量来源，CO_2 气体保护焊所使用的焊接设备，包括半自动 CO_2 气体保护焊设备及自动 CO_2 气体保护焊设备。

一、半自动 CO_2 气体保护焊设备

NBC 系列逆变式气体保护焊机为典型的半自动 CO_2 气体保护焊设备。NBC－350 型焊

机(图 3－13)由焊接电源、供气系统、送丝系统、焊枪和控制系统组成,工作时需要完成焊接电源的供应、气体的输送及焊丝的给送等任务。

1. 焊接电源

NBC 系列逆变式气体保护焊机是一种用于 CO_2 气体或富氩混合气体保护焊的高性能通用半自动数字化电焊机,可使用直径 0.8～1.6 mm 实芯及药芯焊丝焊接低碳钢、低合金钢构件。该系列焊机具有合理的静外特性及良好的动态性能。CO_2 气体保护焊机焊接电源如图 3－14 所示。

图 3－13　NBC－350 型焊机

图 3－14　CO_2 气体保护焊机焊接电源

NBC－350 型焊机采用了 IGBT 软开关逆变技术,工频三相 380 V 电源输入整流后由 IGBT 逆变器变为高频交流,经高频变压器降压,高频整流器整流,滤波后输出适合焊接的直流电。这个过程提高了焊机的动态响应速度,减小了焊机的体积和质量。控制电路对整机进行闭环控制,使焊接电源具有良好的抗电网波动能力,焊接性能优异。

2. 供气系统

CO_2 气体保护焊供气系统由气瓶、预热器、干燥器、减压器、流量计、电磁气阀及管路等组成,如图 3－15 所示。其功能是将气瓶内的液体转为气体,降压后以一定流量均匀从喷嘴喷出。

(1)气瓶

室温下气瓶内 CO_2 气体压力为 4～6 MPa,温度升高至 30 ℃时,气瓶内气体压力急剧上升,可达 7 MPa,随输出消耗,气瓶内压力逐渐下降。

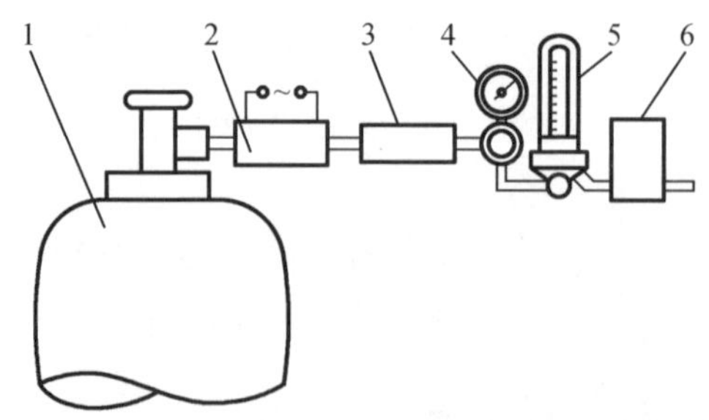

1—气瓶;2—预热器;3—干燥器;4—减压器;5—流量计;6—电磁气阀。

图 3－15　CO_2 气体保护焊供气系统

(2)预热器

CO_2 从液态转变成气态时,将吸收大量的热,减压后气体体积膨胀,也会使温度下降。为防止管路冻结,在减压之前应通过预热器对 CO_2 气体进行预热。一般采用电阻加热式预热器。

(3)干燥器

干燥器内装有干燥剂,如硅胶、脱水硫酸铜和无水氯化钙等。只有在含水量较高时才需要加装干燥器。

(4)减压器和流量计

减压器将气瓶中的高压 CO_2 气体压力降低,并保证输出气体压力稳定;流量计用于调节和测量 CO_2 气体的流量。

(5)电磁气阀

电磁气阀装在气路上,利用电磁信号控制气体输出开关。

3. 送丝系统

根据所使用焊丝直径的不同,送丝系统可分为等速送丝式和变速送丝式。通常焊丝直径大于或等于 3 mm 时采用变速送丝式,焊丝直径小于或等于 2.4 mm 时采用等速送丝式。生产中等速送丝式应用最为普及。对送丝系统的基本要求是能稳定、均匀地送进焊丝,方便调速,结构牢固轻巧。

(1)送丝机构

①送丝机构的组成

送丝机构由送丝电动机减速装置、送丝滚轮和压紧机构等组成。

②焊丝的加压推送滚轮的上方有一压紧滚轮,焊丝通过两滚轮中间,利用压紧滚轮加压,增大焊丝和泵轮之间的摩擦力,保证均匀、可靠地推送焊丝。调整合适的压力能使焊丝平稳送入焊枪的软管,最后进入电弧区。

③焊丝的矫直

送丝机构上设有焊丝矫直装置,能减小焊丝在软管中的阻力,使焊丝顺利通过软管。

(2)送丝软管

送丝软管是导送焊丝的通道,要求内壁光滑、规整,内径大小均匀合适,焊丝通过的摩擦力小,具有良好的刚性和弹性。

4. 焊枪

焊枪起到送气、送丝和导电的作用。

5. 控制系统

半自动 CO_2 气体保护焊设备的控制系统,应在焊接过程中对焊接电源、供气系统及送丝系统实现程序控制。

(1)控制送气

NBC－50 型焊机控制面板上,通过相应的组合键功能旋钮,可设定提前送气或滞后停气时间。调节范围为 0.01 ~9.99 s。

(2)控制焊接电源

NBC－50型焊机控制面板上，通过相应的组合键功能旋钮，可调节不同直径焊丝的回烧时间或慢送丝速度。

二、自动 CO_2 气体保护焊设备

自动 CO_2 气体保护焊机由焊接电源、送丝机构、焊枪、气路系统和控制系统等部分组成。下面以 CO_2 气体保护焊焊接机器人（图3－16）为例，简单介绍一下自动 CO_2 气体保护焊设备。

1.焊接电源

自动 CO_2 气体保护焊机的焊接电源与半自动 CO_2 气体保护焊机的相同，参数设定时，需要更改为全自动功能挡位。

2.焊枪

自动 CO_2 气体保护焊机的焊枪为空冷式，与半自动 CO_2 气体保护焊机的焊枪结构相同。

3.示教器

示教器的作用主要是编写程序，控制焊枪及机器手臂的运转，设定焊接工艺参数。CO_2 气体保护焊焊接机器人示教器面板如图3－17所示。

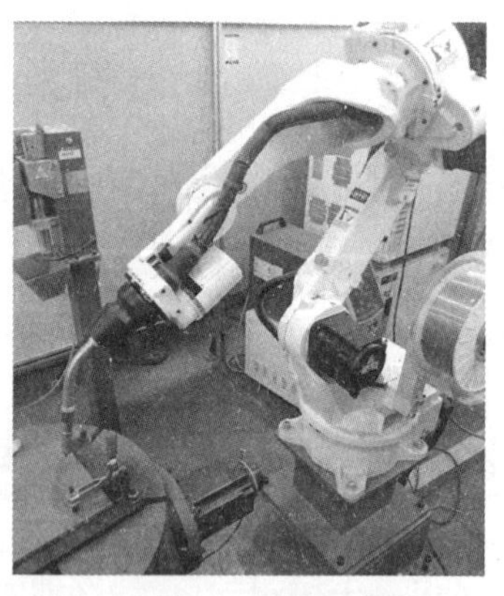

图3－16　CO_2 气体保护焊焊接机器人

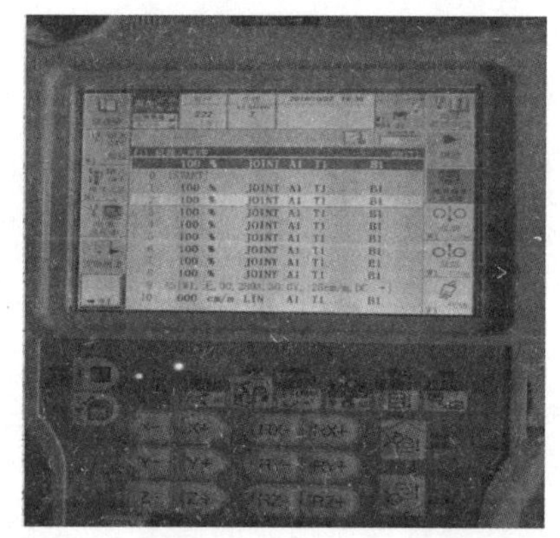

图3－17　CO_2 气体保护焊焊接机器人示教器面板

情景4　CO_2 气体保护焊焊接工艺参数

合理选择焊接工艺参数是保证焊接质量、提高生产率的重要条件。下面以NBC－350型焊机为例，介绍 CO_2 气体保护焊的焊接工艺参数。

一、焊丝直径

焊丝直径通常根据焊件厚度、焊接位置、接头形式及坡口形式等选择。焊机上有相应的指示灯，可根据选用的焊丝直径选择相应的挡位。

二、焊接电流

焊接电流应根据焊件厚度、焊件材质、焊丝直径、坡口形式、施焊位置等确定。焊接电流主要影响送丝速度。NBC－350 型焊机控制面板上，显示预置送丝速度时“m/min”指示灯亮，显示电流时“A”指示灯亮，空载时显示预置电流，焊接时显示实际焊接电流。

三、电弧电压

电弧电压必须与焊接电流适当配合。电弧电压主要影响焊丝的熔化速度。电弧电压过高时，会导致飞溅颗粒增大，并产生咬边现象；电弧电压过低时，会造成焊丝熔化慢，产生顶触焊枪的现象。NBC－350 型焊机控制面板上，可设定“分别”或“一元化”来实现电弧电压的单独调节或与焊接电流之间联动调节。焊丝直径、焊接电流与电弧电压的选择规范见表 3－9。

表 3－9 焊丝直径、焊接电流与电弧电压的选择规范

焊丝直径/mm	焊接电流/A	电弧电压/V
0.8,1.0	60～80	17～18
1.0,1.2	80～130	18～21
1.0,1.2	130～200	20～24
1.0,1.2	200～250	24～27
1.2,1.6	250～350	26～32
1.6	350～500	31～39
1.6	500～630	39～44

四、焊接速度

焊接速度应根据熔池流动情况由焊工自行掌握。一般半自动 CO_2 气体保护焊的焊接速度为 15～40 m/h。

五、焊丝伸出长度

焊丝伸出长度是指焊丝自导电嘴端部到最前端的距离，又叫干伸长（图 3－18 中 L）。图 3－18 为焊丝伸出长度与焊接电流的匹配关系。焊丝伸出长度取决于焊丝直径，一般约等于焊丝直径的 10 倍，且不超过 15 mm。

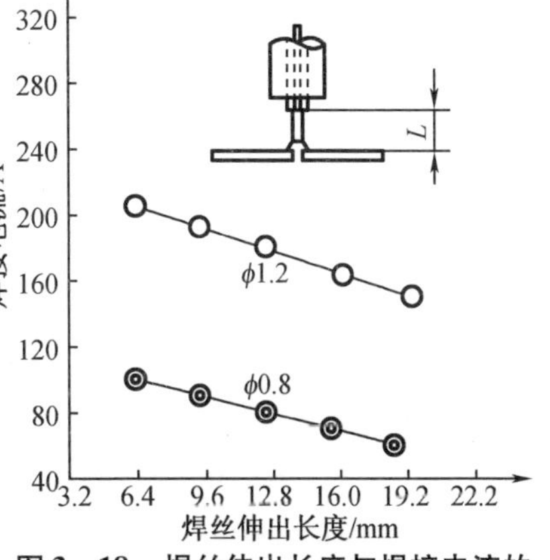

图 3－18 焊丝伸出长度与焊接电流的匹配关系

六、CO_2 气体流量

CO_2 气体流量过大和过小都会影响气体保护效

果，容易产生焊接缺陷。CO_2 气体流量应结合焊接电流、电弧电压、焊接速度、接头形式及作业条件等综合选择。焊接前，还应设定提前送气与滞后停气的时间。

七、电源极性

NBC 系列逆变式气体保护焊机使用时，一般采用直流反接，电弧稳定，飞溅少，焊缝成形较好，同时形成的焊缝熔深较大，生产率高。

八、回路电感

通过调节 NBC－350 型焊机上的电感旋钮，可以改变焊接稳定性、熔深和飞溅量。NBC－350 型焊机的电感调节范围为 1～50 H。

九、喷嘴高度

喷嘴下表面和熔池表面的距离称为喷嘴高度。喷嘴高度越大，观察熔池越方便，需要保护的范围越大。喷嘴高度较大时，焊丝伸出长度较长，焊接电流对焊丝的预热作用强，使焊丝熔化快，焊丝端部摆动也较剧烈，保护气流的扰动较大，因此要求保护气体流量大。喷嘴高度较小，需要的保护气体流量较小，焊丝伸出长度较短。

情景 5　典型焊接实例——CO_2 气体保护焊平板对接平焊

一、任务引入

平板对接平焊装配图如图 3－19 所示。焊接方法采用半自动 CO_2 气体保护焊，焊件为两块材料为 Q235、尺寸为 300 mm × 125 mm × 10 mm 的钢板。制定合理的焊接工艺，焊后要求焊缝成形良好，焊缝余高 0～2 mm。

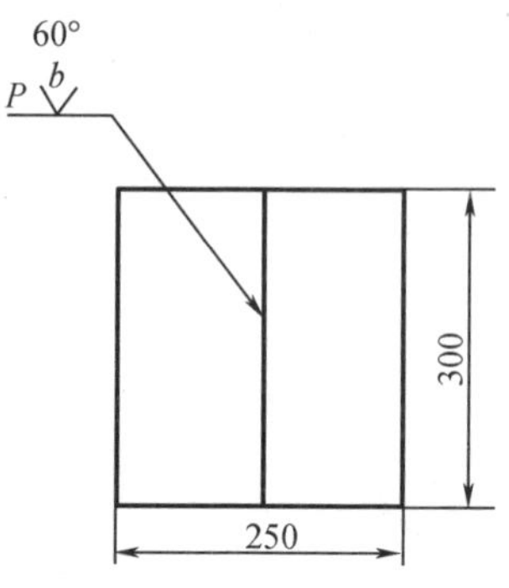

图 3－19　平板对接平焊装配图

二、安全文明生产要求

半自动 CO_2 气体保护焊操作人员安全注意事项如下。

（1）防止触电造成电击或灼伤。请专业电气人员用规定截面的铜导线将焊机接地。焊接过程中，禁止接触带电部位。不用时，关闭输入电源。

（2）避免焊接烟尘及气体对人体的危害。使用规定的排风设备，避免发生气体中毒和窒息等事故。

（3）避免焊接弧光、飞溅及焊渣对人体造成危害。焊接操作时，正确佩戴护目镜及使用相应的防护用品。

（4）防止发生火灾事故。焊接场所不能放置可燃物，焊接场所配备灭火器。

（5）防止旋转运动部件伤人。禁止将手指、头发、衣服等靠近冷却风扇及送丝滚轮等旋转部件。送进焊丝时，不能将焊枪端部靠近眼睛、脸及身体，以免焊丝伤人。

（6）防止气瓶倾倒、气体调节器破裂。气瓶应可靠固定，同时，不能将气瓶置于高温或阳光照射处。打开气瓶阀时,脸部避免靠近气体出口,以免高压气体伤人。

三、焊前准备

(1)用板材坡口机将焊件加工为单面30°坡口,钝边0~0.5 mm。

(2)焊接设备:NBC-350型焊机。

(3)焊接材料:H08Mn2SiA焊丝,直径1.2 mm;瓶装CO_2气体。

四、焊接工艺

(1)清理坡口面及正反两侧20 mm范围内的油污、锈蚀,直到露出金属光泽。

(2)定位焊所用焊接材料与正式焊接一致。定位焊后将焊件进行3°~4°反变形。

(3)选择焊接工艺参数。CO_2气体保护焊平板对接平焊焊接工艺参数见表3-10。

表3-10　CO_2气体保护焊平板对接平焊焊接工艺参数

焊接层次	焊丝直径/mm	焊接电流/A	电弧电压/V	CO_2气体流量/(L·min^{-1})	焊丝伸出长度/mm
打底层	1.2	90~110	18~20	10~15	10~18
填充层	1.2	130~150	20~22	10~15	10~18
盖面层	1.2	120~140	18~20	10~15	10~18

五、任务评价(表3-11)

表3-11　CO_2气体保护焊任务评价表

考核项目	考核内容及要求	分值	学生自评	小组评分	教师评分
外观检查	焊缝成形完整	8			
	焊道起头圆滑	8			
	焊道接头平整	8			
	焊缝平直	9			
	焊缝宽度一致	4			
	焊缝尺寸达标	5			
操作技能	操作姿势正确	8			
	引弧方法正确	10			
	运条方法正确	10			
	定点引弧方法正确	10			
	CO_2气体保护焊方法正确	10			
	工艺执行情况好	5			
安全生产	无人身、设备事故		5		
总分	100				

项目4　氩　弧　焊

利用特殊气体在焊接电弧周围形成一层帷幕，隔离空气以消除它对电弧和熔池的影响而获得优良的焊缝，这种焊接方法称为气体保护电弧焊。保护气体种类较多，有惰性气体（如氩气和氦气）、还原性气体（如氢气和氮气）、氧化性气体（如二氧化碳），以及混合气体（常用的有二氧化碳加氩气）等。用氩气作保护气体进行焊接的焊接方法称为氩弧焊。

情景1　氩弧焊概述

在焊接结构生产中，特别是在高合金材料和有色金属及其合金材料结构生产中，氩弧焊占有重要地位。

一、氩气的性质

氩气是无色无味的单原子惰性气体，高温下不分解，不与焊缝金属发生化学反应，也不溶解于液体金属，在空气中的含量（按体积计算）为0.93%，比空气密度大。氩气是在对液态空气分馏制氧时的副产品，氩弧焊对氩气的纯度要求为不小于99.95%。电弧弧柱在氩气流的作用下产生压缩效应和冷却，使电弧热量集中；氩气为单原子气体，不会产生阴离子，没有一般分子气体在电弧高温时分子分解为原子过程中的大量吸热作用；氩气的导热系数和热容较小，热能力差，所以氩弧焊电弧的热能利用率较高，有利于气体的热电离，使电弧能稳定地燃烧。

二、氩弧焊的分类及应用

1. 氩弧焊的分类

氩弧焊根据所用的电极材料可分为钨极（非熔化极）氩弧焊和熔化极氩弧焊，根据操作方式可分为手工氩弧焊和自动氩弧焊，根据采用的电源种类可分为直流氩弧焊、交流氩弧焊和脉冲氩弧焊，根据填充焊丝的状态可分为冷焊丝氩弧焊、热焊丝氩弧焊和双焊丝氩弧焊。

2. 氩弧焊的应用

氩弧焊几乎可用于所有的钢材、有色金属及其合金的焊接。但因成本较高，其目前主要用于焊接有色金属及其合金、不锈钢、高温合金、镍基合金以及难熔的活性金属（钼、铌）等，此外还用于补焊、反面不加衬垫的打底焊。例如，造船生产中，钨极氩弧焊常用于船上重要管系（碳钢）焊接时的打底焊（单面焊双面成形），以获得管内成形均匀，无熔渣、夹渣等缺陷的优质焊缝。

情景2 钨极氩弧焊

钨极氩弧焊是一种非熔化极电弧焊，可以加填充焊丝或不加填充焊丝。焊接时，填充焊丝用手工加入，行走速度由手工控制，因此也称手工钨极氩弧焊。由于它设备简单，使用方便，适应性强，因此在船厂中应用较多。

一、钨极氩弧焊的基本原理

钨极氩弧焊是用纯钨或活化钨（钍钨、铈钨）作电极的氩弧焊。钨极本身不熔化，只起发射电子、产生电弧的作用，故钨极氩弧焊也称非熔化极氩弧焊。

如图3－20所示，钨极氩弧焊是以高熔点的钨为一电极，焊件为另一电极，采用氩气作为保护气体，利用钨极与焊件间的电弧作为热源的电弧焊。焊接时氩气从焊枪的喷嘴中连续喷出，在电弧周围形成保护层隔绝空气，防止空气对钨极、熔池及邻近热影响区的有害影响，从而获得优质的焊缝。焊接时，可根据焊件结构形式选择加填充焊丝或不加填充焊丝。

二、钨极氩弧焊设备及焊接材料

1. 钨极氩弧焊设备

钨极氩弧焊设备由供电系统、焊枪、供气系统、冷却系统、控制系统等组成。

（1）供电系统

供电系统主要由焊接电源、引弧及稳弧装置等组成。

①焊接电源

焊接电源为焊接过程提供能量，影响电弧稳定性，是焊接设备中的核心部件。图3－21为常见的钨极氩弧焊设备焊接电源。

该焊接电源所属设备型号为WSM－400IGBT，采用IGBT作为逆变主器件。三相交流电源经工频三相整流后，供给IGBT逆变器，逆变成中频（20 kHz）交流，然后进行中频降压及整流，再经过滤波和电流负反馈控制，输出能满足焊接需要且可连续调节的电流。控制电路通过调整驱动信号的脉冲宽度来控制输出电流。从输出母线上检测电路负反馈信号，经放大后，输入专用脉宽调制集成电路的误差放大器的反向输出端，去控制IGBT的导通时间，以维持输出电流的恒定，从而使逆变式整流器获得下降的外特性。

②引弧及稳弧装置

由于氩气的电离能较高，引燃电弧困难，但又不宜使用提高空载电压的方法，因此钨极氩弧焊必须使用高频振荡器来引燃电弧。高频振荡器一般仅供焊接时初次引弧，不用于稳弧，引燃电弧后马上切断。对于交流电源，还需使用脉冲稳弧器，以保证重复引燃电弧并稳弧。

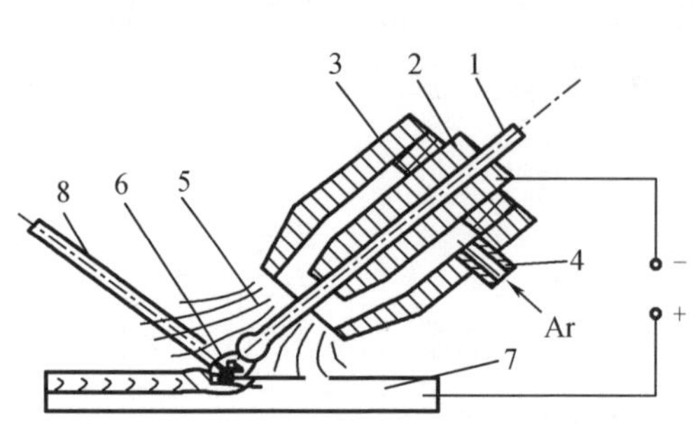

1—钨极;2—导电嘴;3—喷嘴;4—进气管;
5—氩气流;6—电弧;7—焊件;8—填充焊丝。

图 3-20 钨极氩弧焊

图3-21 常见的钨极氩弧焊设备焊接电源

(2)焊枪

焊枪的作用是夹持电极、导电和输送氩气流。氩弧焊的焊枪分为气冷式焊枪和水冷式焊枪。气冷式焊枪使用方便,但限于小电流(150 A 以下)焊接使用;水冷式焊枪适合大电流焊接和自动焊接使用。钨极氩弧焊水冷式焊枪结构如图 3-22 所示。

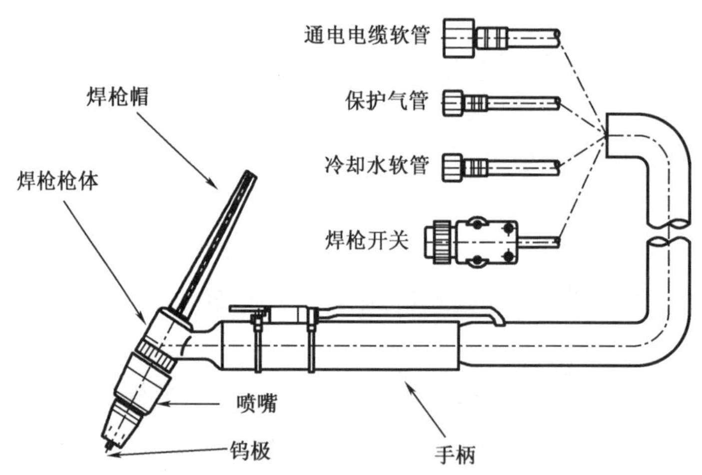

图 3-22 钨极氩弧焊水冷式焊枪结构

(3)供气系统

钨极氩弧焊设备的供气系统由氩气瓶、减压器、流量计和电磁阀组成。

(4)冷却系统

选用的最大焊接电流在 150 A 以上时,必须通水来冷却焊枪和电极。冷却水盛装于水箱中,水箱里的水可循环供应,水箱容量一般为 10~20 L。

(5)控制系统

其功能包括提前送气、延时断气、高频起弧、电流缓升、缓降,由程序电路自动控制。

2. 钨极氩弧焊焊接材料

(1)焊丝

焊接低碳钢及低合金钢时,常用的焊丝为 H08Mn2SiA。

(2)氩气

氩气纯度应符合现行标准的具体规定,一般应不小于99.99%。

(3)钨极

铈钨极与钍钨极应用较多。

三、钨极氩弧焊焊接工艺

钨极氩弧焊焊接工艺包括焊前准备、施焊及焊后检验三个环节,具体包括焊前清理、焊接工艺参数的选择、质量检验及操作技术等。下面对焊前准备和焊接工艺参数的选择进行介绍。

1. 焊前准备

(1)选择坡口形式及尺寸

钨极氩弧焊坡口形式及尺寸应根据焊件材料及厚度进行选择。钨极氩弧焊常用的坡口形式为V形,实现单面焊双面成形效果。

(2)焊前清理

氩气是惰性气体,不具备脱氧去氢能力。为确保焊接质量,焊前必须将焊件及焊丝清理干净,不应残留油污、氧化皮、铁锈等杂质。

(3)防风处理

风速大小会直接影响气体的保护效果。尤其是野外作业时,需要设定挡风装置。

(4)装配

应按工艺要求严格控制装配间隙和错边量。

2. 焊接工艺参数的选择

焊接工艺参数是决定焊接质量的重要因素,合理的焊接工艺参数是获得优质焊接接头的重要保证。

(1)焊接电流

脉冲钨极氩弧焊机在设定焊接电流时,需要分别设定脉冲峰值电流、脉冲基值电流。直流钨极氩弧焊机设定焊接电流时,只需设定正常的焊接电流。焊接电流的选择应综合考虑焊件厚度、焊接位置、钨极直径及母材性质等。

(2)电弧电压

电弧电压主要受电弧长度的影响。钨极氩弧焊焊接时,应尽量采用短弧施焊。

(3)焊接速度

钨极氩弧焊焊接时,焊接速度的选择主要取决于焊工的施焊手法,也与所设定的焊接电流大小有关。

(4)电源极性

直流钨极氩弧焊机的电源极性通常为直流正接,适用于焊接低碳钢、低合金钢等。焊接铝镁合金时,交流钨极氩弧焊是最佳的焊接方法。交流钨极氩弧焊兼有直流钨极氩弧焊正、反接的优点,在钨极为负极的半周波中,钨极可以得到冷却,以减少烧损,而在焊件为负极的半周中有“阴极破碎”作用。

(5)焊丝直径

焊丝直径的选择应结合焊件厚度及坡口间隙确定,当焊件较厚或接头间隙较大时,可选择直径较大的焊丝。

(6)保护气体流量及喷嘴直径

保护气体流量和喷嘴直径是影响气体保护效果的重要因素,二者搭配合理时,保护效果最佳。WSM-400IGBT 型焊机使用时,若焊接电流小于 200 A,氩气流量一般为 4~8 L/min;若焊接电流大于 200 A,氩气流量一般为 8~15 L/min。

(7)钨极直径和钨极端部形状

①钨极直径

钨极直径的选择取决于焊件厚度、焊接电流、电源极性及焊接材料的性能,原则上应尽可能选择较小直径的钨极以保证较小的加热面积。

②钨极端部形状

钨极端部的表面质量和形状尺寸对焊接许用电流与焊缝成形均会产生一定的影响。各种直径钨极许用电流范围见表 3-12。

表 3-12 各种直径钨极许用电流范围

钨极直径/mm	直流正接/A	交流/A
1.0	15~80	20~60
1.6	70~250	60~120
2.4	150~250	100~180
3.2	250~400	160~250
4.0	400~500	200~320
5.0	500~750	290~390
6.0	750~1 000	340~525

一般情况下,焊接薄板及小电流焊接时,可采用较小直径的钨极并将其磨成尖锥角(约30°),以保证容易引弧且电弧稳定,如图 3-23(a)所示。在大电流焊接时,要求钨极端部磨

成钝角或平顶锥形，如图 3－23（b）所示。交流钨极氩弧焊，一般将钨极端部磨成半圆球状，如图 3－23（c）所示。

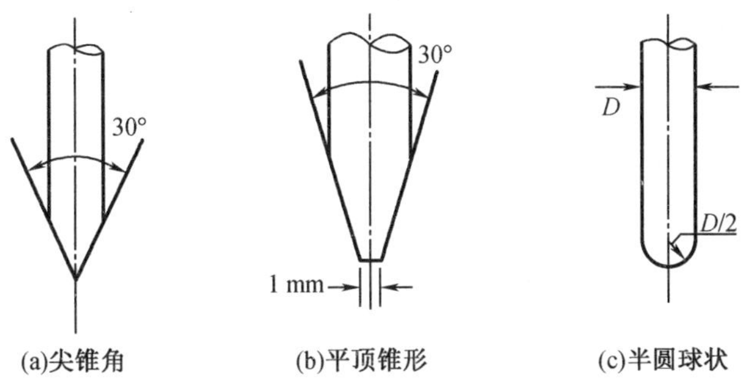

图 3－23　钨极端部形状图

（8）其他因素

喷嘴至焊件的距离、钨极伸出长度等，对焊接过程及气体保护效果都有不同程度的影响，所以应按具体的焊接要求给予选定。

情景 3　熔化极氩弧焊

熔化极氩弧焊采用焊丝作为电极，电弧在焊丝与焊件之间燃烧，焊丝连续送给并不断熔化向熔池过渡，熔池冷却凝固后形成焊缝。熔化极氩弧焊按其操作方式分为半自动和自动两种。

一、熔化极氩弧焊原理

熔化极氩弧焊是利用惰性气体氩气作为保护气体，使用焊丝作为熔化极的一种电弧焊。

焊接时焊丝由送丝系统自动送丝，连续送进的焊丝作为电极及填充金属，利用焊丝与焊件间产生的电弧熔化焊件和焊丝，焊丝不断熔化并过渡到熔池。同时，焊枪喷嘴中喷出氩气对焊接区进行保护。熔化极氩弧焊原理如图 3－24 所示。

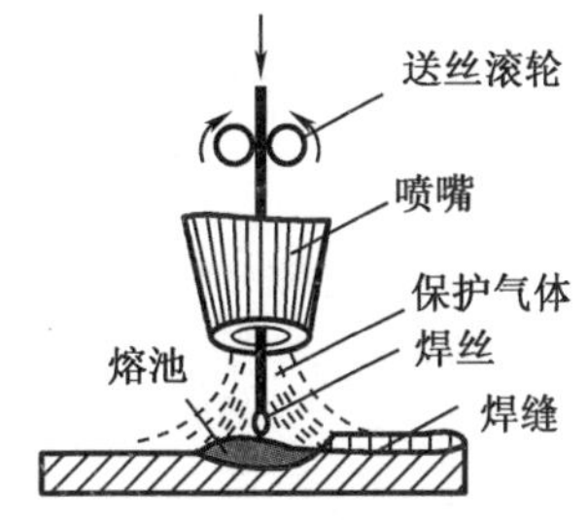

图 3－24　熔化极氩弧焊原理

二、熔化极氩弧焊设备

熔化极氩弧焊设备组成与 CO_2 气体保护焊设备组成相似，通常由焊接电源、供气系统、焊枪和送丝机构组成。图 3－25 为熔化极氩弧焊设备组成。

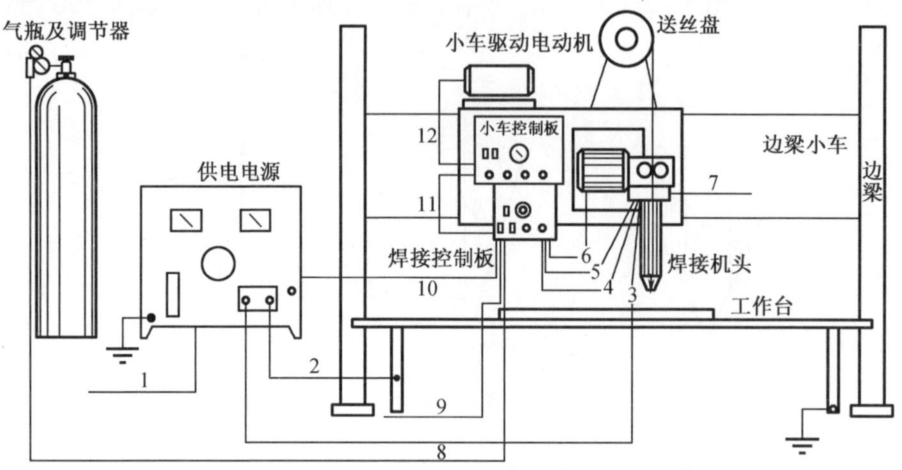

图 3-25　熔化极氩弧焊设备组成

1. 焊接电源

熔化极氩弧焊设备使用的电源有直流和脉冲两种。随着科技的发展,熔化极氩弧焊设备的电源同时具备了直流与直流脉冲功能,如 DP-400 焊机的焊接电源,可实现直流、直流脉冲、直流双脉冲挡位的切换,如图 3-26 所示。

2. 供气系统

熔化极氩弧焊设备的供气系统由气瓶、减压阀、流量计等组成,如图 3-27 所示。

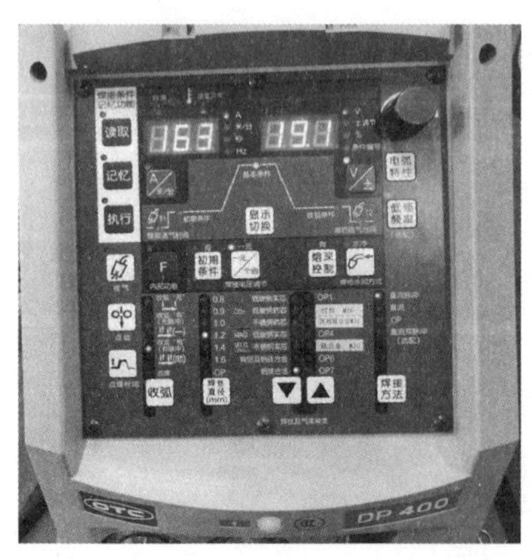

图 3-26　DP-400 型焊机的焊接电源

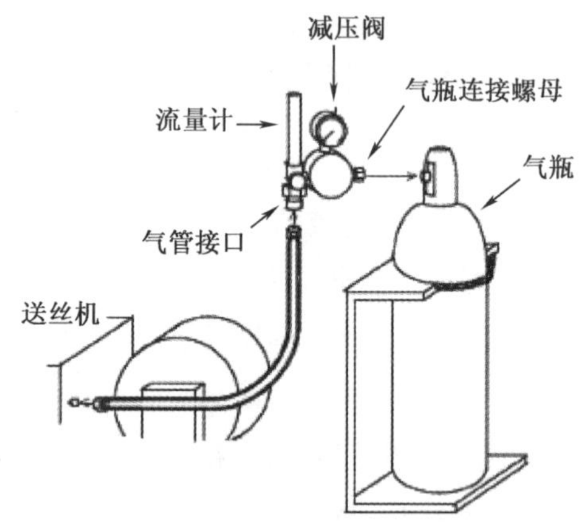

图 3-27　熔化极氩弧焊供气系统

3. 焊枪

熔化极氩弧焊设备的焊枪主要由导电嘴、喷嘴及枪体等组成,其作用是送丝、导通电流并向焊接区输送保护气体等。

4. 送丝机构

送丝机构一般由焊丝盘、送丝电机、减速装置、送丝轮、压紧装置以及送丝软管等组成。送丝机构的主要作用是将焊丝输送到焊接区，并通过相应的控制方式保证弧长稳定。有些送丝机构还配有焊丝矫直装置，盘绕在焊丝盘上的焊丝经矫直轮矫直后，经过安装在减速器输出轴上的送丝轮，最后经送丝软管送向焊枪。

三、熔化极氩弧焊焊接工艺参数

熔化极氩弧焊焊接工艺参数主要包括焊丝直径、焊接电流、电弧电压、焊接速度、焊丝伸出长度、保护气体流量、电源极性、焊丝位置，以及喷嘴高度等。

1. 焊丝直径

焊丝直径应根据焊件厚度、熔滴过渡形式及施焊位置选择。

2. 焊接电流

焊接电流是最重要的焊接工艺参数，主要根据焊件厚度、焊接位置、焊丝直径及熔滴过渡形式进行选择。

3. 电弧电压

为实现稳定的熔滴过渡，除正确选用焊接电流外，还必须选择合适的电弧电压与之相匹配，否则容易产生焊接缺陷。如果电弧电压过高，则会造成电弧变长，焊道变宽，熔深、余高变小；如果电弧电压过低，则会发生黏丝现象，产生飞溅，焊道变窄，熔深、余高变小。

4. 焊接速度

焊接速度是指焊枪沿焊缝中心线相对移动的速度，与焊接电流适当配合才能获得良好的焊缝成形。焊接速度过快，会造成焊道窄，熔深、余高小。

5. 焊丝伸出长度

焊丝伸出长度是指导电嘴端部至焊丝端头的距离。焊丝伸出长度过长，电弧长，焊道宽，气体保护效果差。焊丝伸出长度过短，电弧短，产生飞溅。

6. 保护气体流量

保护气体流量一般应根据电流大小、喷嘴孔径及接头形式进行选择。对于一定直径的喷嘴，有一最佳的保护气体流量范围。保护气体流量过大易产生紊流；保护气体流量过小，气流的挺度差，气体保护效果下降。

7. 电源极性

熔化极氩弧焊通常采用直流电源，主要应用反极性。

8. 焊丝位置

半自动熔化极氩弧焊焊接时一般采用左焊法，便于操作者观察熔池。当拖角为15°~20°时熔深最大，但焊枪倾角一般不超过25°。

9. 喷嘴高度

如果仅考虑气体保护效果，喷嘴高度越小，气体保护效果越理想。但喷嘴高度过小容易使喷嘴接触到熔池表面，反而恶化焊缝成形，飞溅也容易损坏喷嘴。

情景4　典型焊接实例——钨极氩弧焊板材对接平焊

一、任务引入

钨极氩弧焊板材对接平焊时，要求采用单面焊双面成形的方法，焊枪喷嘴边缘在坡口内做上Z字形挤压摆动，同时添加焊丝，通过焊枪的移动与填丝的有机配合获得良好的焊缝成形。板材对接平焊装配图如图3－28所示，学习钨极氩弧焊板材对接平焊基本操作技能，完成实操任务。

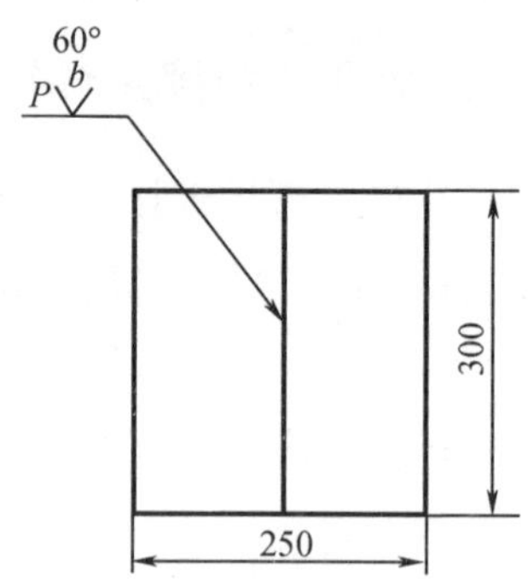

图3－28　板材对接平焊装配图

二、技术要求

1. 焊接方法：钨极氩弧焊。
2. 焊件材质与规格、数量：CCS A（或Q235），300 mm×125 mm×8 mm，两块。
3. 单面焊双面成形。
4. 每块板材坡口面角度为30°±1°，钝边及间隙自定。
5. 反变形量自定。

三、安全文明生产要求

（1）打磨钨极时，戴防护眼镜和口罩；砂轮机要有安全罩和吸尘罩；打磨后认真洗手。

（2）焊接过程中严禁触碰带点导体，防止触电。

（3）正确穿戴劳保用品；劳保用品必须完好无损；注意清理工作场地，不得有易燃易爆物品，现场保证良好的通风；检查焊机和所使用的工具；操作时必须先戴面罩再开始操作，避免电弧光直射眼睛。

四、焊接工艺

1. 焊前准备

（1）焊件

焊前将试件坡口两侧20 mm范围内的油锈打磨干净，直至露出金属光泽。

（2）焊机

WSM－400IGBT型逆变式直流脉冲氩弧焊机。

（3）焊接材料

直径2.0 mm的H08Mn2SiA焊丝；钨极为Wce－20，直径2.5 mm，端头磨成30°圆锥形，锥端直径0.5 mm；氩气纯度99.6%以上。

（4）装配及定位焊

装配时，始焊端间隙3 mm，终焊端间隙4 mm，之后定位焊固定。定位焊长度10～

15 mm，反变形量设定为3°～4°。

（5）选择焊机面板上的挡位开关

焊接前，将焊机控制面板上的“手工/氩弧焊”开关置于“氩弧焊”位置，“直流/脉冲”开关置于“直流”位置，调节“峰值电流”数值，“气冷/水冷”开关置于“气冷”位置。

（6）焊接角度

平焊焊枪角度与填丝位置如图3－29所示。在焊件最下端的定位焊缝上引弧，先不加焊丝，待定位焊缝开始熔化，形成熔池和熔孔后，开始填丝焊接，喷嘴边沿顶住坡口中心，沿坡口两侧内壁挤压向前，并在坡口两侧稍停留，保证两侧熔合好。

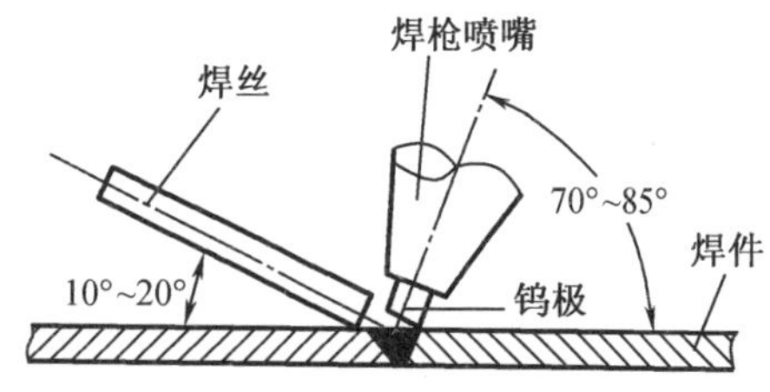

图3－29　平焊焊枪角度与填丝位置

2. 选择焊接工艺参数

根据板厚，将焊缝层数定为3层。钨极氩弧焊板材对接平焊焊接工艺参数见表3－13。

表3－13　钨极氩弧焊板材对接平焊焊接工艺参数

焊接层数	焊接电流/A	氩气流量/(L·min⁻¹)	钨极直径/mm	焊丝直径/mm	钨极伸出长度/mm	喷嘴直径/mm	喷嘴高度/mm
打底层	90～95	10～15	2.5	2.0	4～8	10	≤12
填充层	110～120	10～15	2.5	2.0	4～8	10	≤12
盖面层	100～110	10～15	2.5	2.0	4～8	10	≤12

五、任务评价（表3－14）

表3－14　钨极氩弧焊板材对接平焊任务评价表

考核项目	考核内容及要求	分值	学生自评	小组评分	教师评分
外观检查	无未焊透	10			
	无烧穿	10			
	无气孔	10			
	无咬边	10			
	焊缝表面波纹细腻、均匀，成形美观	10			
焊缝尺寸	焊缝宽度达标	10			
	焊缝余高达标	10			
安全生产	制订装配、焊接方案	10			
	装配焊件间隙均匀、高低平整	10			
	无人身、设备事故	10			
总分	100				

项目5　气割与气焊

气割与气焊是利用可燃性气体与氧气混合燃烧的火焰所产生的高温作热源，进行金属材料的切割与焊接。可燃烧气体应用最多的是乙炔，其次是液化石油气。乙炔由于在氧气中燃烧时放出有效热量最多，温度最高（可达3 000 ℃以上），因此是目前气割与气焊中应用最广泛的一种可燃气体。目前生产中常利用乙炔和氧气混合燃烧产生的热能对钢材进行下料切割及坡口准备。

情景1　气割、气焊设备及工具的使用与维护

一、气体

1. 氧气

氧气是一种无色、无味、无毒的气体，体积约占空气的21%。当温度降到 -182.96 ℃时，气态氧可以变成淡蓝色的液态氧。当温度降到 -218.4℃时，液态氧就会变成淡蓝色的固态氧。

氧气的纯度对气割或气焊的质量和效率都有很大影响。氧气按纯度一般可分为三级：一级纯度不低于99.5%（医用），二级纯度不低于99.2%，三级纯度不低于98.5%。氧气纯度越高，燃烧的温度就越高，效率也越高。

2. 可燃气体

可燃气体的种类较多，主要包括乙炔、液化气、天然气、煤气及氢气等。

乙炔的发热量较高，火焰温度最高，是目前在气焊和气割中应用最广泛的一种气体。乙炔是一种无色的碳氢化合物气体，具有易燃易爆性。工业用乙炔因含有硫化氢、磷化氢等杂质，所以具有强烈的臭味，过长时间的吸入会使人体的中枢神经系统损伤。工业上用的乙炔主要是利用碳化钙（电石）和水反应制得的。

二、气瓶

1. 氧气瓶（图3-30）

氧气瓶是存储和运输气态氧的高压容器。氧气瓶的外表涂成天蓝色，并在瓶身上用黑色标注“氧气”字样，以区别于其他气瓶。

由于氧气瓶内充入的是15 MPa的高压助燃氧气，在运输过程中还要搬动和滚动，甚至还要经受震动与冲击等，如果使用不当，极易发生危险，因此氧气瓶上装有防震橡胶圈，同时对氧气瓶的材料和质量要求十分严格，出厂时要经过严格检验，以确保安全。

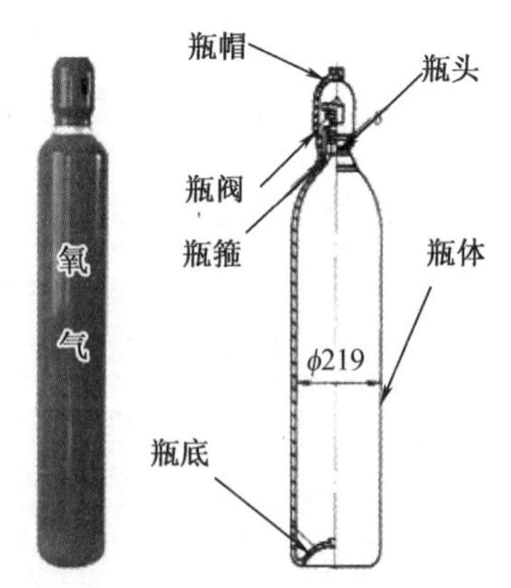

图3-30　氧气瓶结构图

氧气瓶使用注意事项如下。

(1)充满氧气后的氧气瓶,瓶帽要拧紧。

(2)氧气瓶内应留有余压(约0.2 MPa),以便充气时检查,避免气体混装,也可防止可燃气体倒流瓶内发生事故。

(3)禁止把氧气瓶与易燃品、油质和带油污的物品放在一起运输。

(4)氧气瓶运输时,要妥善固定,避免碰撞、摩擦和滚动;装卸时应轻装轻卸,严禁从高处向下滑动和在地面滚动,避免剧烈震动、冲击,以防气体膨胀爆炸。

(5)氧气瓶应集中存放,氧气瓶仓库周围10 m禁止堆放易燃、易爆物品和动用明火,同时氧气瓶仓库不得存放油脂和沾油的物品。

(6)安装氧气减压器前,慢开瓶阀,吹掉瓶阀嘴内脏物、灰尘和杂物,打开瓶阀时,切勿对人、对己,以防伤人。

(7)操作人员绝对不能用沾有油脂的手套、工具去接触氧气瓶及其附件,以防事故发生。

(8)在冬季,如氧气瓶口有冻结现象或气体流量不均匀,严禁用明火加热、用红铁烤烘或用铁器敲击氧气瓶,以防气体突然大量冲出造成事故。

(9)氧气瓶与电焊一起使用时,如地面是铁板,氧气瓶下面要垫上绝缘板,以防气瓶带电而发生事故。

2. 乙炔瓶(图3-31)

乙炔瓶是用来储存和运输乙炔的钢瓶。乙炔瓶的外表涂成白色,并在瓶身上用红色标注"乙炔不可靠近火"字样。

在乙炔瓶中,先充满一种多孔性物质(称多孔性填料),如活性炭、石棉纤维、浮石或硅藻土等,一般为活性炭(这种物质较轻,而且孔隙较多),然后将占瓶容积34%的丙酮充入瓶内,使之渗透在活性炭的毛细孔中。乙炔气体被压入瓶中后,随即溶解在丙酮中。乙炔瓶的工作压力为1.5 MPa。

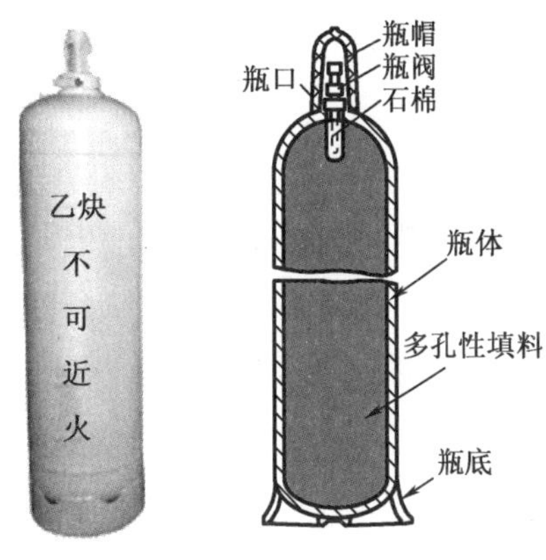

图3-31　乙炔瓶

乙炔瓶使用注意事项如下。

(1)乙炔瓶在使用时必须配备乙炔减压器和干式回火防止器,并要垂直放置,以免丙酮随气体流出,引发故障。

(2)乙炔瓶不应受剧烈的撞击和震动,以免瓶内多孔性填料震碎和下沉形成空洞,进而影响乙炔瓶的安全使用和乙炔的储存。乙炔瓶禁止滚动,如发现滚动,则应垂直稳放,1 h后方可使用。

(3)乙炔瓶表面温度不得超过40 ℃,并且严禁在烈日下暴晒或靠近热源。

(4)乙炔瓶距明火不应小于10 m,各连接处应牢固连接,严禁漏气使用。一旦着火,应立即用干粉或二氧化碳灭火器灭火,严禁使用四氯化碳扑灭。

(5)冬季使用乙炔瓶时,如发现瓶阀冻结,严禁用明火烘烤,必要时用40 ℃左右热水解冻。

(6)乙炔瓶的瓶阀在使用过程中必须全部打开或完全关紧,否则容易漏气。

(7)在使用过程中,乙炔瓶低压力(即工作压力)不宜超过0.1 MPa,一般应为0.03~0.07 MPa。

(8)遇到多孔性填料孔隙率低的乙炔瓶时,在使用过程中发现丙酮外流,经稳定处理后将瓶阀稍打开一点,将乙炔减压器调节到所需最低工作压力,如还不奏效,应立即停止使用,防燃烧爆炸。

(9)乙炔瓶内气体不得用完,应留0.1 MPa~0.2 MPa余压。通常季节气温低留余压值低,季气温高留余压值高,以减少瓶内丙酮损失。停止使用乙炔时,应将瓶阀关紧,防止泄漏。

(10)乙炔瓶和氧气瓶尽量避免放在同一车辆上。必须同车放置时,不允许气瓶和减压器及连接处有泄漏现象,并且氧气瓶和乙炔瓶的减压器不应成相对状态,以免气流喷射时冲击另一个减压器而造成事故,应该相互平行或相背放置两个减压器。

三、减压器

氧气减压器(外观为蓝色)和乙炔减压器(外观为白色)是将高压气体变为低压气体的调节装置。因此,其作用是减压、调压、量压和稳压。气焊时所需的气体工作压力一般都比较低,如氧气压力通常为0.2 MPa~0.4 MPa,乙炔压力最高0.15 MPa。在乙炔减压器的压力表上有指示该压力表最大许可工作压力的红线,以便使用中严格控制。

减压器的工作原理如图3-32所示:当减压器在非工作状态时,如图3-32(a)所示,高压气体从进气口流入高压气室,因为减压活门被副弹簧紧压在活门座上,所以高压气体不能流入低压气室。沿顺时针方向把调压螺丝旋入后,减压器处于工作状态,如图3-32(b)所示。调压弹簧受压缩而产生向上的力,并通过弹性薄膜装置由活门顶杆传递到减压活门上,克服副弹簧的压力,将减压活门顶开,高压气体进入低压气室,由于体积膨胀而使压力降低,这就是减压器的减压作用。只要调整调压螺丝的旋入深度,就能控制低压气室的气体压力。

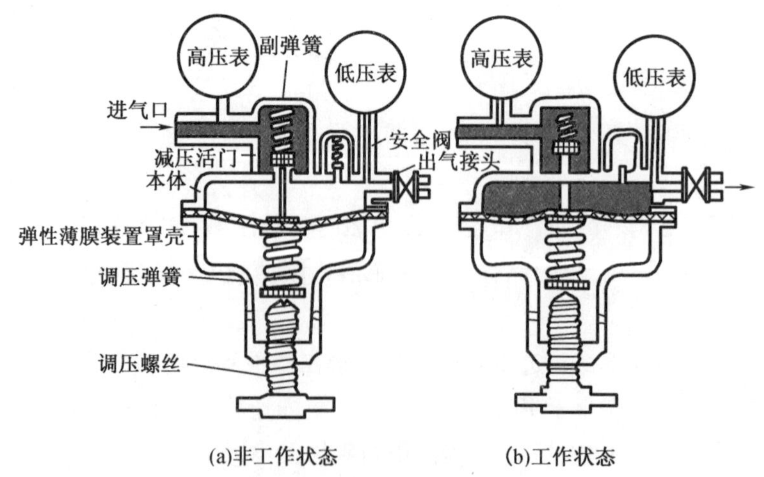

(a)非工作状态　(b)工作状态

图3-32　减压器的工作原理

当低压气室气体的输出量增加时,低压气室内的气体压力下降,减压活门的开启度就会增大,使高压气室中的气体加速流入低压气室,这样低压气室的压力就恢复正常;相反,当低压气室气体的输出量减少时,低压气室内气体压力上升,减压活门的开启度就会减小,使低压气室的压力维持不变。当低压气体的压力上升到一定的数值时,减压活门就会完全关闭。

氧气瓶内的氧气压力逐渐下降时,高压气体对减压活门的压力就下降,使减压活门的开启度逐渐增大,其结果仍能保证低压气室内气体的工作压力的稳定,这就是减压器的稳压作用。目前生产上用的减压器大多是反作用式,也就是低压气室输出气体的压力是随着氧气瓶内压力的降低而逐渐上升的。

减压器上的安全阀与低压气室相通,当减压器发生故障并使低压气室内的压力大于2.9 MPa时,气体就会由安全阀冲击而出;当压力达到3.9 MPa时,安全阀会完全开启,这样可保证低压气室不受压力过高的气体冲击而损坏或造成其他事故。

四、回火安全器(图3-33)

回火安全器又称回火防止器或回火保险器,它是装在乙炔减压器和焊炬之间用来防止火焰沿乙炔管回烧的安全装置。正常气焊时,气体火焰在焊嘴外面燃烧。但当气体压力不足、焊嘴堵塞、焊嘴离焊件太近或焊嘴过热时,气体火焰会进入焊嘴逆向燃烧,这种现象称为回火。发生回火时,焊嘴外面的火焰熄灭,同时伴有爆鸣声,随后有“吱、吱”的声音。如果回火火焰蔓延到乙炔瓶,就会发生严重的爆炸事故。发生回火时,回火安全器的作用是使回流的火焰在倒流至乙炔瓶以前被熄灭。此外,应首先关闭乙炔开关,然后再关氧气开关。

图3-33　回火安全器

回火安全器的维护:

(1)经常检查回火安全器各连接处是否有气体泄漏,一经发现必须重新安装;

(2)经常检查回火安全器两端接口是否有结碳及本体发热变色现象,如有以上情况必须更换回火安全器;

(3)由于回火引起的火焰在止火管的作用下熄灭,因燃烧而产生的碳化合物就会沉积在止火管中,最终将会阻碍气体流动,当流量明显减小至不能满足需要时,将要更换回火安全器。

五、橡胶软管及橡胶软管接头

橡胶软管可分为氧气橡胶软管和乙炔橡胶软管。GB/T 2550—2007《气体焊接设备 焊接、切割和类似作业用橡胶软管》规定,氧气橡胶软管为蓝色,工作压力2 MPa,试验压力3 MPa,爆破压力6 MPa,内径8 mm;乙炔橡胶软管为红色(原标准规定为黑色),工作压力0.3 MPa,试验压力0.45 MPa,爆破压力0.9 MPa,内径10 mm。两种橡胶软管因耐压不同不能红色橡胶软管代蓝色橡胶软管使用。

橡胶软管接头(图3－34)是橡胶软管与减压器、焊炬、乙炔发生器和乙炔供给点等的连接接头。橡胶软管接头的形式有三种。橡胶软管接头的连接嘴上车有数条凹槽,主要是为了保证接头处的气密性,并保证橡胶软管用卡子或铁丝绑扎在连接嘴上而不脱落。橡胶软管接头的螺母用于将接头旋拧到减压器或焊炬上。为了区别氧气橡胶软管的接头和乙炔橡胶软管的接头,在乙炔橡胶软管接头的螺母上刻有1~2条槽。橡胶软管接头的螺母的螺纹尺寸一般为M16×1.5。

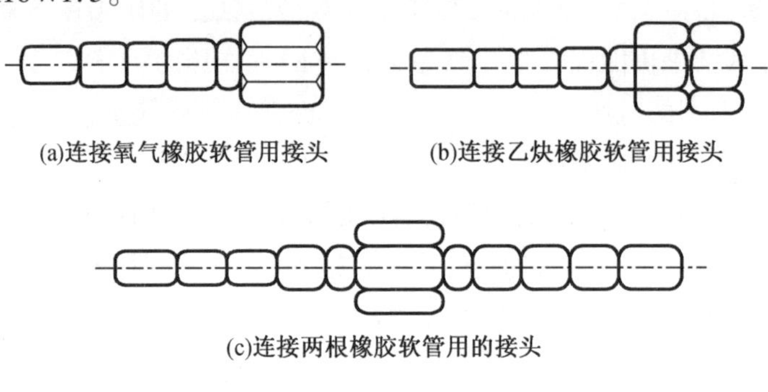

图3－34　橡胶软管接头

六、焊炬

焊炬俗称焊枪。焊炬是气焊的主要设备,它的构造多种多样,但基本原理相同。焊炬是气焊时用于控制气体混合比、流量及火焰并进行焊接的手持工具。国内常用的是射吸式焊炬,其构造如图3－35所示。逆时针方向开启乙炔调节阀时,乙炔聚集在喷嘴的外围,并单独通过射吸式的混合气管由焊嘴喷出,但压力很低。当逆时针旋转氧气调节阀时,其上的阀针就会向后移动,阀针尖端与喷嘴离开,而留有一定间隙,此时氧气即从喷嘴口快速射出,将聚集在喷嘴周围的低压乙炔吸出,使氧气与乙炔按一定比例混合,经过射吸管、混合气管从焊嘴喷出,点燃后就形成焊接火焰。射吸式焊炬中的乙炔流动主要靠氧气的射吸作用,所以不论是低压或中压乙炔,都能保证焊炬的正常工作,通用性强,应用广泛。

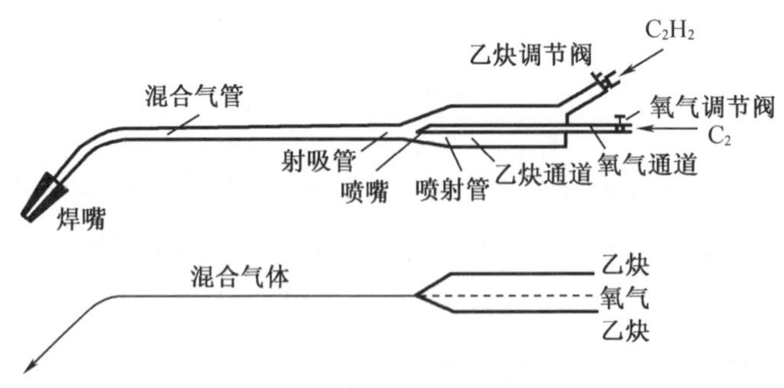

图3－35　射吸式焊炬的构造

七、割炬

气割所需的设备中,氧气瓶、乙炔瓶和减压器同气焊一样,所不同的是气焊用焊炬,而气割要用割炬(又称割枪)。射吸式割炬构造如图 3－42 所示。

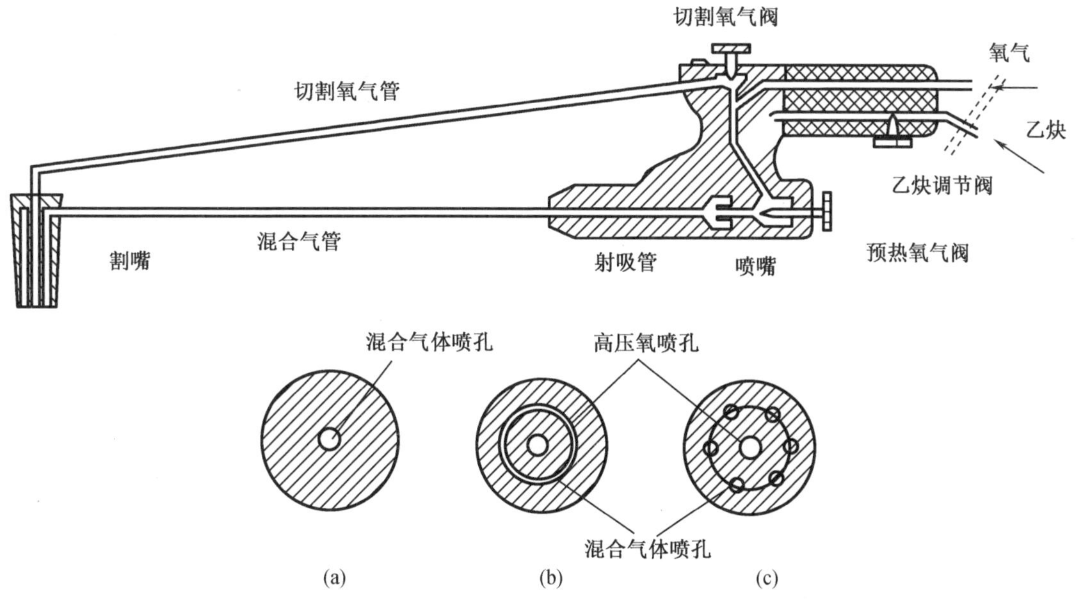

图 3－42 射吸式割炬构造

割炬有两根导管,一根是预热焰混合气管,另一根是切割氧气管。割炬比焊炬只多一根切割氧气管和一个切割氧气阀。常用的割炬型号有 G01－30、G01－100 和 G01－300 等。其中“G”表示割炬,“0”表示手工,“1”表示射吸式,“30”表示最大气割厚度为 30 mm。同焊炬一样,各种型号割炬均配备几个不同大小的割嘴。

割炬使用注意事项:

(1)割枪使用时,要执行焊枪使用的规则与要求;

(2)割嘴管道应经常保持清洁光滑,管道内的污物应随时用圆形通针清除干净;

(3)被割工件表面的铁锈、油水、污物要清洁干净;

(4)在水泥地面上切割工件应加垫板,以防水泥地面破裂爆溅而伤人;

(5)一旦发生回火,应立即关闭切割氧气阀和乙炔调节阀,然后关闭预热氧气阀;

(6)工作正常停止切割时,应先关闭切割氧气阀,再关乙炔调节阀和预热氧气阀。

(7)使用时,注意保护割枪不要磕碰,以免割嘴的内外嘴不同心或风线不直。

八、焊丝

各种金属焊接时,应采用相应的焊丝。对于一般的焊件,只要选用与焊件金属成分基本相同的焊丝即可,如气焊低碳钢采用焊丝 H08A,灰铸铁采用铸铁焊丝 RZC－1 或 RZC－2,黄铜采用 HS224,纯铝采用 HS301,铝合金(铝镁合金除外)采用 HS311 等。

九、焊剂

气焊用的焊剂所起的作用就相当于焊条的药皮,在焊接过程中能够造渣、脱氧,从而提高焊接质量。

十、气焊辅助工具

气焊作业中使用的辅助工具有：清理焊缝用的工具，如钢丝刷、凿子、手锤、锉刀等；连接和启闭气体通路的工具，如钢丝钳、活扳手、卡子及铁丝等；清理焊嘴和割嘴用的工具，如通针等。气焊工所用的上述工具必须专用和放在专门的工具箱内，不得沾有油污。每个焊工都应备有粗细不等的三棱式钢质通针一组，以便在工作中清除堵塞在焊嘴或割嘴内的脏物。

气焊工在气焊操作时，应佩戴护目镜，以保护眼睛不受火焰强光的刺激和能比较清楚地观察熔池，同时还可以防止飞溅物溅入眼内。护目镜的颜色和深浅，应根据施工现场、焊炬的大小和被焊材料的性质来选择，一般宜用 3 ~ 7 号的黄绿色镜片。

气焊、气割时点火的工具采用点火枪比较安全方便。但对于某些着火点较高的可燃气体（如液化石油气），必须用明火点燃。当用火柴点燃时，必须把划着了的火柴，从焊嘴和割嘴的后面送到焊嘴或割嘴上，以防止手被烧伤。

情景2　气割操作

一、气割原理（图 3－37）

气割利用气体火焰的热能，将工件切割处预热到燃烧温度后，喷出高速切割氧流，使其燃烧并放出热量，从而实现切割。气割过程是预热—燃烧—吹渣过程，其实质是铁在纯氧中的燃烧过程，而不是熔化过程。

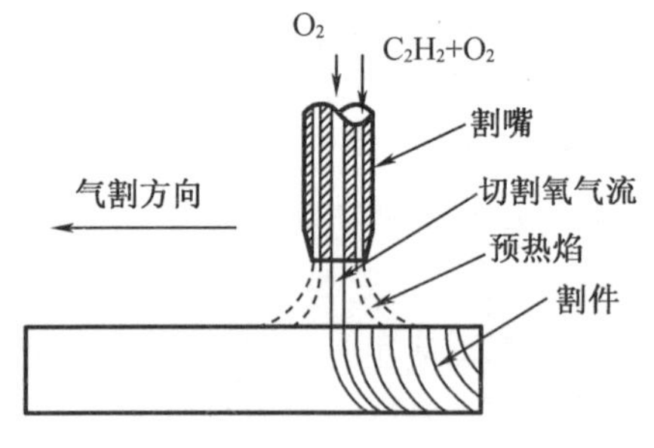

图 3－37　气割原理

根据气割原理，要想获得整齐的割口和光洁的割断面，金属材料必须满足下列条件。

（1）金属熔点应高于燃点（即先燃烧后熔化）。在铁碳合金中，碳的含量对燃点有很大影响，随着含碳量的增加，铁碳合金的熔点降低而燃点提高，所以含碳量越大，气割越困难。例如，低碳钢熔点为 1 528 ℃，燃点为 1 050 ℃，易于气割；含碳量为 0.7% 的碳钢，燃点与熔点差不多，都为 1 300 ℃；含碳量大于 0.7% 的碳钢，燃点高于熔点，不易气割。

（2）氧化物的熔点应低于金属本身的熔点，否则形成的高熔点的氧化物会阻碍下层金属与氧气流接触，使气割困难。有些金属由于形成的氧化物的熔点比金属熔点高，故不易或不能气割。如高铬钢或铬镍不锈钢加热形成熔点为 2 000 ℃左右的 Cr_2O_3，铝及铝合金加热形成熔点 2 050 ℃的 Al_2O_3，所以它们不能用氧乙炔焰气割。

（3）金属氧化物应易熔化和流动性好，否则不易被氧气流吹走，难以切割。例如，铸铁气割生成很多 SiO_2，不但难熔（熔点约 1 750 ℃）而且熔渣黏度很大，所以铸铁不易气割。

（4）金属的导热性不能太高，否则预热火焰的热量和切割中所发出的热量会迅速扩散，使切割处热量不足，切割困难。例如，铜、铝及其合金导热性高是其不能用一般气割法切割的原因之一。

二、气割的基本技术

1. 气割前的准备

(1)检查气割现场的安全是否符合要求,设备是否正常;

(2)气割前,要将工件垫平,最好不要直接处于水泥地面上,同时下面要留有一定的间隙,以利于氧化熔渣的吹出;

(3)清除割缝处的铁锈和油污,并用石笔画好切割线。

2. 切割姿势(图3-38)

双腿成外八字形蹲与工件一侧,右臂靠于右膝盖,左臂悬于两腿中间,以利于割炬移动;握割枪的姿势与气焊一样,右手握住枪柄,大拇指和食指控制调节氧气阀门,左手扶在割枪的高压管子上,同时大拇指和食指控制高压氧气阀门。在切割时随着右腿部从右向左移动进行操作,这样手臂有个靠导切割起来就比较稳当,特别是当没有熟练掌握切割时更应该注意到这一点。

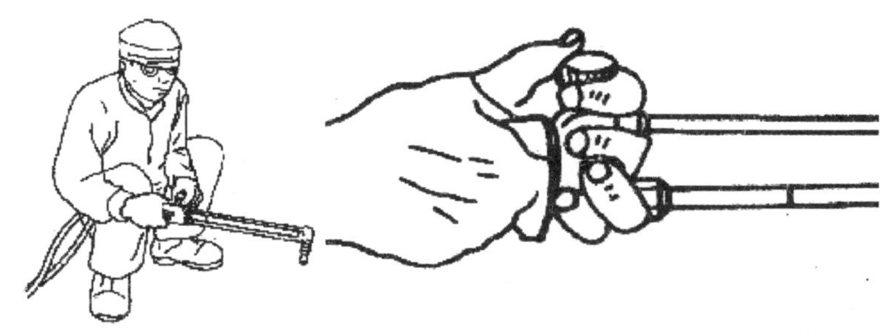

图3-38　切割姿势

3. 预热火焰与风线检查

检查射吸式焊炬的射吸能力,然后检查火焰与风线是否正常。首先,点火并将火焰调整至中性焰(割嘴头部为一蓝白色圆圈),然后慢开切割氧气阀,仔细观察气割氧气流形状。标准情况为:割嘴喷射出来的火焰形状整齐;在火焰中没有歪斜和出叉现象;喷射的纯氧气流风线为一条笔直而清晰的直线;风线全长粗细均匀。

4. 气割工艺参数

(1)气割氧压力:主要根据工件厚度来选用。工件越厚,要求气割氧压力越大。气割氧压力过大,不仅会造成浪费,而且会使切口表面粗糙,切口加大;而气割氧压力过小,不能将熔渣全部从切口处吹除,会使切口的背面留下很难清除干净的挂渣,甚至出现割不透现象。

(2)预热火焰能率:以每小时可燃气体消耗量来表示。预热火焰能率应根据工件厚度来选择,一般工件越厚,预热火焰能率越大。

(3)割嘴与焊件的倾斜角度:割嘴与工件的倾斜角度直接影响切割速度和后拖量。割嘴的倾斜角度示例如图3-39所示。当割嘴沿气割相反方向倾斜一定角度(后倾)时,能使氧化物燃烧产生的熔渣吹向切割线的前缘,这样可充分利用燃烧反应的热量来减少后拖

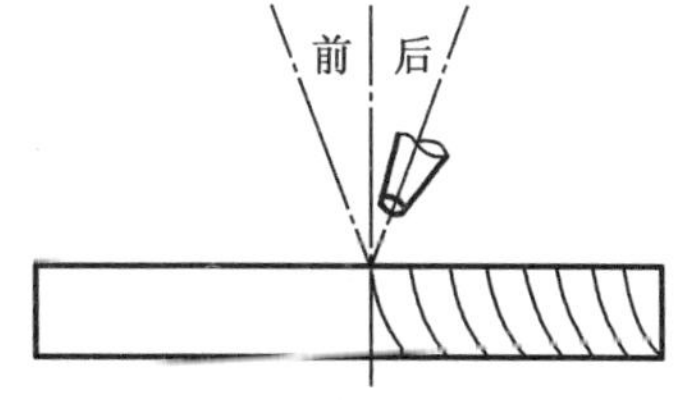

图3-39　割嘴的倾斜角度

量,从而促使切割速度的提高。进行直线切割时,应充分利用这一特性。割嘴与工件倾斜角大小,主要根据工件厚度而定。割嘴倾角与厚度的关系见表3－15。

表3－15 割嘴倾角与厚度的关系

割件厚度/mm	<6	6～30	>30		
			起割	割穿后	停割
倾角方向	后倾	垂直	前倾	垂直	后倾
倾角	20°～45°	0°	5°～10°	0°	5°～10°

(4)割嘴与工件的距离(图3－40):割嘴与工件表面的距离根据预热火焰长度和工件厚度来确定,一般5～10 mm。当工件厚度小于20 mm时,预热火焰可长些,割嘴与工件距离可适当加大;当工件厚度大于或等于20 mm时,由于切割速度放慢,预热火焰应短些,割嘴与工件距离应适当减小。

(5)切割速度(图3－41):切割速度与工件厚度和割嘴形状有关,工件越厚,切割速度越慢;工件越薄,切割速度越快。切割速度太慢,会使切口边缘熔化;切割速度过快,则会产生很大的后拖量(沟纹倾斜)或割不透。

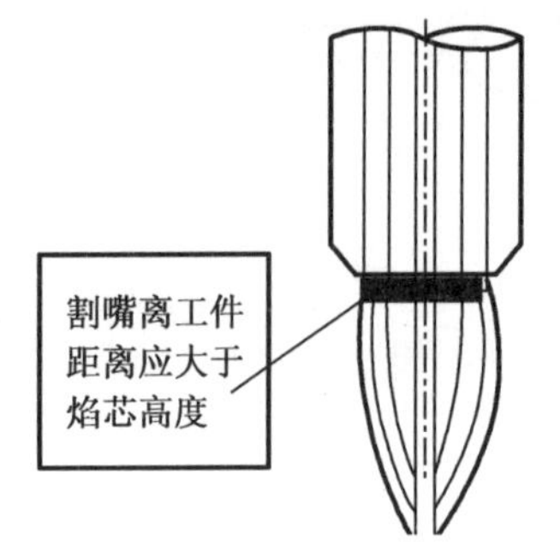

图3－40 割嘴与工件的距离

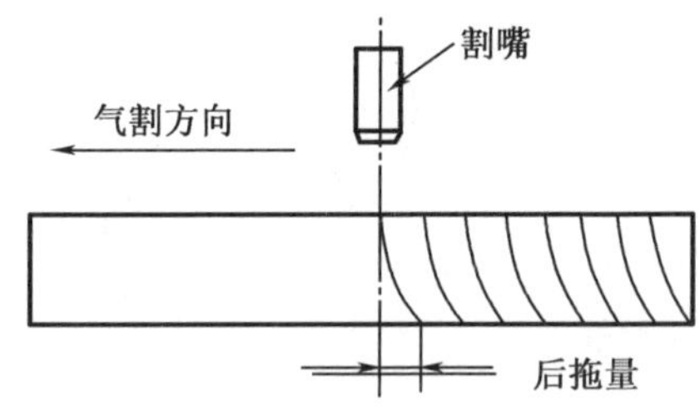

图3－41 切割速度

5. 操作流程

(1)点火

点火时先开启乙炔轮,点燃乙炔并立即开启氧气调节手轮,调节火焰。注意:开始点火时,手要避开火焰,从割炬后方送入,防止烧伤。点火后火焰应调为中性焰或轻微氧化焰,即割嘴头部为一蓝白色圆圈。

(2)工件预热(图3－42)

预热火焰的焰芯前端应离工件表面3～5 mm,预热工件的边缘,待边缘呈现亮红色时,将火焰局部移出边缘线以外,同时慢慢打开切割氧气阀。当看到被预热的红点在氧气流中被吹掉时,进一步开大切割氧气阀,看到工件背面飞出鲜红的氧化金属渣时,证明工件已被割透,此时应根据工件的厚度以适当的速度从右向左移动进行切

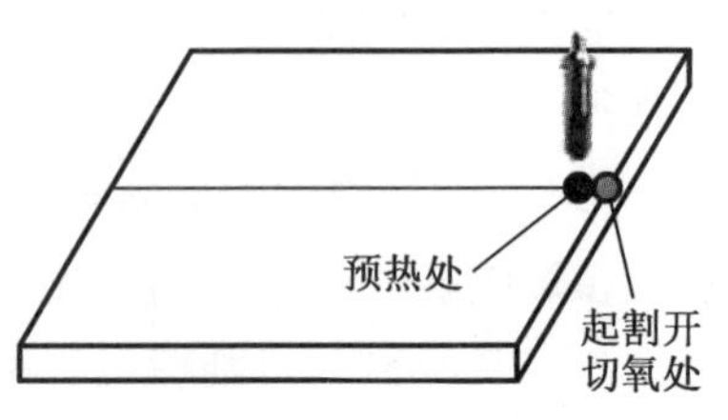

图3－42 工件预热

割。如果预热的地方切割不掉，说明预热温度太低，应关闭高压氧继续预热。

(3)正常气割

起割后，进入正常的气割阶段。为了保证割缝质量，切割速度要均匀，割炬运行要稳定，割嘴与工件距离要尽量保持不变。移动位置重新气割时，在原来停割处预热，然后开切割氧气阀继续气割。

(4)停割

气割临近终点，割嘴应沿气割方向略向后倾斜一个角度，使工件的下部提前割透，使割缝在收尾处较整齐。然后立即关闭切割氧气阀，同时注意抬高割炬离开割缝处，然后按顺序关闭乙炔调节阀与预热氧气阀。

(5)注意事项

气割一般从工件的边缘开始，从右向左进行。如果要在工件中部或内形切割，应在中间处先钻一个直径大于5mm的孔，然后从孔处开始切割。

6. 防止回火

在气割操作中有时割嘴头会出现爆响声，随着火焰自动熄灭，焊枪中会有吱吱响声，这种现象叫作回火。其产生的原因是因氧气比乙炔压力高，可燃混合气体会在焊枪内发生燃烧，并很快在导管里扩散而产生回火现象。如果不及时消除，不仅会使焊枪和橡胶软管烧坏，还会使乙炔瓶发生爆炸。所以当遇到回火时，不要紧张，应采取以下措施。

(1)迅速关闭焊枪上的乙炔调节阀，再关掉氧气调节阀，回火停止。

(2)再打开乙炔调节阀，试一下是否有火窝在枪里，如果火熄灭不掉，应立即把枪上的乙炔橡胶软管拔掉，或者迅速将乙炔瓶总阀关闭。

(3)待回火熄灭后，应将焊嘴放在水中冷却。

(4)打开氧气调节阀，吹除焊枪内的烟灰，才能点火使用。

情景3　气 焊 操 作

一、气焊的原理

气焊的原理如图3－43所示，它利用可燃气体(乙炔)与助燃气体(氧气)通过焊枪混合经点燃产生火焰，加热熔化焊件和焊丝(或不加焊丝)冷凝后，形成一种牢固的焊接接头。其是一种利用化学能转变为热能的熔焊。

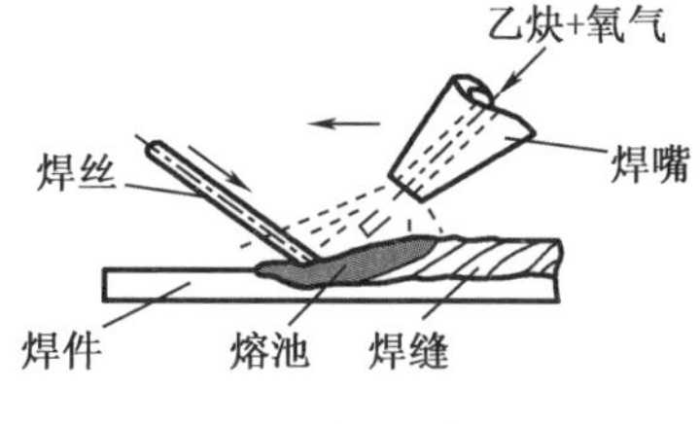

图3－43　气焊的原理

二、气焊的焊接工艺参数

1. 焊丝直径

焊丝直径主要根据焊件的厚度、焊接接头的坡口形式以及焊缝的空间位置等因素来选择。焊件的厚度越厚，所选择的焊丝越粗。焊丝直径与焊件厚度的关系见表3－16。

表 3-16 焊丝直径与焊件厚度的关系

焊件厚度/mm	0.5~2	2~3	3~5	5~10
焊丝直径/mm	1~2	2~3	3~4	3~5

2. 火焰种类

氧-乙炔火焰根据氧和乙炔的不同比例，可分为碳化焰、中性焰和氧化焰三种，见表 3-17。

表 3-17 火焰种类

	碳化焰	中性焰	氧化焰
O_2 和 C_2H_2 容积比	<1	1~1.2	>1.2
火焰特征	燃烧不完全，焰心、内焰和外焰分布分明，焰心灰白色，内焰淡白色，外焰橘黄色	燃烧完全，焰芯呈尖锥形，色白而明亮，轮廓清楚。内焰紧靠焰心末端，呈杏核状，颜色呈蓝白色，有深蓝色线条，微微闪动	火焰中含氧较多，氧化反应剧烈，使焰芯、内焰、外焰都缩短，内焰很短，几乎看不到。氧化焰的焰芯呈淡紫蓝色，轮廓不明显；外焰呈蓝色，火焰挺直，燃烧时发出急剧的嘶嘶声
火焰作用	具有较强的还原作用和一定的渗碳作用	内焰中的一氧化碳和氢气能起还原作用	整个火焰具有氧化性
火焰要求	焊接时喷射出来的火焰（焰心）形状应该整齐，不允许有歪斜、分叉或发出吱吱声		

3. 火焰能率

气焊的火焰能率是用每小时混合气体消耗量（单位 L/h）来表示的。

在焊接厚大焊件、熔点较高的材料及导热性好的材料时（如铜、铝及其合金），要选用较大的焊炬型号及焊嘴号码，即选用较大的火焰能率。

焊接薄小焊件、熔点较低且导热性差的材料时，要选用较小的焊炬型号及焊嘴号码，即选用较小的火焰能率。

平焊时可选用稍大一些的火焰能率，以提高生产率；立焊、横焊、仰焊时火焰能率要适当减小，以免熔滴下坠造成焊瘤。

4. 焊接倾角

焊接倾角就是焊接时焊嘴中心线与工件表面之间夹角。其大小将影响到火焰热量的集中程度。焊接倾角的选择要根据焊件的厚度和性能进行选择，焊件厚度越大，熔点越高或导热性能越好，选用的焊接倾角就应越大，以使火焰的热量集中，获得较大的熔深。

5. 焊丝倾角（图 3-44）

焊丝倾角与焊件厚度、焊嘴倾角有关。当焊件厚度大时，焊嘴倾角也大，则焊丝倾角小。当焊件厚度小时，焊嘴倾角也小，则焊丝倾角大。焊丝倾角一般为 30°~40°。

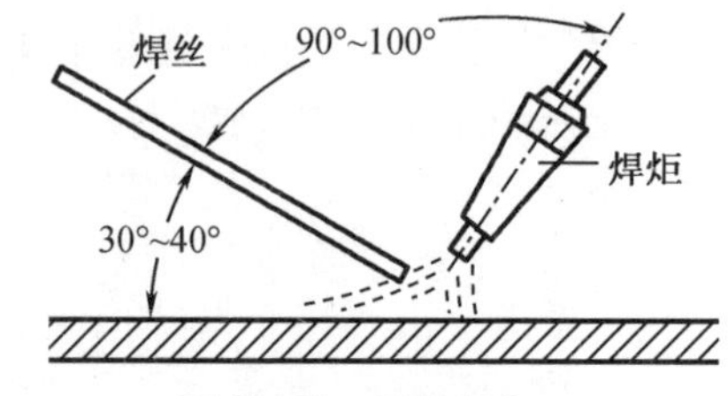

图 3-44 焊丝倾角

6. 焊接速度

应根据不同焊件结构、焊件材料及焊件材料的热导率来正确地选择焊接速度。对厚度大、熔点高的焊件,焊接速度要慢些;对厚度小、熔点低的焊件,焊接速度要快些。在保证焊接质量的前提下,焊接速度应尽量快,以提高焊接生产率。

项目6 其他焊接及切割方法

焊接方法、设备的类型及其所用的材料品种日益增多,为了进一步适应科学技术发展的需要,必须采用一些新型的焊接与切割方法。下面主要介绍除上述焊接与切割方法之外的其他焊接与切割方法的基本原理、特点与应用。

情景1 气电立焊

气电立焊(EGW)是一种配备专用的药芯焊丝,以 CO_2 气体保护进行立向上对接焊的自动化焊接方法,用于焊接垂直或接近垂直位置的焊接接头。气电立焊焊接时,电弧轴线方向与焊缝熔深方向垂直,在焊缝的正面采用水冷铜滑块,在焊缝的背面采用水冷铜挡排,使用药芯焊丝送入焊件和挡块形成的凹槽中,熔池四面受到约束,实现单面焊双面一次成形,是一种高效焊接方法。其工作原理如图3-45所示。

一、气电立焊设备

气电立焊设备由焊接电源、自动焊接小车、送丝装置、冷却水循环系统等组成。

1. 焊接电源

气电立焊焊接电源如图3-46所示。其型号为LINCOLN DC-600,是一种多用途的直流弧焊电源,除具有熔化极气体保护电弧焊所需的恒压外特性外,还具有焊条电弧焊及碳弧气刨所需的恒流外特性,即下降外特性。

2. 自动焊接小车

自动焊接小车如图3-47所示。自动焊接小车上配有操作控制盒。操作控制盒可控制焊枪的摆动及上下行走参数。该自动焊接小车自动焊接速度范围为0~250 mm/min。

3. 送丝装置

送丝装置由焊丝盘、送丝轮、送丝软管和焊丝矫直机构组成。送丝机如图3-48所示。

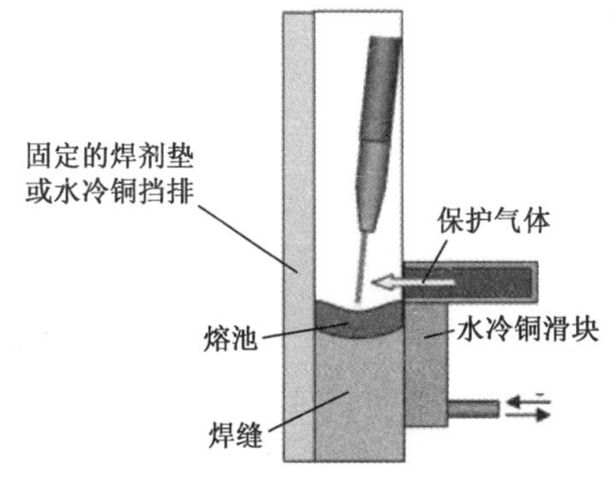

图3-45 气电立焊工作原理

图3-46 气电立焊焊接电源

图 3－47　自动焊接小车

图 3－48　送丝机

4. 冷却水循环系统

冷却水循环系统由循环水箱（包括水泵、散热器、冷却风扇）、循环水分配器、焊道背面固定水冷铜滑块（背面滑块）、焊道正面移动水冷铜滑块（正面滑块）及焊枪组成。

二、操作要求

1. 焊前准备

（1）固定轨道

首先将轨道吸附于焊缝右侧，轨道与焊缝距离保持 15 cm 左右。固定背面滑块，并与循环水分配器的水管连接。

（2）调节自动焊接小车

依次打开焊接电源、自动焊接小车开关。将自动焊接小车移动到起弧焊接位置，固定并压紧正面滑块。将正面滑块调节对中，开启冷送丝，并将焊丝送出焊枪导电嘴 35 mm 左右。固定并压紧焊枪。左右调节焊枪对中，前后调节焊枪对中，上下调节焊枪高度。开启摆动器，调节摆动参数。

2. 焊前检查

（1）检查是否开启水泵，检测水压及水路开关，保证前后水路通畅。

（2）打开送丝机上的试气开关，检查 CO_2 气体流量。

（3）检查焊接电源、送丝机及自动焊接小车上的所有开关是否在焊接的正常位置。

（4）检查自动焊接小车上的各个焊接工艺参数是否设置完毕。

3. 焊接操作

（1）按“起弧”开关，焊接起弧。

（2）观察熔池，适当调节焊接工艺参数和焊枪位置，保证焊接质量。

（3）按“熄弧”开关，停止焊接。

（4）切断保护气管。

(5)松掉正、背面滑块。退出焊枪,完成焊接。

(6)关闭电源。打磨焊缝。

4. 焊接工艺参数

气电立焊焊接工艺参数见表3-18。

表3-18 气电立焊焊接工艺参数

焊件				焊接工艺参数			
厚度/mm	坡口形式	表面宽度/mm	间隙/mm	滑块成形槽宽度/mm	焊接电流/A	电弧电压/V	焊接速度/(cm·min^{-1})
12	V形	16~18	4~6	24	300~350	34~36	10~12
19			4~6	24	340~380	36~38	7~9
22			4~6	24	340~380	36~39	6~8
27	X形	16~18	6~8	28	340~380	37~39	11~14
32			6~8	28	340~380	37~39	8~10

注:①焊丝伸出长度:约35 mm。

②保护气体:CO_2,25~30 L。

③焊丝:YFEG-22C,直径1.6 mm。

④摆动:单道焊接厚度20 mm以上。

情景2 电 渣 焊

随着船舶与海洋工程装备制造业的发展,需要对许多大厚度板材进行焊接。电渣焊就是为适应焊接大厚度板材的需要而迅速发展起来的。它是完全采用渣保护,没有电弧,竖直向上焊接的一种新的熔焊。

一、电渣焊的原理和主要特点

1. 电渣焊的原理

电渣焊是利用电流通过液态熔渣时所产生的电阻热,使电极(焊丝或板极)和焊件熔化而形成焊缝的一种熔焊。

电渣焊过程如图3-49所示。把电源的一端接在电极上,另一端接在焊件上,电流由电极经过具有一定导电性的熔渣(渣池)再传到焊件上,由于熔渣电阻较大,通过电流时就产生大量的热,将渣池加热到很高的温度(1 700~2 000 ℃),高温的渣池把热传给电极与焊件,使电极及焊件与渣池接触的部分熔化。由于液体金属的密度较溶渣大,故下沉形成金属熔池,而熔渣始终浮于金属熔池上部,金属熔池由冷却滑块强迫冷却凝固后,形成焊缝。

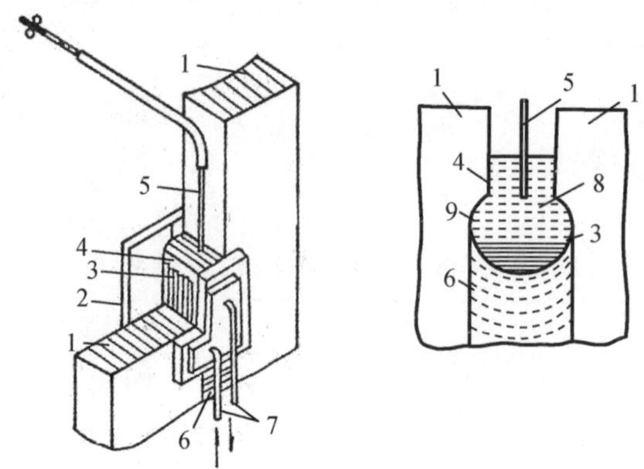

1—焊件;2—冷却滑块;3—金属熔池;4—渣池;5—电极;6—焊缝;7—冷却水管;8—熔滴;9—焊件熔化金属。

图3-49 电渣焊过程

2. 电渣焊的主要特点

(1)适合大厚度焊件的焊接。对于大厚度焊件,电渣焊可不开坡口,一般用于焊接厚度40 mm以上的板材结构。

(2)经济效果好。由于对于大厚度的焊件电渣焊不需开坡口,只需留有一定尺寸的装配间隙,因此节约了加工时间,并使填充金属大大减少。此外,电渣焊所消耗的焊剂是埋弧焊的几十分之一。电渣焊电能几乎全部通过渣池变为热能,所以,电能消耗量也比埋弧焊少35%。焊件厚度越大,电渣焊经济效果越好。

(3)焊缝缺陷少。电渣焊时,由于金属熔池上面覆盖着一定深度的渣池,使金属熔池冷却缓慢,液态金属停留时间长,冶金反应较充分,有利于气体和杂质的析出,故电渣焊一般不易产生气孔和夹渣等缺陷,焊缝质量容易得到保证。此外,由于电渣焊焊接速度缓慢,对焊件有预热作用,所以焊接低合金高强度钢及中碳钢时,可以不需要预热,并且不容易出现淬硬组织和能降低冷裂缝的倾向。

(4)焊缝接头晶粒粗大。电渣焊的主要缺点是焊缝和热影响区晶粒粗大,接头冲击韧性较低,一般焊后需正火加回火热处理,细化晶粒,改善冲击韧性。

二、电渣焊的焊接材料

1. 电渣焊焊剂

目前国产电渣焊专用焊剂有焊剂170和焊剂360两种,也可选用埋弧焊焊剂431、焊剂430等。

2. 电渣焊焊丝

为了减少气孔和裂缝倾向,提高焊缝机械性能,焊丝应限制磷、硫等杂质的含量和具有较低的含碳量,并能向焊缝过渡一些硅、锰等合金元素。常用的焊丝有H08MnSiA、H10Mn2等。为了改善焊缝结晶条件,亦常加入钛、铝等变质元素,如H08MnMoA、H08Mn2MoVA等。

三、电渣焊的焊接工艺参数

电渣焊的焊接工艺参数较多，但对焊缝成形影响比较大的主要是焊接电压、焊接电流、渣池深度、装配间隙等。

1. 焊接电压和焊接电流(送丝速度)

焊接电压、焊接电流增加时，渣池热量增多，熔宽也随之增大。因此，过高的焊接电压会降低焊接接头的抗裂性能，同时使焊接过程不稳定；反之，焊接电压过小，会产生未焊透等缺陷，并且会破坏电渣焊过程的稳定。因此，为了保证焊缝有足够高的抗裂性能和保证焊件的边缘焊透，应根据焊件的化学成分和焊件厚度来选择焊接电流和焊接电压。随着焊件含碳量或合金元素含量的增加，单根焊丝所焊焊件厚度应减薄，焊接电压和焊接电流应相应减小。

2. 渣池深度

渣池深度增加，电极预热部分加长，熔化速度增加，此时还由于电流分流的增加，降低了渣池温度，使焊件边缘的受热量减少，故熔宽减小。但渣池过浅，易产生电弧，而破坏电渣过程。渣池深度主要与焊剂种类、焊件厚度和送丝速度有关。一般渣池深度为 35 ~ 70 mm。

3. 装配间隙

装配间隙增大，渣池上升速度减慢，焊件受热量增多，故熔宽加大，但装配间隙过大会降低焊接生产率和提高成本。装配间隙过小，会给焊接带来困难，焊缝成形变坏，严重时易产生裂缝、未焊透、夹渣等缺陷。一般装配间隙 28 ~ 32 mm 较为适宜。

4. 焊丝根数及摆动

焊丝的根数主要与焊件厚度有关，在摆动的情况下，选用单根焊丝最大焊件厚度 150 mm，否则必须选用两根或两根以上焊丝。焊丝直径一般为 3 mm。

5. 焊丝干伸长度

焊丝干伸长度是指导电嘴端与渣池液面之间的焊丝长度，一般选用 60 ~ 80 mm，过长会严重影响正确送丝，焊丝过热可能造成烧断，引起明弧或熔化加快，渣池热量不足，破坏电渣过程的稳定。

四、电渣焊的焊接工艺

1. 焊前准备

在焊接之前将焊件的熔合面及其两侧 70 mm 范围内进行清理，并按规定的间隙(28 ~ 32 mm)要求装配。由于焊缝末端的收缩量大于始端的收缩量，故装配间隙上端应比下端大，其差值约为焊缝长度的 0.1%。为了引弧，建立渣池及调整焊接工艺参数，在焊缝起端处安装高度为 80 ~ 100 mm 的引弧板，在焊缝结尾处安装高度为 70 ~ 80 mm 的引出板，

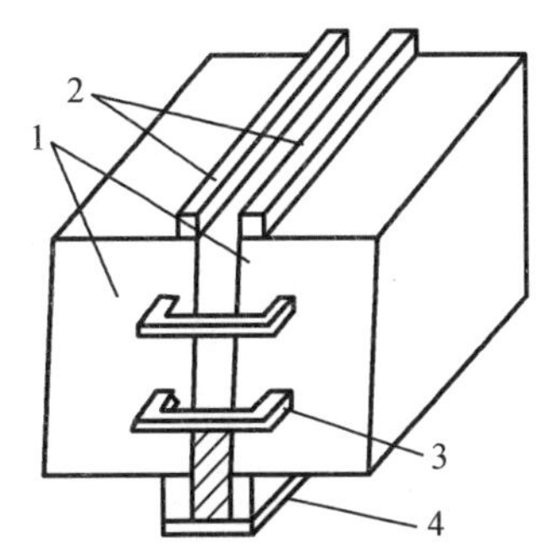

1—焊件；2—引出板；3—门形“马”；4—引弧板。

图 3 - 50　焊件装配图

将渣池以及焊缝收尾时易产生的缩孔和裂缝全部引出焊件之外。焊件装配图如图 3－50 所示。由于电渣焊需一次焊成才能较顺利地保证焊缝质量,所以焊前准备工作必须充分,包括焊丝的用量估算,检查电源系统、焊机系统、水冷系统是否正常,确定焊机与焊件的相对位置,准备石棉泥随时堵死冷却块与焊件间的缝隙等,以保证焊接过程的顺利进行。

2. 建立渣池

先使焊丝与引弧板之间产生电弧,利用电弧的热量不断熔化添加的焊剂,待熔渣积累到一定深度时,电弧熄灭,转入电渣过程。

3. 正常焊接过程

利用渣池的热量将焊丝与焊件边缘熔化并下沉在渣池下部形成金属熔池,随着金属熔池的上升和渣池的上浮,冷却滑块相应上移,下部不断形成焊缝。这时要均匀补充焊剂,保持一定的渣池深度,以保证电渣过程顺利进行。

4. 焊缝收尾

收尾工作必须在引出板上进行,类似铸件中的浇口(缩孔)。将焊缝引出焊件,此时应逐渐降低送丝速度和焊接电流,增加焊接电压,最好在结束前断续几次送丝,以填满尾部缩孔,防止产生裂缝。在收尾结束后,不应将渣池立即完全放掉,以减慢熔池冷却速度而防止产生裂缝。

情景3　空气等离子弧切割

空气等离子弧切割是利用高温(16 000～33 000 ℃)的等离子弧来进行切割的。

1. 空气等离子弧设备的工作原理

一般的焊接电弧未受到外界的压缩称为自由电弧。自由电弧中的气体电离是不充分的,能量不能高度集中,其温度也就被限制在 5 730～7 730 ℃。如果对自由电弧强迫压缩(压缩效应),使弧柱中的气体几乎达到全部电离状态,这样的电弧称为等离子弧。利用等离子弧的热能实现切割的方法称为等离子弧切割。

等离子弧切割使用的工作气体是氮气、氩气、氢气以及它们的混合气体,由于氮气价格低廉,故常用的是氮气,且氮气纯度不低于 99.5%。此外,在碳素钢和低合金钢切割中,常使用以压缩空气作为工作气体的空气等离子弧切割。下面以 LG－100E 型空气等离子弧切割机为例,描述一下其设备的工作原理,如图 3－51 所示。

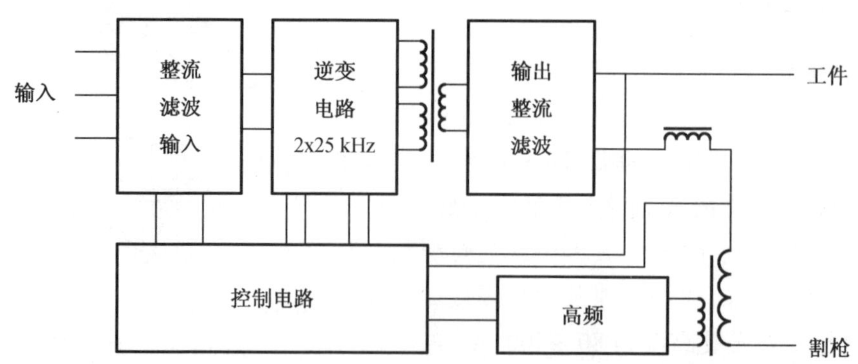

图 3－51　LG－100E 型空气等离子弧切割机设备工作原理

2. 等离子弧切割的特点

(1)可以切割任何黑色和有色金属。等离子弧可以切割各种高熔点金属及其他切割方法不能切割的金属,如不锈钢、耐热钢、钛、铝、钨、铸铁、铜、铝及其合金。等离子弧切割不锈钢、铝等工件厚度可达 200 mm 以上。

(2)可切割各种非金属材料。采用非转移型电弧时,由于工件不接电,所以在这种情况下能切割各种非导电材料,如耐火砖、混凝土、花岗石、碳化硅等。

(3)切割速度快、生产率高。在目前采用的各种切割方法中,等离子弧切割的速度比较快,生产率也比较高。例如,切割 10 mm 的铝板,等离子弧切割速度可达 200 ~ 300 m/h;切割 12 mm 厚的不锈钢,等离子弧切割速度可达 100 ~ 130 m/h。

(4)切割质量高。等离子弧切割时,能得到比较狭窄、光洁、整齐、无粘渣、接近于垂直的切口,而且切口的变形和热影响区较小,其硬度变化也不大,切割质量好。

等离子弧切割的不足之处是:设备比氧 - 乙炔气割复杂、投资较大;电源的空载电压较高,要注意安全;气割时产生的气体会影响人体健康,操作时应注意通风。此外,还必须注意防弧光辐射、防噪声、防高频等。

3. LG - 100E 型空气等离子弧切割机组成

LG - 100E 型空气等离子弧切割机主要由电源、编程操作面板(切割机)、弧压/电容调高器、空气压缩机、控制电缆、导线等组成。电源、弧压/电容调高器及编程操作面板如图 3 - 52所示。

(a)电源

(b)弧压/电容调高器

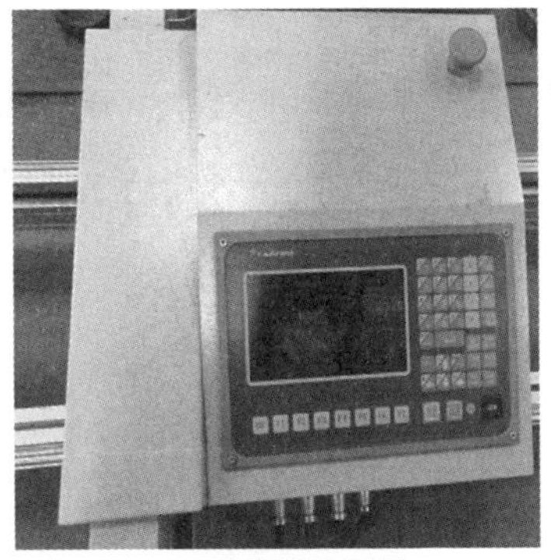
(c)编程操作面板

图 3 - 52 电源、弧压/电容调高器及编程操作面板

该切割机属于非接触式切割机,切割时,工件不能与喷嘴接触,避免烧坏喷嘴。切割机输出端有高压,严禁通电时触摸输出端子、割炬、喷嘴等导电部件。

4. 等离子弧切割工艺参数

以 LG - 100E 型空气等离子弧切割设备为例,其工艺参数主要有空载电压、切割电流、工作电压、空气压力、喷嘴到工件的距离等。

(1)空载电压。电源的空载电压为 200 V,操作时需特别注意安全。

(2)切割电流及工作电压。这两个参数决定了等离子电弧的功率,提高功率能提高切割厚度和切割速度。切割电流大小可通过电源上的“电流调节”旋钮来实现,其电压会自动随电流变化。切割速度大小可通过编程操作面板上的“F”键来设置,切割速度与板厚有关。在功率不变的情况下,提高切割速度,会使工件的受热面积减小并变窄,热影响区缩小。

(3)空气压力。设备的额定空气压力为 0.2 ~ 0.4 MPa,可通过电源上的空气减压阀设定。

(4)喷嘴到工件的距离。喷嘴至工件的距离一般为 3 ~ 5 mm。在设备通电前,可通过弧压/电容调高器来设定喷嘴与工件的距离。

情景4　碳弧气刨

一、碳弧气刨原理及特点

碳弧气刨使用石墨棒与刨件间产生电弧将金属熔化,并用压缩空气将其吹掉,实现在金属表面上加工沟槽,如图 3 - 53 所示。

碳弧气刨的主要优点:

(1)与风铲相比生产率可提高 10 倍,在仰位或竖位进出时更具有优越性;

(2)与风铲相比,噪声较小,并减轻了劳动强度;

(3)在对封底焊进行挑焊根时,易发现细小缺陷,并可克服风铲由于位置狭窄而无法使用的缺点。

碳弧气刨也有一些缺点,如产生烟雾,有一定的噪声,有粉尘污染、弧光辐射等。

碳弧气刨广泛用于清理焊根,清除焊缝缺陷,开焊接坡口(特别是 U 形坡口),清理铸件的毛边、浇冒口及缺陷,还可用于无法用氧 - 乙炔切割的各种金属材料切割。

二、碳弧气刨设备

碳弧气刨设备由电源、气刨枪、碳棒、电缆气管和空气压缩机组成,如图 3 - 54 所示。

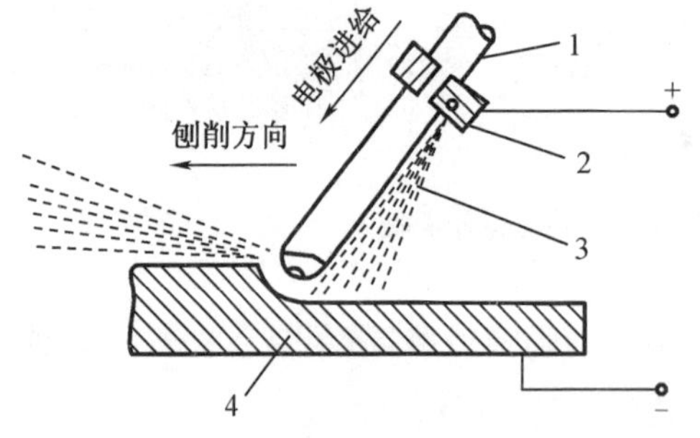

1—电极;2—刨枪;3—压缩空气流;4—刨件。

图 3 - 53　碳弧气刨

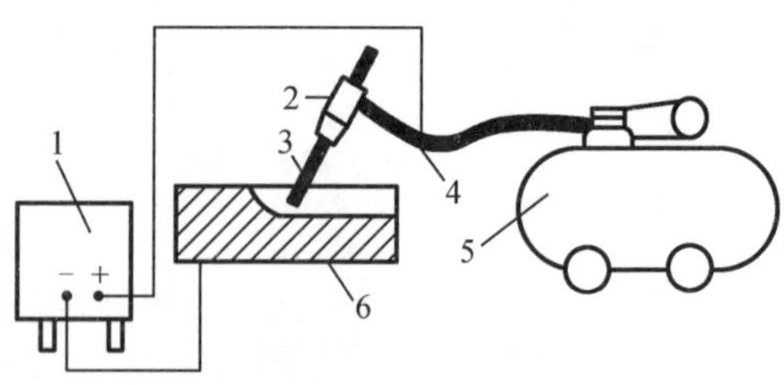

1—电源;2—气刨枪;3—碳棒;4—电缆气管;5—空气压缩机;6—工件。

图 3 - 54　碳弧气刨设备

碳弧气刨一般采用具有陡降外特性的直流电源，由于使用电流较大，且连续工作时间较长，因此，应选用功率较大的弧焊整流器和弧焊发电机，如 ZXG－500、AX－500 等。

碳弧气刨的气刨枪有侧面送风式气刨枪和圆周送风式气刨枪两种。碳弧气刨的电极材料一般都采用镀铜实芯碳棒，其断面形状有圆形和扁形两种，可根据刨削要求选用，其中圆形应用最广。

三、碳弧气刨工艺参数

碳弧气刨的工艺参数主要有电源极性、碳棒直径、刨削电流、刨削速度、压缩空气压力电弧长度、碳棒倾角、碳棒伸出长度等。

1. 电源极性

碳弧气刨一般都采用直流反极性（铸铁和铜及铜合金采用正极性），这样刨削过程稳定，刨槽光滑。

2. 碳棒直径与刨削电流

碳棒直径根据被刨削金属的厚度来选择，钢板厚度与碳棒直径的关系见表 3－19。被刨削的金属越厚，碳棒直径越大，一般可根据下面的经验公式来选择刨削电流：

$$I = (30 \sim 50)d$$

式中　I——刨削电流，A；

　　d——碳棒直径，mm。

表 3－19　钢板厚度与碳棒直径的关系

钢板厚度/mm	碳棒直径/mm	钢板厚度/mm	碳棒直径/mm
3	一般不刨	8～12	6～8
4～6	4	10～15	8～10
6～8	5～6	15 以上	10

碳棒直径还与刨槽宽度有关，刨槽越宽，碳棒直径应越大，一般碳棒直径应比刨槽的宽度小 2～4 mm 左右。

3. 刨削速度

刨削速度对刨槽尺寸和表面质量都有一定的影响。刨削速度太快会造成碳棒与金属相碰，使碳粘在刨槽的顶端，形成夹碳缺陷。一般刨削速度为 0.5～1.2 m/min 较合适。

4. 压缩空气压力

压缩空气的压力高，能迅速吹走液体金属，使碳弧气刨顺利进行，一般压缩空气压力为 0.4～0.6 MPa。

5. 电弧长度

电弧过长，会引起操作不稳定，甚至熄弧。因此操作时要求尽量保持短弧，但电弧太短，又容易引起夹碳缺陷，因此，碳弧气刨电弧的长度一般 1～2 mm 为宜。

6. 碳棒倾角

碳棒与刨件沿刨槽方向的夹角称为碳棒倾角。碳棒倾角的大小影响刨槽的深度，碳棒倾角增大槽深增加，碳棒倾角一般为25°~45°。

7. 碳棒伸出长度

碳棒从导电嘴到电弧端的长度为伸出长度。碳棒伸出长度太长，就会使压缩空气吹到熔池的风力不足，不能顺利地将熔化金属吹走。但碳棒伸出长度太短会引起操作不方便，一般碳棒伸出长度以80~100 mm为宜。

四、碳弧气刨的操作

1. 准备工作

在碳刨前要检查电源极性，根据碳棒直径选择并调节好电流。调节碳棒伸出长度至80~100 mm。检查压缩空气管路，调节好出风口，使风口对准刨槽。

2. 引弧

引弧前必须先送风，因为在引弧时，碳棒与工件接触造成短路，如不预先送风冷却，很大的短路电流会使碳棒烧红，又因工件在很短时间内来不及熔化，所以碳棒与工件相碰就容易产生夹碳缺陷。在电弧引燃的一瞬间，电弧不要拉得太长，以免熄弧。

3. 刨削

开始刨削时，速度要慢些，因为工件是冷的，不能很快熔化。但也不能太慢，否则会加深渗碳层。刨削时要保持均匀的刨削速度和尽量保持等距离的弧长。当听到均匀清脆的嘶嘶声时，表示电弧稳定，能得到光滑均匀的刨槽。每段刨槽衔接时，应在弧坑上引弧，防止触伤刨槽或产生严重凹痕。在刨削过程中，手要把稳，眼睛要看好准线，碳棒要端正，碳棒倾角基本保持不变，碳棒不能横向摆动，也不能前后移动，只能沿刨槽的方向做直线运动。当碳棒烧损到需要调整伸出长度时，不要停止送风，使碳棒得到很好的冷却。刨削结束时，先断弧，过几秒钟后再关闭送风阀门，使碳棒得到冷却。

五、碳弧气刨常见缺陷

1. 槽形不正

其产生原因是刨削时碳棒歪向一侧，因此操作时应控制碳棒中心线与槽口中心线重合。

2. 宽窄不明

其产生原因是碳棒移动速度忽快忽慢，手抖动，横向摆动，因此操作时应移动均匀，手要稳。

3. 深浅不均

其产生原因是碳棒倾斜度变化或碳棒上下摆动，因此操作时手柄握持要牢，移动要平稳。

4. 刨偏

其产生原因是操作者注意力不集中，技术不熟练。

情景5　水 下 切 割

水下切割方法较多,按其工作原理的不同,可分为水下加热氧化切割、水下加热熔化切割和水下冷切割。

一、水下加热氧化切割

1. 水下氧－火焰切割

水下氧－火焰切割通常适用于切割低碳钢和低合金钢等易氧化材料。不适用于切割不锈钢和钛以外的有色金属。

水下氧－火焰切割最适宜的切割厚度为 10～40 mm。由于薄板在水中冷却速度比厚板快得多,因此切割薄板比较困难。板厚超过 40 mm 时,要求高超的切割技术。目前,水下氧－火焰切割工件厚度可超过 300 mm。

(1)水下氧－火焰切割过程

①点燃预热火焰

在浅水区域,可在水面上引燃,然后由潜水员带到切割工位。但是水面上引火火焰容易熄灭,不安全,尤其是水深超过 9 m 时,所以要求在水下引燃火焰。

水下引燃火焰有两种方法:一种是借助电点火器引燃;另一种是在割炬上装一个能发生小火焰的附加装置,在水面上先将小火焰(亦称匹配火焰)引燃,带到水下,切割时用小火焰引燃预热火焰。

②预热起割处

用预热火焰将起割处预热到该金属在氧中的燃点温度。由于水加强了金属的散热作用,水下预热要比陆上切割时预热困难。

③供氧切割

当起割处金属预热温度达到其在氧中燃烧的温度时,供给高压氧,使金属燃烧,生成的熔渣被气流吹掉。金属燃烧产生的热量和预热火焰继续预热下层金属,使切割过程继续进行,以致将金属割开。

(2)燃料

①乙炔、甲烷和其他碳氢化合物

乙炔火焰稳定,燃烧的温度可高达 3 100 ℃。但当压力超过 0.147 MPa(约 1.5 倍大气压)时,在高温条件下有爆炸危险,所以只适用于水深不超过 5 m 的情况。

碳氢化合物根据水的不同温度,可用于 20～50 m 水深。但碳氢化合物的液化压力受温度影响较大,温度低液化压力也低,适用的水深将随之减小。

②氢气

氢气对压力的增大不敏感,可用于 1 000 m 的水深,是水下氧－火焰切割使用最多的燃料。

③汽油

汽油也是用于水下氧－火焰切割的较好燃料,只是点燃前需用预热混合器使汽油汽化。汽油适用水深稍次于氢气适用的水深,但切割的厚度和质量都超过氧－氢气火焰的。

2. 水下氧－电切割

水下氧－电切割利用空心电极(亦称空心割条)与工件之间产生电弧代替火焰预热割件,并使其熔化。

氧气从空心电极中吹向工件,不仅使工件金属氧化燃烧,而且吹掉熔渣和熔化金属形成割口。同时电极自身也氧化燃烧,放出大量热,从而提高切割效率,水下氧－电切割原理如图3－55所示。

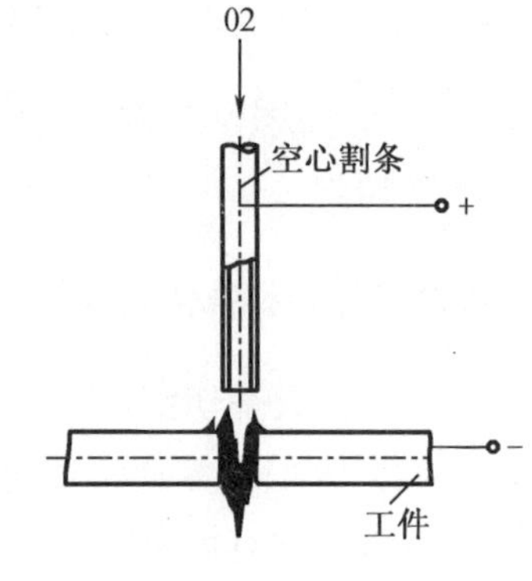

图3－55　水下氧－电切割原理

二、水下加热熔化切割

1. 药皮焊条切割

药皮焊条切割的引弧过程与电弧焊一样,但使用的电流密度较大,熔化金属不是在母材上凝固形成焊缝,而是被吹掉形成割口。

水下药皮焊条应具有防水性,普通焊条采用了防水措施,电弧稳定,也可用于水下切割。

水下药皮焊条切割与水下氧－火焰切割相比,切口质量较差。但水下药皮焊条切割应用广,不但可切割低碳钢和低合金钢,而且可切割不锈钢和有色金属。

水下药皮焊条切割切割6 mm以下薄板很方便,切割厚板稍困难,切割过程要使水下药皮焊条在割口内来回拉锯,以将熔化金属推出。

该法切割不受水深限制,只要是潜水员能达到的地方就可采用,目前应用的水深是60 m。

2. 熔化极气体保护水下切割

熔化极气体保护水下切割就是将熔化极气体保护电弧焊用于水下切割,其原理与水下药皮焊条切割类似。

这种水下切割存在的问题是熔化金属易流到电弧周围影响电弧的稳定性,产生的熔渣和熔化了的金属在割口边缘形成过桥,影响切割效果。这种水下切割的优点是切割厚度6 mm以下薄板时,容易控制,切割速度快,割口质量较好,还可用于切割不同厚度的有色金属。

3. 熔化极水喷射切割

熔化极水喷射切割是在熔化极气体保护水下切割的基础上发展出的一种水下切割。该法是用喷射出的高压水将熔化金属和熔渣吹掉,形成有少量熔渣的清洁割口。熔化极水喷射切割原理如图3－56所示。

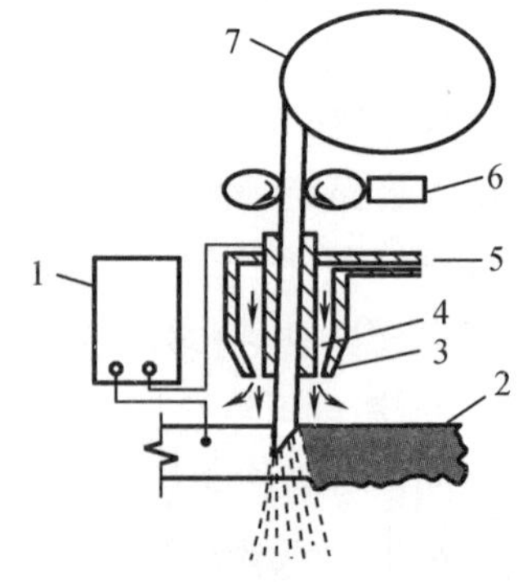

1—发电机;2—工件;3—喷嘴;4—导电;5—高压水;6—送丝机;7—割丝盘。

图3－56　熔化极水喷射切割原理

4. 水下等离子切割

工业上最早应用水下等离子弧切割的国家是美国和意大利,主要是在浅水区域切割原子反应堆构件。目前尚未有深水中应用等离子弧切割的实例,这是由于随水深增加等离子所处环境压力增加，引弧困难，电弧功率降低，切割能力减弱，切割工艺性能变坏。在海水中等离子弧易产生“双弧”现象，同时等离子弧切割电压高达 180 V，在水下，尤其在海水中，保证安全尚须进行大量的研究。

5. 水下热割矛切割

通常热割矛长 3 m 左右，内径 19.5～21 mm，内孔装满钢丝，从外部对钢管顶端预热，使它达到热割矛钢管的燃点，这时氧气从钢管内的钢丝间吹出，钢管和钢丝开始燃烧放出大量热（这一过程即热割矛引燃，一般是在水面上进行），然后带到工位上。

水下热割矛切割设备简单，割炬一端夹热割矛，另一端与氧气管接通。热割矛切割时，先割出成串的小孔，然后使小孔间的过桥崩裂形成割缝。用内径 9.5 mm 和 19 mm 的热割矛，割出的孔径分别为 38 mm 和 73 mm。这种切割方法一般用于切割厚度大于 40 mm 的钢板和其他方法不易切割的大截面构件，这种方法可切割船艏、艉柱等铸件，并广泛用于切割混凝土。

水下热割矛切割不用电，对潜水员没有触电危险，但切割过程中没充分燃烧的氧气与分解出的氢化合，易发生“蒸汽爆炸”，故不适合深水作业。

6. 铝热剂切割

铝热剂装在钢管内，制成铝热剂割条，割条长 4 m，直径 13.8 mm，切割原理基本与水下热割矛切割相同，切割温度约为 3 500 ℃。

切割时，先将割条夹入夹头，从氧气入口通入氧气，然后引燃，当割条与割件间距离保持在 10 mm 左右时，开大氧气阀，达到所需压力。铝热剂切割工艺参数见表 3－20。

表 3－20　铝热剂切割工艺参数

切割件	切割孔直径/mm	贯穿速度/(mm · min^{-1})
混凝土	40	250
礁石	50	500
钢	40	600

三、水下冷切割

1. 水下机械切割

水下机械切割与陆上机械切割一样，采用锯、刨、磨、铣对构件进行切割，机械切割速度比热切割速度慢，但切口精度高，无热影响区。这种切割方法多用于水下焊接开坡口和重要结构的修理。

水下切割机有液压驱动切割机、气压驱动切割机和电机驱动切割机 3 种。

（1）液压驱动切割机

液压驱动切割机在同样的液体压力下，随着水深的增加，供给切割机的功率相应降低，即驱动功率受到水深的限制。目前，液压驱动切割机多用于水深小于 45 m 的情况。

(2)气压驱动切割机

气压驱动切割机与液压驱动切割机相似,也受到水深的限制。这是因为,排出气体的反压力抵消了部分输入压力;随水深增加,管道加长,增大了气体阻力。这种切割机适用水深约为 50 m。如将排气管道拉到水面上与大气相通,可消除反冲压力,从而提高切割效率。

(3)电机驱动切割机

电机驱动切割机不受水深限制,理论上这种切割机可用于水深几百米,但要具有良好的绝缘性能,启动和调速都要很方便。

2. 聚能爆炸切割

聚能爆炸技术是将炸药装在铜、铝、铅等金属制成的聚能容器中。容器上有一凹槽,称作聚能槽(最佳爆破角度根据试验而定),聚能槽对准切割线,起爆后聚能器爆裂,铜、铝、铅等金属质点汇聚成一条线,以极高的速度射向工件切割线,将工件切开。

聚能爆炸切割速度快,具有方向性,可在板面上进行直线切割、穿孔和切割不同形状的工件,对水下管道结构切割极为方便。

聚能爆炸切割已可切割 100 mm 厚钢板和直径 1.2 m、厚 38 mm 的混凝土套管。

情景 6 水下焊接

水下焊接就其所处的特殊环境大致可分为湿法水下焊接、干法水下焊接和局部干法水下焊接三类,随着生产需要和水下焊接技术发展,又出现了水下螺柱焊、水下爆炸焊、水下电子束焊和水下铝热焊等特种水下焊接方法。

一、湿法水下焊接

焊接时,水下焊条与焊件接触时,电阻热将接触点周围的水汽化,形成一气相区。电焊条稍一离开焊件引燃电弧,由电弧热将周围水大量汽化,加上焊条药皮放出 CO_2 气体,在电弧周围形成一个一定大小气囊,把电弧和焊接熔池与水隔开,如图 3-57 所示。

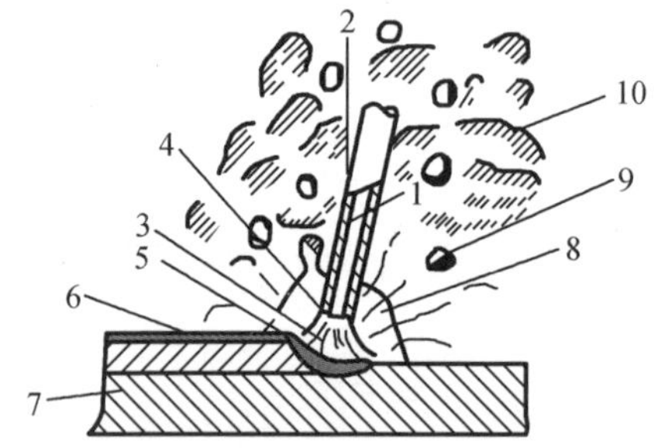

1—焊芯;2—药皮;3—电弧;4—药皮套筒;
5—熔池;6—熔渣;7—焊件;
8—气囊;9—气泡;10—烟雾。

图 3-57 电弧在水中燃烧

湿法水下焊接区周围是水,不是空气,这给水下焊接带来一系列困难。

1. 能见度差

水对光的吸收和散射作用比空气对光的吸收和散射作用强得多,光在水中传播减弱得很快。例如,光在水中传播 1 m 距离的损失,相当于光在空气中传播 1 km 距离的损失。此外,焊接时电弧周围产生大量气泡和烟雾,潜水焊工很难看清电弧和熔池情况,这种水下焊接方法基本属于“盲焊”,严重影响潜水焊工的技术发挥,焊接接头易出现焊接缺陷。

2. 含氢量高

水下焊条电弧焊时,电弧周围气囊中的氢浓度很高,溶解于焊缝中的氢很多,一般焊缝可达30～40 mL/100 g，最高可达60～70 mL/100 g，为在空气中焊接时焊缝中含氢量的好几倍。

3. 冷却速度快

水下焊接尽管电弧周围有一气囊，但尺寸较小，随着焊接前进处于红热状态的熔池就与水接触。水的导热率比空气的导热率大20倍，焊缝冷却非常快，焊缝及热影响区很容易被淬硬。

二、干法水下焊接

干法水下焊接是把包括焊接部位在内的一个较大范围里的水经人工排除，使潜水焊工能在一个“干”的气相环境中进行焊接的焊接方法。干法水下焊接分高压干法水下焊接和常压干法水下焊接两种。

1. 高压干法水下焊接

高压干法水下焊接如图3－58所示。气室底部是开口的，通入稍大于工作水深压力的气体，把气室内的水从底部开口处排出，焊接工作在干气室中进行。一般采用焊条电弧焊或惰性气体保护焊。

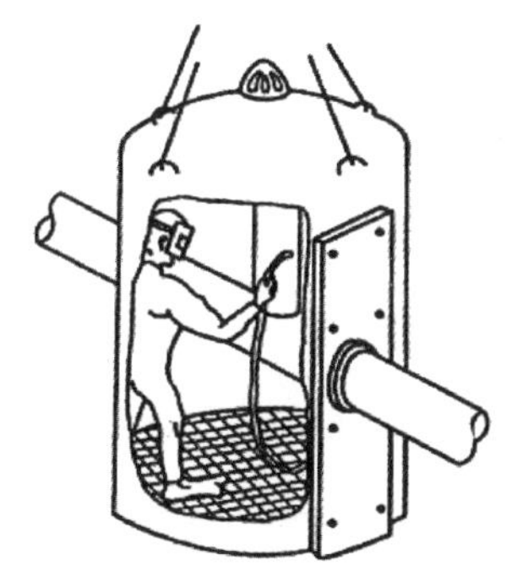

图3－58　高压干法水下焊接

高压干法水下焊接是当前各种水下焊接中焊接质量最好的焊接方法之一，但存在以下问题。

(1)局限性大

要有一个大型气室(焊接仓)，将被焊工件罩起来，在应用中往往受到工程结构形状、尺寸和位置等因素限制，局限性较大。

(2)成本高

需要配备生命维持、温度调节、监控、照明和安全保障等系统。辅助工作时间长，水面支持队伍庞大，施工成本高。

(3)存在着气体压力对焊接的影响

水深每增加10 m就增加一个大气压的压力，在深水中进行焊接，随着电弧周围气体压力的增加，焊接电弧特性、冶金特性和焊接工艺特性都受到不同程度影响。例如，随水深的增加，电弧稳定性变坏，熔宽变窄，余高增大，焊缝成形变坏，容易产生焊接缺陷。

2. 常压干法水下焊接

为了克服气体压力对焊接的不良影响，可利用密封水下焊接作业仓，其内部气体为常压，这样焊接工作就如陆上一样，排除了水深影响。常压干法水下焊接如图3－59所示。但常压干法水下焊接设备的造价比高压干法水下焊接设备更昂贵，焊接辅助人员也更多，一般很少采用。

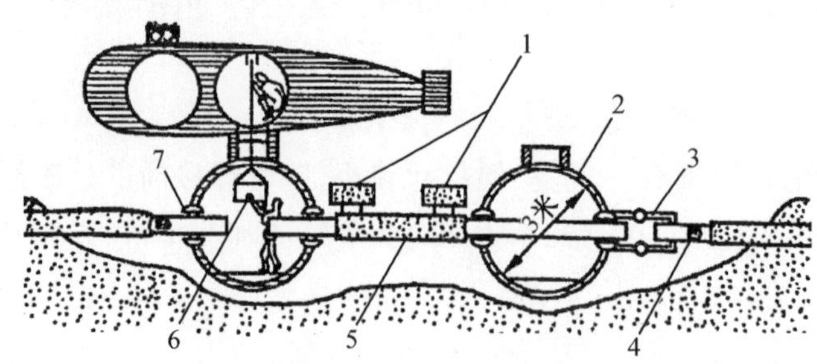

1—浮力箱；2—气压室；3—液压千斤顶；4—闭合装配塞块；5—替换管段；6—可调节的管接头；7—活动夹钳。

图 3－59　常压干法水下焊接

三、局部干法水下焊接

局部干法水下焊接时，潜水焊工处于水中，焊接部位周围局部区域的水被人工排除，形成一个较小的局部气相区，使电弧在其中稳定燃烧。其与湿法水下焊接相比，排除了水的干扰，改善了焊接接头质量；与干法水下焊接相比，不需要造价昂贵的焊接仓。

1. 气罩式局部干法水下焊接

焊接时，在被焊件上安装一个透明罩，用气体将罩内的水排除，潜水焊工处于水中，将焊枪从罩下伸进罩内的气相区进行焊接，如图 3－60 所示。

2. 水帘式局部干法水下焊接

水帘式局部干法水下焊接属于较小范围局部干法水下焊接。它靠双层喇叭状喷嘴外层喷射出高压水，在喷嘴周围形成一个水帘，阻挡外面的水侵入，由内层喷嘴喷出保护气体，形成气相区，使电弧在气相区燃烧，如图 3－61 所示。

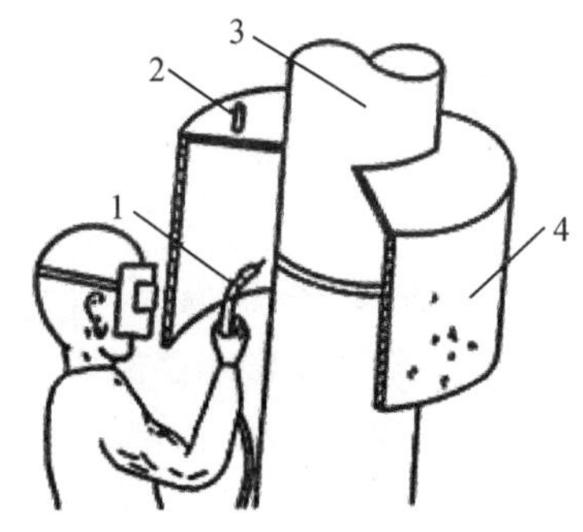

1—焊枪；2—进气孔；3—焊件；4—透明罩。

图 3－60　气罩式局部干法水下焊接

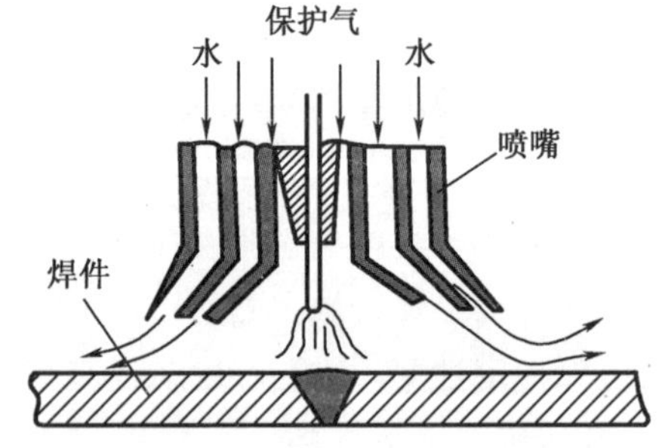

图 3－61　水帘式局部干法水下焊接

情景 7　重力式焊接

重力式焊接是在手工电弧焊的基础上发展的一种半机械化焊接方法，用一个滑轨架焊接，如图 3－62 所示。焊钳焊接时，把滑轨焊接架的底座靠紧焊件，升起焊钳，把焊条夹在焊钳上,焊条端部对准要焊的接口处,然后借助碳棒或金属棒引燃电弧,焊条熔化缩短,焊钳在重力作用下沿滑轨下移并带动焊条沿焊缝施焊。焊条熔化到末端约 15 mm 处时,由于滑轨熄弧圆的作用,焊钳自动翘起熄弧。

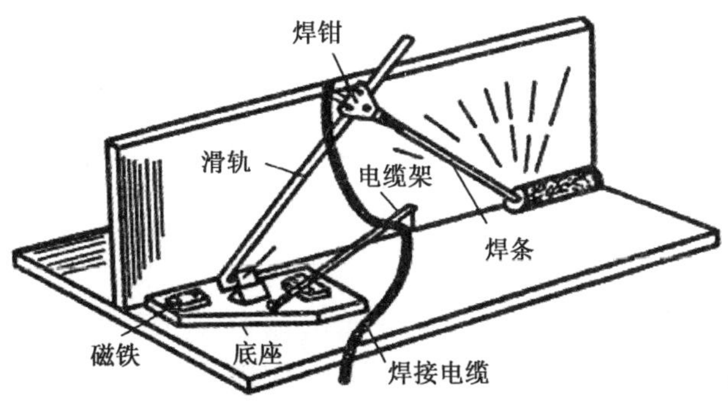

图 3 – 62 重力式焊接滑轨焊接架

模块4　常用金属材料的焊接

焊接性(可焊性)是指材料在规定的施工条件下焊接成设计要求的构件,并满足规定要求的服役能力,即金属材料对焊接加工的适应性。焊接性一般包括两个方面,工艺焊接性和使用焊接性。工艺焊接性是指在一定焊接工艺条件下,获得优质、无缺陷的焊接接头的能力;使用焊接性是指焊接接头或整体结构满足各种使用性能要求的程度,包括焊接接头的机械性能(强度、塑性、韧性等)和特殊使用性能(耐热、耐腐蚀等)。

可焊性好的材料就是指在焊接时,不须采用其他附加工艺(如预热、后热处理等),就能获得良好机械性能的焊接接头。金属材料的可焊性的好坏主要取决于材料的成分,但同时也与构件的结构、焊接方法及焊接条件都有密切的关系。

项目1　碳素钢的焊接

碳素钢是以铁为基体,以碳为主要合金元素的铁碳合金(含碳量小于2%)。碳素钢是钢材中产量最多、应用最广的材料,其产量约占钢材总产量的80%左右。工业中使用的碳素钢,含碳量很少超过1.4%,用于制造焊接结构的钢材,其含碳量还要低得多。碳素钢的焊接性主要取决于材料的含碳量,随着含碳量的增加,焊接性变差。

一、低碳钢的焊接

1. 低碳钢的焊接特点

(1)低碳钢的含碳量和其他金属含量较少,不会因焊接而产生严重硬化组织或淬火组织,因此低碳钢的可焊性良好。低碳钢的焊接接头塑性和冲击韧性良好。

(2)低碳钢焊接时,一般不需要采取预热和焊后热处理的工艺措施。

(3)焊件厚度过大(如30 mm以上)时,或在低温条件下焊接刚性大的结构以及硫磷含量较高的沸腾钢时,有可能会出现裂缝。须采取一些特定的工艺措施来确保焊接质量,如预热措施,预热温度视具体情况而定,一般为100~150 ℃。

(4)不需要选用特殊和复杂的焊接设备,对焊接电源无特殊要求。

2. 低碳钢常用的焊接方法

对于低碳钢可以采用所有的焊接方法进行焊接,一般都能保证焊接接头的质量,船厂常用的焊接方法是焊条电弧焊、埋弧焊、CO_2气体保护焊和电渣焊等。

(1)焊条电弧焊

低碳钢焊接广泛采用焊条电弧焊,主要采用酸性焊条(如E43××系列,J42×系列),强度应与母材匹配。但对一些要求承受动载荷、低温或疲劳的重要结构,如船体大接缝、机座对接缝,以及对裂缝敏感性较大的焊接结构,如艏柱、艉柱等,须选用低氢型焊条(如E4316、

J427),因为这种焊条具有较高的机械性能和抗裂性能。常用低碳钢焊接的焊条选择见表4-1。

表4-1 常用低碳钢焊接的焊条选择

钢号	焊条				施焊条件
	一般结构（包括厚度不大的低压容器）		受动载荷结构,厚板结构,中、高压及低温容器		
	国际型号	牌号	国际型号	牌号	
Q235 Q255	E4313 E4301 E4303 E4320	J423 J423 J422 J421	E4316 E4315 E5016 E5015	J426 J427 J506 J507	一般不预热
Q275	E5016 E5015	J506 J507	E5016 E5015	J506 J507	厚板结构预热150 ℃
10,15,15g, 20,20g	E4303 E4301 E4320 E4310	J422 J423 J424 J425	E4316 E4315 E5016 E5015	J426 J427 (J506) (J507)	一般不预热
20g,25,30	E4316 E4315	J426 J427	E5016 E5015	J506 J507	厚板结构预热150 ℃

(2)埋弧焊

对于钢号Q235,15,20,20g的钢,埋弧焊可采用H08A、H08E、H08MnA等焊丝和焊剂HJ431或HJ430。焊接时,应注意焊剂的烘干及坡口的清理,否则,易产生气孔。

低碳钢埋弧焊可以应用于较大的焊接厚度范围,在焊接较厚工件时可采用一层或多层焊来完成。在焊多层焊时,第一层焊缝的焊接厚度要比其他层小些,以控制焊缝的截面形状,避免第一层焊缝产生热裂缝。

(3)CO_2 气体保护焊

这种方法焊接低碳钢在船厂已得到广泛的应用。为了使焊缝具有足够的机械性能和良好的抗裂性能以及抗气孔的能力,应采用高锰和高硅焊丝,应用最广的是H08Mn2SiA焊丝。在选择焊丝的同时,还要控制 CO_2 气体的纯度,以避免焊缝中气孔的出现和机械性能的降低。若在 CO_2 气体中加入一定量(少于50%)的氩气,可提高电弧的稳定性和减少飞溅,对提高焊接质量有利。

(4)电渣焊

对厚度大的工件,如艏柱、艉柱的对接,目前仍采用电渣焊。其焊缝强度等要求主要依靠焊丝来达到,一般采用H10Mn2A、H10MnSiA焊丝及焊剂360。为了提高焊缝金属的韧性,亦有在焊丝中加入铝、钛等变质合金元素的。电渣焊焊后的焊缝金属和热影响区组织过热现象比较严重，结晶比较粗大，所以一般都要进行正火加回火的热处理。

低碳钢焊件一般焊后不进行热处理，只有在焊件结构刚性较大的情况下，如低碳钢管壁厚度大于 35 mm 时，或者对接头性能要求特别高时，焊后才进行热处理，一般选用 600 ~ 650 ℃退火即可。其目的一是消除焊接应力，二是改善局部组织及平衡接头各部位的性能。

3. 低碳钢在低温下的焊接

尽管低碳钢的含碳量低、塑性好，焊接时一般不会产生裂纹，但在低温（一般指 0 ℃以下）下进行焊接时，由于焊接接头的冷却速度较快，裂纹倾向增大，特别是对厚度或刚性较大的焊件，裂纹倾向更大。因此，低碳钢焊件在低温下焊接时，为避免产生裂纹，应采取以下措施。

（1）对于厚大工件焊前应进行预热，一般为 100 ~ 150 ℃，并注意保持层间温度，对于具体焊件的最低预热温度，应根据其厚度及刚性的大小通过抗裂性能试验及焊接工艺评定来确定。

（2）采用碱性低氢型焊条，因为其抗裂性能及塑性与韧性都较好。

（3）在进行弯板、弯管校正及组装时，尽量避免在过低温度下进行，以免钢材因低温脆性在加工或组装过程中出现微小裂纹。

（4）尽可能避免和减少焊缝中未焊透、电弧擦伤、弧坑裂纹、咬边及夹渣等缺陷，因为这些缺陷可能成为脆断的裂纹源。

（5）定位焊时应适当加大电流，减慢焊速，以保证“点透”，并适当加大定位焊缝的截面积和长度。整条焊缝应尽量连续焊完，不要中断。熄弧时要注意填满弧坑。

（6）当焊接环境出现风速大于或等于 10 m/s，相对湿度大于 90% 且下雨、下雪时，如果无有效防护措施，应停止施焊。

根据气温及焊件的具体情况，上述措施可单独或综合采用。

二、一般强度船体结构钢的焊接

一般强度船体结构钢的含碳量为 0.18% ~0.23%，同样属于低碳钢。因此其焊接性良好，但为了获得良好的焊接接头，操作时应注意以下问题。

（1）当焊件厚度大，结构刚性大，或施焊环境温度较低时，尤其是对 D、E 级钢焊接时，应按表 4 -2 要求进行预热。

表 4 -2　一般强度船体结构钢板厚、环境温度与预热温度关系

板厚/mm	环境温度/℃	预热温度/℃
<16	< -10	100 ~ 150
16 ~24	< -5	
25 ~40	<0	
>40	任何温度	

（2）适当增加焊缝宽度以获得良好的焊缝形状。特别是埋弧自动焊焊接 A 级钢材时，

由于钢中含锰量较低，含硫量较高，此时应选择合适的焊接工艺参数，使焊缝成形系数大于1.5，防止产生热裂缝。

三、中碳钢的焊接

中碳钢一般是指含碳量0.25%～0.6%的碳素钢，它与低碳钢相比较，由于含碳量增多，强度高，塑性变差，淬火倾向增大，焊接性较差。常见的中碳钢钢号有35、45和55等。一般中碳钢作为铸锻件或热压件用于制造各种齿轮和曲轴等，造船中常用于制造船舶轴系中的推力轴、中间轴及艉轴等。焊接中碳钢的困难在于既要保证焊缝与母材等的强度，又要避免气孔和裂缝的产生。

1. 中碳钢的焊接特点

(1)气孔

中碳钢焊接时，当焊缝金属的含碳量较高，熔池脱氧不足时，在熔池结晶后期又有较多的氧化亚铁(FeO)存在，这时氧化亚铁与碳发生化学反应，会产生一氧化碳(CO)。若一氧化碳来不及逸出，便在焊缝中形成气孔。另外，氢气等也是产生气孔的重要因素。因此，中碳钢焊接时，随着含碳量的增加，产生气孔的可能性也增大。

(2)冷裂纹

由于中碳钢含碳量较高，在焊接的高温加热和快速冷却的情况下，热影响区容易产生低塑性的淬硬组织，而且含碳量越高，板厚越大，淬硬倾向也越大。当焊件刚性较大，而且焊条或工艺选用不当时，就容易产生冷裂纹。

(3)热裂纹

热裂纹的产生与焊缝的化学成分以及一次结晶组织有密切关系。由于中碳钢含碳量较高，使焊缝中的含碳量较高，因此铁－碳合金的凝固温度区间也较大，偏析现象也较严重，在凝固收缩应力的作用下，易沿液态晶界处开裂，产生热裂缝的倾向也较大。

2. 中碳钢的焊接与补焊的主要工艺措施

为了保证中碳钢焊件在焊后不产生裂纹并获得满意的力学性能，通常采用的主要工艺措施如下。

(1)选用碱性低氢型焊条

因为这类焊条抗冷裂及抗热裂的能力较好，在焊接接头强度要求允许的前提下，选用强度等级较低的碱性焊条(如E4316或E4315，即旧牌号的J426、J427)，可以得到更好的效果。因为这类焊条的强度低、塑性好，产生冷裂纹或热裂纹的倾向较小。

在特殊情况下，还可采用铬镍奥氏体不锈钢焊条焊接或补焊中碳钢，其特点是在焊前不预热的情况下，产生冷裂纹的倾向很小，用来焊接或补焊中碳钢的铬镍奥氏体不锈钢焊条有E309－16(奥302)、E30915(奥307)、E310－16(奥402)、E310－15(奥407)等。用这类焊条施焊时，焊接电流要小、焊接层数要多、熔深要浅，其缺点是成本高，一般情况下不宜采用。

(2)焊前进行预热

这是焊接和补焊中碳钢时采用的主要工艺措施，在焊件的厚度或刚性较大时更为必要。预热能起到降低热影响区的最高硬度、减缓冷却速度、防止产生裂纹及改善接头塑性的作用。整体预热和恰当的局部预热还能减小焊接残余应力。

中碳钢焊接或补焊时的预热温度,最好能根据焊件的具体钢号(主要是含碳量)、厚度及所选用的焊条预先进行抗裂性能试验来确定。通常,中碳钢在常见的焊接结构中很少见,因此也不要求必须进行抗裂性能试验和焊接工艺评定。实际上,生产中遇到的多是中碳钢的补焊,而且往往是必须尽快修复以免影响设备或机械的正常运转。所以,一般都根据经验来确定中碳钢的预热温度。常见的 35 和 45 钢(包括铸钢)预热温度可选用 150 ~ 250 ℃,含碳量再高或者厚度和刚性都很大时,可将预热温度提高到 250 ~ 400 ℃。局部预热的加热范围一般为焊口两侧各 150 ~ 200 mm。

(3)采用 U 形坡口

U 形坡口过渡圆滑,应力集中较小,裂纹倾向小。如果是铸件缺陷,开出的坡口外形应圆滑,以减小母材金属熔入焊缝中的比例,防止产生裂纹。

3. 中碳钢的焊接及补焊要点

(1)坡口及其两侧各 10 ~ 20 mm 范围内必须清理干净。焊条必须进行烘烤,特别是用碱性低氢型焊条时,应在 350 ~ 400 ℃烘烤 1 ~ 2 h,然后放在 100 ~ 120 ℃的恒温箱中待用。

(2)焊接坡口尽量开成 U 形,以减少焊件熔入焊缝金属的比例,防止产生裂纹。

(3)焊接第一层焊缝时,尽量采用小电流、慢焊速,减小母材的熔深,但必须注意保证熔透,避免产生未熔合、夹渣等缺陷。焊后应及时保温,使焊件缓慢冷却。

(4)多层焊时,每层焊缝焊完后要及时进行清理工作,除了清除焊渣外,坡口及其附近的雾状飞溅也必须清除干净。

(5)采用锤击焊缝的方法,减小焊接残余应力

(6)如焊件几何形状复杂或焊缝过长,可将焊缝分成若干小段,分段跳焊。这样能使热量沿整条焊缝基本分布均匀,又不使焊件温度过高。

(7)如第一层焊缝出现裂纹,应及时将裂纹铲除干净,适当提高预热温度、降低焊速,重新焊接。收弧时,电弧慢慢拉长,并将熔池填满,防止收弧处产生裂纹。

(8)焊后尽可能缓冷。焊件焊后放在石棉灰中,或放在炉中缓慢冷却。

(9)焊后热处理。对含碳量高、厚度大和刚性大的焊件,及时进行消氢处理和做 600 ~ 650 ℃的消除应力回火处理。

项目 2 低合金结构钢的焊接

一、低合金结构钢的焊接性

低合金结构钢一般是指低合金高强度钢。低合金高强度钢一般又指应用最广泛的热轧正火钢,即低合金高强度结构钢(GB/T 1591—2018《低合金高强度结构钢》的名称),过去称低合金结构钢(GB 1591—1988《低合金结构钢》的名称)或普通低合金高强度钢。本项目阐述的低合金结构钢的焊接性是指普通低合金高强度结构钢的焊接性。低合金结构钢焊接的主要问题是焊接裂纹和粗晶区脆化。

1. 焊接裂纹

低合金结构钢焊接时容易产生的裂纹是冷裂纹，冷裂纹主要产生于强度等级较高的厚板钢材结构。低合金结构钢产生热裂纹的可能性比产生冷裂纹的可能性小得多，只有在原材料化学成分不符合规定（如硫、碳的质量分数偏高，严重偏析）时才有可能产生。

此外，含有 V、Ti、Cr、Mo、B 等合金元素的低合金结构钢还有产生再热裂纹的倾向，大型厚板焊接结构，如海洋工程的角接接头、T 形接头和十字形接头还可能产生层状撕裂。

2. 粗晶区脆化

热轧钢、正火钢焊接时，热影响区中被加热到 1 100 ℃以上的粗晶区，是焊接接头的薄弱区，冲击韧性也最低，即所谓脆化区。粗晶区脆化的原因有两个：一是热输入过大时，粗晶区将因晶粒长大等而降低韧性；二是热输入过小时，粗晶区组织中淬硬组织马氏体的比例增大而降低韧性，特别是强度等级较高的普通低合金高强度结构钢，淬硬倾向比较严重。因此，对于不同的钢种，应该选择不同的焊接工艺参数。

二、低合金结构钢焊接方法和焊接材料的选择

1. 焊接方法的选择

低合金结构钢可采用焊条电弧焊、埋弧焊、钨极氩弧焊、熔化极氩弧焊、CO_2 气体保护焊和电渣焊等焊接方法。具体选择哪种焊接方法主要取决于产品结构、板厚、性能要求和生产条件等。其中，埋弧焊、焊条电弧焊和熔化极气体保护电弧焊是常用的焊接方法。

（1）埋弧焊

埋弧焊用于板厚 3 mm 以上批量生产的长直焊缝和直径较大的焊缝的平焊或平角焊。熔化极氩弧焊用于要求全焊透的薄壁管和厚壁管等工件的打底焊。

（2）电渣焊

焊接厚壁压力容器等大型厚板结构采用电渣焊，它仍是我国常用的焊接方法。电渣焊焊缝和热影响区过热严重，晶粒粗大，性能较差，焊后需要进行正火热处理，增加了生产周期和成本。

2. 焊接材料的选择

低合金结构钢是强度用钢，因此选择焊接材料时应保证焊缝的强度、韧性和塑性等性能符合产品设计要求，按“等强”原则选择与母材强度相当的焊接材料，并综合考虑焊缝金属的韧性、塑性及抗裂性能。只要焊缝金属的强度不低于或略高于母材强度的下限值即可。焊缝强度过高，将导致焊缝韧性、塑性及抗裂性能的降低。强度等级较高的普通低合金高强度钢焊接时应选用韧性、塑性和抗裂性能好的碱性焊条，考虑焊缝的塑性和韧性，可选用比母材低一级强度的焊条。例如，16Mn 钢的焊条电弧焊，焊条应用强度等级为 E50 的焊条，如碱性焊条 E5016、E5015，酸性焊条 E5003、E5001、E5503、E5501 等；对于强度要求不太高的焊件，可选用 E4316、E4315 焊条。低合金结构钢焊接时，考虑到其氢致裂纹敏感性较强，应该优先选用碱性焊条。

三、低合金结构钢的焊接工艺措施

低碳钢碳的质量分数低，焊接性优良，故在整个焊接过程中不需要特殊的焊接工艺措

施。低合金结构钢焊接时淬硬冷裂倾向比低碳钢大一些，焊接性比低碳钢差，因此在焊接工艺措施上有较高的要求。

1. 预热

焊前预热能降低焊后冷却速度，避免出现淬硬组织，减小焊接应力，是防止产生裂纹的有效措施，也有助于改善接头组织与性能，是低合金结构钢焊接时常用的工艺措施。屈服点在 390 MPa 以下的低合金结构钢焊接时，一般仍可以不预热。只有在焊接厚板、刚性大的结构且环境温度低时，需预热 100 ~ 150 ℃。屈服点在 390 MPa 以上的低合金结构钢焊接时，一般需要预热。

2. 控制热输入

各种低合金结构钢的脆化倾向和淬硬冷裂倾向各不相同，因此对热输入的要求也各不相同。焊接含碳量较低的 Q295 钢和含碳量偏下限的 16Mn 钢时，由于脆化、冷裂倾向小，热输入没有严格限制。焊接含碳量偏高的 16Mn 钢时，为降低淬硬倾向，防止冷裂纹的产生，热输入应偏大一些。对于强度等级较高的低合金结构钢，淬硬倾向较大，应选择较大的热输入，但热输入不能过大，以免增大粗晶区脆化倾向。为防止裂纹而预热时，可采用小热输入焊接。小热输入可防止粗晶区脆化，并能减小焊接应力。

3. 采取降低含氢量的工艺措施

对于有淬硬冷裂倾向的钢种，要严格采取降低焊缝含氢量的工艺措施，采用低氢型碱性焊条，严格按规范烘干焊条，清除焊丝表面和坡口及两侧的锈、水、油污等。

4. 进行后热及焊后热处理

后热是焊接后立即对焊件的全部(或局部)加热到 150 ~ 250 ℃或保温，使其缓冷的工艺措施。这是防止淬硬冷裂的工艺措施。焊接低合金结构钢时，后热主要是指消氢处理。消氢处理是焊后立即将焊接区加热到 250 ~ 350 ℃，保温 2 ~ 6 h，使焊缝中的扩散氢逸出焊缝表面的一种工艺措施。其消氢效果比低温后热更好。焊后及时进行后热及消氢处理是防止焊接冷裂纹的有效措施之一。

低合金结构钢焊后热处理有三种方法，分别是消除应力退火、正火和淬火加回火。焊后热处理应注意不要超过母材的回火温度，以免影响母材的性能；对于有回火脆性的材料，应避开出现脆性的温度区间，以免脆化；对于含一定量铜、钒、钛、钼的低合金钢消除应力退火时，应注意防止产生再热裂纹。

四、船舶与海洋平台用结构钢焊接工艺

1. 高强度船体结构用钢的焊接

高强度船体结构用钢除含锰外，还含有钒、铌等合金元素，增大了钢的淬硬倾向。但这类钢的淬硬倾向还是较小的，塑性和韧性好，具有良好的可焊性。

这类钢一般应用于船体结构的重要部位，焊接材料的选择应满足 ZC 船规的要求。所有船用焊接材料必须经验船部门认可。

焊接时一般不预热，但对厚度大和刚性大的焊件，以及在气温较低的环境下施焊的情况，也采取预热措施。当碳含量大于 0.41% 但小于 0.45% 时，可按一般强度船体结构钢的预热要

求进行预热。当碳含量大于 0.45% 时，应根据 ZC 船规的规定进行预热（温度为 100 ~ 150 ℃），并考虑进行焊后热处理。而且操作时，焊接线能量应控制在 35 kJ/cm 以内。焊接船体结构的 E 级钢时，切忌乱引弧，造成弧伤的地方必须用砂轮磨去，防止弧伤处出现微小冷裂缝而造成事故。对局部焊接缺陷的返修，焊缝长度必须大于 50 mm。过短的焊缝会因冷却过快增大淬硬倾向而导致产生冷裂缝。焊缝外形应光滑，不得有过高的焊缝余高。

2. 海洋平台结构钢的焊接

海洋平台结构和船舶不同，是厚板卷筒体的桁架结构，要求能经受低温、巨浪、大风、地震等各种恶劣情况的考验，而且必须绝对安全可靠。因此，其对钢材和焊接都提出较高的要求。

（1）海洋平台结构钢的焊接特点

①钢板厚度大，管节点刚性大，焊缝的残余应力和焊接接头的冷却速度也就都较大，产生冷裂缝和层状撕裂的倾向大，必须采取措施加以防止。

②管节点装配较难，容易引起坡口间隙不均匀，焊接困难。

③管子相贯线的接缝，焊缝空间位置变化多端，要求焊工有熟练的技术。

④形状尺寸要求较严，焊接时必须严格控制变形量。

（2）海洋平台结构钢用的焊条

海洋平台结构钢用的焊条必须按规定要求烘焙和保温。焊工从 110 ~ 120 ℃ 的低温烘箱领出的焊条，应立即保存在不低于 75 ℃ 的焊条保温筒内；焊条一次领用量不超过 4 h 消耗量，用剩的焊条应收回，重新烘焙后再发放使用，焊条重新烘焙使用只准一次；焊接工地上，不允许有裸放的焊条，一经发现应作报废处理。

（3）海洋平台结构钢的焊接工艺

海洋平台结构钢的焊接关键问题是防止层状撕裂。海洋平台制造时所应采取的工艺措施如下。

①构件的厚度采用 Z 向钢（如 D36 - 235 钢），以保证 Z 向的强度和塑性。

②采用合理的焊接接头，减小钢板厚度方向所受的应力。

③选用低氢和超低氢焊条，以防止氢脆诱发生成层状撕裂。

④堆焊低强度、高塑性的熔敷金属作为过渡层的预敷焊接法。

⑤采用强度较低的焊条焊接。

⑥严格控制焊接工艺参数和施工纪律。为了保证“热点”位置的焊接质量（“热点”指支管和主管连接的管节点焊缝的时钟 9 点位置，6 点与 12 点位置在主管的纵向位置），应尽量避免质量不稳定的因素落在“热点”位置及其附近。手弧焊时应避免在“热点”位置引弧和熄弧，各层焊缝的接头必须错开“热点”位置。防止在焊接管节点时产生“弧伤”具体的办法是：不在管子坡口外引弧；焊机接焊件的电缆直接接在管子上；接焊钳电缆应安放妥当，防止高温金属烫坏绝缘以及坡口锐口损伤电缆，造成“弧伤”。控制焊道宽度，实质上就是控制焊接线能量，通常焊道宽度不宜超过 2.5 倍的焊条直径。严格检查焊缝质量，焊缝表面不得有裂缝、夹渣、未熔合、气孔焊瘤及弧坑等缺陷。关键构件不允许存在咬边，主要构件咬边小于或等于 0.25 mm，一般构件咬边小于或等于 0.6 mm。对接焊缝（简称对接缝）的余高应符合有关标准，且不得超过 3 mm。焊工必须经过培训和考试，合格后方可上岗。

⑦采取预热和保持一定的层间温度，管节点 Z 向钢焊接时的预热温度，主要根据板厚而定，管节点 Z 向钢的预热要求见表 4－3。层间温度应大于预热温度而小于 250 ℃。

表 4－3　管节点 Z 向钢的预热要求

碳当量	焊条牌号	预热温度			备注
		δ≤25 mm	25 mm＜δ≤50 mm	50 mm＜δ≤75 mm	
≤0.43%	TH326	50～75 ℃	90～110 ℃	125～135 ℃	施焊的环境温度≥75 ℃

⑧焊后热处理。凡壁厚大于 50 mm 的管节点，焊后进行 550～650 ℃高温回火处理，以消除应力。

项目 3　珠光体耐热钢的焊接

珠光体耐热钢是以铬、钼为基本合金元素的低合金钢，它与普通碳素钢相比具有良好的抗氧化能力和足够的高温强度。与高合金钢相比，它有较好的冷热加工性能。它的工作温度最高可达 600 ℃，一般适用于 350～550 ℃，石油、化工、锅炉等机件大多要承受这样高的温度。另外，这类钢的合金元素相对较少，因此采用它较为经济。造船工业中常用它作为高温管系材料。属于这类钢的牌号有：12CrMo，15CrMo，20CrMoV 等。

一、珠光体耐热钢的特性

珠光体耐热钢的特性通常用高温强度和高温抗氧化性能两种指标来表示。

1. 高温强度

普通碳素钢长时间在温度超过 400 ℃情况下工作时，在不太大的应力作用下就会破坏，因此低碳钢不能用来制造工作温度大于 400 ℃的容器等设备。珠光体耐热钢在 500～600 ℃下仍保持有较高的强度。衡量高温强度的指标有蠕变强度和持久强度两个。

(1)蠕变强度

在高温下钢的强度较低，当受一定应力的作用时，会发生变形量随时间而逐渐增大的现象，称为蠕变。蠕变强度是钢在一定温度下，在规定的时间内产生一定的微量变形(例如 1%)时的应力。

(2)持久强度

钢在一定温度下，经规定的时间(例如 104 h 或 105 h)发生断裂的应力，称为持久强度。将 Mo、W、V、Ti、Nb、B 等合金元素加入钢中，能提高钢的室温和高温强度。

2. 高温抗氧化性能

Cr 和 Mo 是珠光体耐热钢的主要合金元素，如 12CrMo、15CrMo 等。Cr 能提高钢的高温抗氧化性能，还有利于提高高温强度。Mo 能显著提高钢的高温强度。钢中的碳能与铬生成碳化铬，从而降低钢中铬的含量。这将降低钢的高温抗氧化性能。因此，珠光体耐热钢的碳的质量分数都小于 0.25%。V 等合金元素能与 C 形成稳定的碳化物，从而提高钢的高温强度，所以，珠光体耐热钢中往往加入一定量的V，如12CrMoV。珠光体耐热钢中的V的质量分数一般不超过0.5%，基本上为0.25% ~0.35%，V的质量分数过高反而会降低钢的蠕变强度。

二、珠光体耐热钢的焊接性

珠光体耐热钢的焊接性主要存在以下两个问题。

1. 淬硬倾向较大，易产生冷裂纹

珠光体耐热钢中含有一定量的铬和钼及其他合金元素，因此在焊接热影响区有较大的淬硬倾向，焊后在空气中冷却，热影响区常会出现硬脆的马氏体组织；在低温焊接或焊接刚性较大的结构时，珠光体耐热钢易产生冷裂纹。

2. 焊后热处理过程中易产生再热裂纹

珠光体耐热钢含有Cr、Mo、V、Ti、Nb等强烈的碳化物形成元素，从而使焊接接头过热区在焊后热处理（高温回火，或称消除应力退火）过程中易产生再热裂纹（或称消除应力处理裂纹）。此外，某些珠光体耐热钢及其焊接接头中若存在一定量的残余元素（如P、As、Sb、Sn等），在350 ~500 ℃温度区间长期运行过程中，会发生剧烈脆化现象（称回火脆性）。

三、珠光体耐热钢的焊接工艺要点

1. 焊条的选择

为了保证焊缝金属的耐热性能，进行焊条电弧焊前选择焊条是根据母材的化学成分，而不是根据母材的力学性能。选用的钼和铬钼珠光体耐热钢焊条的Cr、Mo等合金元素质量分数应与母材相当或略高于母材。珠光体耐热钢的常用焊接材料见表4 -4。此外，还可选用奥氏体不锈钢焊条，焊后一般可不做热处理。

表4 -4 珠光体耐热钢的常用焊接材料

钢号	焊条电弧焊	埋弧焊		CO_2 气体保护焊	氩弧焊
	焊条	焊丝	焊剂	焊丝	焊丝
12CrMo	R207	H08CrMoA	HJ350	H08CrMoA	H08CrMoA
15CrMo	R307	H13CrMoA	HJ350	H08CrMnSiMo	H13CrMoA
12CrMoV	R317	H08CrMoVA	HJ350	H08CrMoMnSiV	H08CrMoVA

2. 焊前预热

预热是避免生成淬硬组织、减小焊接应力、防止产生焊接冷裂纹的有效措施之一。由于铬钼珠光体耐热钢的淬硬冷裂倾向较大，因此预热是焊接铬钼珠光体耐热钢的重要工艺措施，不论是定位焊还是正式焊接中，都应预热，并保持略高于预热温度的层间温度。预热温度根据钢的化学成分、接头的拘束度和焊缝金属的含氢量来选定，铬钼珠光体耐热钢的预热温度和焊后热处理温度见表4 5。预热作为焊接工艺的重要组成部分，应与层间温度和焊后热处理一并考虑。对于铬钼珠光体耐热钢的焊接，为了防止冷裂纹的产生，较高的预热温度是必要的。但预热温度并非越高越好。用钨极氩弧焊打底和 CO_2 气体保护焊时，可以降低预热温度或不预热。

表 4－5　铬钼珠光体耐热钢的预热温度和焊后热处理温度

钢号	预热温度/℃	焊后热处理温度/℃
12CrMo	200～250	650～700
15CrMo	200～250	670～700
12CrlMoV	250～350	710～750
12Cr2Mo	250～350	720～750
12Cr2MoWVB	250～350	760～780

在大型焊接结构的制造中，对焊件进行局部预热可以取得与整体预热相近的效果，但必须保证预热宽度大于所焊壁厚的 4 倍，且不小于 150 mm，保证焊件内外表面均达到预热温度。

3. 焊后保温及缓冷

从焊接结束到焊后热处理装炉这段时间内，铬钼珠光体耐热钢焊接接头产生裂纹的危险性最大。因此，焊后缓冷是焊接铬钼珠光体耐热钢必须严格遵循的原则，即焊后立即用石棉布覆盖焊缝及热影响区保温，使其缓慢冷却。防止产生接头裂纹的简单而可靠的措施是将接头按层间温度（预热温度上限）保温 2～3 h 的低温后热处理，可基本上消除焊缝中的扩散氢。

4. 焊后热处理

铬珠光体耐热钢焊后应立即进行高温回火，以防止产生延迟裂纹，消除焊接残余应力和改善接头组织与性能。对于铬铅珠光体耐热钢，焊后热处理的目的不仅是消除焊接残余应力，更重要的是改善接头组织，提高接头的综合力学性能，包括提高接头的高温蠕变强度和组织稳定性，降低焊缝及热影响区的硬度等。焊后热处理温度应综合考虑以下情况：接头组织的改善；焊接残余应力降低到尽可能低的水平；加热温度应尽量避开消除应力裂纹（再热裂纹）倾向敏感的温度范围；避开回火脆性敏感的温度范围。

此外，铬钼珠光体耐热钢焊接时，用较小的热输入，有利于减小焊接应力，细化晶粒，改善组织，提高冲击韧度。

四、珠光体耐热钢的焊接方法

一般的焊接方法均可焊接珠光体耐热钢。焊条电弧焊和埋弧焊应用得多，CO_2 气体保护焊的应用也日益增多，电渣焊在大断面焊接中应用。在焊接重要的高压管道时，常用钨极氩弧焊打底，再用焊条电弧焊或熔化极气体保护电弧焊盖面。

1. 埋弧焊

埋弧焊在压力容器、管道梁柱结构及汽轮机转子等结构的焊接中得到了广泛的应用。埋弧焊不能用于全位置焊，对小直径管和薄壁构件也不适用。

2. 焊条电弧焊

这是仅次于埋弧焊的应用较广的焊接方法之一。珠光体耐热钢焊接时，选用低氢型药皮碱性焊条是防止焊接冷裂纹产生的主要措施之一。但碱性焊条药皮容易吸潮，而焊条药皮和焊剂中的水分是氢的主要来源。因此，焊条、焊剂在使用前要严格按规范烘干，随用随取。此外，必须清除坡口及两侧的锈、水、油污。

U形坡口用于壁厚较厚的珠光体耐热钢管道的对接焊接。U形坡口要求对口间隙严格(2～3 mm)，因为间隙对根部焊接质量有较大的影响。带垫圈的V形坡口的优点是根部间隙大，便于运条，能保证根部焊透。但必须注意垫圈与管道之间的间隙应小于0.5 mm，否则焊缝根部两侧容易产生裂纹。

3. 钨极氩弧焊

这也是珠光体耐热钢管道常用的焊接方法。既可以用于打底焊，也可以用于整个焊缝的焊接，现在全位置自动脉冲钨极氩弧焊已应用于珠光体耐热钢管道的焊接。钨极氩弧焊打底焊时的坡口不留间隙，焊接时可以用填充焊丝，也可以不用填充焊丝。钨极氩弧焊打底焊的焊接工艺参数见表4－6。

表4－6　钨极氩弧焊打底焊的焊接工艺参数

管子规格	钨极直径/mm	钨极伸出长度/mm	焊接电流/A	喷嘴直径/mm	焊丝直径/mm	氩气流量/$(L \cdot min^{-1})$
小直径薄壁管	2.5	5～6	90～110	8	2.4	8～12
大直径厚壁管	2.5	6～8	110～130	8	2.4	10～15

当珠光体耐热钢母材铬的质量分数超过3%时，焊缝背面也应通氩气保护，以改善焊缝成形，防止焊缝表面氧化。钨极氩弧焊电弧气氛具有超低氢的特点，焊接珠光体耐热钢时可以降低预热温度，有时甚至可以不预热。

项目4　不锈钢的焊接

在腐蚀介质中具有高的抗腐蚀性能的钢称为“不锈钢”。一般泛指的“不锈钢”是不锈钢、耐酸钢和耐热钢的通称。严格的区分应是能抵抗大气腐蚀的钢为不锈钢；能抵抗某些酸性介质腐蚀的钢为耐酸不锈钢；而耐热钢是在高温下能抗氧化，抗蠕变，抗破断，并能抵抗定介质腐蚀的钢。耐酸钢和耐热钢一般都具有抵抗大气腐蚀的能力，故习惯上也被包括在不锈钢内。为了使钢材具有抗腐蚀性能和耐热性能，会在钢中加入大量的合金元素，质量分数一般都超过10%，因此，不锈钢属于高合金钢。

一、不锈钢的分类和性能

1. 不锈钢的分类

不锈钢常按化学成分和组织分类。

(1)按化学成分分类

①铬不锈钢:为了保证良好的抗腐蚀性能,含铬量一般不低于 12%,如 1Crl3,2Cr3、Cr17,Cr28 等。

②铬镍不锈钢:在铬不锈钢中加镍能提高抗腐蚀性能、可焊性及冷变形性,如 0Crl8Ni9、1Cr18Ni9Ti、Cr18Ni12MoTi 等。

③铬锰氮不锈钢:我国发展的一种无镍不锈钢,如 Cr17Mn13Mo2N、Cr18Mn18N 等。

(2)按组织分类

①铁素体不锈钢:如 Cr17,Cr7Ti 等。它的抗腐蚀性能与抗氧化性能均比较好,但机械性能与工艺性能较差,多用于受力不大的耐酸结构及作抗氧化钢使用。

②马氏体不锈钢:如 0Cr13,1Cr13 和 2Cr13 等。它在一般弱腐蚀介质中具有一定的抗腐蚀性能,还具有良好的减震性及较小的线膨胀系数。它主要用于制造冲击负荷零件,如汽轮机叶片、水压机阀等;还用来制造常温下盛装有机酸水溶液和食品工业用的容器。

③奥氏体不锈钢:如 1Cr18Ni9Ti、Cr18Ni11Nb 和 Cr18Ni12Mo2Ti 等。它在氧化性介质和某些还原性介质中都有良好的抗腐蚀性能,并有良好的可焊性,广泛用于化工、炼油、动力、航空及造船等行业。

2. 不锈钢的性能

(1)机械性能

奥氏体不锈钢的屈服强度较小(如 1Cr18N9Ti 仅有 200 MPa),又不能通过热处理方法提高其强度和硬度,所以一般不宜用于制造受力较大的构件,但通过加工硬化的方法可使奥氏体不锈钢得到强化。由于奥氏体不锈钢是面心立方晶格,它与碳钢相比,最大的优点是无磁性,在低温下没有脆性,塑性仍很高(如 1Cr18N9Ti 在 -215 ℃时 $\delta = 25\%$)。

马氏体不锈钢用热处理方法能提高其强度和硬度,钢中含碳量高时,热处理后强度和硬度也较高。

铁素体不锈钢不能用热处理方法提高其强度和硬度,其强度接近低碳钢。铁素体中溶解了大量的铬使其塑性降低,冲击韧性的降低更为显著。

(2)脆化

不锈钢在一般情况下具有良好的塑性,但在热加工或冷加工不当时,常会产生脆化而形成裂缝。如铁素体不锈钢在 400 ~ 500 ℃下长时间停留,就会使冲击韧性大大下降,在475 ℃时脆化速度最快,所以称为 475 ℃脆化。铁素体不锈钢含铬量越高,脆化越迅速。奥氏体不锈钢中含有铁素体时,也会产生 475 ℃脆化。

奥氏体或铁素体不锈钢在高温(500 ~ 800 ℃)下长时间保温时会形成 δ 相,性能极硬而脆,分布在晶界处,使不锈钢的冲击韧性显著下降,一般这被称为 δ 相脆化。奥氏体不锈钢在冷加工后,会在再结晶时产生铁素体,使其在高温长期使用时强烈地促进 δ 相析出而脆化。

(3)抗腐蚀性能

不锈钢中含有大量的铬,使不锈钢与水分或液体介质接触,或者与强氧化性的硝酸接触时,在表面都会形成一层良好的氧化膜而使其具有良好的耐腐蚀性;但与弱氧化性的硫酸及盐酸接触时,因表面不能形成良好的氧化膜,所以抗腐蚀性能就差。

二、铬镍奥氏体不锈钢的焊接

1. 铬镍奥氏体不锈钢的焊接特点

不锈钢焊接绝大部分是铬镍奥氏体不锈钢焊接。它有良好的抗腐蚀性能、塑性、高温性能和可焊性。但如果焊条选用不当或焊接工艺不正确,也会产生下列问题。

(1)晶间腐蚀

在腐蚀介质作用下,起源于金属表面的晶界,沿晶粒边界深入金属内部,产生在晶粒之间的一种腐蚀,称为晶间腐蚀。晶间腐蚀主要产生于奥氏体不锈钢,是一种极其危险的破坏形式。它的特点是沿晶界开始腐蚀,从表面上看有时不易发觉,但使接头机械性能显著下降,如强度几乎完全消失。

奥氏体不锈钢在焊接不当时,会在焊缝和热影响区形成晶间腐蚀,如图 4－1 所示。有时在焊缝和基本金属的熔合线附近也会发生刀刃状的晶间腐蚀,称为刃状腐蚀,如图 4－1(c)所示。在焊接奥氏体不锈钢时,可用下列措施防止和减少焊件产生晶间腐蚀:

①选用含碳量小于 0.03% 或添加钛(或铌)的不锈钢焊条;

②焊后固溶强化处理;

③在焊缝中加入铁素体形成元素,如 Cr、Si、Al、Mo 等,以使焊缝形成奥氏体加铁素体的双相组织。

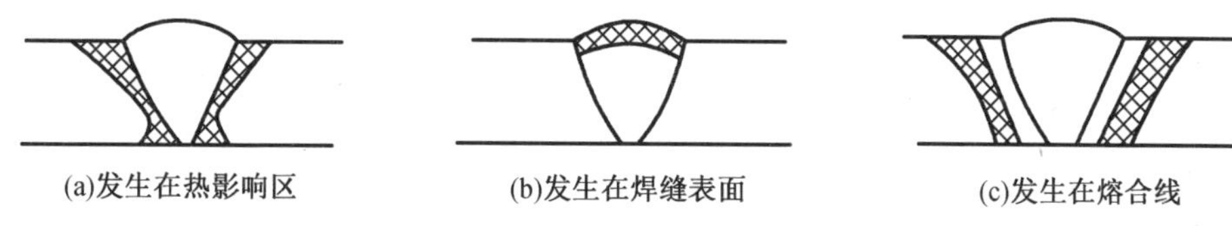
(a)发生在热影响区　(b)发生在焊缝表面　(c)发生在熔合线

图 4－1　奥氏体不锈钢焊接接头的晶间腐蚀

(2)热裂纹

热裂纹是奥氏体不锈钢焊接时比较容易产生的一种缺陷,包括焊缝的纵向和横向裂纹,火口裂纹(弧坑裂纹),打底焊的根部裂缝和多层焊的层间裂纹等。含镍量较高的奥氏体不锈钢更易产生热裂纹。其主要原因是奥氏体不锈钢的液、固相线的区间较大,结晶时间较长,即凝固过程有较大的温度范围,且奥氏体结晶的枝晶方向性强,使低熔点杂质偏析严重而集中于晶界处;此外,奥氏体不锈钢的膨胀系数大,冷却收缩时应力大,所以易产生热裂纹。

(3)气孔

奥氏体不锈钢焊接时产生气孔的原因是氢,氮和氧一般不会引起气孔。焊接时,接头边缘需仔细清理,除去油污、水分及其他有机物。对碱性焊条与焊剂必须经烘焙才能使用。最好采用直流反接,可以在很大程度上消除气孔。

2. 奥氏体不锈钢的焊条电弧焊

焊条电弧焊是奥氏体不锈钢焊接中应用最多的焊接方法,一般用于焊接厚度大于 1 mm 的板材,对于 1 mm 以下的薄板因容易烧穿而不采用。

(1)焊前准备

不锈钢板厚超过3 mm应开有合理的坡口。为了避免焊接时碳和杂质混入焊缝，在焊前应将焊缝两侧20～30 mm范围内用丙酮擦净，并涂石灰粉（或白垩粉），以避免表面被飞溅金属损伤。焊接电流一般最好采用直流反极性，以保证电弧的稳定。焊条使用前应按规定加以烘焙，使焊条使用时保持干燥。

(2)焊条的选择

焊条应根据焊件的化学成分和使用条件进行选择。不锈钢焊条有钛钙型和低氢型两种。低氢型不锈钢焊条的抗热裂性能较好，但成形不如钛钙型焊条，抗腐蚀性能也较差。钛钙型不锈钢焊条具有良好的工艺性能，生产中用得较多。常用奥氏体不锈钢焊条的选用见表4－7。

表4－7　常用奥氏体不锈钢焊条的选用

钢材牌号	工作条件及要求	选用焊条
0Cr18Ni9	工作温度低于300 ℃，同时要求良好的抗腐蚀性能	E0－19－10－16（奥102） E－19－10－15（奥107） E00－19－10－16（奥002）
1Cr18Ni9Ti	要求优良的抗腐蚀性能及要求采用含钛稳定的Cr18Ni9型不锈钢	E0－19－10Nb－16（奥132） E0－19－10Nb－15（奥137）
Cr18Ni12Mo2Ti	抗无机酸、有机酸、碱及盐腐蚀	E0－18－12Mo2－16（奥202） E0－18－12Mo2－15（奥207） E00－19－12Mo2－16（奥022）
	要求良好的抗晶间腐蚀性能	E0－18－12Mo2Nb－16（奥212） E00－19－12Mo2－16（奥022）
C18Ni12Mo2Cu2Ti	在硫酸介质中要求更好的抗腐蚀性能	E0－19－13Mo2Cu2－16（奥222）
Cr25Ni20	高温工作（工作温度低于1 100 ℃）不锈钢与碳钢焊接	E2－26－21－15（奥407） E2－26－21－16（奥402）

(3)工艺措施

①为了防止产生晶间腐蚀和热裂纹，采用小电流焊接。同时，由于奥氏体不锈钢的电阻率比碳钢大得多（约4倍），焊接时产生的电阻热也大，焊接时焊条易发热、发红。所以焊接电流应比焊接低碳钢时低20%左右。其数值（单位A）可按焊条直径数值（单位mm）的25～35倍计算。焊接电流过大会引起因药皮发红失去保护作用而无法焊接。

②采用快速焊及窄道焊，焊条最好不做横向摆动，一次焊成的焊缝不宜过宽，最好不超过焊条直径的3倍。

③多层焊时，每焊完一层需彻底清除熔渣，在检查确认焊缝缺陷，并等前层焊缝冷却到60 ℃以下后，再焊下一层。与腐蚀介质接触的焊缝，为防止过热而产生晶间腐蚀，应尽量最后焊接。在条件许可时，焊后可采用强制冷却措施。不得在焊件上随便引弧，接地线也应紧密与焊件接触，以免损伤焊件表面，影响抗腐蚀性能。

3. 奥氏体不锈钢的埋弧焊

奥氏体不锈钢的埋弧焊一般用于中等厚度以上的厚度(6～50 mm)。采用埋弧焊不仅可提高生产率,也能显著提高焊缝质量。但对含铌或钛的不锈钢用埋弧焊时易产生裂纹,因此不常采用。

为了避免产生裂纹,必须选择适当成分的焊丝和焊接工艺参数,使焊缝中有5%～7%的铁素体。焊丝的伸出长度要短些,直径为2～3 mm的焊丝,伸出长度约为20～30 mm。一般选用的焊剂为焊剂260。

4. 奥氏体不锈钢的氩弧焊

对于厚度较薄的不锈钢焊件,一般都使用氩弧焊,其中钨极氩弧焊应用最广。它的优点是焊接熔池保护好,焊接质量可靠,电弧稳定,没有熔渣,热量集中,焊件变形小。因此其焊缝的质量比焊条电弧焊高。

由于氩弧焊时焊接熔池中无剧烈的氧化、还原等冶金反应,合金元素烧损少,所以对焊丝的选择应根据焊件的化学成分及工作条件来确定。例如焊接1Cr18Ni9不锈钢时一般采用H0Cr18Ni9或H1Cr18Ni9Ti等焊丝。保护气体一般采用工业纯氩。

目前氩弧焊在船厂中应用较广的是钨极氩弧焊,主要用于焊接0.5～3 mm的不锈钢薄板以及船舶管系,电源一般采用直流正接。

氩弧焊焊前对预热部位必须严格消除油污。焊接时焊接速度的控制很重要,焊接速度适当加快,有利于减小焊件的变形和减少焊缝中的气孔。但焊接速度也不能过快,否则手工操作不易保持焊速均匀,从而造成焊缝不均匀和未焊透等缺陷。在焊接过程中,焊炬不应做横向摆动,以减小过热区,以免焊接接头过热。焊接厚度大于3 mm的不锈钢,可采用熔化极氩弧焊,电源一般采用直流反接,并采用喷射过渡形式。

当焊件厚度小于1 mm时,可采用微弧等离子弧焊或脉冲氩弧焊,都能得到良好的焊缝质量,现已成功地应用于厚度0.3～0.5 mm不锈钢的焊接。

5. 奥氏体不锈钢的气焊

对一些薄板结构和薄壁管不锈钢部件,在没有耐腐蚀的要求时有时也采用气焊。气焊时为防止过热,焊嘴一般比焊接同样厚度的低碳钢时要小,火焰采用中性焰,焊丝根据焊件成分和性能加以选择,气焊药粉用焊剂101。焊接时最好用左焊法,焊炬焊嘴与焊件成40°～50°,焰心与熔池距离应不小于2 mm,焊丝端头与熔池接触,并与火焰一起沿接缝移动,焊炬不做横向摆动,焊速要快,并尽量避免中断。

三、铁素体不锈钢的焊接

1. 铁素体不锈钢的焊接特点

铁素体不锈钢在高温和低温状态下都是铁素体组织,它没有相变过程。在焊接时,焊缝金属及热影响区是不会硬化的,但由于受到焊接热循环的高温作用,近缝区晶粒急剧长大形成粗晶粒,使钢的塑性和冲击韧性急剧降低,脆性增大,而容易开裂。它的含铬量越高,在高温停留时间越长,其脆性也越大。此外晶粒长大还容易引起晶间腐蚀,降低抗腐蚀性能。这种钢在晶粒长大后,不能用热处理方法使晶粒细化。因此在焊接时防止铁素体不锈钢过热是主要问题。

另外，由于这种钢在室温时的冲击韧性很小，在焊接时要防止裂纹的产生。

2. 焊接工艺

(1)焊接材料

根据对接头性能的要求，可选用和基本金属成分相近的铁素体铬不锈钢焊条进行焊接，如 E0－17－16(铬 302)、E0－17－15(铬 307)焊条。焊后需进行 700 ℃回火处理，使接头组织均匀化，从而提高接头的塑性和耐腐蚀性。生产上也常选用奥氏体不锈钢焊条进行焊接，如焊接 Cr17、Cr17Ti 时用 E0－19－10－15(奥 107)、E0－18－12Mo2－15(奥 207)；焊接 Cr28 时用 E2－26－21－16(奥 402)、E26－21－15(奥 407)等。用奥氏体不锈钢焊条时，焊缝的塑性和韧性较高，焊后可不进行热处理。

(2)焊前预热

为了避免焊接时产生裂缝，焊前可以进行低温预热。为了防止过热脆化，预热温度要尽可能低些，一般不超过 150 ℃，但钢的含铬量高时，预热温度也应相应地提高些，有时预热温度可达 200～300 ℃。

(3)操作工艺

为防止过热，焊接时应采用小电流快速焊接，焊条最好不摆动，以获得窄焊缝。多层焊时要控制层间温度，待前一道焊缝冷却到预热温度时，再焊下一道，以减少焊缝及热影响区的高温停留时间，减少晶粒长大。

四、马氏体不锈钢的焊接

1. 马氏体不锈钢的焊接特点

马氏体不锈钢主要用于既耐磨又耐腐蚀的工作环境，一般均经调质处理。这种钢有强烈的淬硬倾向，焊接时在热影响区容易产生粗大的马氏体组织。它的导热性差，焊接时残余应力较大，容易产生裂缝。其含碳量越高(如 2Cr13、3Cr13)，淬硬倾向和裂缝倾向也越大。此外，这种钢还有较大的过热倾向，使晶粒粗化，塑性下降，同时也存在 475 ℃脆性，在预热和热处理时必须加以注意。

2. 焊接工艺

(1)焊接材料

可选用和基本金属成分相近的 E1－13－16(铬 202)、E1－13－15(铬 207)焊条。为提高焊接接头的塑性、韧性及抗腐蚀性能，焊后应及时进行高温回火处理(600～730 ℃)。当焊件不允许进行预热与热处理时，或者为提高焊缝的塑性和韧性，也可采用奥氏体不锈钢焊条，如 E0－19－10－16(奥 102)、E0－19－10－15(奥 107)、E0－18－12Mo2－15(奥 207)、E2－26－21－15(奥 407)等，但焊缝强度低于基本金属，在热影响区有淬硬层，而焊后不需进行热处理，并可降低焊接接头的裂纹倾向。

(2)焊前预热

为了提高焊接接头的塑性，减小内应力，避免产生裂纹，焊前必须进行预热，预热温度可根据焊件的厚度和刚性的大小来决定，一般为 200～400 ℃。

(3)操作工艺

焊接时,宜采用适当大的焊接电流,慢焊速,以减慢冷却速度,防止产生裂缝。焊后应使焊件缓慢冷却到150~200 ℃,才能空冷。

项目5 铸铁的焊接

铸铁是含碳量大于2.11%的铁碳合金,由于具有成本低,铸造性能、减震性能、耐磨性能与切加工性能优良等优点,在船机零部件中得到广泛应用。

一、铸铁的种类及性能

按碳存在的状态和形式,可将铸铁分为白口铸铁、灰铸铁,可锻铸铁及球墨铸铁。

1. 白口铸铁

白口铸铁中的碳几乎全部以渗碳体(FeC_3)形式存在,断口呈银白色,性质硬而脆,无法进行机械加工,它主要用来制造一些耐磨件,应用很少,并且很少进行焊接。

2. 灰铸铁

灰铸铁中的碳以片状石墨的形式分布于金属基体中,断口呈暗灰色。它具有成本低、铸造性能好、容易切削加工、减振、耐磨等优点,因此应用最广泛,常用来制造主机机架、汽缸体等。

3. 可锻铸铁

可锻铸铁是通过将铁水浇铸成白口铸铁,然后经高温长时间的石墨化退火,使游离渗碳体发生分解,形成团絮状石墨得到的。由于团絮状石墨对铸铁基体的割裂和引起应力集中的作用比灰铸铁小得多,因此可锻铸铁具有较高的强度和塑性,并有一定的塑性变形能力,因而得名可锻铸铁,实际上可锻铸铁并不能锻造。

4. 球墨铸铁

球墨铸铁是指碳以球状石墨形式存在的铸铁,它是通过将灰铸铁原材料熔化后,加入球化剂进行球化处理得到的,由于球状石墨对金属基体的损坏、减小有效承载面积以及引起应力集中等危害均比片状石墨小得多,因此球墨铸铁具有比灰铸铁高的强度、塑性和韧性,并保持灰铸铁具有的耐磨、减振等特性。

二、铸铁的焊接性

1. 灰铸铁的焊接性

灰铸铁在化学成分上的特点是碳含量及硫、磷杂质含量高,这就增大了焊接接头对冷却速度变化的敏感性及对冷热裂纹的敏感性;在力学性能上的特点是强度低,基本无塑性。这两方面的特点,结合焊接过程冷却速度快,及因焊件受热不均匀而焊接应力较大,决定了铸铁的焊接性不良,其主要问题有以下两方面。

(1)焊接接头易出现白口及淬硬组织

灰铸铁在补焊时,由于石墨化元素不足和冷却速度快,焊缝和半熔化区容易产生FeC_3

而形成白口组织,白口铸铁硬而脆,给焊接工件加工带来很大困难。

避免产生白口组织的主要措施如下。

①若焊缝仍为铸铁,则应采用适当的工艺措施来减慢焊缝的冷却速度,调整焊缝的化学成分来增强焊缝的石墨化能力,并使二者适当配合。

②采用异质材料进行焊接,使焊缝组织不是铸铁,从而防止焊缝白口组织的产生。这种情况下,必须设法防止或减弱母材过渡到焊缝中的碳产生其他高硬度组织。

③采用钎焊方法焊接。钎焊过程中母材不熔化,因此不会产生白口及淬硬组织。

(2)焊接接头易产生裂纹

灰铸铁焊接时出现的裂纹有冷裂纹和热裂纹两种。

①冷裂纹

当焊缝为铸铁型时,较易出现这种裂纹,裂纹可发生在焊缝或热影响区,一般产生在400 ℃以下。这主要是由于铸铁温度低,400 ℃以下基本无塑性。如果焊缝中存在白口铸铁,则更易出现冷裂纹。

采取工艺措施减弱焊接接头的应力及防止焊接接头出现渗碳体及马氏体,可防止冷裂纹的产生,主要措施如下。

a. 工件焊前预热,焊后缓冷。这种方法不但能防止白口铸铁的产生,而且能使焊件温度分布均匀,减小焊接应力,防止裂纹产生。

b. 采用加热减应区法。这种方法可减弱焊接处所受的应力,故可较有效地防止裂纹的产生。

c. 采用异质材料。采用屈服点较低而且有良好塑性的焊接材料焊接时,较易通过焊缝的塑性变形而松弛焊接接头的部分应力,从而防止裂纹产生。

d. 采用合理的焊补工艺。冷焊时应采用分散焊、断续焊的方式,选用细焊丝、小电流、浅熔深,焊后立即锤击焊缝等方法,减小焊接应力,防止裂纹产生。

e. 采用栽螺钉法。大面积焊补时,采用栽螺钉法,可使大部分应力由螺钉承受,防止焊缝剥离。

②热裂纹

采用低碳钢焊条与镍基焊条冷焊时,焊缝较易产生属于热裂纹的结晶裂,其防止措施如下。

a. 通过调整焊缝化学成分,使其脆性温度区间缩小,加入稀土元素,增强脱硫酸、磷反应,以及使晶粒细化,提高焊缝的抗热裂纹性能。

b. 采用正确的冷焊工艺,使焊接应力减小,以及使母材中的有害杂质较少熔入焊缝。

2. 球墨铸铁的焊接性

球墨铸铁的焊接性有与灰铸铁相同的方面,但又有其自身的一些特点,主要表现在以下两个方面。

(1)因为球化剂有阻碍石墨化及提高淬硬临界冷却速度的作用,所以球墨铸铁的白口化倾向及溶硬倾向比灰铸铁大。

(2)由于球墨铸铁的强度、塑性与韧性比灰铸铁高,故对焊接接头力学性能的要求也相应提高,要求焊缝金属与球墨铸铁母材相匹配。

三、灰铸铁的焊接

1. 同质(铸铁型)焊缝的熔焊

(1)电弧热焊

将工件整体或有缺陷的局部位置预热到600～700 ℃(暗红色),然后进行补焊,焊后缓慢冷却,这种工艺称为"热焊"。

对结构复杂(如缸体)而补焊处刚度很大的工件,宜采用整体预热。对于结构简单而补焊处刚度较小的工件,可采用局部预热。

灰铸铁工件预热到600～700 ℃时,有效地减少了焊接接头的温差,而且铸铁由常温完全无塑性改变为有一定塑性,其伸长率可达2%～3%,再加以焊后缓慢冷却,焊接接头应力状态大为改善。此外,由于600～700 ℃预热及焊后缓冷可使石墨化过程进行得比较充分,焊接接头可完全防止白口及淬硬组织的产生,从而有效地防止了裂纹的产生,在合适焊条成分的配合下,焊接接头的硬度与母材很相似,有优良的加工性,有与母材基本相同的力学性能,颜色也与母材一致。焊后焊接接头残余应力很小,故热焊的焊接质量是非常好的。热焊法的最大缺点是生产率低,成本高,劳动条件恶劣。

电弧热焊主要适用于厚度大于10 mm工件缺陷的补焊;若对10 mm以下薄件的补焊采用这种方法,则易发生烧穿等问题。

(2)电弧半热焊

半热焊与热焊的区别在于预热温度较低,在400 ℃左右。半热焊对于改善劳动条件、简化焊接工艺都是有利的。但对刚度较大部位的补焊,由于400 ℃以下铸铁的塑性几乎为零,接头的温差又大,所以热应力大,接头容易产生裂纹。

(3)气焊

氧－乙炔火焰温度低,而且热量不集中,工件加热和冷却缓慢,这对防止灰铸铁在焊接时产生白口组织和裂纹都有利,因此很适于铸件补焊。但由于气焊加热时间长,工件受热面积较大,焊接应力较大,故补焊刚度较大的缺陷时,易产生冷裂纹,所以气焊主要适用于刚度小的薄壁件缺陷的补焊。对刚度大的薄壁件缺陷补焊,为了减小焊接应力,防止裂纹出现,宜采用工件整体预热的气焊热焊法进行。预热温度为600～700 ℃,焊后应采用缓冷措施。

(4)电弧冷焊

电弧冷焊的特点是焊前对被补焊的工件不预热。电弧冷焊有很多优点:焊工劳动条件好,补焊成本低、效率高。预热很困难的大型铸件或不能预热的已加工面等更适合采用冷焊。但铸铁型焊缝电弧冷焊仍存在很多局限性。

①焊缝强度低、塑性差,补焊较大刚度缺陷时易出现裂纹。

②焊缝为铸铁型,对冷却速度敏感,缺陷面积较小(小于8 cm^2)及缺陷深度较小(小于7 mm)时,由于冷却速度快,焊缝易出现白口组织。

③由于工艺要求采用大电流、连续焊,对于薄壁间缺陷的补焊有一定困难。

目前铸铁电弧冷焊主要采用异质焊接材料(如纯镍铸铁焊条、镍铁铸铁焊条、高钒焊条、普通低碳钢焊条等),得到非铸铁焊缝(如钢焊缝、有色金属焊缝等)。

2. 异质(非铸铁型)焊缝的电弧冷焊

(1)铸铁焊条

常用铸铁焊条的性能和用途见表 4-8。

表 4-8　常用铸铁焊条的性能和用途

焊条牌号	电源种类	焊缝金属	烘干温度及时间	主要用途	焊缝硬度/HB
EZFe-2	交、直流	碳钢	150 ℃,1 h	一般灰铸铁缺陷修补,抗裂性能及加工性差	400
EZV	直流反接	高钒钢	300 ℃,1 h	强度较高的灰铸铁、球墨铸铁补焊,焊件可不预热	200~250
EZC	交、直流	灰铸铁	150 ℃,1 h	一般灰铸铁补焊(须预热至 400 ℃),对承受应力及冲击等重要结构不宜采用	
EZCQ	交、直流	球墨铸铁	250 ℃,1 h	球墨铸铁补焊(预热 500 ℃,焊后正火或退火处理)	200~300
EZNi-1	交、直流	镍	150 ℃,1 h	重要灰铸铁,可加工,如机床床面、汽缸加工面	160~170
EZNiFe-1	交、直流	镍铁合金	150 ℃,1 h	重要高强度灰铸铁及球墨铸铁的补焊,可加工,常温或稍经预热(200 ℃)	200~230
EZNiCu-1	交、直流	镍铜合金	150 ℃,1 h	强度要求不高的灰铸铁补焊,可加工,常温或低温预热(300 ℃)	130~150

(2)焊前准备

①检查缺陷。用肉眼(最好用放大镜)观察缺陷,必要时还可借助磁粉探伤法、着色探伤法、煤油渗透法或水压试验法进行检查,准确确定缺陷的位置、性质和形状。

②清理工件。在补焊前应将缺陷部位及附近的铁渣、油脂等污物清除干净,使缺陷部位露出金属光泽。

③存在裂纹缺陷时,为了防止在补焊过程中裂纹扩展,应在距裂纹端部 3~5 mm 处钻止裂孔(直径 5~8 mm),如图 4-2 所示。

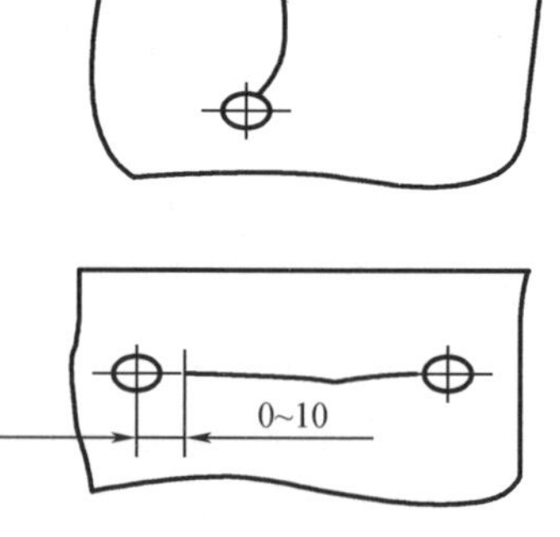

图 4-2　在裂纹两端钻孔

④准备坡口。根据缺陷的性质,用扁铲、砂轮等在缺陷处加工坡口。缺陷的性质、形状和补焊方法不同,加工坡口的尺寸也不相同。开坡口的原则是在保证顺利施焊及焊接质量的前提下尽量减小坡口角度及母材的熔化量,以减小焊接应力及焊缝中碳、硫含量,防止裂纹产生。

(3)预热

根据焊件形状、厚度、缺陷位置及补焊要求选择热焊法、半热焊法或冷焊法。热焊法预热温度为600~700 ℃,半热焊法预热温度为400 ℃左右,冷焊法一般不预热。预热方法可采用加热炉加热,也可以采用煤气加热或气焊火焰加热。根据缺陷处刚度大小,可以整体预热,也可以局部预热。

(4)焊接

铸铁电弧冷焊采用非铸铁型焊接材料时,不仅要根据补焊要求正确选择焊接材料,而且要特别注意掌握补焊工艺特点。异质焊接材料电弧冷焊的重点仍然是防止裂纹产生,减少白口组织和淬硬组织的产生。因此,焊接工艺上要求如下。

①采用细焊条、小电流,快速焊,以减小铸铁母材在焊缝中的熔合比,降低焊缝中碳、硫、磷等有害杂质的含量,提高焊缝质量,同时,减小焊接热输入,减小焊接应力,防止裂纹产生。

②采用短段焊、断续焊、分散焊、分段倒退焊等,并在焊后立即锤击焊缝,待焊缝冷却到烫手(50~60 ℃)时,再焊下一道,以减小焊接应力,防止裂纹产生。

③运用退火焊道。当补焊加工面的线状缺陷时,如只焊一层,则该焊道底部熔合区较硬,不易切削加工。若将该焊道的上部铲去一些,再焊上一层,就使先焊一层底部受到退火作用而变得软一些,以改善补焊区的切削加工性能。

3. 钎焊

钎焊时母材不熔化,故对避免铸铁焊接接头出现白口组织是非常有利的,使接头有优良的加工性。此外,钎焊温度较低,焊接接头应力较小,而接头上又无白口等组织,发生裂纹的敏感性也较小。国内外一般都采用氧-乙炔钎焊铸铁。与电弧焊、气焊不同,钎焊前必须用机械方法使焊处露出金属光泽,否则不能钎焊上,这影响了钎焊在铸铁上的应用。

四、球墨铸铁的焊接

球墨铸铁焊接工艺和灰铸铁基本相似,焊接方法主要是焊条电弧焊和气焊。焊接材料也分球墨铸铁(同质)型和非球墨铸铁(异质)型两种,后者多用于电弧冷焊。

1. 焊条电弧焊

(1)冷焊法

冷焊时一般采用铸铁焊条 EZNiFe-1(Z408)或高钒焊条 EZV(Z117)。当所焊铸件较小时,焊前可以不预热,但是当施工环境气温低且焊件体积较大时,焊前需要预热至100~200 ℃。同时,选择的焊接电流要适当大一些,可按焊条直径数值的30~65倍选用。采取连续焊工艺,缺陷长而不宽时,应进行逐段多层连续焊;缺陷较宽时,应采用分段、分层的补焊方式,以保证补焊区有较大的焊接热输入,减少白口组织,提高塑性,防止产生裂纹。补焊过程中,保持弧长与焊芯直径相近,不可过长,以防有益元素过分烧损,影响球化。焊后要缓慢冷却。

采用铸铁焊条时焊后接头的加工性能比高钒焊条要好一些,焊后不必进行退火处理,焊缝抗拉强度可达400 MPa,但只能焊补球墨铸铁件不重要的部位。采用高钒焊条时,接头的加工性较差。

(2)热焊法

采用铁芯球墨铸铁焊条 EZCQ(Z238)补焊较小的球墨铸铁工件时,焊前应预热到 500 ℃左右。对于刚度较大的大型铸件,焊前预热温度在 700 ℃左右,采用直流反接或交流电源,焊后保温缓慢冷却。为改善加工性能,还可进行正火处理。

2. 气焊

气焊加热和冷却过程比较缓慢均匀,球化剂损失少,有利于石墨球化,减少白口和淬硬组织的形成,对减小裂纹倾向有利。此外,气焊火焰预热工件比较方便,适用于中小缺陷的补焊,补焊大缺陷时则因生产率低而变得不经济。

项目6 有色金属的焊接

一、铝及铝合金的焊接

1. 铝及铝合金的焊接性

铝及其合金的化学性质很活泼,表面极易形成氧化膜,且多具有难熔性质(如 Al_2O_3 的熔点约为 2 050 ℃,MgO 的熔点约为 2 500 ℃),加之铝及其合金导热性强,焊接时容易造成不熔合现象。由于氧化膜密度同铝的密度极其接近,所以也易成为焊缝金属的夹杂物,同时,氧化膜(特别是有 MgO 存在的不很致密的氧化膜)可以吸收较多水分而常常成为形成焊缝气孔的重要原因之一。此外,铝及其合金的线膨胀系数大,导热性强,焊接时容易产生翘曲变形。铝及铝合金熔焊时的主要问题有:焊缝气孔,焊接热裂纹、焊接接头与母材的不等强性等。

(1)焊缝气孔

铝及其合金熔焊时最常见的缺陷是焊缝气孔,尤其是纯铝和防锈铝的焊接。

氢是铝及其合金产生气孔的主要原因,氢的来源主要是弧柱气氛中的水分、焊接材料以及母材所吸附的水分。防止气孔的途径:

①减少氢的来源。所使用的焊接材料(包括保护气体、焊丝、焊条等)要严格限制含水量,使用前需干燥处理。氩气的管路也要保持干燥。焊前的处理工作十分重要,焊丝及母材表面氧化膜应彻底清除,采用化学方法或机械方法均可,若能两者并用效果更好。

②控制焊接工艺参数。在 TIG 焊时,采用大的焊接电流配合较快的焊接速度是比较有利的,能减少氢的溶入,又能保证根部充分熔合。在 MIG 焊条件时,一般希望增大熔池凝固时间以利气泡逸出。降低焊接速度和提高热输入,有利于减少焊缝中的气孔,必要时可采取预热的办法来降低接头冷却速度,以利气体逸出。

(2)焊接热裂纹

铝及铝合金的线膨胀系数比钢大一倍,凝固时收缩率比钢大两倍,焊接时会产生较大的焊接应力。铝合金属于典型的共晶型合金,凝固温度区间大,当合金成分中的杂质超过规定围时,在熔池凝固过程中将形成较多的低熔共晶,在应力作用下,使焊缝金属易产生热裂纹。防止热裂纹产生的措施如下。

①合理选用焊丝。焊接除铝镁合金以外的其他铝合金时，选用 SAlSi－1（HS311），它是含 5% Si 的铝硅合金焊丝，焊接时可产生较多的低熔共晶，金属流动性好，对裂纹起到“愈合”作用，所以具有优良的抗热裂纹能力，但用来焊接铝镁合金时，焊缝中会生成脆性 Mg_2Si，使接头的塑性和抗腐蚀性能降低。焊接铝镁合金时，选用 SAlMg－5（HS331），焊丝中含有一定量的镁，有较好的抗腐蚀性能及抗热裂性能。

②合理选择焊接工艺。选用热量集中的焊接方法如钨极氩弧焊，采用小的焊接电流，厚度超过 10 mm 的焊件焊接或重要结构点固焊时，采用预热措施，一般预热温度控制在 200～250 ℃，多层焊时，层间温度不低于预热温度。

（3）焊接接头与母材的不等强性

非热处理强化的铝合金，在冷作硬化状态下焊接时，接头强度低于母材。

热处理强化铝合金无论是在退火状态还是在时效状态下焊接，焊后不经热处理，其接头强度均低于母材。

铝合金焊接时的这种不等强性主要是由于热影响区受热而发生软化，强度降低。为减小这种不等强性，可采用小的焊接热输入或焊后进行热处理。

（4）焊接接头的抗腐蚀性能

焊接接头的抗腐蚀性能一般都低于母材，热处理强化铝合金（如硬铝）接头抗腐蚀性能的降低尤其明显。当前主要在以下几方面采取措施来改善接头的抗腐蚀性能。

①改善接头组织成分的不均匀性。主要是通过焊接材料使焊缝合金化，细化晶粒并防止产生缺陷；同时调整焊接工艺减小热影响区，并防止过热。焊后热处理有很好的效果。

②消除焊接应力。局部表面拉应力也可采用局部锤击的办法来消除。

③采取保护措施。例如采取阳极氧化处理或涂层等。

2. 铝及铝合金的焊接

（1）焊接方法

铝合金焊接必须选择能量集中的热源，以保证熔合良好，各种焊接方法以氩弧焊的应用最为广泛。除了熔化极氩弧焊和交流钨极氩弧焊，也有应用直流正接大电流钨极氩弧焊和脉冲钨极氩弧焊。焊接薄板多应用钨极氩弧焊，熔化极氩弧焊主要应用于板厚 3mm 以上的产品。

（2）焊丝选择

常用铝及铝合金焊丝的用途见表 4－9。如果没有现成的焊丝，可以用相应牌号的板材切成条或用铝合金铸件熔铸成长条做填充金属。表 4－9 至表 4－11 还列举了同种及异种铝及铝合金焊接用焊丝。

表 4－9　常用铝及铝合金焊丝的用途

名称	牌号（旧）	型号（新）	化学成分	熔点/℃	用途
纯铝焊丝	HS301	SAl－3	$\omega_{Al} \geqslant 99.5\%$	660	焊接纯铝或要求不高的铝合金

表 4－9(续)

名称	牌号(旧)	型号(新)	化学成分	熔点/℃	用途
铝硅合金焊丝	HS311	SAlSi－1	ω_{Si}≈4.5%～6% ω_{Al}余量	580～610	通用焊丝，焊接除铝镁合金以外的铝合金
铝锰合金焊丝	HS321	SAlMn	ω_{Mn}≈1%～1.5% ω_{Al}余量	634～654	焊接铝锰合金及其他铝合金，焊缝有良好的抗腐蚀性能及一定的强度
铝镁合金焊丝	HS331	SAlMg－5	ω_{Mg}≈4.7%～5.7% ω_{Al}余量	638～660	焊接铝镁合金及其他铝合金，焊缝有良好的抗腐蚀性能及力学性能

表 4－10　同种铝及铝合金焊接用焊丝

母材	填充焊丝
纯铝 1035(L4)、8A06(L6)	同母材或 SAl－3、SAlSi－1
3A21(LF21)	同母材或 SAlMn、SAlMg－5
5A03(LF3)	同母材或 5A05(LF5)、SAlMg－5
5A05(LF5)	同母材或 5A06(LF6)、SAlMg－5

表 4－11　异种铝及铝合金焊接用焊丝

母材	填充焊丝
8A06(L6)与 3A21(LF21)	3A21(LF21)或 SAlMn
3A21(LF21)与 5A02(LF2)	5A03(LF3)或 SAlMg－5
3A21(LF21)与 5A03(LF3)	5A03(LF3)或 SAlMg－5

(3)焊前准备

焊前准备工作主要是坡口准备和焊前清理，根据需要，有时要做工装准备和预热等。

①坡口准备。原则上同结构铝焊接时并无不同。薄板焊接时一般不开坡口(焊条电弧焊时板厚 3～4 mm，自动焊时板厚小于 6 mm)。如果采用大功率焊接，不开坡口可焊透的厚度还可增大。厚度小于 3 mm 时还可以采用卷边接头，考虑能充分去除氧化膜，为此，在氩弧焊时有时对接头形式就要特别考虑一些，使接口间隙的氧化膜能有效地暴露在电弧作用范围内，如图 4－3 所示。

②焊前清理。焊前必须严格清除焊接区和焊丝表面的氧化膜和油污等。生产上常用化学清洗和机械清理两种方法。

对焊件坡口，首先用丙酮或四氯化碳等有机溶剂除去油污，两侧坡口的清理范围不应小于 50 mm。清除油污后，坡口及其附近(包括焊接垫板等)的表面可用锉削、刮削、铣削或用不锈钢丝刷清理至露出金属光泽，使用的钢丝刷应定期进行脱脂处理。

对焊丝去油污后，应采用化学方法去除氧化膜，可用质量分数 5%～10%的 NaOH 溶液，在 70 ℃下浸泡 30～60 s，然后水洗，再用质量分数 15%左右的 HNO_3 在常温下浸泡 2 min，然后用清水洗净并使其干燥。

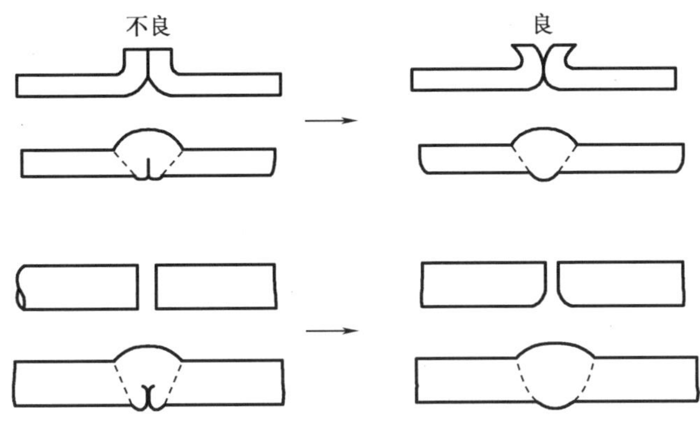

图4-3 防止因氧化膜造成的未熔合现象示例

清理好的焊件和焊丝不得有水迹、碱迹或被污染。经处理的工件和焊丝应尽快投入焊接使用,因为存放过程中表面又会重新产生氧化膜。在气候湿润的情况下,应在清理后4 h内施焊,若存放时间过长,需重新清理。

③焊接衬垫(板)。铝及铝合金在高温时强度低,液态流动性能好,单面对接平焊时焊缝金属容易下塌,为了保证焊透同时又不致引起塌陷,焊前在接头反面采用带槽的衬垫(板),以便焊接时能托住熔化金属及附近金属。

④预热。薄小铝焊件一般不必预热,厚度超过10 mm的厚大铝焊件,适当预热可以减小焊接所需热输入,对大型复杂焊件还可以减少其焊接应力,防止裂纹和气孔的产生。预热温度不宜过高,一般在100~300 ℃,多数不超过150 ℃,预热方法可用氧-乙炔火焰或喷灯对焊件局部加热。

(4)焊接工艺

铝合金氩弧焊时,氩气的纯度要控制在99.9%以上,并限制氧、氮等杂质含量,以免恶化阴极清理作用或使焊缝成形不良。一般用含钍钨极,焊接电流应有所限制,过大的电流会使钨极烧损,并可造成焊缝夹钨。为了防止钨极烧损,在直流反接焊时,电流要限制得很小,而采用直流正接时又无阴极清理作用。所以,钨极氩弧焊接时一般都采用交流电源。熔化极氩弧焊时,一般采用直流反接。

焊接工艺参数的选定,主要是根据接头尺寸、形状以及焊缝成形的要求,也必须考虑对气孔、裂纹和热影响区软化的影响,由于具体条件下的主要矛盾不同,在焊接工艺参数的选择上,特别是焊接电流与焊接速度的配合上必须做具体分析。

二、铜及铜合金的焊接

1. 铜及铜合金的焊接特点

铜及铜合金在焊接时会产生下列问题。

(1)焊不透

由于铜的导热性高,约为钢的5~8倍,且随着温度的升高,差距还要大。在焊接时如果采用与焊接低碳钢相同的焊接工艺参数,则焊件难以熔化,填充金属与基本金属不能良好熔合,造成焊不透。所以必须采用热量集中的强热源。对于厚大焊件,常需采取预热措施。

(2)焊后的变形大

铜及铜合金的线膨胀系数比低碳钢大约50%,由液态转变为固态时的收缩率比较大,焊接时热胀冷缩严重,导致产生较大的焊接应力和变形,刚性较大的焊件易产生裂纹。

(3)焊缝与熔合区常出现大量气孔

铜及其合金在熔化状态时能大量溶解氢,在凝固和冷却过程中,氢在其中的溶解度大大降低,过剩的氢气来不及排出,就会形成气孔,并促使裂纹生成。此外,若熔池中有水蒸气及二氧化碳,凝固时未能全部逸出,也会形成气孔。所以,防止气孔产生的重要途径是减少氢、氧来源和脱氧,而预热缓冷也有利于防止气孔的产生。

(4)裂纹倾向大

铜在液态时容易氧化,形成氧化亚铜溶解在液体铜里($Cu + Cu_2O$)。结晶时,形成熔点较低的共晶体,存在于铜的晶粒边界上,从而降低接头性能,形成裂纹;此外,铜在高温时强度和塑性都很低,还有过饱和氢的聚集析出,或铜中氢与氧结合成的水蒸气不能析出时,都会在铜的晶粒之间形成很大的压力,也会促使裂纹产生;另外,焊接铜及其合金时,焊缝金属容易形成粗大的树枝状结晶,同时焊缝金属中的合金元素(锡等)或杂质(铅、铋、砷和硫等)在晶界上的偏析,也会在焊接时产生热裂缝。为此防止裂缝的产生,必须严格限制焊件和焊接材料的氧、铅、硫等有害元素的含量。焊接时加强对熔池的保护,采取减少焊接应力的工艺措施,如选用热量集中的热源,焊前预热,选择合理的焊接顺序,焊后缓冷等。

(5)焊接接头性能低

焊接接头的机械性能一般低于基本金属(尤其是塑性和韧性),抗腐蚀性能往往也有所降低。这是因为焊后铜的晶粒变粗,并在晶界处有铜与氧化亚铜的脆性共晶体的存在;此外,合金元素的氧化及蒸发,有害杂质的侵入和一些焊接缺陷的存在,都导致接头性能降低。改善的办法是焊后锤击焊缝处,使其晶粒变细,并击碎网状分布的脆性共晶体;在焊接时防止铜的氧化和氢的溶入,在焊缝区不小于30 mm的范围内彻底去除油污、氧化物及水分;利用焊丝及溶剂中的合金元素对熔池进行脱氧;有可能时要做焊后热处理。

2. 铜及铜合金的焊条电弧焊工艺

(1)焊条选择

铜及铜合金焊接所用的焊条可参照表4-12选用。

表4-12 铜及铜合金用焊条

牌号	型号	焊芯主要成分	焊接工艺要点	主要用途
铜107	TCu-7	纯铜	焊件预热400~500 ℃,施焊采用短弧,不做横向摆动,做往复直线运动,焊后用平头锤击焊缝	适用于铜结构的焊接,主要用于焊接导电铜排、铜制热交换器、船用海水导管等铜结构件,也可以用于耐海水腐蚀的碳钢零件的堆焊

表 4-12(续)

牌号	型号	焊芯主要成分	焊接工艺要点	主要用途
铜 207	TCuSi-7	硅青铜	焊硅青铜或钢上堆焊时不需预热,预热温度焊紫铜约 450 ℃,碳钢约 200 ℃。焊后用平头锤轻敲	适用于铜、硅青铜及黄铜的焊接以及化工机械管道等内衬的堆焊
铜 227	TSuSnB	磷青铜	焊件预热温度磷青铜为 150~200 ℃,紫青铜约 450 ℃,碳钢约 200 ℃,焊后用平头锤轻敲	适用于磷青铜、紫铜、黄铜、铸铁及钢的焊接和堆焊,广泛用于堆焊磷青铜轴套、船舶推进器叶片等
铜 237	TCuAl-7	铝青铜	铝青铜的焊接及碳钢的堆焊,薄件不需预热,厚件预热 200 ℃,黄铜焊接预热至 300 ℃	适用于铝青铜及其他铜合金和钢的焊接,以及铸铁的修补,如各种化工机械、阀门的焊接,水泵、气缸等的堆焊及船舶螺旋桨的修补

(2)紫铜的焊接

焊条可选用 TCu-7(铜 107)或 TCuSn-7(铜 227)。其中 TCu-7 的焊芯是纯铜,TCuSn-7 的焊芯是磷青铜。焊条药皮都是低氢型,焊前经 300 ℃烘干,电源用直流反接。

根据焊件厚度加工坡口,小于 5 mm 不开坡口,大于 5 mm 开 V 形或 X 形坡口,坡口角度为 60°~70°。要清除坡口处油污。焊件厚度大于 4 mm 时,焊前必须预热。随着焊件厚度和尺寸增大,预热温度应该相应提高,焊接电流适当减小。紫铜的预热温度与焊接工艺参数见表 4-13。预热温度一般在 300~500 ℃。

表 4-13　紫铜的预热温度与焊接工艺参数

板厚/mm	焊条直径/mm	焊接电流/A	预热温度/℃
2	2	120~140	400~500
3	3	120~140	400~500
4	3	150~170	400~500
5~10	5	180~220	400~500

焊接时应当用短弧,焊条不宜做横向摆动,焊条做往复直线运条;长焊缝应采用逐步退焊法;多层焊时,必须彻底清除层间的熔渣。焊后应用平头锤敲击焊缝,可消除应力和改善焊缝质量。

(3)黄铜的焊接

焊接黄铜时一般不用黄铜芯焊条,因其工艺性能差,焊接时产生的大量蒸发和随之引起的严重飞溅。故一般采用青铜芯焊条,如 TCuSnB(铜 227)、TCuAl-7(铜 237),对补焊要求不高的黄铜铸件可采用紫铜芯焊条 TCu-7(铜 107)。药皮都是低氢钠型,电源用直流反极性,焊条经 200~250 ℃烘干。焊前焊件表面应做仔细清理。焊件厚度超过 14 mm,为了改善焊缝成形,要预热 150~250 ℃,焊接电流值取 25~30 倍焊条直径值。操作时要采用短弧焊,不做横向和前后摆动,只做直线移动,焊速要快,一般不低于 0.2 m/min。多层焊时要彻底清除层间熔渣。尽量用水平焊,一般倾角不大于 15°。与氨等腐蚀介质接触的铜焊件,焊后必须进行 350~400 ℃的退火处理。此外,黄铜焊接时会产生严重烟雾,影响焊工健康和妨碍操作,故应有通风装置。

(4)青铜的补焊

青铜的焊接主要用于补焊铸件的缺陷和损坏的机件。由于青铜的导热性接近钢,故其焊接性能比紫铜和黄铜都好。但在焊接时也有其特殊的困难。

①锡青铜的焊接

锡青铜焊接的主要困难是锡的偏析和氧化严重。低熔点锡的偏析削弱了晶间结合力,降低了合金强度,加上青铜的线收缩比钢大 50%,故焊件的内应力大,结果使焊件更易开裂。此外,锡氧化后生成的氧化锡(SnO_2)是硬而脆的夹杂物,对机械性能影响较大,造成焊缝质量下降。所以,焊接时,往往在熔合线附近由于锡的偏析和烧损而形成细微“疏松”和细小的空隙,降低了致密性,在受水压时易渗水。因此锡青铜在焊接过程中,必须采取一定的工艺措施。

锡青铜焊条电弧焊时焊条可选用 TCuSnB(铜 227)。在补焊穿透性缺陷和边缘部位时,需用垫板或成形挡板。对刚度较大的焊件需进行 400~550 ℃的预热;操作时,应采取短弧快速焊接;焊后在 200 ℃以下应对焊缝锤击,可使晶粒细化,提高焊缝的致密性和消除焊接应力。但对第一层焊缝及最后一层盖面焊缝一般不进行锤击。焊后应立即退火,以防止焊件在冷却过程中产生裂缝和消除焊接应力。

②铝青铜的焊接

铝青铜焊接的主要困难是铝的氧化,难熔的氧化铝薄膜覆盖在熔池表面,阻碍了金属熔滴过渡,同时会以夹杂物形态进入焊缝,容易产生焊缝夹渣和影响焊缝成形。

铝青铜焊条电弧焊时采用 TCuA-7(铝 237)焊条;焊件采用 90°~100°的较大坡口角度,对板厚大于 12 mm 的焊件,在焊前需预热至 200~500 ℃;电源采用直流反极性,宜用大电流,用短弧操作,焊条不做横向摆动;采取焊后缓冷以及焊缝锤击等措施;多层焊时,应注意对层间进行清渣。

3. 铜及铜合金的氩弧焊工艺

(1)紫铜的钨极氩弧焊

用钨极氩弧焊焊接紫铜,可以得到高质量的焊接接头。这是因为氩气对熔池的保护作用好,空气中的氧和氢不易进入熔池,并且氩弧的温度高,热量集中,焊缝的热影响区小,因此焊缝的强度高,焊件的变形小。

焊丝一般采用 HSCu(丝 201)和丝 202 紫铜焊丝,若采用普通紫铜焊丝,必须加铜气焊熔剂(气剂 301),以改善熔池的流动性和脱氧能力。焊件焊接边缘必须仔细清除油污、氧化膜及水分等。为了清除气孔,保证焊透,提高焊接速度和减少氩气消耗量,焊件必须预热。焊件厚度为 3~5 mm 时,预热温度为 100~150 ℃;焊件厚度为 8 mm 时,预热温度为

300 ℃。预热温度不宜过高，否则不仅使劳动条件恶化，还会使焊接热影响区扩大，降低焊接接头的机械性能。

紫铜钨极氩弧焊电源用直流正极性，即焊件接正极，钨极接负极，而且采用大电流，快速度进行焊接。

(2)黄铜的钨极氩弧焊

黄铜的钨极氩弧焊和紫铜相似，但由于黄铜具有导热性和熔点比紫铜低，以及含有容易蒸发的元素锌等特点，所以在填充焊丝和焊接工艺参数等方面有所不同。氩弧焊时因锌的蒸发严重，所以不用黄铜焊丝 HSCuZn－2(丝221)、HSCuZn－3(丝222)和 HSCuZn－4(丝224)，而用 QSi3－1 青铜焊丝，可得到满意的结果。

焊接电源可用直流正接，也可用交流。当用交流时，锌的蒸发较少。焊件通常不预热，但对板厚大于 12 mm 的焊件和焊接边缘厚度相差比较大的铸件焊接时，需采取预热措施。预热温度一般为 150～250 ℃。

黄铜钨极氩弧焊焊接工艺参数与紫铜相似，焊接速度应尽可能快些。板厚小于 5 mm 的接头最好一次焊成。为了减少锌的蒸发，焊接时要设法将填充焊丝置于焊接电弧与基本金属之间，以尽量避免焊接电弧对基本金属的直接作用。多层焊时必须仔细清除层间的氧化锌等杂物，以防止焊缝产生夹杂。黄铜钨极氩弧焊在造船中常用于铸锰黄铜 ZCuZn40Mn3Fel(ZHMn55－3－1)和铸铝黄铜 ZCuZn31Al2(ZHAl67－5－2－2)螺旋桨的补焊工作。黄铜焊件在焊后应加热到 300～400 ℃进行局部或整体退火，以消除应力，防止在使用时破裂。

(3)青铜的钨极氩弧焊

①锡青铜钨极氩弧焊

锡青铜钨极氩弧焊时，焊接工艺与紫铜钨极氩弧焊基本相同。对于不含锌的锡青铜可选用与基本金属化学成分相同的焊丝，而对于含锌的锡黄铜，可选用黄铜焊丝，以防止锌烧损后形成气孔。焊接电流采用直流正极性。如果缺陷所在部位刚性不大，焊件可以不预热。补焊时应尽可能减少焊接部位的过热。在多道焊接时，等上道焊缝冷却到 60～100 ℃时，再焊第二道焊缝，在焊补缺陷较多或面积较大的情况下，应分散进行焊接。

②铝青铜的钨极氩弧焊

一般采用与基本金属成分相同的材料做焊丝。用交流电源焊接，这样可利用阴极破碎作用，有效地消除熔池表面氧化铝的有害作用。对板厚大于 12 mm 的焊件，焊前预热至 150～200 ℃。选用的焊接电流比焊接紫铜时小 25%～30%。

模块5 焊接应力与变形

在焊接过程中，由于焊接热源的作用，焊件受热不均匀。另外，构件的材料不均匀等也会导致构件各部分受热时的膨胀与冷却时的收缩不同，因此在构件焊接过程中产生应力和变形。由于焊接导致的焊件变形量若超过了允许的数值，虽然有焊缝返修或矫正等工艺，但却需要花费大量物力和人力。焊接结构中的残余应力，会影响焊接结构的承载能力，而且往往是引起裂纹和脆断的根源。焊接应力与变形直接影响船舶与海洋平台等构件的质量和使用安全问题，本模块主要讨论焊接应力与变形的产生原因、预防和减少焊接应力与变形的措施。

项目1 焊接应力与变形的类型和特征

一、变形与应力的概念

在外力作用下，构件在形状和尺寸上发生变化，这就是变形。当外力去除后构件能够恢复到初始形状和尺寸的变形称为弹性变形，不能恢复到初始形状和尺寸的变形称为塑性变形。因此，构件的变形可以分为弹性变形和塑性变形。在外力作用下，构件发生变形，其内部产生一种抵抗外力作用的力，这种力叫作内力。单位面积上的内力称为应力。应力的大小与外力的大小成正比，与构件的截面积成反比。

然而，应力并不都是由外力的作用而引起的。在没有外力作用的情况下，构件内部产生的应力称为内应力。这种应力存在于许多工程结构中，如铸造结构、焊接结构等。内应力的特点是本身构成平衡力系，即同一构件截面上的拉应力与压应力相互平衡。因焊接受热过程而引起的应力和变形称为焊接应力和焊接变形。下面利用一个试验来说明应力和变形的内在联系，以便于理解实际生产过程中的焊接应力和焊接变形。

图5-1中三个试验用同样材料和同样长度的三根钢棒做试件，试验时采取均匀加热方式，加热温度为900 ℃。

从图5-1(a)所示的试验过程可以看出，钢棒在自由状态下加热就发生自由膨胀（伸长）；从图5-1(b)所示的试验过程可以看出，情况和上述试验不一样，由于钢棒被加热到900 ℃后，立即用压力机把它热自由伸长的部分压缩回去，结果自由冷却到室温时钢棒就比原来缩短了。

这就像将钢材加热到红热时进行锻造一样，钢棒在加热时发生过压缩塑性变形，冷却后长度要发生缩短。

图5-1(c)所示的试验与图5-1(b)所示的试验的过程有所不同，但结果是相同的。这个钢棒在加热时发生的热自由伸长一开始就受到阻碍，就好像热自由伸长在整个加热过

程中都被压缩回去了。因为加热温度同样达到 900 ℃,所以这里被压缩的变形也属于塑性变形。因此,从 900 ℃自由地冷却到室温时,这个钢棒也发生长度比原来缩短的现象。这就进一步证明,如果钢棒在加热时发生过压缩塑性变形,则冷却后一定发生缩短的变形。

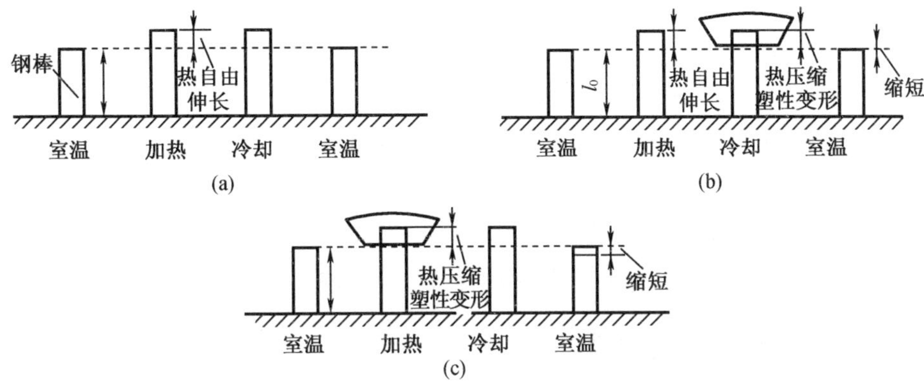

图 5-1 钢棒在均匀加热和冷却时的变形

从钢棒内部的应力来看,如图 5-1(b)和图 5-1(c)所示,一开始加热时,钢棒热自由伸长受阻,因此钢棒内部存在压缩应力。冷却时,钢棒未受阻碍能自由收缩,因此不存在应力,最后结果是钢棒外形尺寸在长度方向缩短,内部无应力。

如果被加热的钢棒两端刚性固定,即钢棒在加热和冷却过程中,既不可能自由伸长,也没有自由缩短的余地,这样一个钢棒经过加热冷却,最后会有什么变化呢?如果冷却后把两端刚性固定夹具去掉,又会发生什么呢?

从图 5-2 中试验来看,当加热温度升高时,由于钢棒伸长受阻碍,热伸长量等于热压缩量,所以钢棒内受到压缩的应力。若压缩应力超过钢材的屈服强度,钢棒内便产生压缩塑性变形。

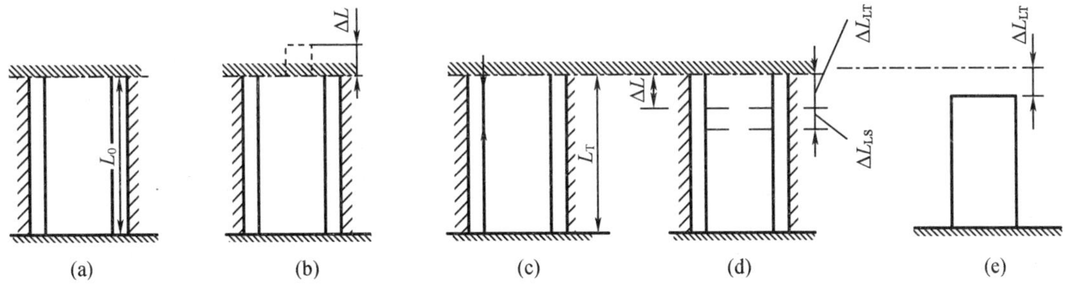

图 5-2 两端刚性固定下钢棒加热和冷却时的应力与变形

如果钢棒开始均匀冷却,则钢棒将要收缩。这时内部压缩应力随着钢棒的收缩而减小,当冷却到某一温度时,压缩应力为零,这时外形一直不变。继续冷却,钢棒继续缩短,但由于钢棒两端是固定的,钢棒不能自由收缩,从而在内部引起了拉伸应力。随着温度的继续下降,拉伸应力就可能达到屈服点数值,最后钢棒内存在着大于屈服极限的拉伸应力。

这说明经过加热冷却以后,钢棒外形虽没有变化,内部却发生了变化,产生了拉伸变形。它包括两个部分,即 ΔL_{LS}——拉伸塑性变形和 ΔL_{LT}——拉伸弹性变形,如图 5-2(d)所示。与拉伸弹性变形相应地产生了拉伸应力,如果钢棒固定装置放松,这时拉伸应力便消失,拉伸弹性变形也自由缩回,因而钢棒长度缩短,钢棒长度的缩短值为 ΔL_{LT},如图 5-2(e)所示。

根据以上试验和变化规律,我们可以得出以下结论。

(1)在加热过程中,如果钢棒不发生压缩的塑性变形,冷却后钢棒无残余应力和变形;

(2)在胀缩受阻情况下加热,钢棒产生了压缩的塑性变形,冷却后会出现残余应力和变形;

(3)如果采用夹具固定钢棒,冷却后当钢棒解除夹具后,能起到减小变形的效果。

这些结论为接下来学习焊接应力与变形以及减少焊接变形提供基础。

二、焊接应力和变形的种类

在焊接过程中,焊件受到不均匀的加热,受热区域的金属膨胀程度也就不同。此时产生的内应力和变形是暂时的,而焊接完毕焊件完全冷却后,剩余的内应力和变形称为残余应力和变形。下面所讨论的都是残余内应力和变形。

1. 焊接应力的种类

焊接后产生的内应力简称焊接应力,根据焊接应力在空间的作用方向可分为以下几种。

(1)单向应力

一般情况下,焊接窄而薄的板材的对接焊缝以及在焊件表面上堆焊时,焊件中存在的应力可以看成单向的,如图 5-3 所示。

(2)双向应力

焊接中等厚度板材的对接焊缝时,焊件中存在的应力可以看成双向的,也叫平面应力,如图 5-4 所示。薄板上的交叉焊缝中也有双向应力存在。

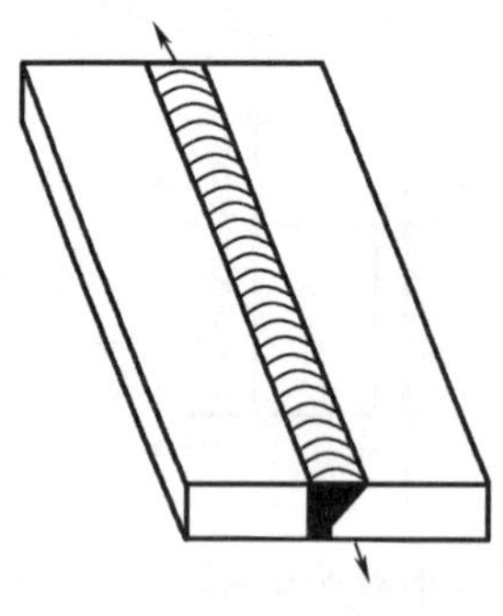

图 5-3 单向应力

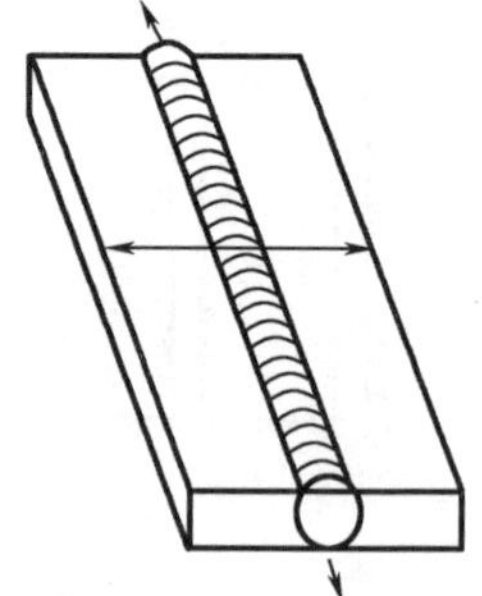

图 5-4 双向应力

(3)三向应力

焊接大厚度板材的对接焊缝以及交叉焊缝时,焊件中存在的应力是沿空间三个方向作用的,如图 5-5(a)所示。此外,在三个方向焊缝的交叉处也有三向应力存在,如图 5-5

(b)所示。

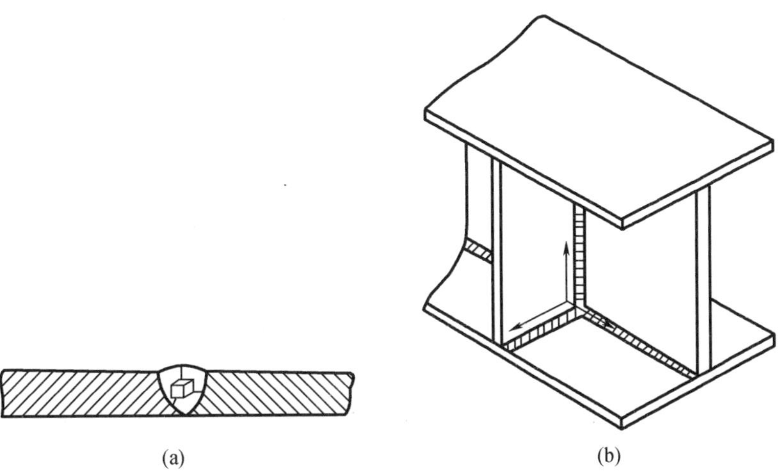

图5-5　三向应力

另外,也可以根据焊接应力相对于焊缝的方向,将焊接应力分为平行于焊缝的纵向应力和垂直于焊缝的横向应力。

单向应力对焊件的强度影响不大,有时不必采用特殊的方法消除它们,但当焊缝中存在双向应力和三向应力时,焊缝金属的强度和冲击韧性都要显著下降,容易产生裂纹。因此,在焊接厚件(厚度 25 mm 以上)时,焊后一般应对焊件进行热处理,以消除三向应力。三个方向焊缝的交叉处,焊缝不应焊到交角的顶点,以避免三向应力的产生。

2. 焊接变形的种类

焊接变形与焊接应力一样,也有不同的分类方法。通常,按其对结构影响的大小可分为以下两种。

(1)整体变形

所谓整体变形,是指由于焊接引起的整个结构的形状或尺寸发生的变化。整体变形是由焊缝在各个方向收缩所引起的。它包括直线变形(纵向变形、横向变形)、弯曲变形、扭曲变形等。

直线变形是指结构的长、宽、高尺寸的改变,按其方向又可分为纵向变形和横向变形。纵向变形是指平行于焊缝方向的变形;横向变形是指垂直于焊缝方向的变形。

起重机横梁焊接后可能会产生弯曲变形;某些结构的工字梁焊接后,可能会同时产生弯曲变形和扭曲变形。

(2)局部变形

局部变形是指由于焊接引起的构件某一部分发生的变形,包括角变形和波浪变形两种。焊接变形将影响到结构的外形和它的承载能力,其中整体变形对结构的影响较大,而局部变形对结构的影响较小。

三、焊接残余应力对焊件性能的影响

焊后残留在焊缝中的内应力称为焊接残余应力。焊接残余应力是影响焊接结构或焊接部件疲劳强度、弯曲强度和抗腐蚀性能等性能的重要因素。同时,焊接残余应力还会严重影响结构的机械加工质量和尺寸的稳定性。因此,了解焊接残余应力对焊件性能的影响,以及降低和消除焊接残余应力的措施是非常必要的。

1. 对结构刚度的影响

当外载产生的应力与结构中某区域的内应力叠加之和达到屈服点时,这一区域的材料就会产生局部塑性变形,丧失了进一步承受外载的能力,造成结构的有效截面积减小,结构的刚度也随之降低。

焊接结构中,焊缝及其附近区域中的纵向拉伸残余应力一般都可以达到或接近屈服极限,如果外载产生的应力与它的方向一致,则其变形将比没有内应力时或内应力较低时大。当卸载时,其回弹量小于加载时变形量,构件不能回复到原始尺寸。焊接结构中的拉伸应力区域越大,对刚度的影响也越大,同时卸载后残余变形量也越大。

2. 对静载强度的影响

没有严重应力集中的焊接结构,只要材料具有一定的塑性变形能力,内应力并不影响结构的静载强度。反之,如材料处于脆性状态,则拉伸内应力和外载应力叠加,有可能使局部区域的应力首先达到断裂强度,导致结构早期破坏。

在实际结构中,工艺或设计原因可能造成严重的应力集中,同时存在较高的拉伸内应力。许多低碳钢和低合金焊接结构的低应力脆断事故以及大量试验研究说明:在工作温度低于脆性临界温度条件下,拉伸内应力和严重应力集中的共同作用,将降低结构的静载强度,使之在低于屈服点的外载应力作用下发生脆性断裂。

3. 对焊件加工精度和尺寸稳定性的影响

机械加工总是将部分金属材料从工件上切除掉,如果该工件原来就存在残余应力,切削加工时内应力被释放,原来的内应力平衡状态即被破坏,内应力将重新分布,其结果必然使被加工工件产生变形,加工精度受到影响。

项目 2　焊接变形产生的原因和影响因素

一、焊接变形产生的原因

如前所述,钢棒在外界固定条件下,经过加热冷却过程后,其内部应力状态和外形都可能与原来不同。此试验有助于我们理解焊接应力与变形产生的原因,但不能完全反映焊接加热的特点。试验中钢棒是整体均匀加热,而焊接则不同。

根据焊接时限制构件膨胀(或收缩)的情况,可将约束条件分为外界固定、相互变形和构件内部各部分之间变形三类。在刚性很大的胎架上焊接刚性小的构件,多半属于外界固定约束;用定位焊装配的结构,焊接时受到的是相互变形约束;板面上堆焊焊道,属于典型

的构件内部各部分之间变形约束。焊接时,这三种约束至少存在一种,有时会同时存在。

另外,就焊接时引起热应力的温度来说,焊接的温度场是热源的中心及其附近的很小区域,其温度分布极不均匀,温度梯度变化很大,使近缝区的金属形成很大的热塑性变形。

从焊接时的约束条件和温度场特点来看,在焊接加热过程中,受到高热的焊缝附近区域,由于受到相邻的温度较低部分的约束,它的热应力数值达到金属的屈服极限,除了有压缩的弹性变形外,还有塑性变形;在冷却过程中,当温度恢复到原来的室温时,加热时产生弹性变形的部分回复到原来的长度,而产生塑性变形的部分则比原来缩短,但同样存在约束条件,没有产生塑性变形的部分使产生塑性变形的部分受到拉伸,而后者使前者受到压缩。经过焊接加热和冷却后,构件的形状和尺寸与焊接前相比有了变化,这就是焊接变形。焊后的构件内就存在焊接应力。

焊缝金属的收缩变形有两种情况:沿焊缝长度方向的收缩,称为纵向收缩;沿焊缝横断面方向的收缩,称为横向收缩。焊接时结构的变形,就是由于这两种收缩引起的纵、横向缩短所造成的。

1. 纵向焊接应力和变形

如图5-6(a)所示,在钢板中间堆焊一条焊缝。假设钢板由无数能自由伸缩的类似钢板的小板条所组成,那么从钢板中间到边缘,根据其受热程度的不同,小板条就会按图5-6(a)中虚线所示伸长,即温度高的焊缝金属有较大伸长,离焊缝金属较远的小板条温度较低,伸长则较小,未受热的钢板边缘的小板条没有伸长。但实际上钢板是一个整体,假设的小板条是互相牵连的,而钢板的端面变化只能是一条直线。因此,钢板中间温度高的金属受到两边温度低的金属阻碍、限制了它的自由伸长,这好像钢棒加热后受到刚性固定时一样,钢棒伸长受阻碍,致使这部分的金属产生压应力,同时,两边温度低的金属受到反作用而产生拉应力。当中间金属所受的压应力数值达到金属屈服极限时,该部分金属就会产生压缩塑性变形。这时,钢板中存在压应力和拉应力,并处于平衡,钢板的纵向比原来长度伸长 ΔL_1,如图5-6(a)所示。

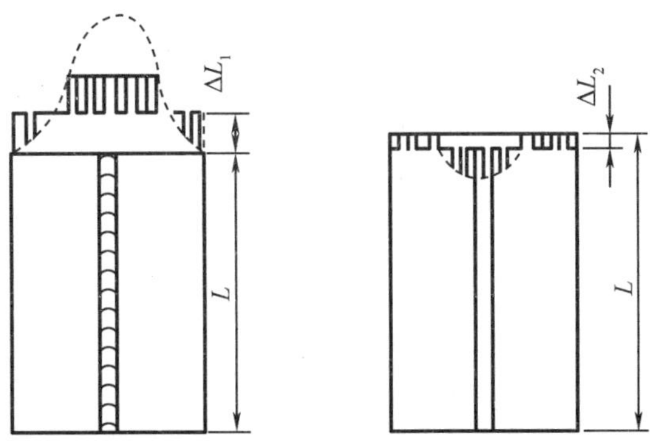

图5-6 钢板中间堆焊时的应力与变形

冷却后,由于中间温度高的金属在加热时产生压缩塑性变形,因此最后的长度比原来的短些,缩短长度等于压缩塑性变形的长度,如图5-6(b)中虚线所示。而实际上也由于相互牵连的影响，两边金属阻碍了它的缩短，这好像加热膨胀产生压缩塑性变形，冷却时受到阻碍的钢棒一样。因此中间部分的金属产生拉伸应力，而两边的金属却产生压缩应力，并且相互平衡，最终钢板纵向产生缩短变形 ΔL_2，如图 5－6(b)所示。

同理可以说明，钢板边缘堆焊时，冷却后在近缝区域产生拉应力，引起纵向收缩使钢板产生弯曲变形。因此，钢板边缘加热除了缩短变形外还有弯曲变形。

焊缝纵向收缩数值与加热线长度成正比，所以间断焊缝的收缩数值比连续焊缝小，而链式间断焊缝纵向收缩数值又比交错式间断焊缝大，这是加热区的宽度增加所致。

一般角焊缝的纵向收缩数值都较小，每米焊缝的收缩数值约为 0.2 mm。

对接焊缝的纵向收缩数值，主要决定于钢板的刚性条件。一般每米对接焊缝的收缩数值为 0.2～0.4 mm。

T 形梁角焊缝的纵向收缩数值也比较小，因为它是沿三个方向散热的，比对接焊缝散热快，如图 5－7 所示。

由于焊缝纵向收缩数值都较小，故在生产中可以不必过多地考虑它。

2. 横向焊接应力和变形

从实践中看到，构件焊接后不仅会产生纵向焊接应力和变形，同时还会产生横向焊接应力和变形。在与焊缝轴线垂直的方向上，焊缝和热影响区金属在加热过程中也要受到压应力，并发生塑性变形，冷却后则存在残余焊接应力和变形，这叫作横向焊接应力和变形。

现在简单介绍焊接后构件的横向焊接应力是怎样产生的。我们可以假设两块钢板在对接焊时，像沿焊缝中心切开的两块钢板边缘堆焊一样，焊后边缘焊缝区域产生纵向收缩，收缩使得钢板产生变形。但是实际上，焊接接头是由焊缝连接成的一个不可分离的整体，结果在焊缝中部产生横向拉应力，而焊缝两端出现横向压应力。图 5－8 为纵向变形引起的横向应力

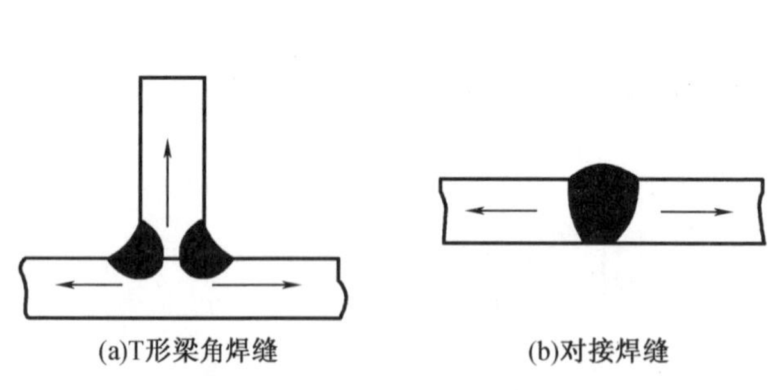

图 5－7　接头的散热方向

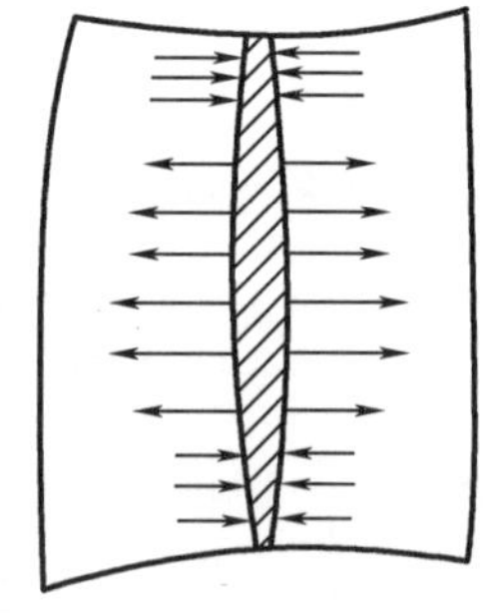
图 5－8　纵向变形引起的横向应力

另外，由于一条焊缝不可能在同一时间内完成，总要一段一段地逐步焊完，焊缝全长上的加热时间不一致，同一时间各段受热温度不均匀，膨胀与收缩也不一致，因此段与段之间就形成了对自由变形的互相限制。先焊部分受到后焊焊缝横向收缩的作用，而它又限制了后焊焊缝的横向收缩，因此后焊焊缝末端受到拉应力作用，先焊部位受到压应力作用。总的横向应力是上述两部分应力合成的结果。

3. 弯曲变形

焊接结构的变形是由各种形式的变形综合而成的,如前面提到的钢板边缘堆焊,除了纵向收缩变形外,同时也产生弯曲变形。

板边进行堆焊后,在邻近焊缝区域作用着一个拉应力,在此应力的反作用下,焊件发生弯曲。如果以更简单的情况来分析,假设对焊件的加热集中在边缘一个很小的宽度内,加热很均匀,而且无热的传导,也就是说,与加热区邻接的金属是冷的,这时可视为与钢棒两端固定状态相同。加热时金属膨胀,如焊件不太大,就会在膨胀力作用下产生弯曲,如图5－9(a)所示,而在加热区产生压缩塑性变形。冷却后,此加热部分金属受到拉应力作用,它的反作用力会使焊件发生反向的弯曲,如图5－9(b)所示。

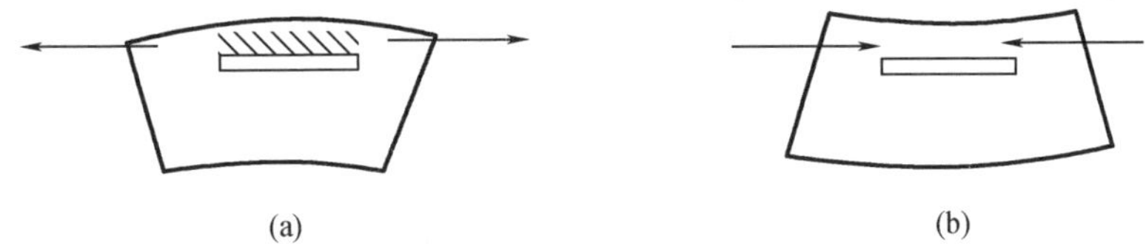

图5－9　理想状态下的弯曲变形

4. 角变形

焊缝沿厚度方向加热不均匀以及各层焊缝重心的收缩不一致,都会使板材绕焊缝轴线旋转一个角度,这种现象称为角变形。

厚板焊接时,焊接的一面温度高,另一面温度低,因此,温度高的一面产生的压缩塑性变形大,温度低的一面产生的压缩塑性变形则小。冷却时则在板的厚度上重心线发生各层焊缝收缩不均匀的现象,焊接的一面收缩大,另一面收缩小,所以容易产生角变形。

角变形的大小与焊接工艺参数、接头形式、坡口区域加热能量等因素有关。如果焊缝区域加热能量大,对薄板来说,减小了角变形,对较厚板来说,角变形反而增大。这是因为,热能量的增加使薄板沿厚度的温度分布更加均匀,而厚板沿板厚的温度分布仍不均匀,反而使压缩塑性变形增加。但当焊件板厚很大时,由于其刚性增大很多,角变形又会减小。坡口角度和坡口形状对角变形影响较大,图5－10为不同焊接接头和不同坡口形式在焊接后的角变形。V形坡口对接焊时由于焊缝沿厚度各层的横向收缩不同,焊缝上层的横向收缩数值大于底部的,因而产生了较大的角变形。X形坡口由于两面焊缝截面对称,角变形基本上互相抵消,所以角变形很小。不开坡口对接焊焊件的角变形比开V形坡口对接焊小。

显然,坡口角度越大,上下横向收缩量的差别越大,角变形也就越大。另外,采用不同的施焊方法,最终的角变形也不一样。多层焊时的角变形要比单层焊时大。同时,多层焊时,焊接程序选择不同,造成角变形的大小也不同。

5. 波浪变形

波浪变形主要出现在薄板焊接结构上,产生的原因一种是焊缝的纵向缩短对薄板边缘造成压应力,另一种是焊缝横向缩短造成的应力,焊接应力引起的薄板波浪变形如图5－11所示。

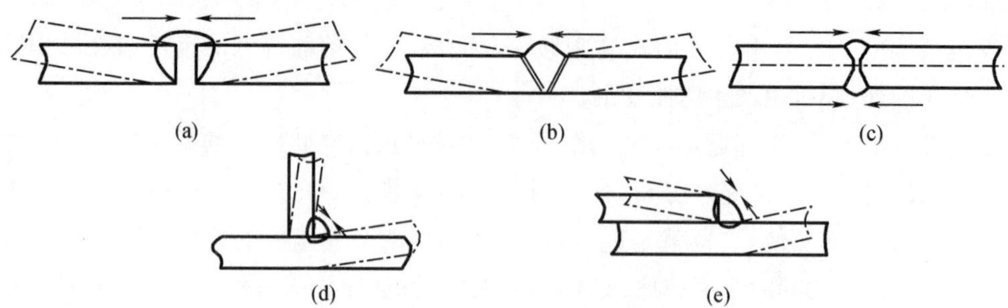

图 5－10　不同焊接接头和坡口形式在焊接后的角变形

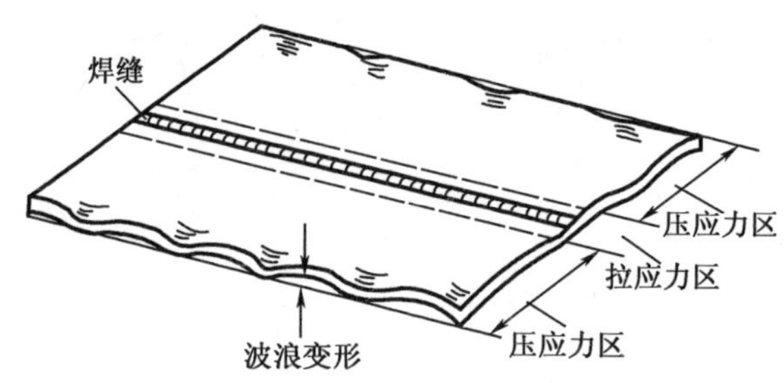

图 5－11　焊接应力引起的薄板波浪变形

船体结构中有很多平面板材，如甲板、内底板、船侧外板等，往往大面积拼板焊接时便显得板薄，刚性不够，在压缩应力过大的情况下，板材就会丧失稳定性而出现波浪变形。如图 5－12 所示，船体隔舱壁角焊缝的横向收缩引起角变形，这些角变形连贯起来形成波浪变形。

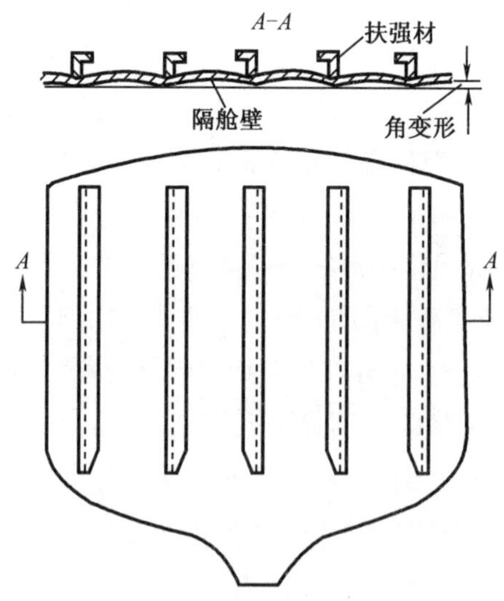

图 5－12　船体隔舱壁焊后的角变形引起的波浪变形

6. 扭曲变形

装配质量不好，工件搁置不当，以及焊接程序和焊接方向不合理，都可能引起扭曲变形。但归根结底，扭曲变形是由焊缝的纵向或横向收缩所致。扭曲变形实例如图 5 – 13 所示。

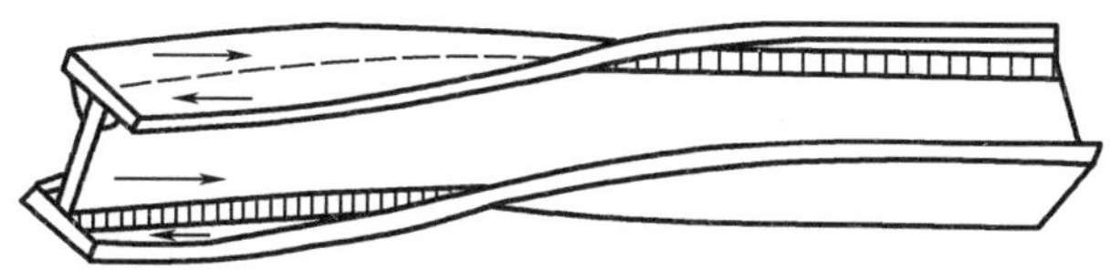

图 5 – 13 扭曲变形实例

通过对上述几种基本变形形式的分析可知，焊后焊缝的纵向和横向缩短是引起各种形式焊接应力和变形的根本原因。同时，焊缝的缩短能否转变成各种形式的变形还与焊缝在构件中的位置、焊接工艺参数和焊接方向等因素有关。

二、焊接变形的影响因素

1. 焊缝位置

焊缝位置在焊接结构中必须布置合理，特别是船体结构，因为焊接变形同焊缝位置与结构重心线的距离有关。若焊缝对称于结构重心线，焊件焊接后变形就会小些。焊缝在焊接结构上的位置不对称，往往是造成结构整体弯曲变形的重要因素。如图 5 – 14 所示，T 形梁焊接焊缝对 $x-x$ 轴不对称布置，位于该轴下侧，焊后由于焊缝纵向收缩引起弯曲变形。

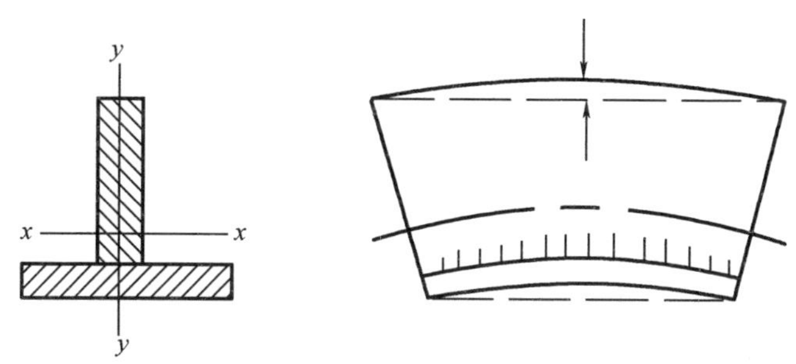

图 5 – 14 焊缝在焊接结构上的位置不对称引起的变形

如果焊接结构中的焊缝未能做到对称布置，也应尽可能避免在容易产生变形的方向或应力集中的地方布置焊缝。

2. 焊接结构的刚性和几何尺寸

结构的刚性就是结构抵抗拉伸、弯曲和扭曲变形的能力。焊接变形总是沿着焊接结构或焊件刚性约束小的方向进行。如果焊接结构在外力作用下产生的变形不大，说明这个结构的刚性好。反之，则这个结构的刚性差，变形就大。在受同样大小的力的作用的情况下，刚性大的焊接结构焊接变形小，刚性小的焊接结构焊接变形大。

此外,结构的刚性主要决定于结构的截面形状和尺寸的大小。如板的厚度增加,板的抗弯曲变形的能力也增加;而板的长度增加,板的抗弯曲变形的能力减弱。结构截面若是封闭的,则抗扭能力强;若是不封闭的,则抗扭能力弱。

(1)结构抵抗拉伸的刚性

其主要决定于结构截面积的大小。结构截面积越大,拉伸拘束度就越大,则结构抵抗拉伸的刚性就越大,变形就越小。

(2)结构抵抗弯曲的刚性(抗弯刚性)

其主要决定于结构的截面形状和尺寸大小。就梁来说,一般封闭截面比不封闭截面抗弯刚性大;板厚大(即截面积大),抗弯刚性也大;截面形状、尺寸完全相同的两根梁,长度小的抗弯刚性大;同一根封闭截面的箱形梁,垂直放置时比横向放置时抗弯刚性大(在受相同力的情况下)。图 5 - 15 为几种梁的截面形状。

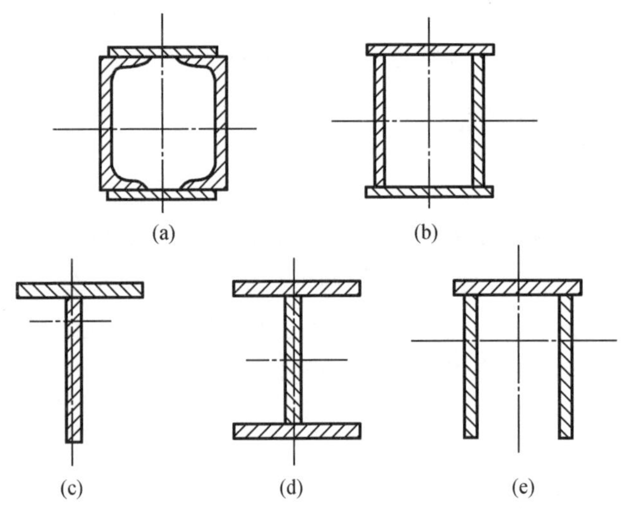

图 5 - 15　几种梁的截面形状

(3)结构抵抗扭曲的刚性(抗扭曲刚性)

其除决定于结构的尺寸大小外,最主要决定于结构截面形状。封闭截面抗扭曲刚性比不封闭截面大。图 5 - 15(a)、图 5 - 15(b)形状截面的抗扭曲刚性比图 5 - 15(c)、图 5 - 15(d)、图 5 - 15(e)形状截面的大。

此外,结构的抗弯曲和抗扭曲能力还与结构的长度有关,一般短而粗的焊接结构抗弯刚性大,细而长的结构抗弯刚性小。对于焊接结构由于刚性的影响而产生的变形,必须要综合考虑上述的几个方面,才能得出比较符合实际的估计。

根据以上所述,对于刚性小的焊接结构,可以采用胎夹具或其他临时支撑等方法,如目前造船中使用胎架来固定船体结构等,以达到减小焊接变形的目的。

3. 焊接结构的装配及焊接顺序

焊接结构的刚性是在装焊过程中逐渐增大的,结构的整体总是比它的零部件刚性大。因此,对结构采用边装配边焊接和全部装配好再焊接这两种不同的装焊方法,结构的最后变形大小是不同的。如果仅从增加刚性以减小焊接变形的角度看，对于截面对称、焊缝布置对称的简单结构，采用先装配成整体再焊接的程序进行生产，对减小弯曲变形是有利的。以工字梁［图5－16(a)］的装焊为例，按如图5－16(c)所示顺序，先整体装配再焊接，其焊后的上拱弯曲变形，要比按图5－16(b)所示边装边焊顺序所产生的弯曲变形小得多。但是，并不是所有焊接结构都可以采用先总装后焊接的方法。

有了合理的装配方法，如果没有合理的焊接顺序，结构还是达不到变形最小的要求。即使焊缝布置对称的焊接结构，若焊接顺序不合理，结果仍然会引起变形。图5－16(c)中，若按1′、2′、3′、4′的顺序焊接，焊后同样会产生上拱的弯曲变形。而如果按1′、4′、3′、2′的顺序焊接，焊后的弯曲变形将会减小。图5－17为较厚板的对称X形坡口对接接头不同焊接顺序的比较，若焊接顺序不合理，便会产生较大的角变形。

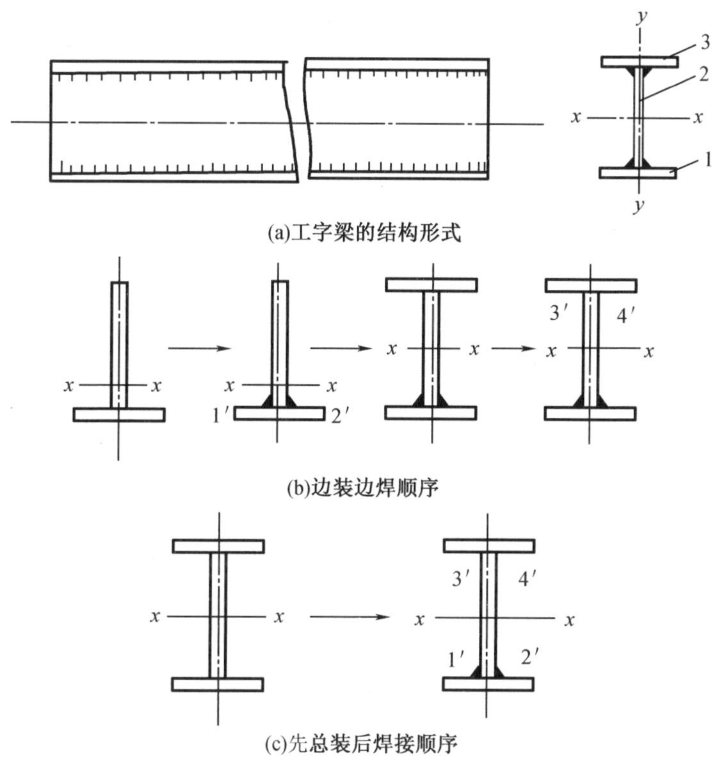

(a)工字梁的结构形式

(b)边装边焊顺序

(c)先总装后焊接顺序

1—下盖板；2—腹板；3—上盖板

图5－16　工字梁的装配顺序与焊接顺序

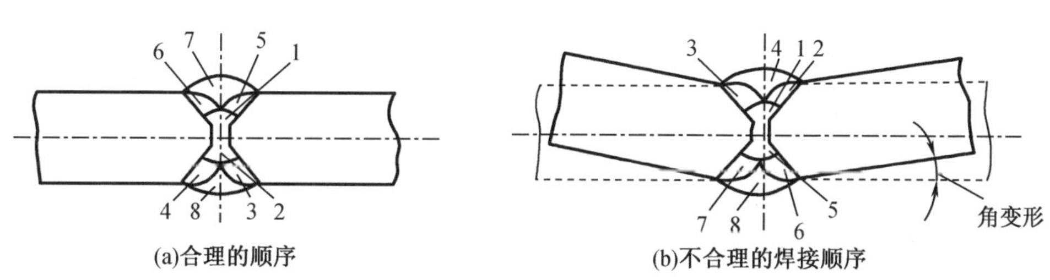

(a)合理的顺序

(b)不合理的焊接顺序

图5－17　较厚板的对称X形坡口对接接头不同焊接顺序的比较

4. 其他因素

(1)焊接材料的线膨胀系数

线膨胀系数大的金属,其焊后变形也大。常用材料中铝、奥氏体不锈钢的线膨胀系数都比低碳钢大,焊后残余变形也就大。

(2)焊接工艺参数和方法

焊接电流、焊接速度对焊接变形有一定的影响。一般来说,焊接电流增加则焊接变形增大。焊接速度加快,能使受热面变窄,则可以减小焊接变形。

由于各种焊接方法的热源不同,加热集中的程度也各不相同,其产生的变形也不同。在焊件形式、尺寸及刚性约束相同的条件下,气焊的焊后变形比电弧焊的焊后变形大,埋弧自动焊产生的变形比焊条电弧焊大,而焊条电弧焊产生的变形要比气体保护焊大。

(3)焊接操作方法

单道焊或大电流慢速摆动焊接,由于焊接电流大,摆动慢,摆幅大,坡口两侧停留时间长,焊接速度慢,故焊接线能量大,热影响区也宽,从而产生较大的焊接变形;而多层多道焊、小电流快速不摆动焊则相反,产生的焊接变形较小。

对多道焊,当焊缝截面重心与焊件截面重心在同一位置上时,若施焊顺序不合理,同样会产生角变形。

(4)焊接方向

对一条长直缝,如果采用按同一方向从头至尾的焊接方法(直通焊),其焊缝越长,焊后变形也越大。主要是由于整条焊缝冷却的时间不同,在膨胀、收缩过程中所受到的拘束程度不同。

(5)焊接结构的自重和形状

自重较大或形状较长的焊件,其焊后变形也较大。另外,焊缝装配间隙过大,坡口角度过大,均会增加焊后的变形量。

总之,各种影响焊接变形的因素并不是孤立起作用的。这就要求在分析焊接结构的应力和变形时,要考虑各种影响因素,以便能制订较合理的防止或减少焊接变形的措施。

项目3　减小焊接残余应力与变形的措施

结构焊接后的变形若超过允许范围,则会使结构承受载荷的能力降低,使其外形受到影响。特别是在船体建造中,由于船体线型复杂,同时又是板材结构,如果焊接时不采取一定的措施,便容易产生变形。因此,对船体结构焊接变形应足够重视。

一、减小焊接残余应力的措施

焊接残余应力的存在将不同程度地影响焊接结构的各种性能,所以有必要采取各种措施来减小和消除焊接残余应力。减小焊接残余应力,通常可以从结构设计和焊接工艺两个方面着手。

1. 减小焊接应力的设计措施

设计上减小焊接应力的核心是正确布置焊缝，从而避免应力叠加，降低应力峰值。可以从以下几方面着手。

(1)在保证焊件强度的前提下，尽量减少焊缝数量和减小焊缝尺寸。

(2)避免焊缝过分集中，焊缝间应保持足够的间距，要尽可能避免焊缝交叉，以免出现三向应力。

(3)焊缝不要布置在高应力区及断面突变的地方，以避免应力集中。

2. 减小焊接应力的工艺措施

除了在结构上正确、合理地选用和布置焊缝外，在焊接中采用一些简单的工艺措施往往可以调整内应力，降低残余内应力的峰值。可以采用的工艺措施主要有如下几种。

(1)选择合理的装配和焊接程序

正确地选择装配和焊接程序是防止和减小焊接应力与变形的主要工艺措施之一。在实际生产中遇到的构件形状往往是多种多样的，因此难以制订完全通用的焊接程序。下面介绍几个焊接时应遵守的原则。

①尽可能考虑焊缝的自由收缩。

如图5-18所示，一个加盖板的双工字钢焊接梁，应先焊盖板的对接焊缝1，后焊盖板和工字钢之间的角焊缝2，以使对接焊缝1能自由收缩，从而减小内应力。

②收缩量大的焊缝先焊。

为了提高焊接接头强度，应先焊在工作时受力较大的焊缝，使内应力合理分布。如在焊接工字梁接头时，如图5-19所示，在接头两端应预先留出一段翼缘角焊缝3不焊，先焊受力最大的翼缘对接焊缝1，然后再焊腹板对接焊缝2，最后焊翼缘预留的角焊缝3。这样，可使焊后受力较大的翼缘对接焊缝预先承受压应力，而腹板对接焊缝有一定的收缩余地。同时，这样做也有利于焊接翼缘对接焊缝时，采取反变形措施防止产生角变形。

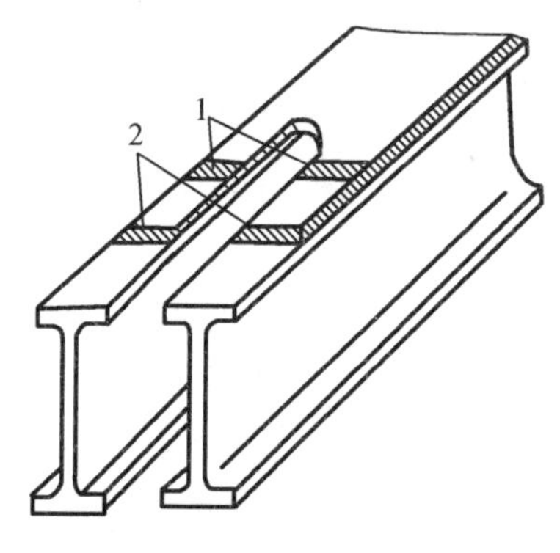

1—对接缝；2—角焊接。

图5-18　按收缩大小来确定焊接顺序

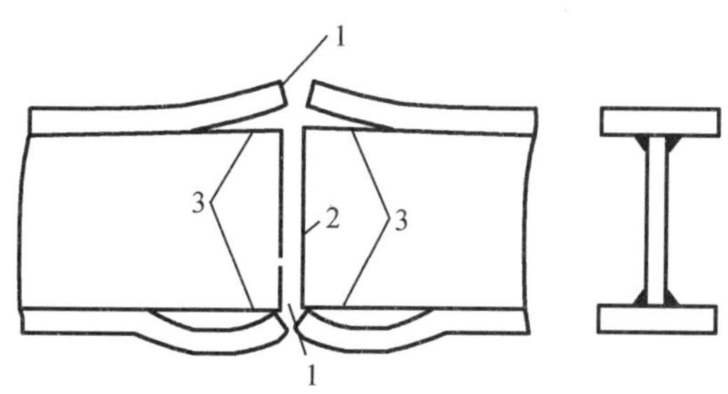

1，2—对接焊缝；3—角焊缝。

图5-19　按受力大小确定焊接顺序

③在焊接平面交叉(T形交叉或十字交叉)焊缝时，应该特别注意交叉处的焊缝质量。

如图5-20所示,如果在接近纵向焊缝和横向焊缝处有缺陷,则这些缺陷正好位于纵向焊缝的拉伸应力场中,将出现复杂的三向应力。为了保证交叉点部位不产生焊接缺陷及刚性约束较小,应采用图5-20中的焊接顺序进行焊接。除考虑施焊顺序外,同时还要注意焊缝的起弧和熄弧应避开交叉点,或者虽然在交叉点上,但在焊相交叉的另一焊缝前,应将其铲除。

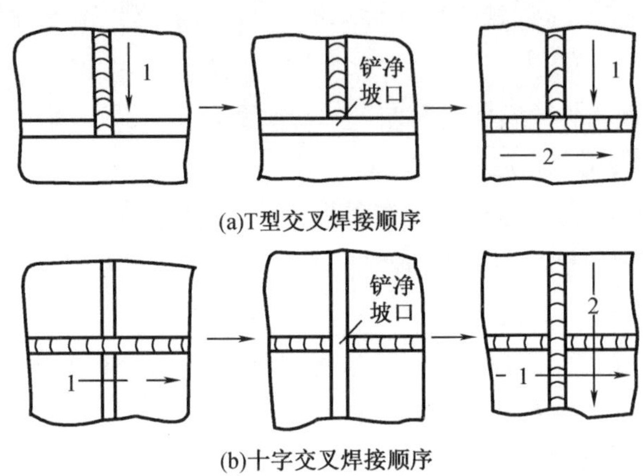

(b)十字交叉焊接顺序

图5-20　平面交叉焊缝的焊接顺序

(2)选择合理的焊接工艺参数

根据焊接结构的具体情况,应尽可能采用较小的焊接工艺参数,如采用较小直径的焊条和偏低的焊接电流,或虽焊接电流较大但焊接速度较快,以减小焊件的受热范围,从而减小焊接应力和焊接变形。

(3)预热

预热是指在焊前对焊件的全部(或局部)进行加热的工艺措施。一般预热的温度为150~350 ℃。其目的是减小焊接区和结构整体的温差,均匀冷却,从而减小内应力。此法常用于易裂材料的焊接。预热温度视材料、结构刚性等而定。

(4)局部加热造成反变形

在焊接结构的适当部位加热使之伸长,加热区的伸长带动焊接部位,使它产生一个与焊缝收缩方向相反的变形。在加热区冷却收缩时,焊缝就可能比较自由地收缩,从而降低内应力。例如,如图5-21(a)所示的大皮带轮或齿轮的某一轮辐需要焊接修理,为了减小内应力,则在需焊接维修的轮辐两侧轮缘上加热,使轮辐向外产生变形,如图5-21(b)所示,带轮焊缝在轮缘上,此时则应在焊缝两侧的轮辐上进行加热,使轮缘产生反变形,然后进行焊接维修,这样能对降低焊接应力起到良好的效果。此法又称“加热减应区法”。

(5)锤击焊缝

焊缝区金属由于在冷却收缩时受阻会产生拉伸应力。如用头部带小圆弧的工具锤击焊缝,促使它产生塑性变形,以抵消焊缝的一部分收缩量,就能起到减小焊接残余应力的作用。敲击时,必须在焊缝塑性较好的热态时进行,且锤击保持均匀、适度,以防止因敲击而产生裂纹。另外,为保持焊缝表面的美观,表层焊缝一般不锤击。

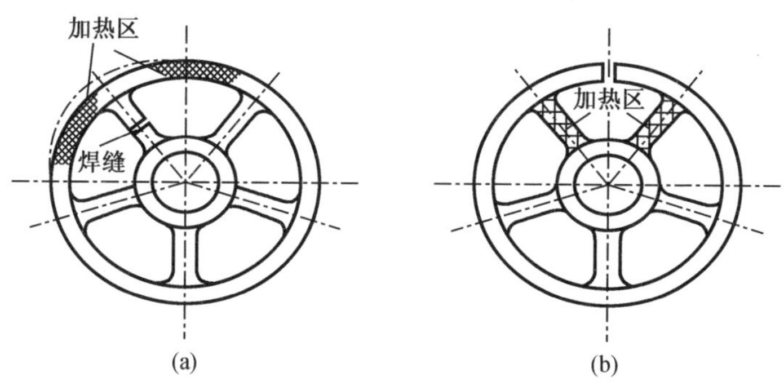

图 5－21　局部加热降低轮辐、轮缘断口焊接应力

二、减小焊接变形的措施

1. 估算焊缝收缩量

结构焊后除了形状发生变化外，一般在长度上也要发生缩短。在实际生产中有时为了补偿焊后尺寸的缩短，在备料时就预先留出收缩余量。余量大小的确定，一般不采用计算方法，而是结合本厂的具体条件，在试制过程中对结构焊后变形进行实际测量，找出规律，作为制订工艺措施的依据。

下面提供一些焊接构件在自由状态下，手工电弧焊所积累的各种焊缝收缩量的关系和一些近似数值，以供估算焊后变形时参考。

(1)线膨胀系数大的材料，焊后焊缝收缩量较大。不锈钢和铝的线膨胀系数比低碳钢大，所以焊后的变形要比低碳钢大。

(2)焊缝的纵向收缩随着焊缝长度增加而增加，一般是以每米焊缝长度收缩多少毫米来计量。焊缝的横向收缩则随着焊缝的宽度增加而增加，一般是以每一条焊缝横向收缩多少毫米来计量。当焊缝长为 2 ~4 m 时，横向收缩量约相当于纵向收缩量。所以，在焊缝不太长的情况下，焊缝的横向收缩是主要的。

(3)对接焊缝的横向收缩比角焊缝的横向收缩大。

(4)间断焊缝的收缩量比连续焊缝小。

(5)多层焊时，第一层引起的收缩量最大，第二层增加的收缩量大约为第一层收缩量的 20%，第三层增加的收缩量大约为第一层收缩量的 5% ~10%，最后几层增加更小。

(6)在夹具固定条件下焊接的焊缝收缩量比没有夹具固定条件下焊接的焊缝收缩量小 40% ~70%，但焊接后，结构内部将存在较大的焊接应力。

(7)焊脚等于板厚的 T 形接头焊接后，角变形量为 2° ~3°。开 60°左右的 V 形坡口的对接接头，其焊接后的角变形量为 2° ~3°。

表 5－1 所列举的数据是结构在自由状态下手工电弧焊时，焊缝收缩量的近似值。

表 5-1 焊缝纵向收缩近似值

单位:mm/m

对接焊缝	连续焊缝	间断焊缝
0.2~0.4	0.2	0~0.1

2. 选择合理的焊接顺序

对大型构件的焊接应从中间向四周对称进行。如工字梁对接焊时,无论先焊面板或是板的接头,横向收缩会在角焊缝内引起很大的应力,甚至产生裂纹,所以应设法使它能自由收缩。为此,可将角焊缝留出一段后焊,使对接接头的横向收缩能自由地进行,如图 5-22 所示。

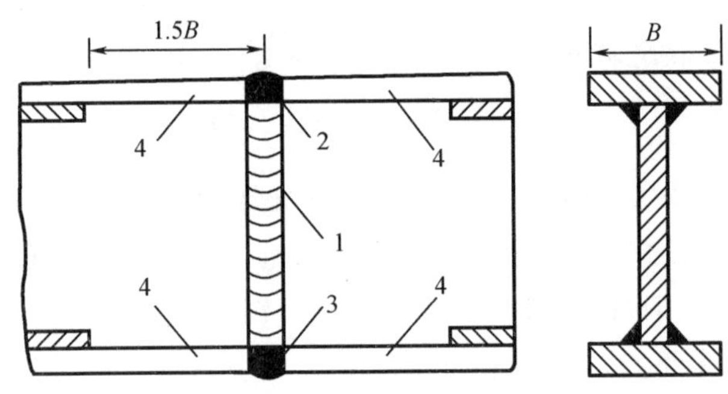

图 5-22 工字梁对接接头的焊接顺序

在焊接 T 形交叉对接焊缝时(图 5-23),若先焊焊缝 2,则在焊焊缝 1 时,焊缝 1 会产生较大的横向收缩变形,容易使结构产生裂纹。因此,必须先焊焊缝 1,后焊焊缝 2。

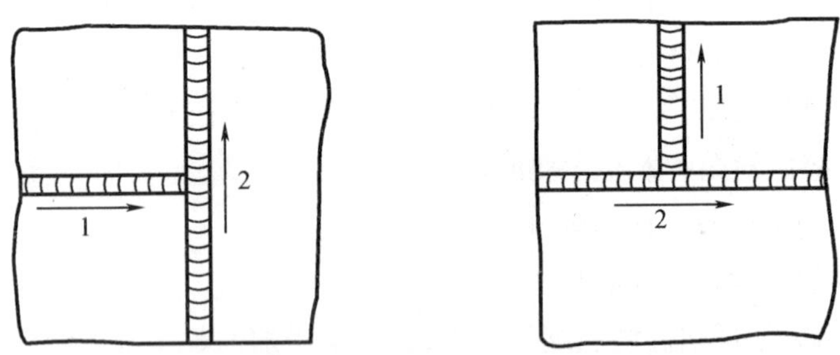

图 5-23 T 形交叉对接焊缝的焊接顺序

如图 5-24 所示,内部有大小隔板封闭的箱形梁结构,由于不能采用先装配后焊接的方法,故必须先制成"冂"形梁后才能制成箱形梁。图 5-25 为"冂"形梁的焊接顺序。先将大小隔板与上盖板装配好,随后焊接焊缝 1,由于焊缝 1 几乎与盖板截面重心重合,故无太大变形;接着按如图 5-25 所示顺序装焊,不仅结构刚性加大,而且焊缝 2、3 对称,所以焊后整个封闭的箱形梁的弯曲变形很小。

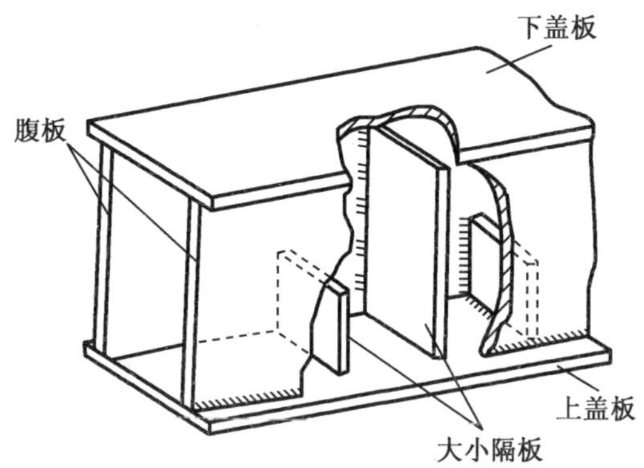

图 5-24　封闭的箱形梁结构

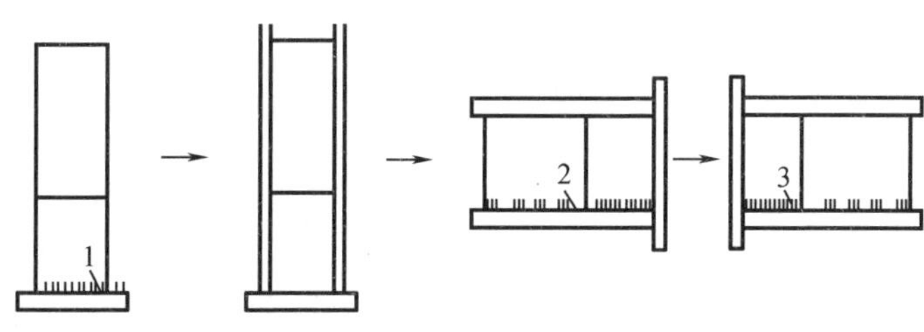

图 5-25　“门”形梁的焊接顺序

3. 采用不同的焊接方向和顺序

(1) 对称的焊缝对称焊接

由于焊接总有先后，且随着焊接过程的进行，结构的刚性也在不断提高。所以，一般先焊的焊缝容易使结构产生变形。这样，即使是焊缝对称的结构，焊后也还会出现变形的现象。对称焊接的目的，是克服或减少由于先焊焊缝在焊件刚性较小时造成的变形。对实际上无法完全做到对称、同时地进行焊接的结构，可允许焊缝焊接有先后，但在顺序上应尽量做到对称，以最大限度地减小结构变形。图 5-26 中的圆筒体对接焊缝，由两名焊工对称地按图中顺序同时施焊，对称焊接。

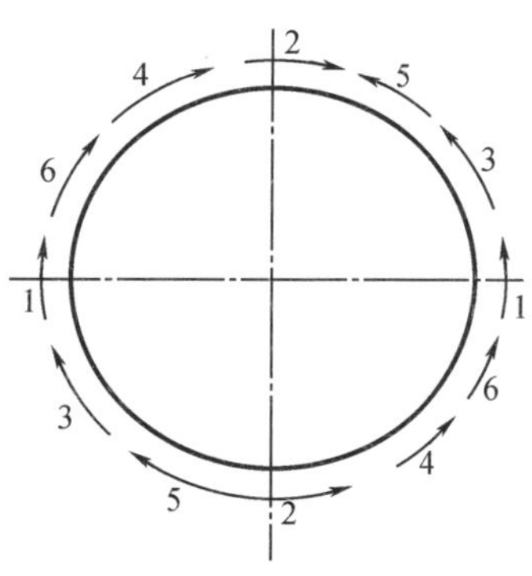

图 5-26　圆筒体对接焊缝焊接顺序

(2) 不对称的焊缝先焊焊缝少的一侧

对于焊缝不对称的结构，先焊焊缝少的一侧，后焊焊缝多的一侧，使后焊造成的变形足以抵消先焊一侧的变形，以使总体变形减小。

4. 采用不同的焊接方法

对于结构中的长焊缝，如果采用连续的直通焊，将会造成较大的变形，除了焊接方向因素之外，焊缝受到长时间加热也是一个主要原因。在可能的情况下，可将连续焊改成分段焊，并适当地改变焊接方向，以使局部焊缝造成的变形适当减小或相互抵消，以达到减少总体变形的目的。图 5－27 中分段退焊法、分中分段退焊法、跳焊法和交替焊法常用于长度为 1 m 以上的焊缝；长度为 0.5～1 m 的焊缝可用分中对称焊法。交替焊法在实际中较少使用。退焊法和跳焊法的每段焊缝长度一般以 100～350 mm 较为适宜。在采用分段焊后，由于接头增多，应注意焊缝接头的质量。

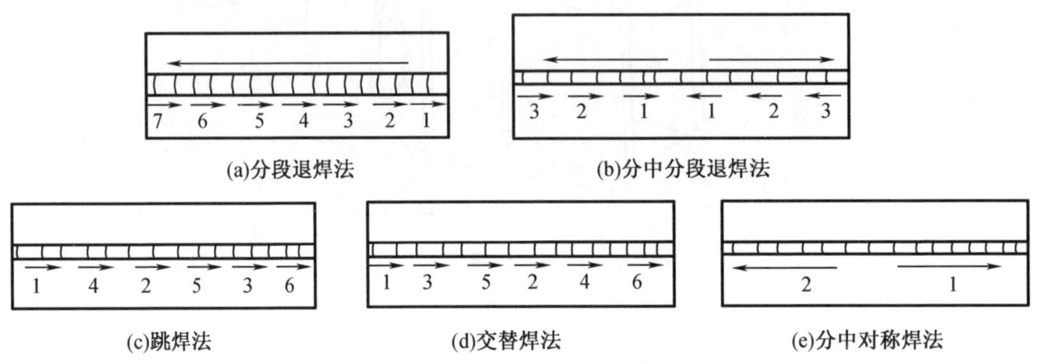

图 5－27 采用不同焊接顺序的对接焊缝

5. 反变形法

反变形法是根据结构焊后可能产生的变形情况，预先对焊件人为地制成一个大小相等、方向相反的变形，使焊件焊后变形很小，甚至完全消除。反变形的大小由经验来确定。反变形法在焊接生产中应用很广泛，只要反变形值给的合适，就能得到较满意的焊后形状。

图 5－28 为对接接头工字梁采用弹性或塑性的反变形法消除焊接变形。在实践中，各种尺寸的工字梁盖板的反变形量都有不同的经验数据，而且随着焊接方法的不同而不同。

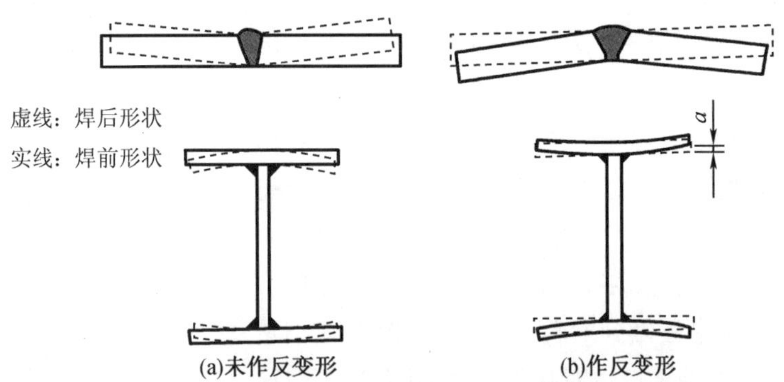

图 5－28 对接接头工字梁采用弹性或塑性的反变形法消除焊接变形

6. 刚性固定法

刚性固定法的实质是在焊接时，将焊件固定在具有足够刚性的基础上，使焊件在焊接时不能移动，在焊接完成完全冷却以后再将焊件放开，这时焊件的变形要比在自由状态下焊接时所发生的变形小。

7. 散热法

散热法又称强迫冷却法，是把焊接处的热量迅速散走，使焊缝附近金属受热区域大大减小,以达到减少焊接变形的目的。

此外,选择合理的焊接方法和焊接工艺参数对减小焊接变形也具有积极的意义。选用能量比较集中的焊接方法,如 CO_2 气体保护焊、等离子弧焊代替气焊和焊条电弧焊进行薄板焊接可减小焊后变形量。

项目4 船体分段焊接变形及预防举例

一、船体分段焊接变形产生的原因

在船体分段装焊后,往往会产生纵向及横向的收缩和翘曲变形,主要由焊缝位置不对称于中轴线,焊缝冷却收缩量不一致,以及在装焊过程中的工艺不当等因素造成。船体分段焊接的建造方法各不相同,其变形也不一样。正装双层底分段焊接变形如图5-29所示,产生焊接变形的主要原因如下。

(1)外底板纵横缝对接焊引起分段纵横方向的收缩。

(2)纵横骨架与外底板的角焊缝引起分段纵横方向收缩及上翘变形。

(3)纵横骨架间垂向角焊缝引起分段纵横方向收缩及上翘变形。

(4)分段建造中因装配间隙及焊接坡口角度偏大,或焊缝尺寸过大以及不正确的焊接程序而引起分段变形。

(5)内底板纵横缝对接焊引起向中收缩、向上翘曲变形。

(6)分段翻身后,纵横骨架与内底板的角焊缝引起分段向内变形,以及外板封底焊使外板向外变形。由于吊离了胎架,分段总的变形以这一种影响最大。

正装单底分段焊接变形(图5-30)产生的主要原因与上述(1)~(4)相同。

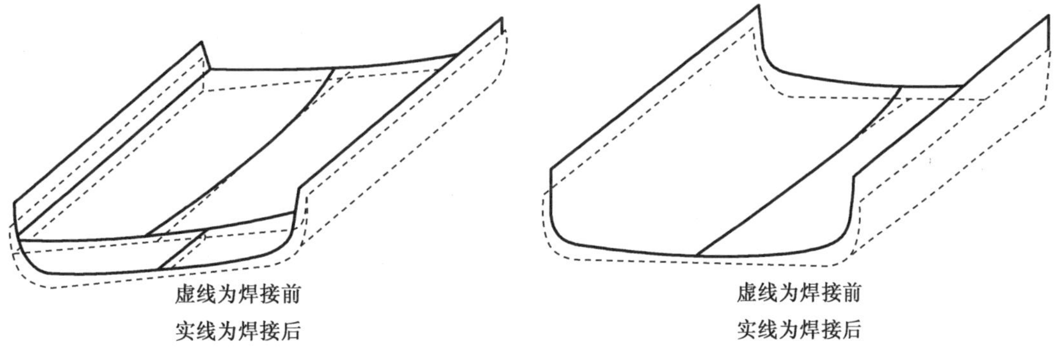

图5-29 正装双层底分段焊接变形

图5-30 正装单层底分段焊接变形

倒装双层底分段的总变形与正装双层底分段相反,如图5-31所示,主要由外底板纵缝的横向收缩引起。另外,骨架间相互连接的垂向焊缝也使分段产生收缩及上翘,故分段舭部外板向上、向外变形,对某些刚性较差的分段还易引起扭曲变形。

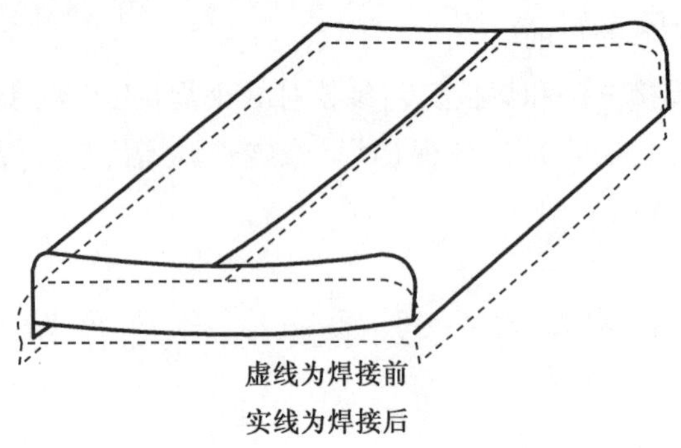

图 5-31　倒装双层底分段焊接变形

以上为厚板分段的焊接变形情况。若分段钢板较薄,则焊接后除产生上述的总变形外,还会出现分段的局部变形。这主要是因为薄板的刚性较差,焊缝处的收缩应力超过了板材的临界点而使其失去稳定性,这种局部变形多呈波浪形。

二、船体分段焊接变形的预防

焊接变形是焊接工艺的固有特点,分段在装焊过程中不可避免地会产生纵横方向的翘曲及收缩变形。这些变形不仅影响船体外形的美观,也影响船体的性能和强度。从工艺角度看,分段的变形将给船体总装工作带来很大困难。因此,采取一定的措施,控制和减少分段变形,减少火工矫正工作量和保持分段完工尺度的正确性就显得非常重要。一般分段变形的预防措施有以下几种。

1. 反变形法

底部、舷侧、甲板等分段焊接后脱离胎架时,总有一定的变形。一般说来,在施工工艺条件相同的情况下其是有一定规律的。因此,可以在胎架制造中,事先根据分段变形的趋势,将胎架模板放出一定数值方向相反、大小相等的反变形量,用以补偿由于焊接所引起的变形。通常,舷侧分段不放反变形,而底部分段反变形量可以根据过去所制造的分段变形情况和经验判断来确定,一般由经验确定反变形数值。

双层底分段正装时,分段在胎架上焊接后的变形,横向往往是两舷向中翘离胎架,如图 5-32 所示,若在胎架两边实线处各放出反变形值 S,如图中虚线所示,便可使焊接后恰好达到分段所需之正确型线。此外,分段焊接后还有纵向翘曲变形,由于结构情况和板缝关系,其变形量较横向为小。一般为了简化制造工艺,纵向反变形问题可不予考虑。如对完工分段的变形情况有较高要求,则在胎架制造时也应放反变形值。图 5-33 为正装双层底分段胎架纵向放反变形。

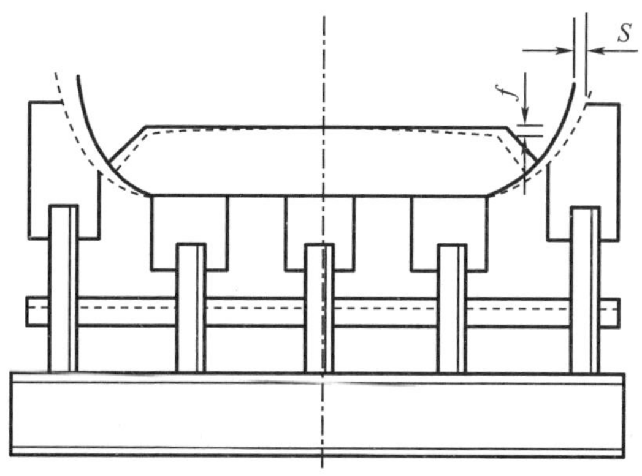

图 5-32　正装双层底分段胎架横向放反变形

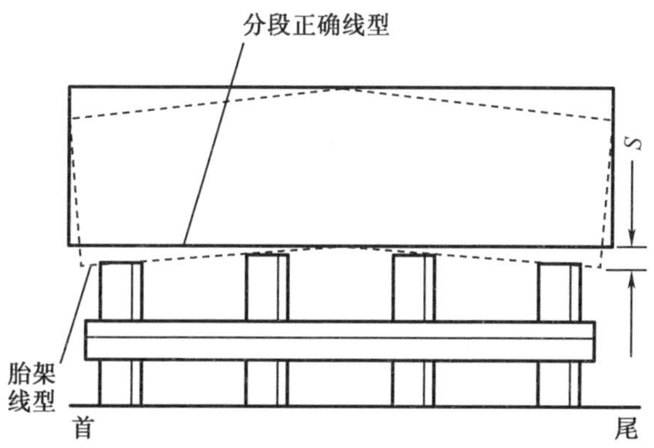

图 5-33　正装双层底分段胎架纵向放反变形

单层底分段正装时，纵横向放反变形的方法与双层底分段正装时相同。

双层底分段倒装时，分段在胎架上焊接后的横向变形往往是两舷离开胎架平面而向上翘曲，如图 5-34 所示，将 S 值作为反变形值，即图中虚线形状，使焊后恰好达到分段所需之正确型线。纵向反变形值放法与图 5-33 所示刚好相反。

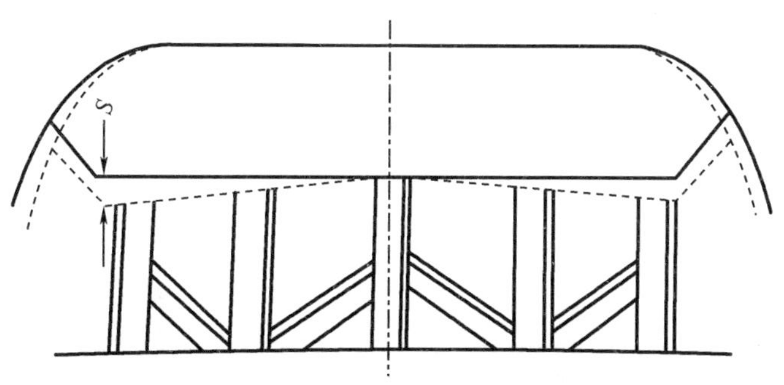

图 5-34　倒装双层底分段胎架横向放反变形

胎架放反变形后，对分段骨架的号料样板，应按照反变形后的型线进行修正，以免造成骨架与板材间的焊缝间隙增大。分段在长度和宽度方向的收缩变形，使分段长度较理论长度为短，一般采取加放骨架间的收缩量的方法来解决。通常横骨架式船体从分段中间肋骨开始，向首尾端画线时每档肋距加大 0.5 ~ 1 mm，以补充焊接收缩变形，但这种方法不便于施工。目前，除对横骨架式小型船舶采用此法外，一般都是在分段大接头处加放余量来补偿。

2. 刚性固定法

当分段胎架型线复杂，不适于采用反变形法，或由于其他情况而无法采用反变形法时，可采取临时增强分段刚性的方法，即将分段四周和中部用马板与胎架固定，以此来强制减少分段的焊接变形。对易于变形的结构部位，还可以采用临时加强装置。例如对于甲板较薄、宽度较大的长江旅游船，在骨架焊接前可在一定的肋距中加装临时宽梁及纵桁，以增加分段本身的刚性。又如制造底部分段时加装压排，双底分段端部加装假肋板等，都能起到临时增强分段刚性的作用。分段在吊运及翻身过程中，为了防止发生变形，也要结合上述情况采取临时加强措施。

3. 改进装焊工艺

广泛采用分离装配法、箱形框架装焊法，扩大自动焊与半自动焊的使用范围，可同时达到提高焊缝强度及减小变形的目的。对 5 mm 以下的薄板结构，可采用半自动点焊、二氧化碳气体保护焊等进行角接焊缝的焊接工作。

4. 制订并严格遵守工艺规程

采用合理的焊接程序能使焊接热量分布均匀，减小分段的变形。一般多采用从分段中间向前后左右同时施焊的方法，并且对长焊缝采取逐步退焊、跳跃焊等焊法。必须指出，还应合理地安排装配与焊接阶段的交替程序，分段结构应装配到具有足够的刚性后才开始施焊，对于容易产生总体变形的分段结构，这一点尤其重要。

5. 掌握正确的焊接规范

焊接规范与焊接变形有很大关系。所谓焊接规范，在手工电弧焊中主要是指焊接电流强度、焊条直径与牌号、焊缝层数、电弧电压、电流种类、焊接速度、直流电焊中的极性等。一般来说，焊条直径小，采用焊接电流也小，即输入分段的热量较少，因而焊接变形也较小。而焊件输入热量不仅取决于焊接规范，也取决于焊件的焊缝规格。必须指出，在焊接过程中应使焊缝规格符合设计要求。不适当的、过大的焊脚，不仅浪费了焊条，还增加了焊接热量，扩大了热影响区域，加大了焊接变形。例如，肋板与中桁材角焊缝设计要求焊脚高度为 4 mm，实际却焊了 7 mm，如图 5 – 35 所示，必然加大焊接变形。

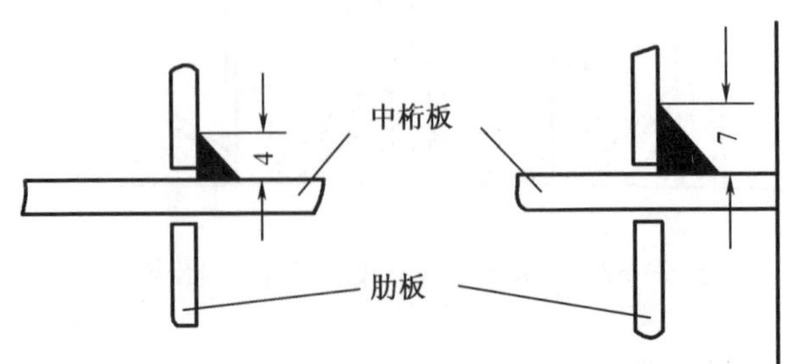

图 5 – 35　中桁材与肋板角焊比较

6. 正确的装配间隙与坡口角度

装配间隙与焊缝坡口角度是影响焊接变形的重要因素，其直接影响金属熔敷量和焊接热量，从而决定分段变形量。正确地掌握它们，对减小分段变形有着极其重要的意义，装配间隙对焊接变形的影响如图5－36所示。

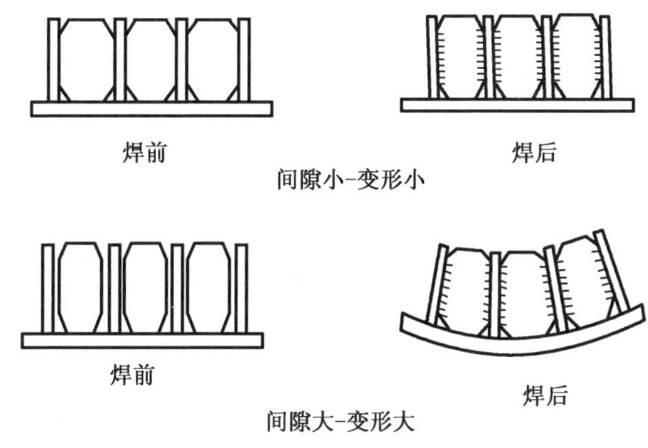

图5－36　装配间隙对焊接变形的影响

模块 6　船舶焊接

项目 1　船舶焊接工艺原则要求

一、基本要求

在船舶建造装焊过程中，为了减小船体结构的变形和应力，正确选择和严格遵守一定的焊接顺序，是保证船舶焊接的质量，按期完成船舶建造的重要措施。另外，船舶焊接工艺规范应规定船舶建造过程中，船舶焊接的焊前准备、人员、工艺要求、施工过程和检验等。船舶焊接时所提供的焊接材料和焊接方法，均应取得船级社认可。通常，应用 CO_2 气体保护半自动和自动焊、重力焊、垂直气电焊及各类衬垫单面焊双面成形等高效焊接方法，应在产品相关工艺文件和施工图中加以明确。船舶焊接时提供的船体各种规格的板厚，材料级别以及所应用的焊接方法，焊接材料，焊接接头的坡口形式和尺寸，焊接位置等方面的内容，均应获得船级社认可。船舶建造过程中应用的钢种等级与焊接材料的选配应该符合相关的化学成分及强度等级要求，焊接材料、焊接方法与船舶建造方法的选配见表 6 - 1。

表 6 - 1　焊接材料、焊接方法与船舶建造方法的选配

<table>
<tr><th>序号</th><th>焊接方法</th><th>焊接材料</th><th>钢材等级</th><th>适用范围</th></tr>
<tr><td rowspan="3">1</td><td rowspan="3">手工电弧焊</td><td>E4315.01（SH427.01）</td><td>A、B、D</td><td rowspan="2">构架对接全位置角焊，外板对接</td></tr>
<tr><td>E5015.01（SH507.01）
其他等效焊材</td><td>AH32 ~ DH36</td></tr>
<tr><td>E5015.02（SH507.02）
其他等效焊材</td><td>EH32、EH36</td><td>外板对接构架全位置角焊</td></tr>
<tr><td rowspan="2">2</td><td rowspan="2">埋弧自动双面焊</td><td>焊丝：H08A
焊剂：SHJ431
其他等效焊材</td><td>A、B、D</td><td rowspan="2">拼板</td></tr>
<tr><td>H10Mn2/HJ101(CHJ101)
H10Mn2G/HJ331(SHJ331)
其他等效焊材</td><td>AH32、AH36、DH32、DH36、EH32、EH36</td></tr>
</table>

表 6－1(续)

序号	焊接方法	焊接材料	钢材等级	适用范围
3	CO_2 气体保护 半自动焊	E71T－1 (DW－100)(2Y) E70T－1 (MX－200) E71T－1 (SM－1F)(2Y) E71T－1 (KFX－712C) E501T－1 (YJ－502)(Q) E71T－1 (TWE－711) 其他等效焊材	A、B、D、 AH32、AH36、 DH32、DH36、 EH36	外板及构架对接，构架与板平角、立角焊
4	CO_2 气体 保护单面焊	焊丝: E71T－1 (TWE－711) E71T－1 (KFX－712C) 衬垫:TC－1、JN－4 其他等效焊材	A、B、D、 AH32、AH36、 DH32、DH36、 EH32、E36	中、大组立板材对接及总组立中合拢对接
5	手工衬垫单面焊	焊条:E5015.01(SH507.01) 衬垫:JN－1 其他等效焊材	A、B、D、 AH32、AH36、 DH32、DH36	中、大、总组立中板材对接及合拢对接
6	高效铁粉重力焊	E4313(CJ421FeZ) 其他等效焊材	A、B、D	中、大组立中的构件平角焊
		E5024(CJ501FeZ) 其他等效焊材	AH32、AH36、 DH32、DH36	
7	手工下行焊	E5015 (CJ507Fe) 其他等效焊材	A、B、D、 AH32、DH32	船体构件合拢垂直角焊
8	垂直气电焊	焊丝:EG70T－2 (DWS－43G) 衬垫:KL－4GT 其他等效焊材	A、B、 AH32、AH36、 DH32、DH36	总组立合拢旁板，纵、横舱壁的垂直对接
		焊丝:EG70T－2 (DWS－43G) 衬垫:JN－10 其他等效焊材	A、B、D AH32、DH32、 AH36、DH36	
9	FCB 三丝埋弧 自动单面焊	焊丝:Y－A 表面焊剂:NSH－50 底面焊剂:NSH－IR 其他等效焊材	A、B、D、 AH32、DH32、 AH36、DH36	平面分段流水线中板材的对接

二、典型结构用焊接材料和焊接方法的规定

(1)当采用焊条电弧焊接时，下列结构的焊接必须选用低氢型焊条焊接。

①船体总组立时的环形对接缝和纵桁对接缝。

②具有冰区加强级的船舶，船体外板端接缝和边接缝。

③主、辅机座，桅杆，吊货杆，拖钩架，系缆桩等承受强大载荷的舾装件及其所承受高拉力的零部件。

④要求具有较大刚度的构件，如首框架、尾框架，以及其与外板和船体骨架的接缝。

(2)在中、大及总组立的焊接中，下列结构不允许采用立向下行焊(包括手工电弧焊和 CO_2 气体保护半自动焊)。

①船体中所有板材的立对接拼缝。

②具有冰区加强级的船舶，冰刀区域内的所有立对接拼缝和相关联的立角焊缝。

③受强大载荷或具有较大刚度的构件立角焊缝，如主、辅机座，吊货杆等。

④位于0.5L区域内属于横向构件连续，纵向构件不连续的部位角焊缝。

(3)焊接材料的焙烘、保管及使用规则如下。

①一般焊接材料的焙烘、保管及使用，按船舶建造公司相关规定执行。

②特殊焊接材料的焙烘、保管及使用，应编制专用工艺文件。

三、工艺要求

(1)焊接坡口形式及加工尺寸应按相应的船体结构焊接与坡口形式选用规定进行。安装精度应符合相应的船舶建造质量标准建造精度要求。

(2)焊前，焊工必须对焊接坡口及坡口两侧各20 mm范围内(角焊缝在焊接宽度方向两侧各宽20 mm内)，清除氧化物、水分、油污等。

(3)当焊缝清理后未能及时焊接并因气候或其他原因影响而积水、受潮、生锈时，在焊接前应重新清理。

(4)定位焊所用焊材应与正式焊接所用焊材相一致，定位焊中不允许有裂纹、气孔、夹渣存在，当定位焊中有焊接缺陷存在时，在施焊前，必须予以剔除，重新定位焊。一般强度钢的定位焊长度为30 mm以上，高强度钢的定位焊长度不小于50 mm。

(5)施焊规范和要求，应严格按工艺规范要求执行。

(6)当焊接采用多道或多层焊时，焊工在每一焊道焊后须清除焊渣与飞溅，焊道的接头应相互错开至少30 mm。

(7)在焊接环境温度低于 -5 ℃情况下，对一般强度钢的船体结构(船体外板和甲板等)进行焊接，以及在环境温度低于0 ℃时对高强度钢进行焊接时，均需进行预热，预热温度一般大于80 ℃。对有特殊要求的钢种或大厚板(厚度大于或等于50 mm)的构件，焊接时应编制焊接专用工艺，并严格按要求执行。

(8)采用自动埋弧焊焊接时，焊缝起始端与末端(自由端)必须安装引、熄弧板。其尺寸为150 mm×150 mm，厚度与焊件相同。采用单面焊时，引、熄弧板应按特殊要求选用。

(9)采用手工电弧焊或 CO_2 气体保护自动、半自动焊时，焊缝起始端与末端必须安装引、熄弧板。其尺寸为100 mm×100 mm，厚度应符合表6-2要求。

表6－2　引、熄弧板选用的厚度

单位：mm

拼板板厚	$14 \leqslant t \leqslant 16$	$16 < t \leqslant 18$	$18 < t \leqslant 20$	$20 < t \leqslant 22$	$22 < t \leqslant 24$	$24 < t \leqslant 26$	$26 < t \leqslant 28$	$28 < t \leqslant 30$
引、熄弧板厚度	16	18	20	22	24	26	28	30

（10）船体分段在焊接中，凡靠近合拢处的板缝和角焊缝应留有200～300 mm暂时不焊，以利船台装配对接，待合拢后再进行焊接。

（11）构件中同时存在对接缝和角接缝时，应先焊对接缝，后焊角接缝；同时存在立焊缝和平焊缝时，应先焊立焊缝，后焊平焊缝。所有焊接应采取由中间向两边，由下往上的焊接次序进行焊接。在结构中同时存在厚板和薄板构件时，先焊收缩量大的厚板多层焊，后焊薄板单层焊。具体船舶结构的焊接顺序在后续内容中详细介绍。

（12）在拼板上安装构件时，若拼板焊缝余高的存在影响构件与拼板的安装，在构件安装前，应对构件与板缝交接处的板缝余高批平。随后安装构件，或将跨过对接缝的构件腹板边缘开通焊孔，以使构件与板材安装紧密，保证焊接质量。当该处采用单面角焊或间断焊时，应在构件与板缝的交接处采用双面焊接，焊缝长度大于75 mm。

（13）焊缝末端收弧处应填满弧坑，通焊孔或止漏孔应具有良好的包角。

（14）合金钢的焊接按其专用工艺执行。

四、工艺过程

船体焊接工艺编制时应充分考虑：起始焊接时不能对其他焊接形成强大的刚性约束；每条焊缝焊接时，尽量保持其一端能自由收缩；当采用手工焊接，焊缝长度大于2 000 mm时，应采用分中逐步退焊法焊接；分段构架焊接，焊工应成双数由中间向四周分散焊接。另外，还要考虑焊接顺序。

1. 船体焊接顺序

（1）长方形或圆形工艺孔封板焊接顺序如图6－1所示。

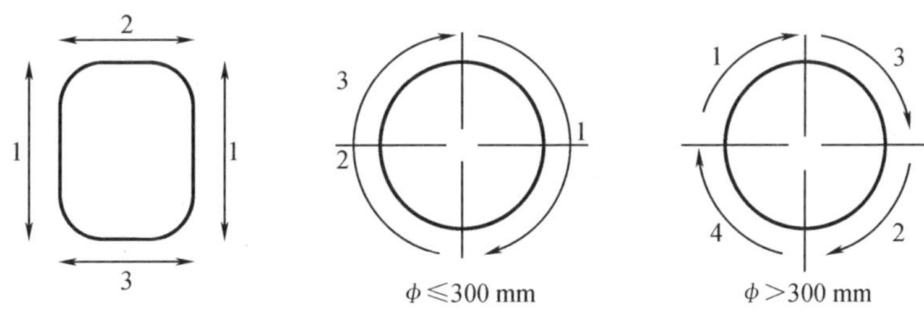

图6－1　长方形或圆形工艺孔封板焊接顺序

（2）板列拼接焊接顺序如图6－2所示。

（3）总段环缝焊接顺序如图6－3所示。

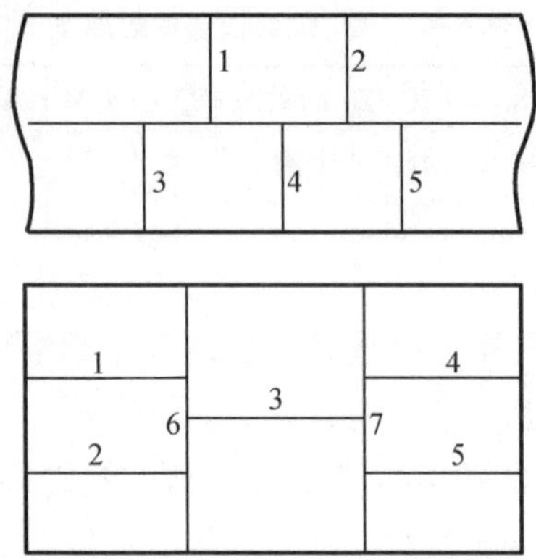

图 6-2　板列拼接的焊接顺序

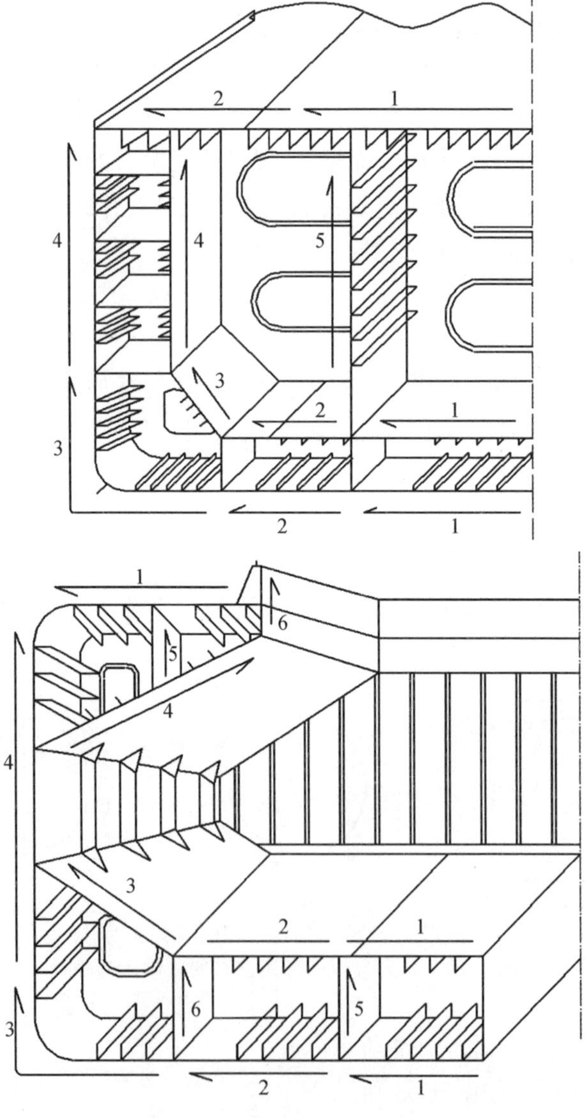

图 6-3　总段环缝焊接顺序

(4)分段焊接顺序如图 6－4 所示。

先焊外板与外板之间的拼板焊缝,然后焊构架之间的对接缝,再焊构架与构架间的角焊缝,最后焊构架与外板之间的角焊缝。

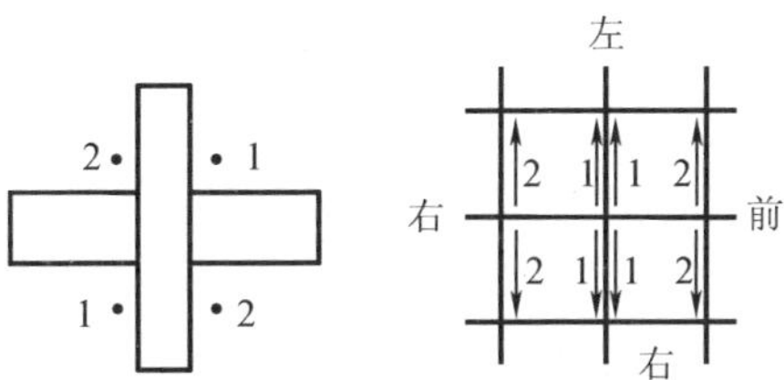

图 6－4　分段焊接顺序

(5)甲板部位焊接顺序如图 6－5 所示。

(a)　(b)

图 6－5　甲板部位焊接顺序

(6)纵舱壁和横舱壁焊接顺序如图 6－6 所示。

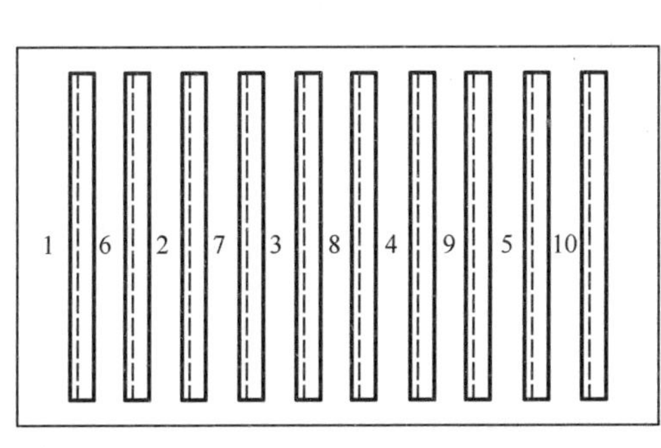

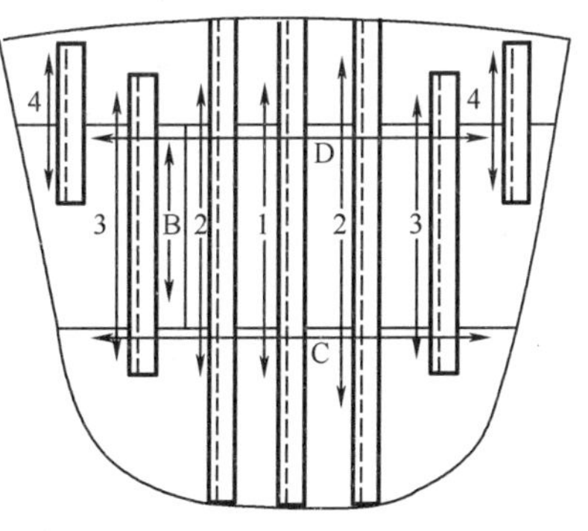

图 6－6　纵舱壁和横舱壁焊接顺序

(7)船体内部构件焊接顺序如图 6－7 所示。

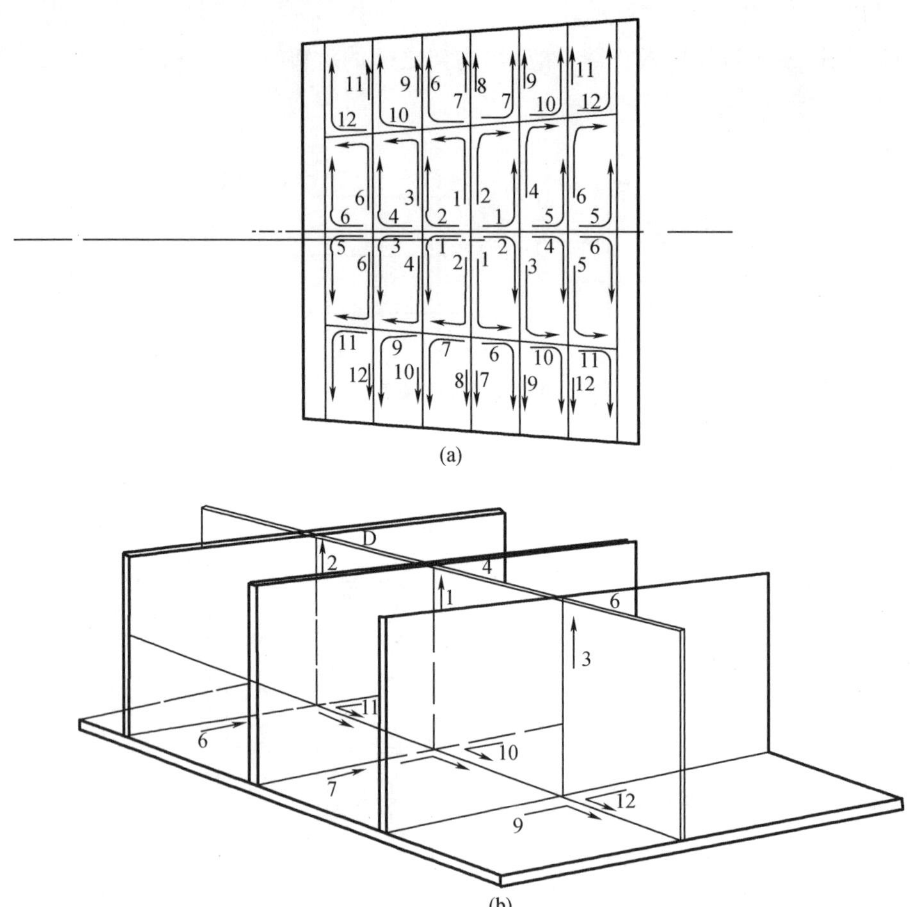

图 6－7　船体内部构件焊接顺序

(8)主机座焊接顺序如图 6－8 所示。

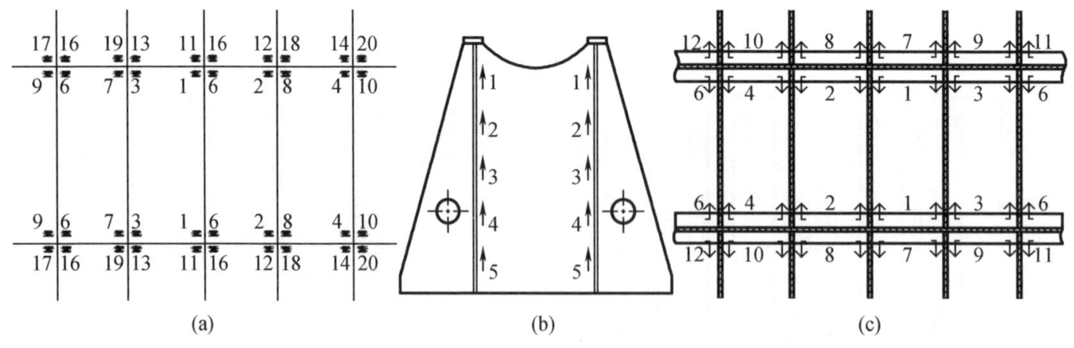

图 6－8　主机座焊接顺序

(9)T 形交叉对接缝焊接顺序如图 6－9 所示。

(10)十字交叉焊接顺序如图 6－10 所示。

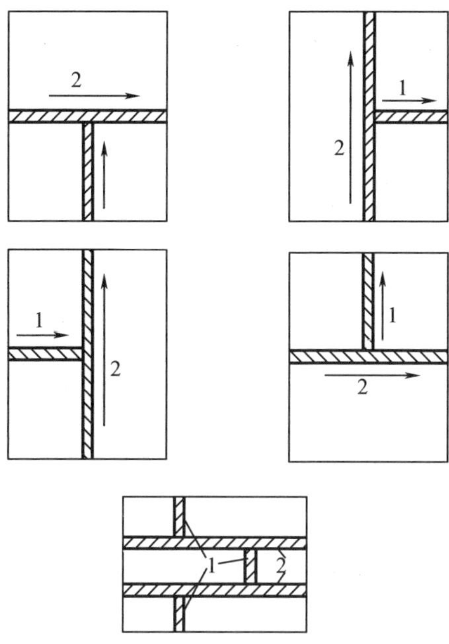

图6－9　T形交叉对接缝焊接顺序

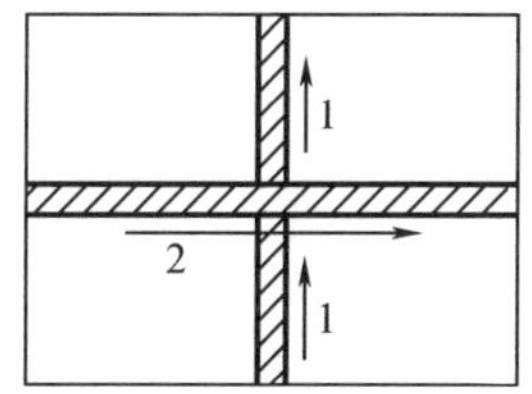

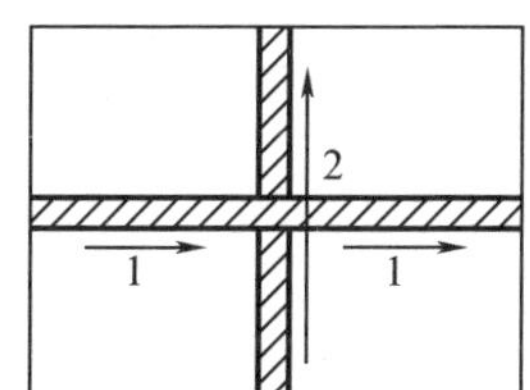

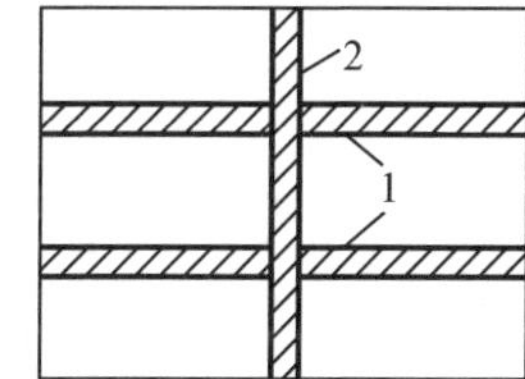

图6－10　十字交叉焊接顺序

2. 船体焊接优先采用的焊接方法

(1)小、中组立优先采用的焊接方法见表6－3。

表6－3　小、中组立优先采用的焊接方法

<table>
<tr><th>编号</th><th>制造工程</th><th>部件和接头</th><th>焊接方法</th><th>备注</th></tr>
<tr><td>1</td><td rowspan="5">小组立</td><td>平板对接</td><td>CO_2 单面焊
埋弧自动焊</td><td>自动</td></tr>
<tr><td>2</td><td>加强筋角焊</td><td>CO_2 自动角焊
CO_2 半自动焊</td><td rowspan="3">自动
半自动</td></tr>
<tr><td>3</td><td>纵骨角焊</td><td>HS－MAG 法双面双头 CO_2 自动角焊
CO_2 半自动焊</td></tr>
<tr><td>4</td><td>大拼板对接</td><td>FCB 法三丝焊</td></tr>
<tr><td>5</td><td>纵骨角焊</td><td>HS－MAG 法双面双头 CO_2 自动角焊</td><td>自动</td></tr>
</table>

表 6－3(续)

编号	制造工程	部件和接头	焊接方法	备注
6	中组立	横向构件槽口角焊	CO_2 半自动焊	半自动
7		双层底舱内部		
8		曲面拼板对接	CO_2 单面焊	
9		曲面肋骨肋板角焊	CO_2 半自动焊	

(2)总组立优先采用的焊接方法。

双层底舱中的主要焊接接头如图 6－11 所示，双底双壳船舶总组立优先采用的焊接方法见表 6－4。

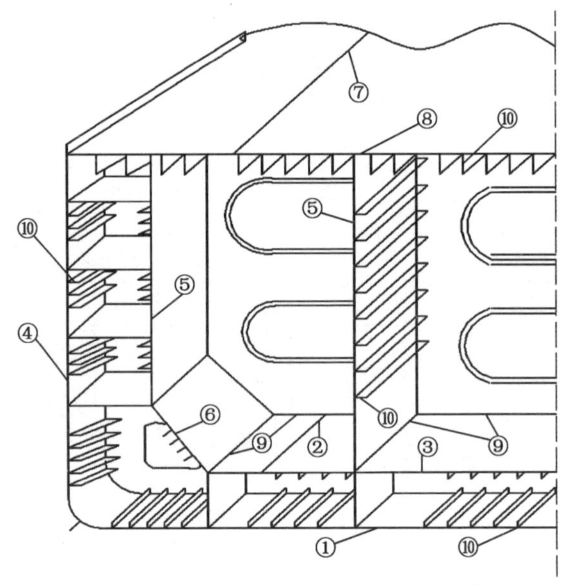

图 6－11　双层底舱中的主要焊接接头

表 6－4　双底双壳船舶总组立优先采用的焊接方法

编号	分段接头	焊接位置	焊接方法	备注
1	船体外板对接	平位置	CO_2 陶瓷衬垫焊	半自动
2	内底板对接(纵向)		CO_2 衬垫焊＋埋弧焊	半自动/自动
3	内底板对接(横向)		CO_2 衬垫焊＋埋弧焊	
4	傍板对接	立向	垂直气电焊	自动
5	肋骨隔板对接		CO_2 衬垫焊或垂直气电焊	半自动自动
6	舱底边隔板对接		CO_2 衬垫焊	半自动
7	上甲板对接(纵向)	平位置	CO_2 衬垫焊＋埋弧自动焊	半自动＋自动 自动
8	上甲板对接(横向)		CO_2 衬垫焊＋埋弧自动焊	半自动＋自动

表 6-4(续)

编号	分段接头	焊接位置	焊接方法	备注
9	内底板上与之相关联的角焊	水平位置	CO_2 自动角焊 CO_2 半自动焊	自动 半自动
10	纵骨对接	平、立位置	CO_2 衬垫焊	半自动

项目 2 船舶管路焊接工艺规范

船舶管路焊接在整个船舶舾装件焊接中占有很大的比重,如主、辅机的油、水、气等管路的焊接,一般都采用手工电弧焊,目前也有采用 CO_2 气体或 CO_2 + Ar 混合气体的 CO_2 半自动或自动焊接来进行焊接的。管路焊接的质量直接影响船舶建造质量和使用性能。

一、管路对接形式和基本要求

船舶管路焊接规范规定了船舶焊接时 CO_2 气体保护焊和钨极氩弧焊用于船舶管路焊接的焊接前准备、人员、工艺要求、工艺过程和检验。该规范适用于船舶管路焊接时,管子与管子、管子与附件之间的对接和角接接头。无论采用何种焊接方法,为了保证船舶管路焊接的质量,提出如下要求:

(1)尽量采用双面焊,管路直径很小不能采用双面焊时,应采用单面焊双面成形的工艺方法,打底焊最好采用专用焊条。

(2)有一定压力要求的船舶管路,应采用氩弧焊打底,以获得良好的背面成形,填充材料用等强度或成分相近的焊丝,其余各层焊缝可用手工电弧焊来完成。

(3)定位焊的焊条应与正式焊的焊条一致。定位焊要求焊透,又要避免焊穿。

(4)多层焊时,第一层焊应采用直径为 3.2 mm 的细焊条,引弧点应在管路的对接缝内,焊条不做横向摆动。

(5)对于压力达到 4 MPa 以上的管路,在不影响管路流量的前提下,管内可永久垫板来保证焊缝根部焊透。

二、焊接前准备

1. CO_2 半自动或自动焊焊丝选用(表 6-6)

表 6-6 CO_2 半自动或自动焊焊丝选用

母材	焊丝牌号	规格/mm
碳钢管	H08Mn2SiA DW-100 TWE-711 YJ502 KFX-712C	0.8 1.0 1.2

表 6－6(续)

母材		焊丝牌号	规格/mm
不锈钢管	1Cr18Ni9Ti	1Cr18Ni9Ti	1.0 1.2
	316L	316L(实芯) 316L(药芯)	
	317L	317L(实芯) 317L(药芯)	

2. 钨极氩弧焊焊丝选用(表 6－7)

表 6－7 钨极氩弧焊焊丝选用

母材		焊丝牌号	规格/mm
碳钢管		J507	1.6 2.4
不锈钢管	1Cr18Ni9Ti	1Cr18Ni9Ti(棒状)	
	316L	316L(棒状)	
	317L	317L(棒状)	

3. 保护气体

无论是 CO_2 半自动或自动焊所用的 CO_2 气体、CO_2 + Ar 混合气体，还是钨极氩弧焊所用的 Ar 气体，均应符合气体质量使用标准，其纯度达 99.9%。

4. 焊接设备

使用的焊机应严格进行定期检测维修，确保良好的操作性能。

5. 焊接坡口

(1)壁厚 $t\leq 2$ mm 时，管子对接拼缝均不开坡口焊接，如图 6－12 所示。

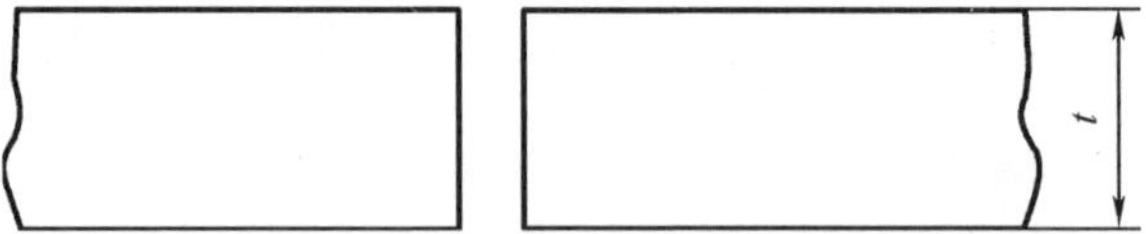

图 6－12 管子不开坡口焊接

(2)壁厚 $t>2$ mm 的管子对接拼缝，均应开坡口，坡口为机械加工，如图 6－13 所示。

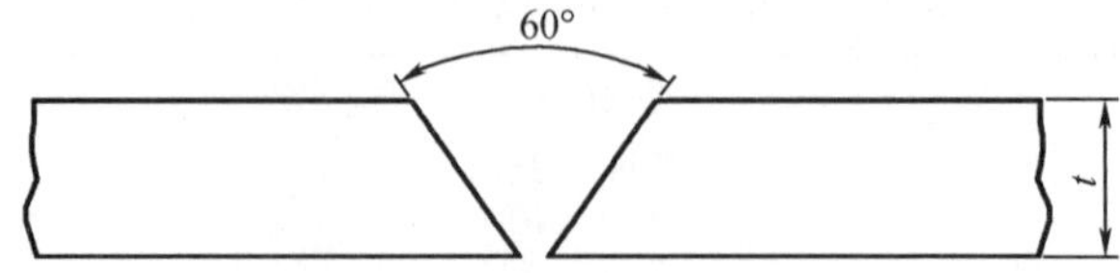

图 6－13 管子开坡口焊接

6. 焊前清洁

(1)焊工必须对焊缝坡口面和坡口两侧各宽 20 mm 范围内(角焊缝在焊接面两侧各宽 20 mm 范围内)作清理,并去除油、锈等污物。

(2)对于碳钢管的锈蚀,应用砂轮打磨,直至露出金属光泽。不锈钢管应用丙酮进行清理。

(3)坡口加工残留毛刺应除去,并应重新清理。

三、工艺要求

(1)装配要求。

①装配工在安装管子对接时,首先要检查管子接口同心度,防止安装错边。

②管子对接定位可选用定位“马”固定,或在焊缝内做定位焊固定。

③装配间隙见表 6 - 8。

表 6 - 8　装配间隙

管子规格 (直径 ϕ,壁厚 t)	坡口形式	间隙/mm
$t \leq 2$(ϕ 无限制)	I 形	1.6 ~ 2
$\phi \leq 90$ 或 $2 < t \leq 4$	V 形	2 ~ 2.4
$\phi \geq 90$ 或 $t > 4$	V 形	2.4 ~ 3

(2)对于要求单面焊双面成形的管子拼缝,焊前管子内应充氩气保护,并采用钨极氩弧焊打底。

(3)船上安装要求单面焊双面成形的管子拼缝,因无法进行充气保护,焊接中应仔细观察熔池,以确保背面焊缝质量。对于不锈钢管,焊后管内要做钝化处理。

(4)为确保管子的焊接质量,应参照表 6 - 9 选取焊接工艺参数。

表 6 - 9　船舶管路焊接工艺参数推荐

焊接方法	管子规格/mm (直径 ϕ,壁厚 t)	层数	焊丝直径 /mm	钨棒直径 /mm	焊接电流 /A	电弧电压 /V	气体流量/(L · min^{-1})	
							焊接气体	保护气体
CO_2 半自动或自动焊	$t \leq 2$ (ϕ 不限制)	1	0.8 1.0	—	70 ~ 130	16 ~ 21	1 ~ 20	—
	$\phi \leq 90$ 或 $2 < t < 4$	1						
		2			90 ~ 150	18 ~ 22		
	$\phi > 90$ 或 $t \geq 4$	1	1.0 1.2		70 ~ 130	16 ~ 21		
		2			90 ~ 150	18 ~ 22		
		3			100 ~ 160	18 ~ 24		

表 6-9(续)

<table>
<tr><th rowspan="2">焊接方法</th><th rowspan="2">管子规格(mm)(直径 ϕ 壁厚 t)</th><th rowspan="2">层数</th><th rowspan="2">焊丝直径/mm</th><th rowspan="2">钨棒直径/mm</th><th rowspan="2">焊接电流/A</th><th rowspan="2">电弧电压/V</th><th colspan="2">气体流量/($L \cdot min^{-1}$)</th></tr>
<tr><th>焊接气体</th><th>保护气体</th></tr>
<tr><td rowspan="7">钨极氩弧焊</td><td>$t \leq 2$
(ϕ 不限制)</td><td>1</td><td rowspan="3">1.6</td><td rowspan="7">2.4</td><td>45</td><td>11</td><td>12</td><td>4</td></tr>
<tr><td rowspan="3">$\phi \leq 90$ 或
$2 < t < 4$</td><td>1</td><td>50~55</td><td>13~14</td><td rowspan="3">15</td><td rowspan="3">5</td></tr>
<tr><td>2</td><td>45~50</td><td>12~13</td></tr>
<tr><td>3</td><td>2.4</td><td>55~60</td><td rowspan="2">13~14</td></tr>
<tr><td rowspan="3">$\phi > 90$ 或
$t \geq 4$</td><td>1</td><td rowspan="2">1.6</td><td>50~60</td><td rowspan="3">16</td><td rowspan="3">6</td></tr>
<tr><td>2</td><td rowspan="2">60~70</td><td rowspan="2">14~15</td></tr>
<tr><td>3</td><td>2.4</td></tr>
</table>

四、工艺过程

1. 焊前充气保护

焊前先用铝铂胶带将所焊管子接缝两端面及坡口面封住(对于较长管子可采用海绵、泡沫、可溶纸等工具做成堵板,设置于距焊缝 150~200 mm 的两侧,造成一个气室),管子一端充氩气,另一端开一个约 5 mm 的小孔排气,等管子内空气排尽并被氩气充满后,方可开始焊接。

2. 焊接

焊接时,先撕开坡口面上长 30~40 mm 的铝铂胶带,焊一段后再撕开一段。不得将坡口面上的铝铂胶带全部撕完后再焊。焊接过程中,必须始终对管内充氩保护。

3. 滞后充气

焊接结束停留数分钟后再停止充气保护。对于多层焊的中间层和盖面层,无论采用何种方法焊接,必须全过程进行管内充气保护,持续至整个接头焊接结束。

对于要求为深熔焊不做射线探伤要求的管子拼缝,如二级管的拼缝,打底层可直接选用 CO_2 气体保护焊。而要求射线探伤的管子拼缝,打底层必须采用钨极氩弧焊,中间层及盖面层可采用 CO_2 气体保护焊或钨极氩弧焊。

五、操作要领

1. CO_2 气体保护焊操作要领

(1)焊接中,焊枪后仰角度 15°~20°(图 6-14),焊丝伸出长度为 10~15 mm。

(2)当采用横向摆动运条方法时,摆动幅度稍大于根部间隙或前一层焊缝两趾端,并略做停顿,以保证根部及两趾间熔透。

(3)中途熄弧时,必须用砂轮将弧坑打磨成圆滑过渡,再引弧继续焊接。当焊缝与定位焊相接时,必须将定位焊去除,然后再引弧焊接。

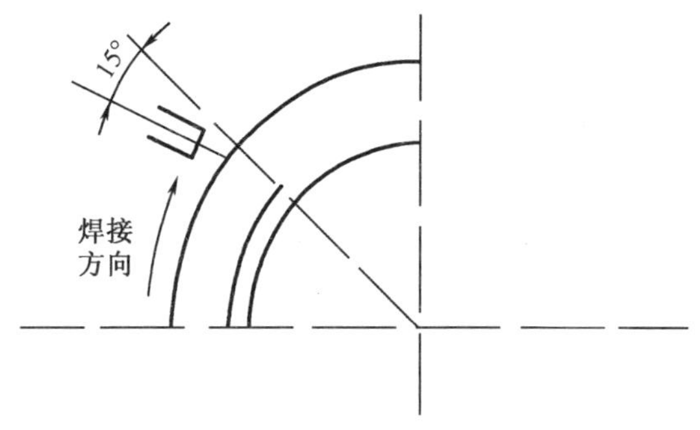

图 6－14 焊枪后仰角度

2. 钨极氩弧焊操作要领

(1)对于水平转动管子对接,引弧可选在垂直位置与焊接方向相反 10°～20°区域内引弧,如图 6－15 所示。

(2)对于水平固定管子对接,引弧应选在仰脸部偏左或偏右 10 mm 处引弧(顺时针焊接,引弧点在约 5 点钟位置;逆时针焊接,引弧点在约 7 点钟位置),如图 6－16 所示。

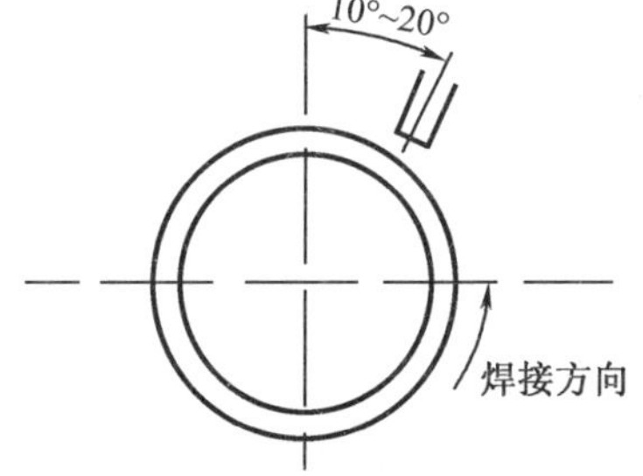

图 6－15 钨极氩弧焊引弧角度－水平转动管子对接

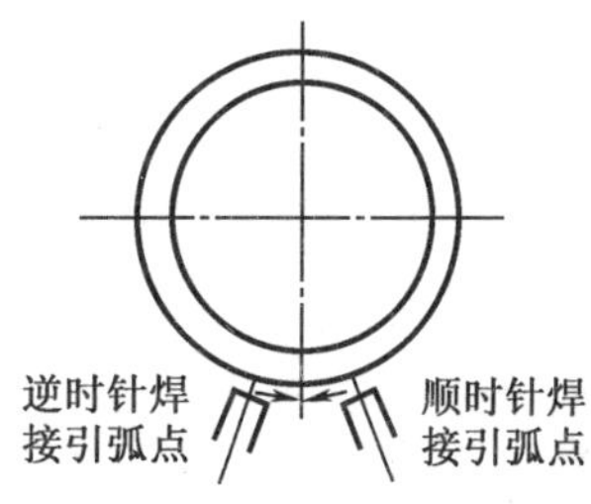

图 6－16 钨极氩弧焊引弧角度－水平固定管子对接

(3)引弧必须引在坡口内,不得在坡口处管壁表面随意引弧。

(4)每个点的位置,在施焊过程中,始终沿圆周方向进行着变化。焊接采用半击穿法。加以焊丝,以滴状形式使焊丝熔化的熔滴熔于熔孔中形成熔池,填充焊丝端点始终在熔池内,焊炬要匀速移动。

(5)当焊接熄弧后重新引弧时,引弧点应在弧坑后面重叠焊缝 5～10 mm 处引弧,电弧引燃后,焊炬在引弧处停留 5～10 s,以获得与焊缝同宽明亮、湿润的焊缝,随后向焊接方向运弧,直至移动至弧坑根部出现熔孔时,方可填充焊丝。

(6)焊接结束后,应借助焊机上的电流衰减装置逐渐减小焊接电流,从而使熔池逐渐变小。熄弧后,氩气在收弧处延时保护,直至熔池冷凝焊炬方可移开。

项目3　船体分段焊接工艺规范

船体分段焊接工艺规范是船体分段建造焊接的主要施工文件，是船体分段生产设计的重要内容，船体建造时，建造厂一般均对各典型分段编制焊接工艺规范。焊接工艺规范是指导焊接分段结构生产和准备技术装备、进行生产管理、实施生产进度的依据。

一、基础知识

1. 生产过程与工艺过程

(1)生产过程

将原材料或半成品转变为产品的全部过程称为生产过程。

(2)工艺过程

改变生产对象的形状、尺寸、相对位置和性质等，使其成为成品或半成品的过程称为工艺过程。

2. 工艺过程的组成

焊接结构产品的工艺过程是由一系列的工序依次排列组合而成的。通过各种工序可以将原材料或毛坯逐渐制成成品。

(1)工序

由一个或一组工人，在一台设备或一个工作地点对一个或同时对几个焊件所连续完成的那部分工艺过程，称为工序。工序是工艺过程的最基本组成部分，是生产计划的基本单元。工序划分的主要依据是工艺过程中工作地点是否改变和加工是否连续完成。船体分段焊接生产工艺的主要工序有放样、划线、下料、成形加工、边缘加工、装配、焊接、矫正、检验、涂装等。

在生产过程中产品由原材料或半成品经过毛坯制造、机械加工、装配焊接、涂装包装等加工所通过的路线叫作工艺路线或工艺流程，它实际上是产品制造过程中各种加工工序的顺序和总和。

(2)工位

工位是工序的一部分。在某一工序中，焊件在加工设备上所占的每个工作位置称为工位。例如在旋转胎架上焊接工字梁上的四条焊缝：如用一台焊机，焊件需转动四个角度，即有四个工位；如用两台焊机，焊件只需装配两次，即有两个工位。

(3)工步

工步是工艺过程的最小组成部分，它还保持着工艺过程的一切特性，在一个工序内焊件、设备、工具和工艺规范均保持不变的条件下所完成的那部分工序称为工步。构成工步的某一因素发生变化时，一般认为是一个新的工步。例如厚板开坡口对接多层焊时，打底层用 CO_2 气体保护焊，中间层和盖面层均用焊条电弧焊。一般情况下，盖面层选择的焊条直径较粗，焊接电流也大一些，因此，这一焊接工序是由三个不同的工步组成的。

二、工艺规范的作用

工艺规范是规定产品或零部件制造工艺过程和操作方法等的工艺文件，也就是将工艺路线的各项内容，以工序为单位，按照一定格式写成的技术文件。

分段焊接工艺规范是分段生产设计的重要内容，是分段生产的科学程序和方法，是分段焊接、工时定额、材料消耗定额、计划调度、质量管理以及设备选购等生产活动的技术依据。工艺规范的技术先进性和经济性，决定着产品的质量与成本，决定着产品的竞争能力，影响着工厂的生存与发展。因此，工艺规范是工厂工艺文件中的指导性技术文件，也是分段制造工艺工作的核心。

分段焊接工艺规范一旦确定下来，任何人都必须严格遵守，不得随意改动。但是随着时间的推移，新工艺、新技术、新材料、新设备的不断涌现，某一工艺规范在应用一段时间后，可能会变得相对落后，所以应定期对工艺规范进行修订和更新，不然工艺规范就会失去指导意义。

三、工艺规范的编制

1. 编制工艺规范的原则

工艺过程需保证四个方面的要求：安全、质量、成本、生产率。它们是产品工艺的四大支柱，即先进的工艺技术是在保证安全生产的条件下，用最低的成本，高效率地生产出质量优良有竞争力的产品。在编制工艺规范时，就应深入研究各种典型分段在这方面的规律性，寻求一种科学的解决方法，在保证质量的前提下，用最经济的办法制造出分段。编制工艺规范应遵循下列原则。

(1)技术上的先进性

在编制工艺规范时，要了解国内外本行业工艺技术的发展情况，对目前本厂所存在的差距要心中有数。要充分利用焊接分段生产工艺方面的最新科学技术成就，广泛地采用合理化建议和国内外先进经验，尽最大可能保持工艺规范在技术上的先进性。

(2)经济上的合理性

在一定生产条件下，要对多种工艺方法进行对比与计算，尤其要对分段的关键件、主要件、复杂零部件的工艺方法，采用价值工程理论，通过核算和方案评比，选择经济上最合理的方法，在保证质量的前提下求成本最低。

(3)技术上的可行性

编制工艺规范必须从本厂的实际条件出发，充分利用现有设备，发掘工厂的潜力，结合具体生产条件消除生产中的薄弱环节。由于分段生产工艺的灵活性较大，在编制工艺规范时一定要照顾到工序间生产能力的平衡，要尽量使分段的制造和检测都在本厂进行。

(4)良好的劳动条件

编制的工艺规范必须保证操作者具有良好而安全的劳动条件，应尽量采用机械化、自动化和高生产率的先进技术，以减轻工人的体力劳动，确保工人的身体健康。

2. 工艺规范的主要内容

分段焊接工艺规范的主要内容有:各工序的焊接工艺要求、焊接规格、焊接程序、质量检验要求等。

(1)制定焊接工艺

①根据分段中各接头焊缝的特点,合理地选择焊接方法及相应的焊接设备与焊接材料。

②合理地选择焊接工艺参数,如焊条电弧焊时的焊条直径、焊接电流、电弧电压、焊接速度、施焊顺序和方向、焊接层数等。

③合理地选择焊接材料中焊丝及焊剂牌号、气体保护焊时的气体种类、气体流量、焊丝伸出长度等。

④合理地选择焊接热参数,如预热、中间加热、后热及焊后热处理的工艺参数(如加热温度、加热部位和范围、保温时间及冷却速度的要求)等。

⑤确定分段焊接变形预防措施,如选择合理的焊接方向和顺序、反变形法、刚性固定法、散热法等。

(2)制定焊接规格

规格是产品质量的标准。焊接规格包括:焊接方法规格、焊缝规格、焊接材料规格。对它们从性能、大小、形式、重量、牌号等方面规定了要求或条件。

①焊接方法规格

船舶焊接方法很多,采用何种焊接方法与人的理念、船舶品级、结构、生产条件等因素有关。应当从安全、质量、效益出发,以工厂相关标准为依据进行焊接方法规格的制定。

②焊缝规格

焊接规格是指对焊缝的形式与尺寸的规定,焊缝有对接、搭接、塞焊、角接四种形式,其中角接焊缝还分为双面填角焊、双面全焊透角焊、交错断续角焊、链式断续角焊与挖孔焊等。焊缝尺寸指对接焊缝宽度、焊缝余高、焊脚尺寸、焊喉厚度、焊缝长度与焊缝间距等。搭接焊缝均为周边连续角焊缝。长孔塞焊通常不必在孔内填满焊肉。根据 CCS 规范或国外船级社规范以及全船焊接规范来制定分段焊缝规格。

③焊接材料规格

船体钢材有一般强度碳素钢、低合金高强度钢、不锈钢等,与之对应的有各种焊条、焊丝、焊剂、保护气等焊接材料。根据 CCS 规范或国外船级社规范以及全船焊接规范来制定分段焊缝规格。

(3)编制焊接程序

为了便于阅读工艺规程,对分段焊接程序应绘制焊接程序图,图形的复杂程度应能表示出各工序焊接过程的内容。

(4)编制质量检验文件

质量检验文件是分段制造质量文件一个重要的组成部分。分段焊接质量检验包括工序检验和最终检验。根据 CCS 的《船舶建造检验规程》以及企业的质量标准编制质量检验文件。

3. 编制工艺规范的步骤

(1)技术准备

船体基本结构图、中横剖面图、分段划分图、船体结构说明书、焊接规格表、胎架设计图、船体建造原则工艺说明书以及建造厂的生产条件,是编制工艺规程最基本的原始资料。在进行技术准备工作时应做好以下几项工作。

①对产品所执行的标准消化理解,并在熟悉的基础上掌握这些标准;研究分段各项技术要求的制定依据,以便根据这些依据在工艺上采取不同的措施;找出产品的主要技术要求和关键零部件的关键技术,以便采用合适的工艺方法,采取稳妥可靠的措施。

②对经过工艺性审查的图样再进行一次分析。其作用是通过再次消化分析,可以发现遗漏,尽量把问题和不足暴露在生产前,使生产少受损失;另一个作用是通过分析,明确分段的结构形状、各零部件间的相对位置和连接方式等,作为选择焊接方法的基础。

③熟悉分段验收的质量标准,它是对分段结构图和焊接程序图技术要求的补充,是工艺技术、工艺方法及工艺措施等决策的依据。

④掌握工厂的生产条件,这是编制切实可行的工艺规程的核心。要深入现场了解设备的规格与性能、工艺装备的使用情况、工人的技术素质等。

(2)产品的工艺过程分析

在技术准备的基础上,根据图样深入研究分段结构及材料、成形加工、装配及焊接工艺的特点,对关键零部件或工序应进行深入的分析研究。考虑生产条件、工艺方法,通过调查研究,从保证分段的技术条件出发,在尽可能采用先进技术的前提下,提出几个可行的工艺方案,然后经过全面的分析、比较或试验,最后选出一个最好的工艺程序方案。

(3)拟定工艺程序

工艺程序的拟定是编制工艺规程的总体布局,是对工程技术,尤其是对工艺技术的具体运用,也是工厂提高质量、水平和提高经济效益的重要步骤。拟定工艺程序要完成以下内容。

①加工方法的选择。确定各零部件在备料、成形加工、装配和焊接等各工序所采用的加工方法和相应的工艺措施。选择加工方法要考虑各工序的加工要求、材料性质、生产类型以及本厂现有的设备条件等。

②加工顺序的安排。分段制造是一个多工种的生产过程,应根据分段结构特点,考虑施工方便,焊接应力与变形以及质量检查等方面问题,合理安排施工顺序。在大多数情况下,将分段分解成若干个工艺部件,要分别制定它们的装配、焊接顺序和它们之间装焊成分段的顺序。

③确定各工序所使用的焊接设备。应根据已确定的材料、成形加工、装配和焊接等工序的加工方法,选用焊接设备的种类和型号,对非标准设备应提出简图和技术要求。

在拟定工艺程序时要提出两个以上的方案,通过分析比较选取最佳方案。尤其是对关键的工艺程序,在拟定时应深入车间、工段、生产班组调查了解,征求有丰富经验的工人和工程技术人员的意见,以便拟定出最合理的工艺程序方案。对工艺程序一般是绘制出装配焊接过程的工艺流程图,并附以工艺程序说明,也可用表格的形式来表示。

(4)编写工艺规范

在拟定了工艺程序并经过审核、批准后，就可着手编写工艺规范。这一步的工作是把工艺程序中每一工序的内容，按照一定的规则进行编写。编写工艺规范时，语言要简明易懂，工程术语应统一，符号和计量单位应符合国家有关标准，对于一些难以用文字说明的内容应绘制必要的简图。在编写完工艺规范后，编制工艺管理性文件，如材料消耗定额、工时定额、需用设备清单等。

项目4　分段造船中的焊接工艺举例

目前在建造大型船舶时，都是采用分段造船法。分段由两个或两个以上零件装焊而成的部件和零件组合而成。它可分为平面分段、半立体分段和立体分段三种。平面分段有隔舱、甲板、舷侧等；立体分段有双层底、边水舱等；半立体分段介于二者之间，如甲板带舷部、舷部带隔舱、甲板带围壁及上层建筑等。下面介绍几种典型分段的焊接工艺。

一、甲板分段的焊接工艺

1. 甲板拼板的焊接

甲板是具有船体中心线的平面板材构件，虽具有较小的曲型(一般为船宽的 1/50～1/100 梁拱)，但可在平台上进行装配焊接，焊接顺序可与一般拼板接缝顺序相同。确定焊接顺序时，应保证对于船体中心线左右对称地进行。

2. 甲板分段的焊接

将焊后的甲板吊放在胎架上，为了保证甲板分段的梁拱和减小焊接变形，甲板与胎架应间隔一定距离进行定位焊。按构架位置划好线后，将全部构件(横梁、纵桁、纵骨)用定位焊装配在甲板上，并用支撑加强，以防构件焊后产生角变形。焊接顺序应满足下列要求。

(1)先焊构架的对接缝，然后焊构架的角焊缝(立角焊缝)及构架上的板，最后焊接构架与甲板的平角焊缝。甲板分段焊接时，应由双数焊工从分段中央开始，逐步向左右及前后方向对称进行焊接。

(2)为了总段或立体分段装配方便，在分段两端的纵桁应有一档约 300 mm 暂不焊，待总段装配好后再按装配的实际情况进行焊接。横梁两端应为双面焊，其焊缝长度相当于肘板长度或横梁的高度。

(3)在焊接大型船舶时，为了采用埋弧焊或重力焊，缩短分段建造周期，提高生产率，可采用分离装配的焊接方法。分段为横向结构时，先装横梁，重力焊焊后再装纵桁，然后再进行全部焊接工作，但对纵向结构设计的分段则相反。也可纵横构架单独装焊成整体，然后再和甲板合拢，焊接平角焊缝。

(4)焊接小型船舶时，宜采用混合装配法，即纵横构架的装配可以交叉进行，待全部构件装配完成后，再进行焊接，这可减小分段焊后变形。

二、舷侧分段的焊接工艺

舷侧分段又称傍板分段，由傍板、肋骨和舷侧纵桁等组成。舷侧分段根据线型特点可分为平直和弯曲两种。平直舷侧分段可在平台装焊,傍板的接缝可用埋弧焊进行,然后装配上面的构件,按与甲板分段类同的焊接顺序焊接构件以及构件与傍板的角焊缝。弯曲舷侧分段应在胎架上进行装配和焊接,顺序如下。

(1)把傍板铺放在胎架上,用定位焊将它与胎架焊牢定位。为了防止分段焊后变形,傍板对接缝用“马”强制,然后采用手工焊进行傍板对接缝焊接。

(2)傍板对接焊缝完后,装配肋骨和舷侧纵桁,并用定位焊固定构件。然后进行构件之间的对接缝焊接,再进行构件之间的立角焊缝的焊接,最后焊接构件与傍板的角接焊缝。焊接都采用由傍板分段的中央向两端对称逐步向外展开的原则进行手工电弧焊或 CO_2 气体保护焊。

(3)为了方便装配的施工,同甲板分段一样,构件的两端离傍板端 300 mm 范围内的角接焊缝暂不施焊。

(4)舷侧分段内侧的所有焊缝焊接结束后,将分段翻身,根据情况分别采用埋弧焊或手工电弧焊进行封底焊,封底焊前,均需用碳刨清根,以保证焊接质量,封底焊焊接顺序与正面焊缝相同。

三、舱壁分段的焊接工艺

舱壁按结构形式可分为平面舱壁和槽形舱壁两种。槽形舱壁由压成槽形断面(连续梯形)的钢板所组成,板与板之间的接缝可采用埋弧焊。这种舱壁没有纵横骨架,多数用于油船及散装货船。平面舱壁是一种没有弯曲的平板构件,由隔舱壁和加强材所组成。平面舱壁一般分为横舱壁和纵舱壁。

1. 横舱壁的焊接工艺

横舱壁是对称船体中心线的横向平面分段。拼板时接缝一般采用埋弧焊,对小型船舶较薄的舱壁可采用手工电弧焊。焊接顺序与其他拼板顺序相同。拼板焊后,再焊舱壁与加强材的角焊缝,角焊缝可以根据实际情况采用埋弧焊、重力焊或手工电弧焊等方法进行。焊接时应从中间向两旁进行,如果采用手工电弧焊,则由双数焊工从中间向两旁对称施焊。拼板及角焊缝的焊接顺序如图 6－6 所示。

2. 纵舱壁的焊接工艺

纵舱壁是船体纵向平面分段,没有船体中心线。在对接缝焊接结束后,再焊接纵舱壁与加强材的角焊缝,焊接顺序可参照图 6－6。也可按图 6－6 所示的焊接顺序,不采用左右对称的方法,而采用间断跳焊法,以利于热量分布。

四、甲板带舷部分段的焊接工艺

在起重能力允许的条件下,建造大型船舶时,大多采用甲板带舷部分段的施工方案,因为这样可以加快造船的建造速度,有利于机装和电装等工序的同时施工。甲板带舷部分段一般采用以甲板为基准面的“倒装法”。其建造方法有两种:一种是分别在胎架上制成甲板分段和舷侧分段,焊接结束后进行总合拢,并在开口处进行加强,然后再焊接甲板与舷侧傍板的角接缝以及构架之间的联系接缝。分段完成后,翻身上船台进行甲板封底焊和舷口角焊缝焊接。

另一种是在甲板胎架上将甲板分段装焊结束后，再安装舷侧肋骨，然后焊接肋骨与横梁相交的节点，待全部焊接结束再装焊傍板。甲板带舷部分段示意图如图 6－17 所示。

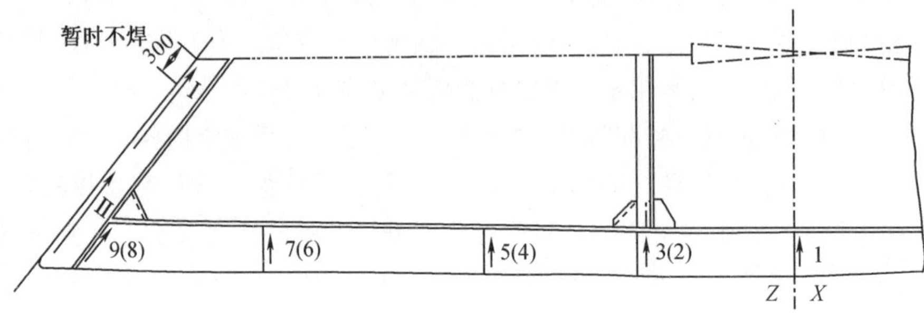

图 6－17　甲板带舷部分段示意图

具体焊接工艺如下。

(1)构架焊接时，遵守焊接顺序基本原则，如同时存在对接缝和角接缝，应先焊对接缝，再焊构架之间的立角焊缝，最后焊构架与甲板(或傍板)的平角焊缝。

(2)舷侧肋骨与傍板为散装时，应先焊傍板对接缝，再焊肋骨与傍板的角接缝。

(3)舷侧肋骨与傍板的角接缝上端(即舷侧分段下口)须留 200～300 mm 长度暂不焊，待船台装配后再进行焊接。

(4)若舷侧分段带有下甲板边板，为防止焊后变形，应待加上临时斜撑后再施焊。焊接时应采用逐步退焊法。

(5)若舷侧分段上带有边油舱，不论是采用插入式还是补板式，焊接时应对肋骨上开的止漏孔进行包角焊，防止油从肋骨与傍板相交处渗出。

(6)甲板纵桁、纵骨在分段端头接缝处，与甲板的角接缝须留 200～300 mm 长暂不焊。

五、上层建筑分段的焊接工艺

上层建筑分段是薄板结构，钢板一般都较薄，焊后容易产生变形，对船体美观有很大影响。为了减少焊后矫正的工作量，应选择正确的焊接工艺，使焊接变形量达到最小。上层建筑分段主要由围壁板、扶强材和顶甲板等组成，采用“倒装法”建造较多。具体的焊接工艺如下。

(1)在平台上采用埋弧焊、手工焊或 CO_2 气体保护焊等方法进行板材的对接缝焊接。为防止变形，焊前最好能将钢板与胎架或平台用定位焊固定。

(2)为了加强上层建筑的刚性，其焊接工作应待整体装配工作结束，且在围壁的下端及分段的开口处和分段吊运时的受力位置都装焊临时加强材后，再进行焊接。

(3)上层建筑前端壁有弧度，在装前壁内扶强材时，为了保持外观线型，应在胎架上进行。

(4)上层建筑的焊接应先焊对接缝、立角焊缝，最后焊接围壁构架与甲板的平角焊缝。为获得较小的焊脚尺寸和减小焊接变形。应采用小电流和细直径焊条，最好采用下行焊条或 CO_2 气体保护焊。

(5)焊接围壁板上扶强材的角焊缝时，应采用对称焊和分段焊工艺，先焊上口的 1/3 长度，然后由下向上焊。

(6)围壁板与顶甲板的角焊缝应采用分中逐步退焊法。

(7)由于上层建筑焊后变形较大，故凡门槛、板处下端的一块板均暂不焊，待上船台后再装焊。

六、双层底分段的焊接工艺

双层底分段是由船底板、内底板、肋板、中桁材(中内龙骨)、旁桁材(傍内龙骨)和纵骨组成的小型立体分段。根据双层底分段的结构和钢板的厚度不同，其有两种建造方法。一种是以内底板为基面的“倒装法”，结构强、板厚的或单一生产的船舶多采用“倒装法”建造；另一种是以船底板为基面的“顺装法”，在胎架上建造，能保证分段的正确线型。

1.“倒装法”的装焊工艺

(1)在装配平台上铺设内底板，进行装配定位焊，并按焊接顺序进行埋弧自动焊。

(2)在内底板上装配中桁材、旁桁材和纵骨。定位焊后，用重力焊或 CO_2 气体保护焊等方法，进行对称平角焊。内底板与纵向构件的焊接顺序如图 6-18 所示。或者暂不焊接，等肋板装好一起进行手工电弧焊平角焊。

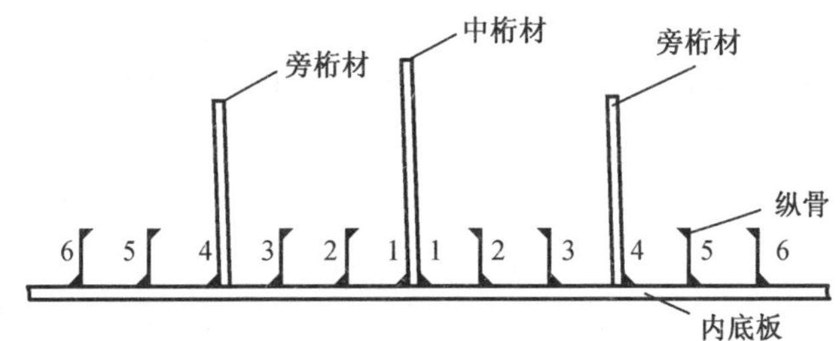

图 6-18 内底板与纵向构件的焊接顺序

(3)在内底板上装配肋板，定位焊后，用手工电弧焊或 CO_2 气体保护焊焊接肋板与中桁材、旁桁材的立角焊缝。内底板分段立角焊焊接顺序如图 6-19 所示。然后焊接肋板与纵骨的角焊缝。确定焊接顺序的原则是由中间向四周；由双数焊工(图 6-19 上为 4 名焊工)对称进行；立角焊缝长度大于 1 m 时，要分段退焊，即先上后下焊接。

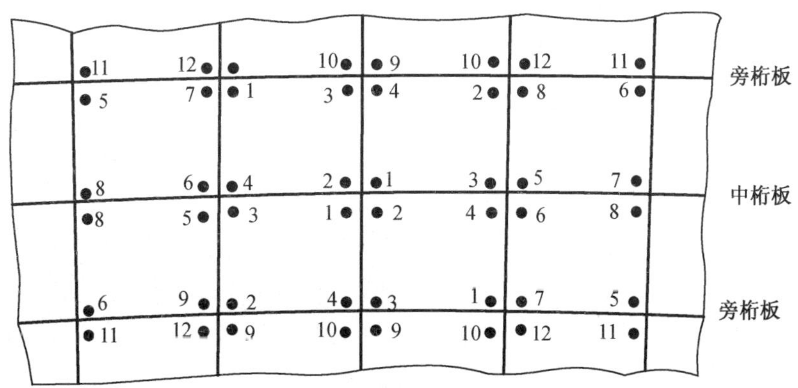

图 6-19 内底板分段立角焊焊接顺序

(4)焊接肋板、中桁材、傍桁材与内底板的平角焊缝。内底板分段平角焊的焊接顺序如图 6－20 所示。

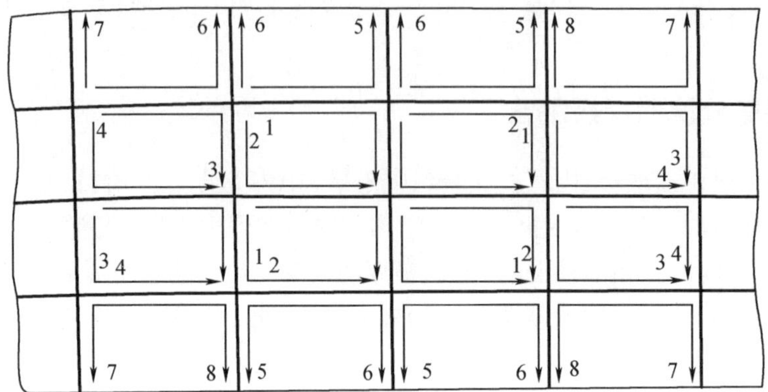

图 6－20　内底板分段平角焊的焊接顺序

(5)在肋板上装纵骨构架,并做好铺设船底板的一切准备工作。

(6)在内底构架上装配船底板,定位焊后,焊接船底板对接内缝(仰焊),内缝焊毕,外缝碳刨清根封底焊(尽可能采用埋弧焊)。但有时为了减轻劳动强度,也可先焊外缝,翻身后碳刨清根再焊内缝(两面都是平焊)。船底外板对接焊的焊接顺序如图 6－21 所示。

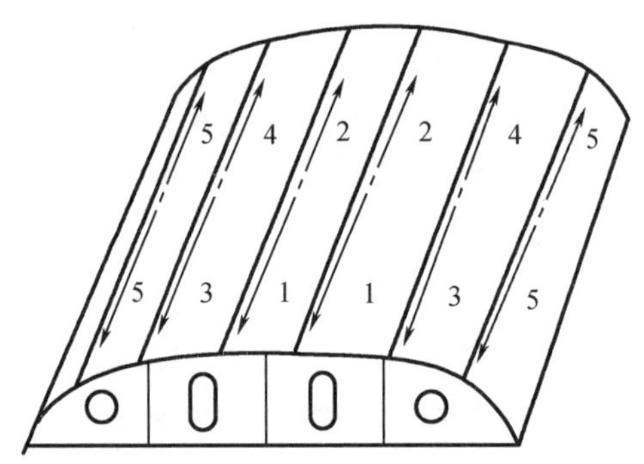

图 6－21　船底外板对接焊的焊接顺序

(7)为了总段装配方便,只焊船底板与内底板的内侧角焊缝,外侧角焊缝待总段总装后再焊。

(8)分段翻身,焊接船底板的内缝封底焊(原来先焊外缝),然后焊接船底板与肋板、中桁材、旁桁材、纵骨的角焊缝,其焊接顺序参照图 6－20。

2."顺装法"的装焊工艺

(1)在胎架上装配船底板,并用定位焊将它与胎架固定,再用碳刨刨剖口(若预先刨好剖口就不用该工序),用手工电弧焊焊接船底板内侧对接焊缝。如果船底板比较平直,也可采用手工电弧焊打底埋弧焊盖面。船底板在胎架上进行对接缝焊接如图 6－22 所示。

(2)在船底板上装配中桁材、旁桁材、纵骨,定位焊后,用自动角焊机或用重力焊、CO_2 气体保护焊等方法进行船底板与纵向构件角焊缝的焊接,如图 6－23 所示。焊接顺序参照

图6－18。

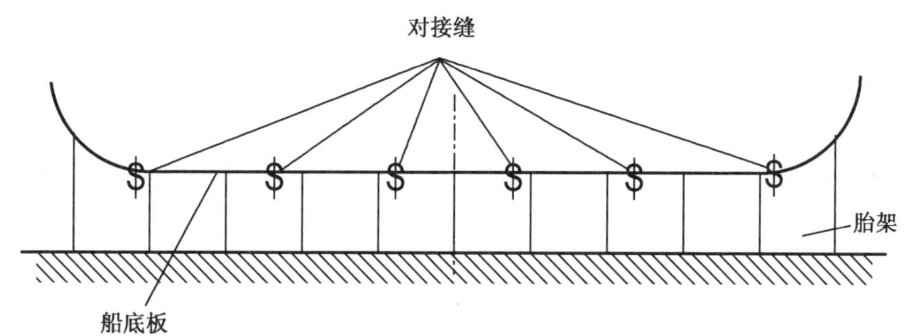

图6－22 船底板在胎架上进行对接缝焊接

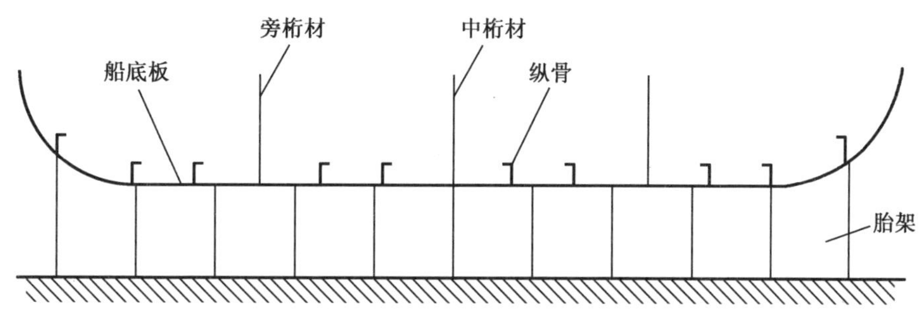

图6－23 船底板与纵向构件角焊缝的焊接

(3)在船底板上装配肋板,定位焊后,先焊肋板与中桁材、旁桁材、纵骨的立角焊缝,然后焊接肋板与船底板的平角焊缝。船底板与肋板的焊接如图6－24所示。焊接顺序参照图6－19和图6－20。

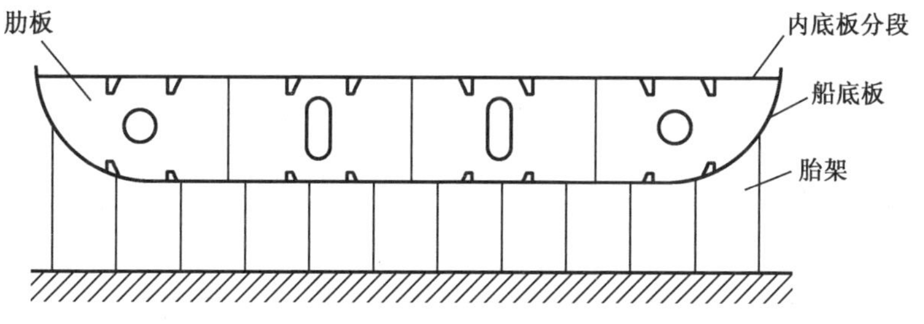

图6－24 船底板与肋板的焊接

(4)在平台上装配焊接内底板,对接缝采用埋弧焊焊接。焊完正面焊缝后翻身,进行反面焊缝的焊接。

(5)在内底板上装配纵骨,并用自动角焊机或采用重力焊进行纵骨与内底板的平角焊缝焊接。

(6)将内底板分段吊装到船底构架上,并用定位焊将它与船底构架、船底板固定。将内底板分段装到船底构架上的情况如图 6－25 所示。

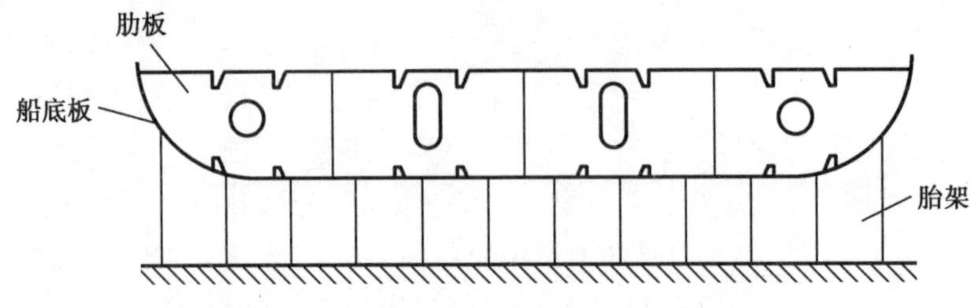

图 6－25　将内底板分段装到船底构架上的情况

(7)将双层底分段吊离胎架,翻身后焊接内底板与中桁材、旁桁材、船底板的平角焊缝以及船底板对接焊缝的封底焊。

“顺装法”的优点是安装方便,变形小,能保证底板有正确的外形;缺点是在胎架上安装,成本高,不经济。

“倒装法”的优点是工作比较简便,直接可铺在平台上,减少胎架的安装,节省胎架的材料和缩短分段建造周期;缺点是变形较大,船体线型较差。

七、舱口结构的焊接工艺

由于船舶在甲板上开了装卸货物用的舱口,甲板强度受到削弱。为了增加甲板开口处的强度,必须加强甲板舱口的结构。舱口结构主要由舱口围壁(包括半圆铁和上、下面板)和肋板等组成,如图 6－26(a)所示。甲板舱口是一个长方形开口(四角为圆弧形)。舱口围壁一般先预制成 4 块平面部分和 4 块圆弧部分,在甲板开孔上将它装配合拢成一个整体。其焊接工艺过程如下。

(1)将预制好的 4 块平面舱口围壁部件(包括上、下面板和半圆铁)和 4 块圆弧形舱口围壁装配到甲板舱口处,并用定位焊固定。然后再装上、下肋板,同样用定位焊固定。

(2)焊接舱口围壁的对接焊缝(立焊),先焊内缝,再碳刨清根进行外缝封底焊,由双数焊工按图 6－26(b)中Ⅰ、Ⅱ、Ⅲ、Ⅳ顺序对称焊接。

(3)焊接舱口围壁与甲板的角焊缝,由双数焊工按图 6－26(b)中 1、2、3、4 顺序对称焊接,先焊接平直的 4 条焊缝,再焊 4 条圆角焊缝。

(4)焊接肋板与舱口围壁和甲板的角焊缝及其他焊缝。

八、平面分段总装成总段的焊接工艺

在建造大型船舶时,先在平台上装配焊接好平面分段,然后在船台上或车间内分片总装成总段,如图 6－27 所示,最后再吊上船台进行总段装焊(大合拢)。平面分段总装成总段的焊接工艺如下。

(1)为了减小焊接变形,甲板分段与舷侧分段、舷侧分段与双层底分段之间的对接缝,应采用“马”板加强定位。

(2)由双数焊工对称地焊接两侧舷侧分段与双层底分段对接缝的内侧焊缝。焊前应根据板厚开设特定坡口，采用手工电弧焊或 FAB 衬垫（陶瓷衬垫也可以）使用 CO_2 气体保护焊，焊时采用分中分段退焊法。

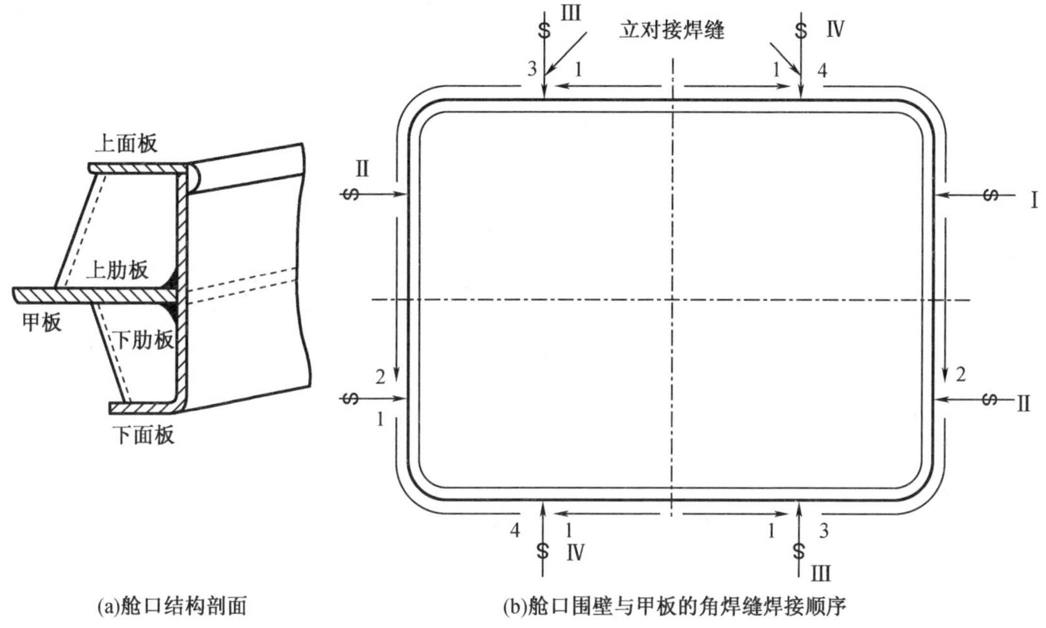

(a)舱口结构剖面　(b)舱口围壁与甲板的角焊缝焊接顺序

图6－26　舱口结构的焊接顺序

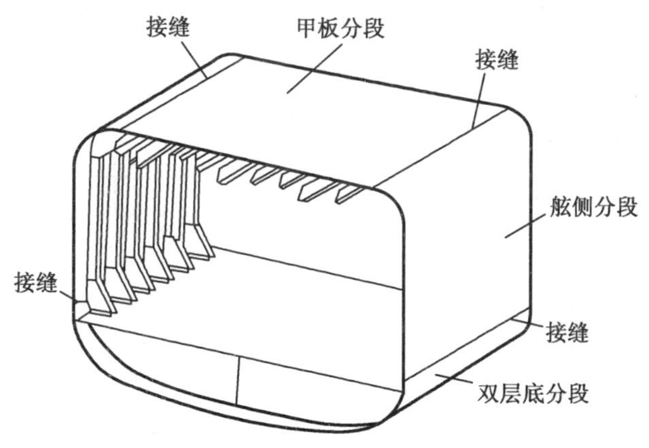

图6－27　平面分段总装成总段

（3）焊接甲板分段与舷侧分段的对接缝。在采用手工焊时，先在接缝外面开设 V 形坡口，进行平焊，焊完后，内面碳刨清根，进行仰焊封底；也可以采用接缝内侧开坡口手工焊仰焊打底，然后在接缝外面采用埋弧焊；有条件可以直接采用 FAB 衬垫或陶瓷衬垫使用 CO_2 气体保护焊单面焊双面成形工艺方法。

（4）焊接肋骨与双层底分段外板的角焊缝，焊完后焊接内底板与外底板的外侧角焊缝，以及肘板与内底板的角焊缝。

(5)焊接肘板与甲板或横梁间的角焊缝。

(6)用碳刨将舷侧分段与双层底分段间外对接缝清根,进行手工封底焊接。

项目5　船台焊接工艺

一、船台的装焊顺序

船台装焊工作俗称大合拢,装配后的接缝称为船台大接缝,船台焊接就是完成船台大接缝的焊接工作。船台装焊为船体建造的最后一道工序,因此对船台大接缝的坡口、间隙、焊接方法应该严格控制。船台装配按照分段在船台上的合拢过程可分为四种主要方式:总段装配法,塔式装配法,岛式装配法及混合装配法。目前各船厂大多采用塔式装配法,它是将船体的底部分段、舷部分段、隔舱分段、甲板分段、艏艉立体分段和上层建筑分段等,分别先后吊上船台,先以近中的某一底部分段作为基准分段,接着逐次向船艉二端和上方延伸,像宝塔似地逐渐形成整体。有些大型船厂随着大型起重机的起重能力的增加,逐渐推广总段装配的建造方法,在总段内还包括很多机装和电装的工程,这样可以缩短船舶的建造周期。船体分段合拢焊接顺序通常有两种,分别是底部分段合拢焊接顺序和立体分段合拢焊接顺序。

底部分段合拢后按图6-28顺序先焊外底板仰焊位置的对接缝,或采用 CO_2 单面焊完成内底板的对接缝焊接。然后焊接纵桁、纵骨的对接缝,再焊接舵板的仰焊焊缝和内底板的平焊对接缝。焊接内底板与外底板的平角焊缝,再焊接纵桁、纵骨与外板和内底板的角接缝。

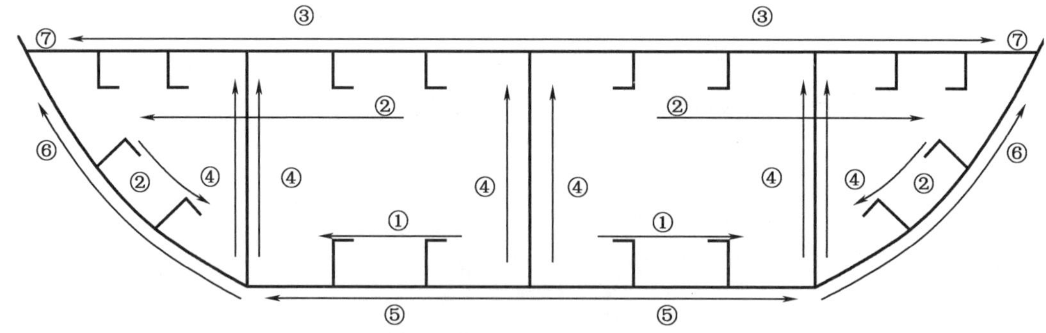

图6-28　底部分段合拢焊接顺序示意图

如图6-29所示,立体分段合拢安装可分为Ⅰ、Ⅱ、Ⅲ、Ⅳ四部分,具体焊接顺序可按图6-29中①②③④……的顺序进行,在实际施工中允许在保证质量的前提下对焊接顺序做适当调整。

按照分段吊装上船台的次序来确定大接缝的焊接顺序。严格遵守装焊顺序,可以把船体的变形量控制在最小公差范围内。因为船体在大合拢时,其变形具有一定规律和特点。可根据产生这些变形的原因采取相应的措施和制订出合理的装焊顺序。

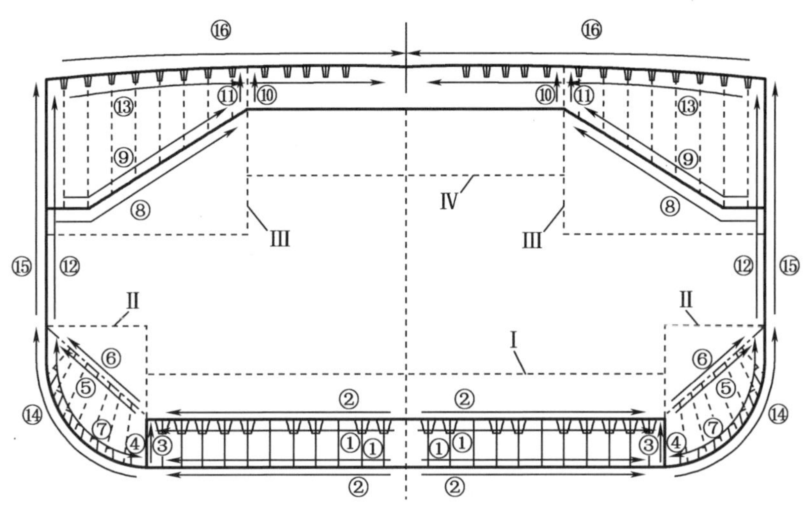

图6－29　立体分段合拢焊接顺序示意图

1. 船体大合拢产生变形的原因

(1)由于船体结构较强，故船体中和轴高度位置偏于船体下部，而在船台上进行的焊接工作大部分集中在中和轴之上(包括上层建筑和舾装件等的焊缝)，焊接后使船体上部受缩受压，而中和轴下部受拉，结果导致整个船体产生两端上翘变形。

(2)位于中和轴上部的甲板结构较船底结构弱，特别是上层建筑的板材较薄，促使焊接后变形大，加之大量火工矫正集中在甲板和上层建筑上，造成较大的收缩，增大了船体收缩和上翘，同时造成船体总长度缩短。另外，有时分段余量不足，会加剧船体总长缩短。

(3)由于船体中间分段的重量往往大于艏艉分段的重量(艉机型船除外)，因此，焊接和火工矫形更形成两端上翘，并引起船体中纵剖面扭曲。

此外，船台上船体分段大接缝处有凹凸变形的趋势。一般正圆势接缝焊接后，型线向内凹进，反圆势接缝则向外凸出。

2. 在船台上船体变形的预防措施

在船体建造过程中，每道工序都应时刻注意预防船体变形，并采取相应的工艺措施。

(1)船底基线预放反变形

船底基线预放反变形是以底部基准分段为基准，向艏艉逐段由小到大放低一定的反变形。

(2)船体纵向加放余量

为了保证船体总长度，除了在分段建造时每档肋距加放余量外，在船台上在大接缝处的肋骨间距可适当加大，以抵消焊接后船体总长的收缩。

(3)艏艉端加适当压载

为了预防船体大接缝引起的焊接上翘和火工矫形上翘，采取强制变形措施。即在焊接、火工矫形前，在船舶艏艉端甲板上加一定(应考虑甲板结构强度及安全)的压载。

(4)大接缝反变形法

为预防大接缝处焊接引起的凹凸变形,应采取相应的反变形法,对一般正圆势接缝焊前向外凸出,对一般反圆势接缝焊前向里凹进,如图 6 - 30 所示。

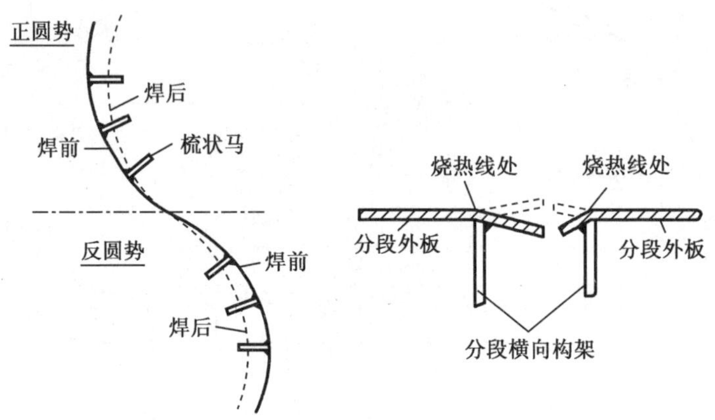

图 6 - 30　大接缝反变形法

(5)大接缝处加"梳形排"

为了控制大接缝处焊接的局部变形,在横跨焊缝且成一定锐角处加装多块"梳形排",如图 6 - 31 所示。

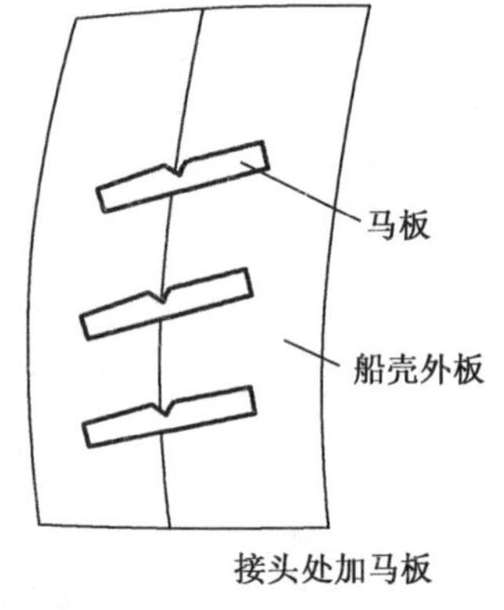

图 6 - 31　大接缝处加"梳形排"

(6)按合理的装焊顺序施工

现将塔式装配法中的双层底分段与底边水舱分段的装焊顺序,以及顶边水舱舷部分段的纵向装焊顺序作为典型例子介绍如下。

①底部分段的装焊顺序:底部分段由中部双层底分段和底边水舱分段组成,其装焊顺序如图 6 - 32 所示。中部双层底分段(201 ~ 209)可以连续吊装,但最少在吊 3 只分段后才能焊第 1 条对接缝,并在焊前在两接头处加马板端头加压载,以及在分段下用松紧螺丝与船台拉牢,以免焊后引起上翘变形。最好是在吊装 5 只分段后才开始第 1 只与第 2 只分段的构架面接缝焊接。底边水舱分段吊装后,先焊与中部双层底分段的纵接缝,再焊底边水舱之间的端接缝。图 6 - 32 中○符号表示分段吊装,◎符号表示进行焊接,数字表示装焊顺序。

②顶边水舱舷部分段的纵向装焊顺序如图 6 - 33 所示,图中符号和数字表示方法同上。

二、船体大接缝焊接工艺

船体大接缝就是各分段或总段在船台上进行合拢后形成的对接焊缝。大接缝的质量对船体结构强度起着极其重要的影响。焊接时,必须严格执行焊接工艺才能确保中基准线不偏移,减小大接缝的内应力,防止气孔、夹渣、咬口、未焊透、裂缝等缺陷的产生。

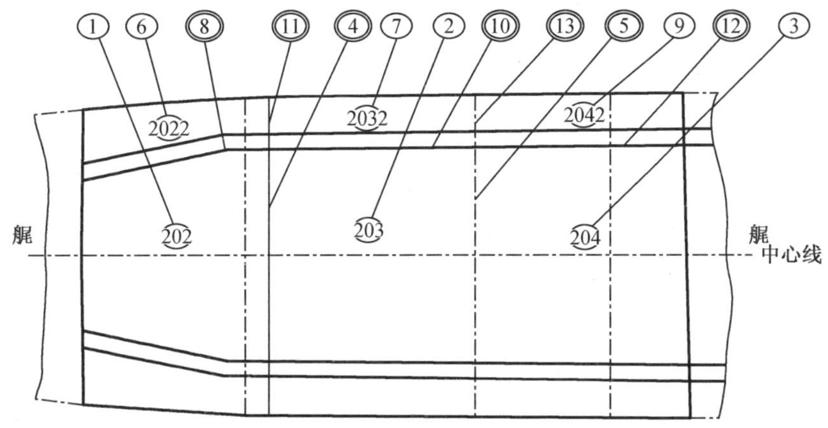

图 6－32 中部双层底分段和底边水舱分段的装焊顺序

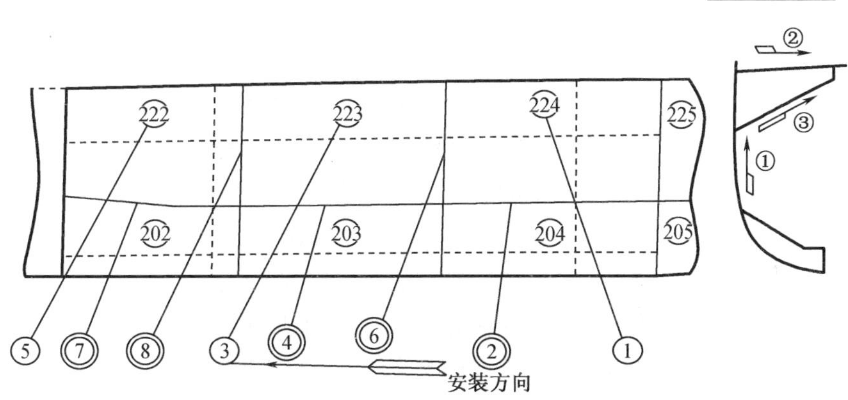

图 6－33 顶边水舱舷部分段的纵向装焊顺序

现将船体大接缝的焊接工艺叙述如下。

1. 焊前准备

(1)焊前应彻底清除接缝边缘的水分、油锈、切割氧化皮等杂质。

(2)大接缝的坡口尺寸应符合技术标准要求。手工焊接时,坡口开在装有构架的一面,以便于碳刨清根工作的进行。定位焊应焊在坡口的反面,正面焊缝焊后碳刨清根时一起刨除。

(3)必须采用经船级社认可的碱性低氢型焊条焊接,经烘焙的焊条使用时间一般不得超过 4 h。其允许暴露在空气中的时间与空气湿度和焊条强度等级等有关,焊条强度等级越高,烘焙温度越高,允许暴露时间越短。

(4)焊接电源最好选用空载电压较高、动特性好的单台直流电源,不能由于焊接规范不稳定而影响焊缝质量。

2. 大接缝焊接工艺要求

(1)大接缝打底焊时,应根据板厚和空间位置来选择焊条直径,一般采用直径为 3 ~ 4 mm

的焊条，严禁用直径 5 mm 的焊条进行打底焊。

（2）多层焊时，每焊一道焊缝必须清除前一道焊缝的焊渣和飞溅物，如有缺陷出现，必须修补后才能继续施焊。

（3）环形大接缝焊接时，由双数焊工从中间向左右两侧对称进行焊接。总段环形接缝的焊接顺序如图 6－34 所示。对单底总段，环形接缝由 4 名焊工同时进行焊接；而对双层底总段，环形接缝由 8 名焊时进行焊接。整条接缝在打底焊全部结束后，才能焊以后各层。

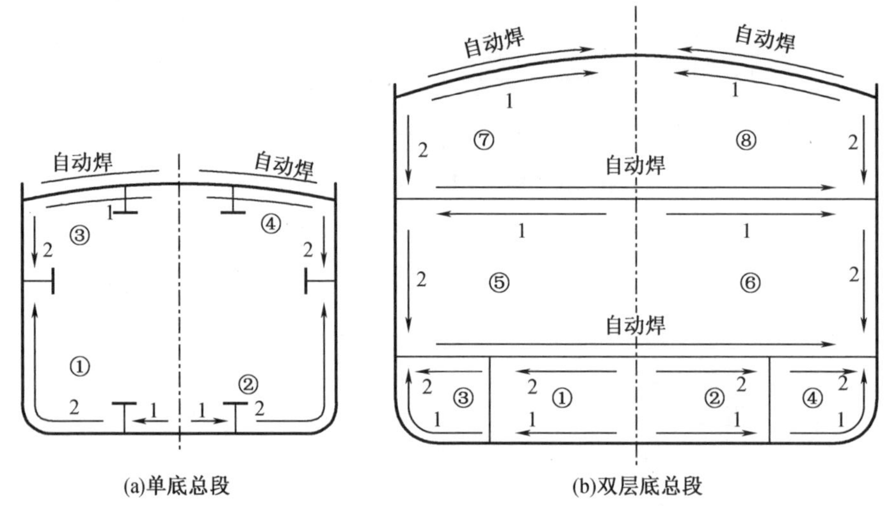

图 6－34　总段环形接缝的焊接顺序

（4）大接缝在十字接口处，应先焊纵向焊缝，后焊环形接缝。

（5）当间隙超差过大时，应先进行坡口边缘堆焊修补，再正常施焊。

（6）对刚性很大的大接缝的焊接，如嵌补分段的焊接，要密切注意气温（如日光照射与无日光照射）对大接缝间隙变化的影响。应在无日光照射时施焊，在有日光照射时，虽然接缝间隙最小，施焊条件最好，但随着气温的下降，钢板收缩会对焊缝造成很大的拉伸应力，影响焊缝的质量，易产生裂纹。

项目 6　船舶焊接工艺典型实例

一、工艺编制说明

本工艺规定了船舶在建造过程中对有关焊工、焊接材料、焊接工艺、焊接程序，以及焊接质量的要求。保证该船按期完工。本工艺适用于“XX”轮船体钢结构的焊接。本工艺中未涉及的内容，请按《船体结构焊接原则工艺》XX 船厂标准执行。本船为钢质焊接结构，结构形式为混合骨架式。货舱区域的斜边舱为纵骨架式，机舱、艉舱、艏尖舱以及上层建筑均为横骨架式。甲板室共二层，依次是驾驶甲板和罗经甲板。根据生产施工场地和起重能力，对该船拟采用内场加工，分段场地装配焊接，形成平面分段，在船台（船坞）上组装成立体分段。上层建筑根据主船体的进度,制造成各层甲板室的立体分段,逐层进行船上安装。

二、工艺编制依据

(1)中国船级社(CCS)《钢质海船入级规范》;
(2)中国船级社(CCS)《材料与焊接规范》;
(3)《中国造船质量标准》(CB/T 4000—2005);
(4)《船舶钢焊缝射线照相和超声波检查规则》(CB/T 3177—1994);
(5)《船舶钢焊缝射线检测工艺和质量分级》(CB/T 3558—2011);
(6)《船体建造原则工艺》;
(7)本船设计有关要求。

三、所有焊接人员资格

在建造的船舶上进行电焊的焊工应持有由 CCS 船级社或其他等效船级社签发的焊工资格证书,所持证书应在有效期限内。焊工在船上的允许施工范围应在焊工合格证合格项目的覆盖范围内,不允许超范围焊接。适用的工作范围规定如下:

(1)持有Ⅲ类焊工资格证书,合格项目为 SⅢV10、SⅢH10 和 SⅢO10 的焊工,可从事厚度大于 8 mm 的重要板结构的全位置焊接。

(2)持有Ⅱ类焊工资格证书,合格项目为 SⅡV10 和 SⅡH10 的焊工,可从事厚度 8 ~ 20 mm 的主要板结构的平焊、立焊和横焊。

(3)持有Ⅰ类焊工资格证书,合格项目为 SIF10 的焊工,可从事厚度 8 ~ 20 mm 的一般板结构的平焊。

(4)持有高强度钢焊工证书者,可以从事相应类别的一般强度钢材的焊接。

四、焊接材料的选用

(1)凡用于船上焊接的所有焊接材料均应有 CCS 认可的工厂制造证书,船厂应出示焊接材料合格证书及其他相关的技术文件。

(2)本船船体结构所采用的焊接材料均应满足 CCS《材料与焊接规范》(2009)II 级焊接材料要求。

(3)本船船体结构所采用钢料必须是由 CCS 认可的钢厂生产的,材质证书应盖有 CCS 印记。

(4)本船所涉及的船用钢材为抗拉强度 400 ~ 490 MPa 的一般船体结构用钢,如 CCSA 、CCSB、CCSD,焊接材料可按以下内容选取。

①埋弧自动焊:焊丝 H08A,焊剂 HJ431,直径 3.0 mm、4.0 mm、5.0 mm。

②CO_2 气体保护焊:TWE - 711 直径 1.2 mm 药芯焊丝、JQ. YJ50. 直径 1.2 mm 药芯焊丝、RM - 56 直径 1.2 mm 实芯焊丝。CO_2 纯度 99.9% 以上。

③手工电弧焊:焊条 J422、J427,直径 3.2 mm、4.0 mm、5.0 mm;J506、J507,直径 3.2 mm、4.0 mm、5.0 mm。

5. 下列情况必须采用碱性低氢焊条。

①船体大合拢环缝对接缝和纵向构件的对接缝;

②桅杆、铰链、甲板设备基座、系缆桩等承受强大载荷的舾装件及所有承受高应力的部件;

③艉管、艉柱本身的对接焊缝以及其他构件与其相连接的焊缝;

④主机基座及其相连接的构件的焊缝。

五、焊前准备工作

(1)焊条使用前应经过烘干,烘干的要求如下。

①酸性焊条应经 70 ~ 150 ℃烘焙 1 h,包装完好、未受潮的酸性焊条可不烘焙。

②碱性焊条在发放使用前,必须经 350 ℃下烘焙 2 h,然后在 100 ~ 150 ℃下保温 1 h使用。

③埋弧自动焊焊丝、CO_2 气体保护焊焊丝表面无锈蚀、油渍等杂物,埋弧自动焊焊剂干燥,使用前应经 300 ~ 350 ℃烘烤 2 h。

④低氢型焊条使用前应经 300 ~ 350 ℃烘烤 2 h,施工时应存放于保温筒内,低氢型焊条一次领用量应不超过半个工作日使用量。

⑤烘焙时,焊条堆放一般为 1 ~ 4 层,不能太厚,防止焊条受热不均匀和便于潮气的排除。

⑥发放给焊工使用的焊条数量应给予控制,碱性焊条一次不超过 4 h 的用量;酸性焊条和焊剂一次不超过当班的用量。领出后用不完的焊条应送还烘房重新烘干。

⑦在现场使用时,焊工应使用木制焊条盒或焊条保温筒。

⑧CO_2 气体保护所用的 CO_2 气体纯度应大于或等于 99.5%,气瓶内的压力低于 10 MPa 时,应停止使用。

(2)坡口的制作。凡要求焊透的焊缝,当其厚度大于或等于 6 mm 时均要开坡口。该船采用刨边机和碳弧气刨来制备坡口,在用碳弧气刨制备坡口时采用直流电源反接,碳棒直径可按表 6 - 10 规定选择。

表 6 - 10　钢板厚度与碳棒直径选择参考　　单位:mm

钢板厚度	4 ~ 6	6 ~ 8	8 ~ 12	> 10	> 18
碳棒直径	4	5 ~ 6	6 ~ 7	7 ~ 10	10

①用于碳弧气刨的压缩空气压力,一般为 0.6 ~ 0.8 MPa;碳弧气刨电流(单位 A)与碳棒直径(单位 mm)有关,一般数值为碳棒直径数值的 40 ~ 50 倍。

②焊缝正面刨槽深度约为母材厚度的一半,焊缝反面的刨槽深度的选取以彻底清除焊根为原则。

(3)对接焊缝拼接端面和沿接缝两侧各宽 15 mm 的表面及角焊缝的施焊面在焊接前应清除水、锈、氧化物、油污、泥灰及熔渣等污物,如涂有涂料也应清除。

(4)在潮湿气候下焊接时,则应用氧－乙炔焰烘干焊缝周围的露水。

(5)重要构件的接缝应用风动砂轮、钢丝轮进行清理,直至呈现出金属光泽。

(6)装配、清理后坡口如未能及时焊接而受潮湿生锈,应重新清理。

(7)碳弧气刨加工坡口接缝,如槽中有粘碳,应将粘碳刨净。

(8)CO_2 气体保护焊时,如风力过大(大于5级)应加挡风屏障。

(9)装配和定位焊的规定。

①钢板对接头装配的错边量不应超过0.1t且不大于3 mm(t为较薄板的厚度)。

②定位焊焊条应与正式施焊的焊条相同。

③在保证焊件相对固定的前提下,定位焊的数量应减少到最少。

④定位焊的厚度应不小于根部焊缝的厚度,长度不小于较薄板厚度的4倍或不小于50 mm(两者取较小者)。

⑤定位焊尽可能焊在坡口的反面、型材的内缘和单面连续焊的另一边。定位焊不应焊在焊缝交叉点,应与交叉点间隔10倍板厚以上的距离。

⑥定位焊不得有裂纹、气孔、夹渣等缺陷。

⑦十字交叉焊缝处的定位焊离开交叉点30 mm左右。

⑧构件一面连续焊,另一面间断焊时,定位焊应在间断焊一面;

⑨定位焊时不能随意在外板及构件上引弧。

(10)埋弧自动焊的焊缝,其两端必须配置引弧板和熄弧板,其材质和坡口形式与衬焊工件相同。

(11) 焊前预热的规定:当焊接含碳量大于0.23%的船用铸钢件时,在焊前应将工件预热至100～150 ℃,焊后用石棉布包裹缓冷。

六、焊接方法

(1)埋弧自动焊,凡板厚δ大于或等于6 mm,能直接采用埋弧自动焊施焊的对接焊缝均采用埋弧自动焊施焊。

(2)不能采用埋弧自动焊施焊的对接焊缝及主要构件角焊缝均采用 CO_2 气体保护焊。

(3)凡不能采用埋弧自动焊、CO_2 气体保护焊施焊的焊缝均采用手工电弧焊施焊。

(4)强受力构件焊缝规范规定需采用低氢型焊条施焊的部位及某些有特殊要求部位均采用低氢型焊条施焊。

七、焊接工艺参数

(1) 埋弧自动焊焊接工艺参数见表6－11。

表 6－11　埋弧自动焊焊接工艺参数

工件厚度/mm	板缝间隙/mm	焊丝直径/mm	焊接电流种类	电流强度/A	电弧电压/V	焊接速度/(mm·min^{-1})	焊缝几何尺寸/mm		备注
							h	b	
6	0～0.5	3	交流	400～450	36	680～720	0.5～2	11～13	不开坡口 单道焊
				450～550(封底)	36～37	680～720			
8	0～0.5	4	交流	500～550	37～38	680～720	0.5～2	14～16	不开坡口 单道焊
				600～650(封底)	37～38	680～720			
10	0～1	5	交流	700～750	38～40	620～670	0.5～2	16～18	不开坡口 单道焊
				700～750(封底)	38～40	620～670			
12	0～1	5	交流	750～800	40	580～620	0.5－2	18	不开坡口 单道焊
				800～850(封底)	40	580～620			
14	0～1	5	交流	800	40～42	550～600	0.5－2	18－20	不开坡口 单道焊
				850～900	40～42	550～600			
16	0～1	4	交流	500～550 550～600	37～38 37～38	500～600 500～530	1～2.5	20～22	多道焊,单面50°坡口,留根7 mm
				600～650(封底)	37～38	500～600			
18	0～1	4	交流	500～550 550～600	37～38 37～38	500～550 460～500	1～2.5	22～24	多道焊,单面50°坡口,留根7 mm
				600～650(封底)	37～38	400～450			
20	0～1	4	交流	500～550 600～650	38～40	500～550 400～500	1－2.5	24	多道焊,单面50°坡口,留根10 mm
				700～750(封底)	37～40	550～620			

表 6-11(续)

工件厚度/mm	板缝间隙/mm	焊丝直径/mm	焊接电流种类	电流强度/A	电弧电压/V	焊接速度/(mm·min^{-1})	焊缝几何尺寸		备注
							h	b	
24	0~1	5	交流	700~750 700~750	38~40	620~670 550~600	1~2.5	25~27	多道焊,单面 50°坡口,留根 10 mm
				800~850(封底)	40	550~600			
30	0~1	5	交流	500~500 700~750	37~38 38~40	680~720 620~670	1~2.5	30~32	多道焊,单面 50°坡口,留根 10 mm
				800~850 850~900	40~42 42	550~600 500~550			

(2) CO_2 气体保护焊焊接工艺参数见表 6－12。

表 6－12　CO_2 气体保护焊焊接工艺参数

板厚 /mm	形式	板缝间隙 /mm	焊丝直径 /mm	焊接电流 /A	电弧电压 /V	气体流量 /$(L\cdot min^{-1})$	焊层厚度 /mm	备注
6	平板对接	3～4	1.2	200～220	22～24	16～19	3～4	多层多道焊
≥8	平板对接	5～8	1.2	220～240	23～24	18～20	3～4	多层多道焊

(3) 手工电弧焊，见表 6－13。

表 6－13　手工电弧焊焊接工艺参数

板厚 /mm	焊缝形式	板缝间隙 /mm	焊条直径 /mm	焊接电流 /A	焊层厚度 /mm	备注
6	对接	0～1	4	160～180	2～4	单道焊
≥8	对接	0～1.5	4	200～240	3～5	多层多道焊

表 6－12、表 6－13 中均为平焊参数。

对接焊缝定位焊间距为 250～300 mm，焊点长度 30～40 mm。

八、船体建造的焊接总程序

1. 船体建造方案

分段建造、船台(坞内)合拢。

2. 船体焊接总程序

(1)船体的舱壁板、甲板板、外板、内底板拼装对接焊缝。

(2)T 形部件角接焊缝。

(3)纵横构架的十字焊缝。

(4)纵横构架与壳板间角接焊缝。

(5)甲板边板与舷顶列板间角接焊缝，内底板(底边舱斜板)与外板间角接焊缝。

(6)船台(坞内)大合拢对接焊缝及构架角接焊缝。

(7)上层建筑根部焊缝。

(8)甲板机械、耙吸挖泥设备、舾装件及各类基座焊接焊缝。

九、船体焊接工艺要求

(1)材料碳当量大于 0.45% 时应焊前预垫，焊后覆盖石棉布保温。

(2)有缺陷的定位焊应在施焊前清除干净。

(3)焊缝末端收口处应填满弧坑，以防止产生弧坑裂纹，埋弧自动焊一般应使用引弧板和熄弧板。

(4)进行多道焊时,在下道焊接之前,应将前道焊渣清除干净。

(5)对有焊透要求的焊缝,封底焊前应清根(埋弧自动焊另行规定)。

(6)在去除临时焊缝、定位焊缝、焊缝缺陷、焊疤和清根时,均不应损伤母材。

(7)分段端头处构架与板间角接焊缝,应留出 300 ~ 500 mm 暂不焊,待分段在船台(坞内)合拢后再焊。

(8)所有构件切口处角接焊缝均需包角。

(9)不同厚度钢板对接处,若厚度差大于或等于 4 mm,厚板边缘应削斜处理,削斜长度为厚度差的 4 倍。

(10)船体下列焊缝应采用双面连续焊。

①风雨密甲板和上层建筑外围壁边界的角焊缝(包括舱口围板和其他开口处)。

②液舱和水密隔离空舱的所有角焊缝。

③艉尖舱内所有结构的角焊缝,包括舱壁、扶强材的角焊缝。

④液舱内所有的搭接焊缝。

⑤船艏 0.25L 区域内,肋板和纵桁与船底板连接处的所有角焊缝。

⑥船体所有主、次构件的端部和肘板的端部与板材的角接缝。

⑦厨房、配膳室、洗衣室、浴室、卫生间和蓄电池室等处的边界焊缝。

⑧有水密、油密要求的部位的角焊缝。

(11)各种结构采用断续焊或单面连续焊时,则构件端部应按下述规定进行双面连续加强焊。

①肘板趾端的包角焊缝长度应不小于连接骨材的高度,且不小于 75 mm。

②型钢端部,特别是短型钢的端部削斜时,其包角焊缝的长度应不小于型钢的高度,且不小于削斜长度。

③各种构件的切口、切角和挖孔焊的端部处,以及其他构件的垂直交叉连接处的包角焊,当板厚大于 12 mm 时,包角焊缝的长度应不小于 75 mm,板厚小于或等于 12 mm 时,其包角焊缝长度不小于 50 mm。

④各种构件对接接头的两侧均应有一段对称的角焊缝,其长度应不小于 75 mm。

⑤全船焊接施焊过程中,应严格按照本船焊接规格表施焊,其焊缝尺寸不得随意增大或减小。

(12) 当船体构件采用挖孔间断焊时,孔的两端应呈圆弧形,并应光滑。但在下列位置处,不准开孔。

①肘板趾端的应力集中区域内。

②与主支承构件相交时,其主肋骨、纵骨及扶强材等的相交处两侧各至少 300 mm 范围内。

(13)当构件穿过水密或油密舱壁时,舱壁上的贯穿孔应按 CB * 3182—83《船体结构相贯切口与补板》要求设置密性补板;在密性焊缝一侧距舱壁 100 mm 处的贯穿构件上切割 *R*15 水密包角焊半圆孔,从半圆孔到舱壁处为包角双面连续角焊缝,以确保舱壁的密性。

(16)T 形部件焊接。

①T 形部件角焊缝采用 CO_2 气体保护焊或手工电弧焊焊接,焊接材料为 CO_2 气体保护焊药芯焊丝。

②焊缝外形应等角、均匀,不得有焊瘤、夹渣、气孔、严重咬边(咬边深度大于 0.5 mm)、未熔合等缺陷存在,焊后清除飞溅、渣壳。

③T 形部件焊接结束后应校正平直,曲线部位与样板、样条外形偏差小于或等于 2 mm。

十、船体分段焊接

(1)分段拼板对接焊缝除曲率较大埋弧自动焊不能施工处外,全部采用埋弧自动焊施焊。

(2)其余对接焊缝及角焊缝采用 CO_2 气体保护焊及手工电弧焊施焊,焊接材料为 CO_2 气体保护焊药芯焊丝及 J422、J427、J507。

(3)分段焊接应先焊对接焊缝,再焊角焊缝;角焊缝应先焊立角焊缝,再焊平角焊缝,并应尽可能由双数焊工由中间向两侧及首尾对称施焊。

(4)主甲板边板与舷侧顶列板间焊缝为开坡口深熔焊,甲板边板双面 45°坡口留根 2 mm,施焊时必须保证彻底焊透。

十一、分段在船台(坞内)合拢时大接头焊接

(1) 船体大合拢对接缝焊接质量对船体强度起着极其重要的作用,因此大接头的缝口间隙(陶瓷衬垫、单面焊双面成形)及焊缝坡口(单面坡口焊后背面清根封底焊)必须准确,施焊须十分谨慎认真。

(2)采用背面碳刨清根施焊时,碳刨槽口宽度为 8 ~ 10 mm,深度为清根至主焊缝金属露出。

(3)对接缝施焊前坡口两侧各 30 mm 范围内应彻底清除油、锈、水、氧化铁等杂物。

(4)环缝外侧间隔 500 mm 用马板加强,用以控制焊接变形。

(5)大合拢缝施焊人员必须持有相应等级资格证书。

(6)大合拢缝需采用双数焊工按相同焊接工艺参数对称施焊。

(7)大合拢缝焊接程序为舱内先焊纵向构件对接缝,再焊环形对接缝,最后焊构架与船壳板间角焊缝,舱内焊接结束后,外板外侧碳刨清根封底焊(单面焊双面成形除外)。

十二、焊缝质量检查

(1)焊缝检验标准。

①外观检验按照 CB 999—82《船体焊缝表面质量检验标准》。

②无损检测按照 CB/T 3558—2011《船舶钢焊缝射线检测工艺和质量分级》和 CB/T 3559—2011《船舶钢焊缝超声波检测工艺和质量分级》。

(2)角焊缝外形应等角、均匀,不得有焊瘤、夹渣、气孔、严重咬边(咬边深度大于 0.5 mm)、未熔合等缺陷存在,焊后清除飞溅、渣壳。

(3)焊脚尺寸应严格按规定,不允许小于 $0.9K$,并应保持等焊脚。

(4)对接焊缝X射线拍片数量按CCS《材料与焊接规范》第3篇相关规定执行。

(5)射线照相拍片数量,位置应提供无损探伤片位图并经CCS认可。

(6)艏艉部外板对接焊缝X射线拍片数量按中部0.6L范围拍片总数的10%计取。

(7)货舱区域纵骨每10个对接接头抽拍1张片。

(8)艏艉区域主甲板、横舱壁板的对接焊缝十字交叉处按20%抽拍。

(9)X射线拍片的验收等级。

①船中0.6L范围内强力甲板及外板焊缝质量按CB/T 3558—94Ⅱ级验收。

②艏艉部外板及艏艉区域主甲板、横舱壁板的焊缝质量按CB/T 3558—94 Ⅲ级验收。

③其余片位焊缝质量按CB/T 3558—94Ⅳ级验收。

(10)当无损检测发现焊缝内部有不允许存在的缺陷,并认为该缺陷有可能延伸时,则应在其延伸方向增加检测范围,直至达到邻近合格的焊缝为止。

(11)X射线拍片操作者及评片者都必须持有CCS认可的船舶无损检测Ⅱ级或Ⅱ级以上船舶无损检测资格证书。

十三、结构焊缝缺陷的修整规定

(1)焊补前,应将焊补处及其两旁20 ~30 mm范围内的表面清理干净。

(2)缺陷焊补应采用较小直径焊条(焊丝)和较小电流。

(3)对长度超过1 m的焊缝缺陷进行焊补时,应采取合理的焊接程序。

(4)焊接缺陷的清除和焊补一般不允许在带压或背水的情况下进行。

(5)焊瘤的修整应用气刨或批铲方法,使焊缝边缘平滑。

(6)咬边及弧坑应用焊补修整。

(7)烧穿处必须从两面焊补,先在一面焊补后,另一面刨槽封底焊补。

(8)气孔、夹渣、未焊透应清除合部缺陷后开出相应坡口进行焊补。

(9)焊接施工中若发现裂缝应停止该工件的焊接,并用碳弧气刨清除裂缝,裂缝清除应彻底并应向两端适当延长(一般为150 ~200 mm)。

项目7 焊缝返修通用工艺规范

一、适用范围

焊缝返修通用工艺规范规定了焊缝的外表及内部质量在不符合标准要求时,对焊缝进行局部或整体返修的焊接前准备、工艺要求、工艺过程。本标准适用于一般碳钢和船用高强度结构钢(以下简称高强钢)材质的焊缝返修。

二、焊接前准备

1.焊缝返修条件

(1)无论是何种形式接头的焊缝,其外表质量不符合《船体焊缝表面检验要求》时,则必须对该焊缝进行返修。

(2)无论是何种位置、何种焊接方法焊接的拼板对接焊缝，当焊缝经无损探伤后，其内部或表面存在该产品无损检查要求不允许存在的焊接缺陷时，则必须对该对接焊缝进行返修。

2. 焊接方法

(1)对焊缝的返修，可采用手工电弧焊或 CO_2 气体保护焊焊接。

(2)当采用特殊焊接方法进行焊缝的修补时，该焊接方法需得到船级社或有关检验部门的认可。

3. 焊接材料

(1)焊接材料的选用必须为公司内焊接工艺认可试验合格的焊材。

(2)常用手工电弧焊及 CO_2 气体保护焊，其焊接材料见表 6－14。

表 6－14　手工电弧焊、CO_2 气体保护焊的焊接材料

焊接方法	焊接材料牌号	适用钢材牌号
手工电弧焊	SH507.01、CHE507(E5015)	A、B、D、AH32、AH36、DH32、DH36
	SH507.02 (E5015)	EH32、EH36
CO_2 气体保护焊	TWE711、KFX－712C、AT－YJ－502(Q)	A、B、D、AH32、AH36、DH32、DH36、EH32、EH36

4. 焊前清理

(1)焊前，焊工必须清除返修部位的焊缝及焊缝两侧各宽 20 mm 范围内氧化物、水分、油污等。

(2)若焊缝清理后未能及时进行返修，并因气候或其他原因影响而受潮、生锈等，在返修前应重新清理。

三、工艺要求

1. 普通碳钢的焊缝返修

(1)焊缝表面存在的焊接缺陷，可采用砂轮去除而整体焊缝也能满足标准要求的可不需焊接，直接采用砂轮去除。

(2)一般角焊缝的焊接缺陷可直接焊接进行修补，但对于直接修补仍无法满足要求的焊接缺陷，如密集气孔等，则需要采用砂轮或碳弧气刨剔除缺陷后方能进行焊接修补。

(3)对于水密的角焊缝，其焊缝表面若存在气孔、夹渣等焊接缺陷，则需用砂轮或碳弧气刨剔除缺陷，然后焊接修补。

(4)修补焊缝表面缺陷时，修补长度不得小于 50 mm，严禁点焊修补气孔和咬边等缺陷。

(5)焊缝内部存在超标的焊接缺陷时，需采用碳弧气刨剔除缺陷，然后焊接修补。

(6)焊缝修补后应保证修补焊缝与正式焊缝圆滑过渡，突变的部位需打磨光顺。

2. 船用高强度结构钢的焊缝返修

对高强钢的焊缝外表及内部缺陷的返修，在满足普通碳素钢返修工艺要求的前提下，还需按以下要求执行。

（1）对接焊缝表面缺陷长度大于 50 mm 或修补焊缝内部缺陷时，焊接前需对焊缝修补范围进行局部预热，预热温度 80～100 ℃并保持焊接过程的层间温度在预热温度以上，焊接需连续一次完成。

（2）对于拘束较大的十字接头、丁字接头对接焊缝的修补，预热温度应提高到 120 ℃以上。

四、工艺过程

（1）当采用碳弧气刨剔除焊缝中的缺陷时，保证缺陷已剔除后方能进行焊接。

（2）对接焊缝中的缺陷采用碳弧气刨剔除时，若碳弧气刨深度达到 2/3 板厚时仍未发现焊接缺陷，则需在第一面焊接修补后，对焊缝背面继续采用碳弧气刨进行查找，缺陷完全剔除后方能焊接完成。

（3）焊缝中存在裂纹缺陷时，当裂纹长度不超过 20 mm、深度不超过 5 mm 时，可用碳弧气刨剔除裂纹，在确认裂纹已清除干净后，再进行焊接修补。当裂纹尺寸超过以上尺寸时，首先应在裂纹两端点用钻头或气刨打上止延孔，防止裂纹延伸，然后用碳弧气刨一层层地刨去裂纹，再用着色探伤检查裂纹是否已全部清除，在着色探伤检查证实裂纹已全部清除后，再进行补焊。

（4）对接焊缝的修补，应严格控制焊接规范。修补过程中尽可能采用多层多道焊，收弧时填满弧坑。

项目 8　船体维修的焊接工艺

船舶在运载过程中，经常受到风浪和各种外力的作用、海水腐蚀作用，加上人为因素的影响，便会发生渗漏（外板、甲板、舱壁等板材接缝的渗漏）、凹陷（外板、甲板、舱壁、围壁等板材结构受到大于局部强度的外力作用而引起的残余变形）、裂缝（由于船体构件受到过大的外力作用，或金属疲劳与腐蚀等，使船体构件产生裂缝）、腐蚀（船舶在水中由于电化学作用与化学反应而遭到腐蚀，甚至发生剥落）、破洞（由于船舶碰撞、触礁或中弹而使船身出现破洞）与折断等损坏，使船舶长期地或短期地失掉了正常的工作能力。因此，需要通过修理来消除这些缺陷，使船舶保持和恢复正常的技术状况。在修船过程中当然少不了焊接工艺，下面介绍几项典型的船舶修理时的焊补工艺。

一、旧焊缝的焊补

金属腐蚀是因为金属与周围介质发生了化学反应和电化学作用而出现的，船体的腐蚀是相当严重的，一般最容易出现的部位是：水线变化区的外板，艏、艉柱部分，泄水孔周围和舭部转周处，护舷材以下部位和焊缝区域等。船舶的焊缝遭受锈蚀后，其完整性就逐渐受到破坏，焊缝变细并凹入钢板表面内时，局部强度逐渐下降，在腐蚀严重处会产生渗漏现象，必须进行焊补修复。焊补工艺如下。

(1)焊补前，焊缝两侧 20 ~ 30 mm 范围内，应用喷砂将锈层等污物清除干净，并用碳弧气刨将需焊补焊缝扣槽，使之露出金属光泽，扣槽应尽量圆滑过渡、全长宽窄均匀深浅一致，如图 6 – 35 所示。

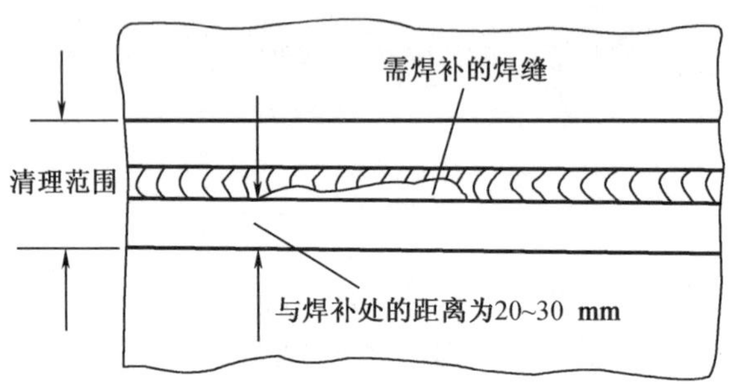

图 6 – 35　焊补焊缝的清理

(2)根据焊补焊缝的部位选取合适的焊条，并根据焊补处的位置选取合适的焊接电流。

(3)焊补时，从焊补焊缝两端向中间施焊。对长焊缝应采用分段退焊法。

(4)要注意焊补焊缝的表面成形和尺寸，不要比原来焊缝过高或过宽，新旧焊缝的连接应均匀过渡。

二、裂纹的焊补

船体裂纹产生的原因很多，如船体在装配过程中，各构件没有达到规定的公差要求就进行焊接，产生较大的内应力，这种内应力潜伏在船体构件内，船舶工作时受到的其他外力叠加时，便会产生裂纹；船体结构所用的材料性能不合要求，以及在加工制作中，操作不当或加热不足，焊接过程中存在夹渣、气孔、裂纹、未焊透等缺陷，不合理的施焊顺序造成了应力集中，这也是产生裂纹的隐患；再就是金属遭到腐蚀和船舶在波浪上反复受到交变应力的作用及推进器、主机、辅机等工作时产生的船舶震动而引起金属的疲劳，在外力作用下(如碰撞、搁浅等)，只要超过了理论计算时的船舶纵向与横向强度，便会产生船体裂纹，进而产生渗漏。裂纹是不允许存在的缺陷，必须清除后焊补修复。焊补工艺如下。

(1)仔细检查裂纹的起始和终止点，必要时还应检查与出现裂纹部位处于相同受力情况下的同类构件有无裂纹。

(2)清除裂纹。如果采用风铲来消除裂纹，应先在裂纹的两端钻止裂孔，以防止裂纹扩展。钻止裂孔时，采用直径 6 ~ 8 mm 的钻头，钻孔深度应比裂纹深度深 3 ~ 5 mm。如果是穿透性裂纹，应沿板厚钻穿。如果采用碳弧气刨消除裂纹，应先从裂纹两端向裂纹中间方向刨削，直至裂纹彻底消除为止。应尽量采用碳刨气刨来消除裂纹。

(3)在裂纹处按照焊缝的要求和标准开设坡口。尽量采用碳弧气刨来修正坡口形状，对未穿透裂纹焊补坡口底部要圆滑过渡。如果是穿透性裂纹，应开成对称双面坡口形式。

4. 采用低氢型碱性焊条焊补。焊接时，应从坡口两端向中部施焊。如果焊补处钢板较厚或所处部位刚性较大，可采用 100 ℃范围的预热措施以及每焊一段焊缝立即进行锤击焊缝的办法，以防止再次产生裂纹。

三、船体外板的挖补

根据船体的损坏程度，在船舶修理中，常采用补板或换新的办法。补板又分挖补和贴补两种，即在发现漏水焊缝处或局部腐蚀严重处挖补或贴补一块比漏水焊缝长的钢板，四周进行连续对接焊或连续搭接焊。在漏水严重而补板又不可能的情况下，就采取换新的办法，即将漏水焊缝两侧的钢板或损坏变形处的钢板全部割除换上新钢板。无论是挖补还是换新都称作外板拆换。下面以两个典型例子加以说明。

1. 小块矩形补板的焊接

（1）补板与船体外板的接缝，应开成四角为圆弧过渡，小矩形补板焊接顺序如图 6－36 所示，要求圆弧半径$r=10\delta$（δ 为板厚），并不小于 50 mm，$a>b$。如果补板较小，可以直接开成椭圆形，作为工艺封板处理，其焊接顺序如图 6－37 所示。

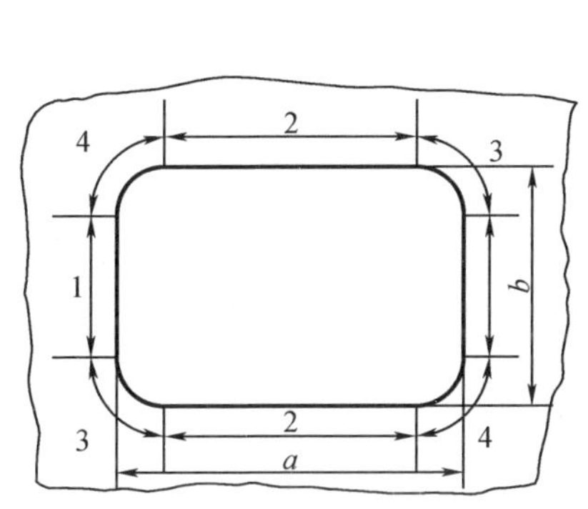

图 6－36　小矩形补板焊接顺序

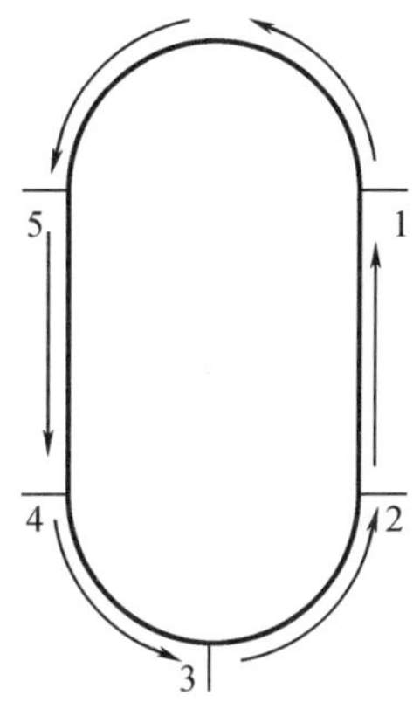

图 6－37　工艺封板的焊接顺序

（2）在船体外板外面用定位焊将补板焊牢固定，然后采用碳弧气刨在补板接缝的内面刨削坡口，然后选择合适的焊条直径和焊接电流焊接对接缝。

（3）为防止过大的焊接应力产生焊接裂纹。焊接时，由 2 名焊工对称进行，先焊接横向和纵向接缝中间部分。在焊接第一层时，要求焊缝内无缺陷，然后根据钢板厚度连续焊接。

（4）焊完横、纵向中间部分的焊缝后，焊接四角圆弧部分接缝。为了防止产生裂纹，从焊补第二层开始，每焊完一层都要轻轻锤击焊缝，以减小内应力。如果补板所处部位刚性较大，应在四角圆弧部分留一角暂不焊，等待四周焊缝焊完盖面焊缝并冷却后，再焊此一角焊缝，以此减缓应力集中，而减少裂纹出现的可能性。对工艺封板形式的补板可由 1 名焊工完成，按 1～5 顺序分段逐步退焊，并等待 1～5 全部焊接结束（包括盖面焊）完全冷却收缩后，最后焊第 6 顺序段，如图 6－37 所示。

（5）焊完内部焊缝后，采用碳弧气刨在接缝外面扣槽，然后进行封底焊。同样亦可以在四角圆弧部分留一角暂不焊，等待冷却后最后再焊。

2. 整张钢板换新的焊接

（1）将保留钢板的边接缝用氧－乙炔焰切割开约 30 mm，以利于端接缝的焊接，如图 6－38 所示。

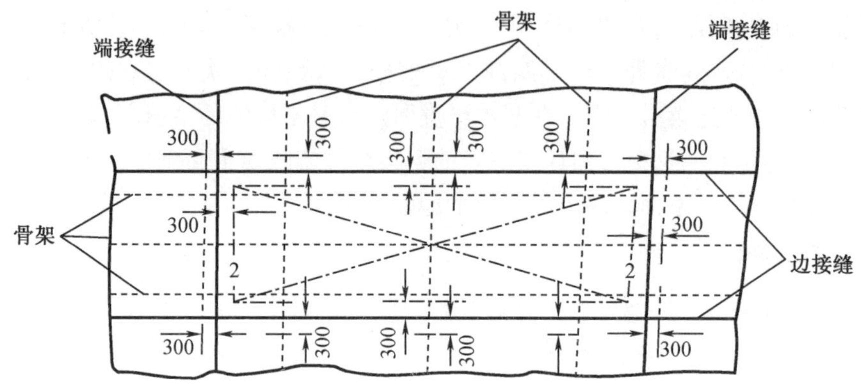

图 6－38　整张钢板换新的焊接顺序

（2）将被换钢板四角的保留钢板与构件的所有角接焊缝割开约 300 mm，并采用碳弧气刨将向舱内的对接接缝刨削坡口。

（3）根据被换板的位置选取焊条牌号、直径以及焊接电流。然后先焊被换钢板与纵、横构件的角接焊缝，但距被换钢板边缘 300 mm 宽度内的角接焊缝暂不焊。

（4）先焊接钢板的边接缝（横焊缝），后焊端接焊缝（立焊缝）。焊接边接缝时，应采用分中分段退焊法施焊。最好由双数焊工同时进行。

（5）用碳弧气刨在钢板接缝外面扣槽，再进行封底焊。封底焊时，同样先焊边接缝，后焊端接焊缝。

四、舵杆的焊补修复

船舶的舵杆会因各种原因产生扭转、裂缝、折断等缺陷，当产生这些缺陷时，都应进行焊补修复。它的修复工艺类似中碳钢的焊接工艺。下面以某船厂 35 号钢舵杆与水平法兰切换并用手工电弧焊修复为例，介绍其焊补工艺如下。

（1）用机械加工方法加工焊接坡口，如图 6－39 所示。为了保证焊后舵杆的垂直度，焊前需用角钢或槽钢来加强定位，并在坡口内定位焊定位固定，定位焊缝的长度约 50 mm。

（2）焊前将坡口上的油、锈等杂物清除干净，并按要求去除坡口附近的氧化物。

（3）采用 E5015（J507）低氢型焊条，焊前按规定进行烘焙干燥。

（4）焊前用氧－乙炔火焰或远红外电加热对工件进行预热（离坡口 20～30 mm 范围），预热温度为 150～250 ℃。

（5）将装配好的舵杆放在水平位置进行焊接，也就是处于立焊位置焊接。这样每焊一道焊缝后，便于清除焊渣，而且可以圆周转动便于控制焊接变形。

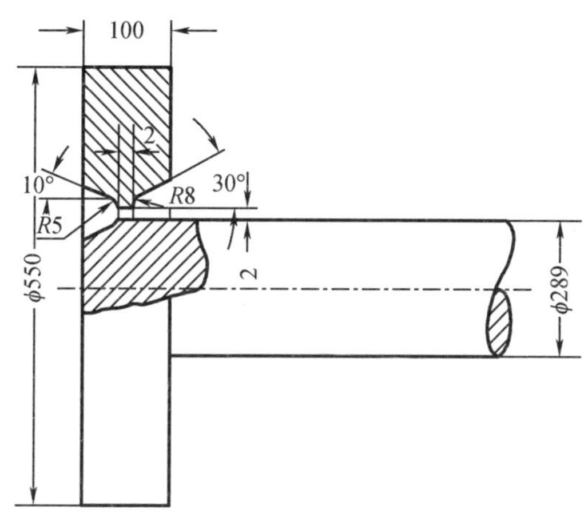

图 6－39　35 号钢舵杆与法兰的焊接

(6)为了减少和防止焊接变形,应将焊缝沿圆周长分成 6 段或 8 段,采用分段跳焊法进行焊接,随时测量变形趋势决定焊接的顺序。可以由 1 名焊工或 2 名焊工同时对称进行焊接。

(7)焊第一层焊缝时易出现裂纹,操作时应注意运条速度,不宜太快,以免焊缝太薄而拉裂。收弧时将弧坑填满,以免出现弧抗裂纹。

(8)舵杆焊后需进行退火热处理,以消除焊接应力。

五、铜螺旋桨叶片的割换焊补

铜螺旋桨一般采用锰铁黄铜 ZCuZn40Mn3E1(ZHMn55－3－1)铸造而成。由于多种原因,铜螺旋桨往往会在叶片上产生裂纹、断裂、叶片厚度严重变薄等缺陷,这些缺陷都应进行焊补修复。焊补时,可采用气焊(劳动强度大)、焊条电弧焊、手工钨极氩弧焊和熔化极氩弧焊等方法。用焊条电弧焊方法焊补较为方便,被广泛采用,但目前又逐步被手工钨极氩弧焊所取代,也有采用较先进的熔化极氩弧焊的,只是熔化极氩弧焊要控制输入线能量的大小,以免影响热影响区的性能。下面以较普遍采用的手工电弧焊焊接工艺为例进行介绍。图 6－40 为铜螺旋桨叶片的割换焊补。

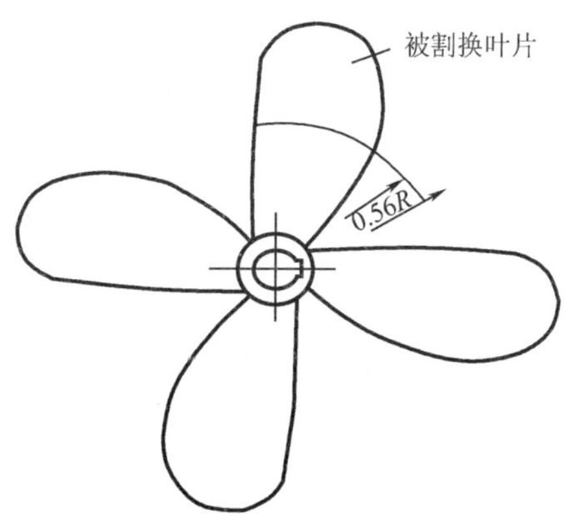

图 6－40　铜螺旋桨叶片的割换焊补

(2)铸造相应的叶片镶块,也可以从另一个同类型报废的螺旋桨上截取相应的叶片做镶块。

(3)在胎架上装焊镶块,如图6-41所示,以获得正确的螺距。为了减小焊后变形,除用定位焊将叶片与胎架焊牢外,还应用角铁在叶片上进行加强。

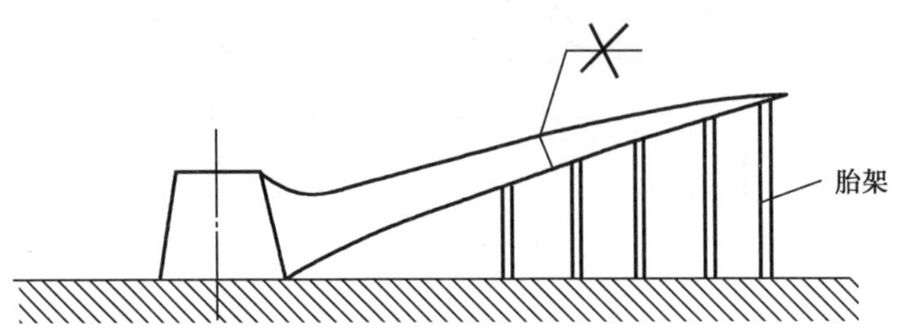

图6-41　螺旋桨叶片镶块的装配

(4)用风铲或砂轮开设焊接坡口,坡口形式采用X形,坡口角度为60°~70°,钝边2 mm,装配间隙1~2 mm。焊接前,坡口两侧应清除油污、锈蚀等脏物。

(5)焊前采用氧-乙炔火焰进行预热,预热温度为150~250 ℃,适当提高预热温度,能相应减小焊接电流,从而改善焊缝成形和操作性能。

(6)采用TCUB(铜227)或TCUAL(铜237)焊条,药皮都是低氢钠型,电源用直流反极性,焊条经200~250 ℃烘干。焊接电流值取25~30倍焊条直径值。操作时采用短弧焊,不做横向和前后摆动,只做直线移动,焊速要快,一般不低于0.2~0.3 m/min。多层焊时要彻底清除层间熔渣,防止产生气孔和夹渣。

(7)焊后必须进行350~400 ℃的退火处理,以消除焊接应力。

热处理有困难时,也可以采用氧-乙炔火焰对割换焊补好的叶片进行全面加热。加热要均匀地进行,当加热到200 ℃左右时,用石棉泥覆盖焊缝,并用石棉布裹住整个叶片保温缓冷。

模块 7　海洋平台焊接

海洋平台建造过程需要大量的焊接工作,维修时焊接工作也是必不可少的一项重要工作,随着新材料和新技术的发展,建造和维修过程对焊接的要求也越来越高。焊接工作是根据海洋工程项目的具体要求,结合目前的工艺情况,并根据相应的焊接规范,为现场施工提供技术支持,如制定焊接程序、进行工艺评定等。本模块将详细介绍海洋平台焊接加工设计的工艺内容、流程以及相关知识。

海洋平台是焊接结构,由各种弦杆和斜杆等组成的钢管桁架结构焊接而成。大型管节点数量多,焊接工作量大,应力集中复杂程度高,工作环境苛刻,在外荷载作用下特别易于产生脆性断裂、氢致裂纹、疲劳破坏及明显的腐蚀现象。为了防止这些破坏的发生,确保海洋平台的安全,除了在设计、选材上注意控制以外,焊接过程的控制也是极为重要的。总体来讲,影响海洋平台性能和寿命的主要因素是焊接材料选择、焊缝结构设计与焊接工艺等。

海洋平台结构纵横交错、管节点众多,且多为厚壁管件结构,焊接要比一般钢结构困难而又要求高,因此焊接施工规定极为严格,总结其特点是如下。

(1)为防止冷裂纹和提高热影响区的韧性,多采用低氢型和超低氢型碱性焊条;

(2)焊接热输入量通常限制在 40 ~ 50 kJ/cm,以确保焊接接头的韧性和抗脆断的性能;

(3)厚板焊件,一般焊前需预热,以防裂纹发生;

(4)管件桁架结构大都采用全位置、全熔透、多层、多道手工焊接;

(5)管节点和关键部件焊后还需要进行热处理,以消除焊接残余应力;

(6)承受交变应力的管节点和关键构件的角焊缝还需磨修,消除表面缺陷,减小应力集中,提高疲劳寿命。

项目 1　海洋平台焊接材料的选择

一、海洋平台焊接材料选择的基本原则

(1)选用与母材相匹配的焊条或焊丝和焊剂,焊后焊缝金属和焊接接头的性能与母材的性能基本一样,能阻止焊缝和热影响区焊接裂纹的发生和扩展,不致发生脆断和疲劳。

(2)约束度高、应力集中高的部件,选用塑性韧性好的低氢碱性焊条和韧性高的焊丝和碱性焊剂。

(3)Z 向钢的焊接选用低氢型或超低氢型焊接材料。

(4)焊接材料还要根据平台构件类别不同,分别选用不同级别的材料。

①次要构件选用普通结构钢焊条,如 J422、J423 等。

②主要构件选用相应级别的低氢型碱性焊条,如 J427、J507 等。

③特殊构件一定要用相应等级的低氢型或超低氢型碱性焊接材料。以防止冷裂纹和提高焊缝金属和焊接接头的韧性。

二、焊接材料的级别

1. 结构钢焊接材料

结构钢焊接材料按屈服强度可分为九个等级,各个等级又按其缺口冲击韧性可进一步划分为5个级别,以数字1~5表示,(分别表示夏比试验温度为20 ℃、0 ℃、-20 ℃、-40 ℃、-60 ℃)。高强度焊接材料以字母Y表示。如5Y42——表示焊接材料的冲击韧性为5级(最好)、屈服强度大于等于420 N/mm^2。结构钢焊接材料力学性能见表7-1。

表7-1 结构钢焊接材料力学性能

焊接材料级别	1,2,3	1Y,2Y,3Y,4Y	3Y40,4Y40,5Y40	3Y42,4Y42,5Y42	3Y46,4Y46,5Y46	3Y50,4Y50,5Y50	3Y55,4Y55,5Y55	3Y62,4Y62,5Y62	3Y69,4Y69,5Y69
屈服强度/(N·mm^{-2})	≥306	≥360	≥400	≥420	≥460	≥500	≥550	≥620	≥690
冲击韧性/(N·mm^{-2})	≥47					≥50	≥55	≥62	≥69

2. 含镍低合金钢焊接材料

含镍低合金钢焊接材料,其钢中镍合金的含量分别为0.5Ni、1.5Ni、3.5Ni、5Ni、9Ni。其力学性能见表7-2。

表7-2 含镍低合金钢焊接材料力学性能

焊接材料级别	0.5Ni	1.5Ni	3.5Ni	5Ni	9Ni
屈服强度/(N·mm^{-2})	≥375				
冲击韧性/(N·mm^{-2})	≥34				
试验温度/(N·mm^{-2})	-60	-80	-100	-120	-196

3. 焊接材料含氢量要求

焊接材料含氢量要求见表7-3。

表7-3　焊接材料含氢量要求

焊接材料等级	扩散氢含量
1,2,3,1Y,2Y,3Y	不做强制要求
4Y,2Y40,3Y40,4Y40,	H15
3Y42,4Y42,5Y42,3Y46,4Y46,5Y46,3Y50,4Y50,5Y50	H10
3Y55,4Y55,5Y55,3Y62,4Y62,5Y62,3Y69,4Y69,5Y69	H5

注:凡经测氢试验符合规范要求的焊条,在其符号后加缀 H15, H10,H5 等,以表示其为符合测氢要求的低合金钢。

三、焊接材料类型

1.焊条

焊条是由焊芯和药皮组成的,根据药皮与焊芯的质量比 K_c,可以分为厚皮焊条(K_c = 30% ~50%)和薄皮焊条(K_c =1% ~2%)两大类。目前在工业上广泛使用的是厚皮焊条。焊接时,焊芯既是电极,又是填充金属,因此,焊芯的化学成分及性能对焊缝金属的质量有直接的影响。焊芯中的化学成分特点如下。

碳:良好的脱氧剂,能减少焊缝金属中氧和氮的含量。但含碳量过高时会明显地提高焊缝强度、降低焊接接头塑性,并使得焊缝产生裂纹的倾向增大。常用焊芯的含碳量小于0.01%。

锰:很好的脱氧剂,它还能与硫化合,生成硫化锰(MnS),起脱硫作用。锰可作为合金元素渗入焊缝,使焊缝的机械性能提高。常用的焊芯中含锰量为0.30 ~0.55%。

硅:硅也是脱氧剂,而且脱氧能力比锰强,但硅在焊缝申含量较多时有降低塑性和韧性的倾向。常将焊芯中的含硅量限制在0.03%以下。

铬:对焊芯来说铬是杂质,是由炼钢原料中混入的。焊接过程中,铬被氧化生成难熔的 Cr_2O_3,增加焊缝夹渣的可能性,铬需被控制在规定的范围内。

硫和磷:硫和磷都是有害杂质,能使焊缝金属的机械性能降低。硫与铁作用能生成硫化铁(FeS),它的熔点低于铁,因此使焊缝在高温状态下容易产生热裂纹。磷与铁作用能生成磷化铁(Fe_3P 或 Fe_2P),使熔化金属的流动性增大,在常温时变脆,所以焊缝容易产生冷脆现象。一般焊条钢芯要求硫和磷的含量不应大于0.04%,在焊接重要结构用的焊芯中,要求磷和硫的含量不大于0.03%。

2.焊剂

焊剂是颗粒状焊接材料,由大理石、石英、萤石等和钛白粉、纤维素等化学物质组成。在焊接时它能够熔化形成熔渣和气体,对熔池起保护和冶金作用。主要用于埋弧焊和电渣焊。

焊剂分为酸性、中性和碱性三种,其中,酸性焊剂配以适当的焊丝,广泛用于碳钢和低合金结构钢的焊接。中性和碱性焊剂则用于强度较高的高强钢焊接。

3.焊接用保护气体

焊接用保护气体主要包括 CO_2、Ar 等单一或混合气体,用于 CO_2 气体保护焊、钨极氩弧焊等焊接方法中。

项目 2　海洋平台焊接工艺

一、焊前准备工作

1. 制定相应的焊接工艺规程

焊接工艺规程应包括下列内容。

(1)钢材等级和尺寸。

(2)焊接材料(焊条、焊丝、焊剂)等级、牌号及规格。

(3)焊接方法。

(4)接头、坡口的设计及公差要求。

(5)焊接位置。包括平焊、横焊、立焊、仰焊等。

(6)焊接顺序。

(7)焊接参数。包括焊接电流、电弧、电压、焊接速度和热量输入范围。

(8)焊前预热和层间温度。

(9)焊后热处理参数。

2. 焊工与无损检测人员认可

参加管接点焊缝焊接工人,要经过专门的考试认可。现场焊接管节点的焊工应持有相应级别的焊工资格证书。无损检测人员要持有相应的检验资格证书。

3. 焊前工艺准备

(1)焊件装配

(2)焊接坡口形式的选择

坡口形式的选择主要取决于板材厚度、焊接方法和焊接工艺。一般说来要考虑以下几个问题:

①焊接材料的消耗量

对于同样厚度的焊接接头,采用 X 形坡口比 V 形坡口能节约较多的焊接材料、电能和工时,构件越厚节省越多。

②焊接条件

是选择坡口形式的重要条件之一。一般地说要根据构件能否翻转、翻转难易或内外两侧的焊接条件而定,对不能翻转的或内径较小的容器,为了避免大量的仰焊及不便在内测施焊,都宜采用 V 形或 U 形坡口。

③坡口加工

V 形或 X 形坡口一般用气割就可完成,但 U 形缺口需要等离子或激光切割,也可用刨边机加工。

④焊接变形和应力

如果坡口形式适宜、工艺合理,则可以有效地减少焊接变形和应力。

⑤保证焊接质量

所选坡口形式应便于装配、保证工件焊透,减少焊接缺陷。

几种焊接坡口的特点比较：

⑥V 形坡口特点

a. 坡口面加工简单；

b. 可单面焊接，焊件不用翻身；

c. 焊接坡口空间面积大，填充材料多，焊件厚度较大时，生产率低；

d. 焊接变形大；

⑦带钝边 U 形坡口特点

a. 可单面焊接，焊件不用翻身；

b. 焊接坡口空间面积小，填充材料少，焊件厚度较大时，生产率比 V 形坡口高；

c. 焊接变形较大；

d. 坡口面根部半径处加工困难，因而限制了此种坡口的大量推广应用（钝边的作用是防止将焊件烧穿）

⑧X 形坡口特点

a. 双面焊接，因此焊接过程中焊件需翻身，但焊接变形小；

b. 坡口面加工虽比 V 形坡口略复杂，但比带钝边 U 形坡口的简单；

c. 坡口面积介于 V 形坡口和带钝边 U 形坡口之间，因此生产率高于 V 形坡口，填充材料也比 V 形坡口少。

(3)焊前预热

海洋平台结构复杂，钢板厚度大，拘束度高，焊接时残余应力高，特别容易产生焊接裂纹等缺陷，管节点的焊接、高强度钢的焊接产生缺陷的概率更高。为缓和焊接应力，降低焊缝扩散氢含量，减少裂纹发生概率，焊前对大厚度焊件、拘束度高的焊件以及海洋平台的关键构件要进行预热，预热温度取决于结构的性质、焊件的材质化学成分和厚度，通常在 100 ℃ ~150 ℃。

预热温度和层间温度对焊缝金属韧性的影响类似，作用是降低焊后冷却速度，使焊缝中溶解的氢有时间扩散出去以减少扩散氢含量，从而提高焊缝金属韧性，达到止裂作用。

预热方法通常采用电阻加热、电磁感应加热、远红外线加热器。红外线穿透性好，加热内外均匀，热辐射少，施工环境较好。加热范围是焊缝两侧 150 mm。关键构件焊接过程中要保持预热温度，连续焊完，焊后保温半小时，用保温措施缓慢冷却到常温。

4. 常用的焊接方法

常用的焊接方法包括焊条电弧焊、埋弧焊、药芯焊丝气保焊等。

二、施焊工艺

1. 焊接环境的选择

海洋平台焊接多在室外露天作业，施工环境对焊接质量影响较大。平台焊接工作要求如下。

(1)在防风、防雨雪的遮蔽条件下进行。

(2)环境温度不得低于焊接工艺认可试验规定的最低温度。

(3)风速不得超过 5 级。

(4)空气相对湿度不得大于90%。

(5)一般气温低于0 ℃禁止施焊。

平台结构如需在0 ℃以下施焊时,焊接必须预热。

2. 平台结构焊接坡口的选用

平台结构多用大厚度板或圆管,为保证全部厚度充分焊透,需将焊件连接边缘加工成坡口形状,并采用多层、多道焊。常用的坡口形式有I形坡口、V形坡口、带钝边U形坡口、X型坡口等。

导管架组块结构钢管焊接坡口的选择:

(1)导管、钢桩、立柱属大直径、大壁厚管(直径大于20 mm),一般采用X形坡口双面焊接;

(2)拉筋和隔水套管属小直径管(直径小于20 mm),一般采用V形坡口,单面焊接;

(3)坡口加工要求加工正确外,对坡口光洁度和清洁度也有一定要求,因为这会引起焊缝产生加渣、气孔等缺陷。一般要求将气割坡口面打磨光洁,去除氧化渣、飞溅物、油污、水汽、锈迹等。

3. 焊接电弧长度

焊接电弧长度主要影响焊接熔池的保护效果。故施焊时,应尽可能采用短弧焊。

4. 多层多道焊

平台结构焊接,许多构件采用多层、多道焊,利用后一道焊接对前一道焊缝进行退火,从而改善焊后热影响区的性能。一般焊接一个焊道一次连续完成,下一道焊缝焊接之前要对前一道焊缝进行敲渣和打磨,确保没有缺陷再进行下一道焊缝焊接。

5. 层间温度控制

对于对接焊缝和全焊透的角焊缝,在多层多道焊接时,层间温度应控制在100 ℃~150 ℃,每条焊缝应尽量一次性焊完。

6. 角焊缝表面形状要求

管节点及关键构件的角焊缝,多是大厚度全熔透焊缝,焊接应力高,应力集中严重。为减少应力集中,要求角焊缝表面成为凹面形,并要求圆滑地向母材表面过渡。

7. 其他工艺要求

(1)焊接前坡口及两侧区域应除去水分、油脂、油漆、锈污及其他氧化物。

(2)焊接前应根据焊接材料的产品说明书进行焙烘,储存于保温容器中,带至焊接地点,埋弧焊所用焊剂应保持干燥。

(3)对要求全焊透的焊接接头,除确能保证焊透外,应清根后再进行反面焊接。

(4)焊缝修磨。焊缝修磨的主要目的是消除因焊缝形状不良,从而降低应力集中。通常,修磨好的角焊缝,与未修磨的比较,应力集中系数减少2/3,其疲劳强度可提高40%。

对接焊缝主要修磨角趾与母材过渡部分;角焊缝对焊缝形状以及角趾与母材过渡部分,都要修磨,以改善焊缝外形和消除趾部缺陷,使之与母材光滑过渡。

8. 焊后热处理

焊后,为改善焊接接头的组织和性能或消除残余应力而进行的热处理,称为焊后热处理。焊后热处理的目的是:消氢、消除焊接应力、改善焊缝组织和综合性能。

(1)焊后消氢处理

是指在焊接完成以后,焊缝尚未冷却至100 ℃以下时,加热焊接构件。对海洋结构物选用的碳—锰钢进行焊后热处理时,温度为550~620 ℃,保温时间按焊件最厚部位的尺寸,以每25 mm保温1 h来确定。焊后消氢处理的主要作用是加快焊缝及热影响区中氢的逸出,对于防止低合金钢焊接时产生焊接裂纹的效果极为显著。

(2)消应力热处理

是使焊好的工件在高温状态下,其屈服强度下降,来达到松弛焊接应力的目的。对较大构件个别部位可做局部消除内应力的焊后热处理,热处理时在焊缝两侧至少等于材料厚度的3倍区域内应保持规定的温度,隔热区外缘的温度应不超过300 ℃。

焊后热处理对改善焊缝性能的效果与钢种材质、焊接方法、焊接空间等因素有关,强度较低的钢,焊后热处理性能变化显著,高强度高效果差一些。

9.焊接检验

应对海上设施结构焊接作业实施全程质量监控,要有专职检验人员按照认可的建造检验工艺和质量控制工艺对结构焊接质量进行检验,严格执行三级检验制度,即自检、互检和专检,检验范围包括过程检验和完工检验,待全部合格后报验船师检验和船东认可。

无损检测应在焊后48 h内进行,焊件要求做焊后热处理时,无损检测应在热处理之后进行。无损检测范围包括:对接焊缝、全焊透的K、T、Y形节点焊缝、部分焊透的K、T、Y形节点焊缝或填角焊缝。海洋平台焊接结构常用的无损检测方法包括射线检测、超声波检测与磁粉检测。

项目3　海洋平台焊接实例

以某公司生产的JU2000E型400英尺自升式海洋钻井平台为例,对海洋平台的焊接进行介绍。JU2000E型400英尺自升式钻井平台的主结构由桩腿机构、抬升锁紧机构、悬臂梁机构和主船体等四部分组成。不同的结构所使用的的材质不同,对应的焊接材料、焊接方法等也不同,图7-1为JU2000E型400英尺自升式海洋钻井平台的实物图。下面主要介绍桩腿、悬臂梁和主船体的装焊。

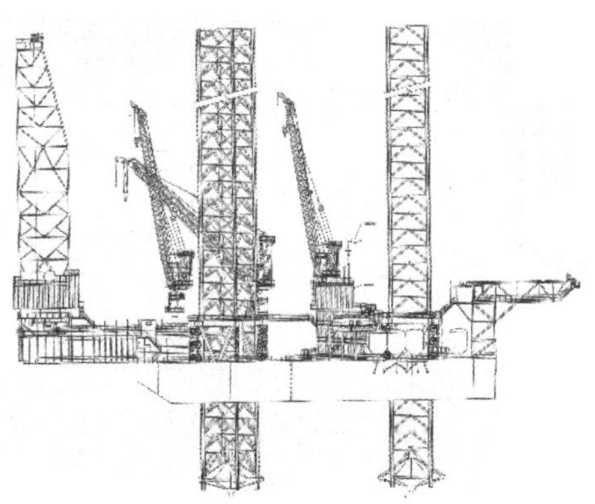

图7-1　JU2000E型400英尺自升式海洋钻井平台

一、桩腿机构

1. 总体概况

JU2000E 型 400 英尺自升式海洋钻井平台的桩腿采用三角桁架式倒 K 型结构，由主弦管、水平撑管、内水平撑管、斜撑管组成。

桩腿主弦管由齿条板、半圆板焊接组件组成，齿条板材质为 A517Gr. Q，半圆板材质为 A517Gr. Q。桩腿桁架的水平管为材质 SG550L，斜撑管和内水平管为材质 X52。图 7 -2 为 JU2000E 型 400 英尺自升式海洋钻井平台桩腿结构典型节段。图 7 -3 为 JU2000E 型 400 英尺自升式海洋钻井平台桩腿主弦管结构。表 7 -4 为 JU2000E 型 400 英尺自升式海洋钻井平台桩腿机构不同部位的焊接工艺要求。

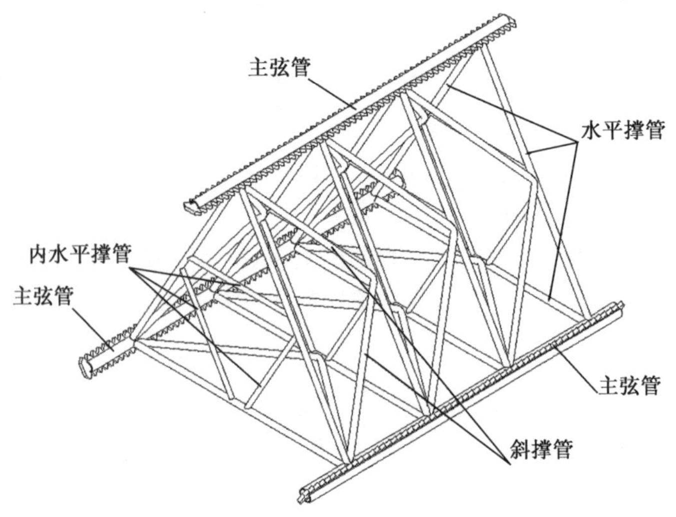

图-2　JU2000E 型 400 英尺自升式海洋钻井平台桩腿结构典型节段

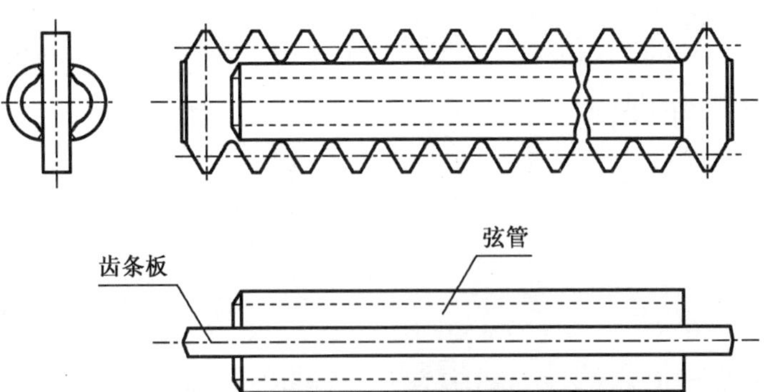

图 7 -3　JU2000E 型 400 英尺自升式海洋钻井平台桩腿主弦管结构

表 7 – 4　桩腿机构主要焊接工艺要求

序号	母材材质	接头类型	焊接位置	焊接材料	焊材规格	保护/焊剂	焊接电流/A	焊接电压/V	焊速/(mm·min^{-1})	预热温度/℃	道间温度/℃
1	A517Gr. Q	齿条对接	2G	AWS A5.5 E11016 – G	Φ3.2	/	100 ~ 125	23 ~ 26	70 ~ 115	150	150 ~ 200
2	A517Gr. Q	齿条对接	2G	AWS A5.5 E11016 – G	Φ4.0	/	140 ~ 180	25 ~ 27	100 ~ 200	150	150 ~ 200
3	A517Gr. Q	齿条对接	3G	AWS A5.5 E11016 – G	Φ3.2	/	90 ~ 120	23 ~ 25	60 ~ 110	150	150 ~ 200
4	A517Gr. Q	齿条对接	3G	AWS A5.5 E11016 – G	Φ4.0	/	120 ~ 170	24 ~ 27	90 ~ 180	150	150 ~ 200
5	A517Gr. Q	半圆板焊接	6G	AWS A5.5 E11016 – G	Φ3.2	/	100 ~ 150	21 ~ 26	60 ~ 130	150	150 ~ 200
6	A517Gr. Q	半圆板焊接	6G	AWS A5.5 E11016 – G	Φ4.0	/	120 ~ 170	23 ~ 27	80 ~ 150	150	150 ~ 200
7	A517Gr. Q + SG550L	水平撑管和半圆板	6GR	AWS A5.5 E9016 – G	Φ3.2	/	90 ~ 130	20 ~ 26	60 ~ 150	150	150 ~ 200
8	A517Gr. Q + SG550L	水平撑管和半圆板	6GR	AWS A5.5 E9016 – G	Φ4.0	/	130 ~ 180	22 ~ 28	80 ~ 160	150	150 ~ 200
9	X52 + SG550L	水平撑管和斜撑管/内水平撑管	6GR	AWS A5.5 E9016 – G	Φ3.2	/	90 ~ 120	20 ~ 26	60 ~ 140	150	150 ~ 200
10	X52 + SG550L	水平撑管和斜撑管/内水平撑管	6GR	AWS A5.5 E9016 – G	Φ4.0	/	130 ~ 180	22 ~ 28	100 ~ 180	150	150 ~ 200

注:焊接完成后立即进行后热消氢处理,后热消氢温度 280 ℃ ±20 ℃,后热消氢时间 2 h。

(1)桩腿结构件焊接施工要求

① 桩腿结构建造过程中需严格执行工艺部门制定工艺方案。焊材应严格按照焊接工艺规程(WPS)领取使用。焊接过程需严格遵守焊接工艺规程(WPS)。施工人员参加培训并取得相应的资格证书方能上岗。

② 焊接过程中需严格按照焊接工艺规程(WPS)要求进行焊前预热,焊接过程中控制层间温度,焊后热处理。当环境温度较低时,焊接过程中降温较快,需再次加热,保证控制层间温度,确保待焊处达到预热温度,焊接区域周围搭建简易围蓬挡风。

③ 焊缝的探伤应在焊缝冷却至环境温度 72 h 后方可进行。

④ 桩腿建造过程中每一阶段均需测量相关数据,以了解桩腿结构各阶段焊后的变形情况。焊渣、飞溅等应被清除,气孔、弧坑等缺陷均需得到修正。

(2)桩腿分段划分

整根桩腿共分成四段在结构车间建造,每一段的长度和重量均有差异,第一段长约 36 m,重约 180 t,第二段、第三段、第四段均长约 29 m,重约 150 t,图 7-4 为桩腿分段焊接划分。

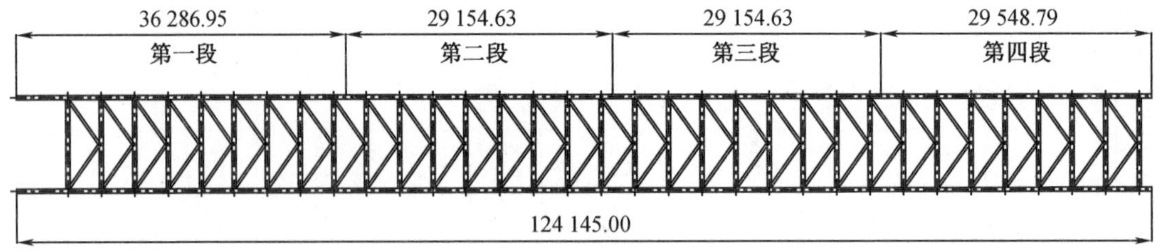

图 7-4　桩腿分段焊接划分

2. 桩腿分段制作各阶段焊接顺序

JU2000E 型 400 英尺自升式海洋钻井平台的桩腿分段制作由主弦管管接长和立体成形两阶段组成,每个阶段均在专用工位上进行,便于桩腿分段建造各阶段的跟踪与管理。每道工序均针对性地制定了标准化焊接顺序,既保证了桩腿分段整体尺寸,又减少了桩腿分段的焊接残余应力。

(1)主弦管接长

主弦管接长由 4~5 根主弦管同时对接,需保证主弦管的整体平面度、拱度以及对接处的齿距满足设计要求。主弦管接长主要包含齿条板接长和半圆板(窗户板)接长。图 7-5 为齿条板焊接操作施工现场。图 7-6 为窗户板焊接操作施工现场。

主弦管接长焊接要求如下。

①焊接前检查焊接设备、辅助工具、工装等确保其完整性与安全性。

②焊缝及周围进行打磨,保证焊道的清洁度。

③焊接材料按规定烘干,确保整个焊接过程中能够连续供应符合使用条件的焊材及焊剂。

图7-5　齿条板焊接操作施工现场

图7-6　窗户板焊接操作施工现场

④将拼装好的主弦管整体进炉预热，控制炉温，整体热透。保证焊接温度，焊接过程中多次翻转焊接，当温度低于规定层间温度后，重新进炉加热。

⑤焊接过程中焊道左右对称同步焊接，上下交替翻转焊接，减少焊接变形，做好监控记录，焊接过程全程受控。

⑥焊接完成后进炉进行消氢处理。

⑦焊接出炉后对焊缝进行打磨。

⑧在焊接过程中或无损检测后发现焊接缺陷应按修补规程处理（按船级社认可的探伤规定对焊缝进行无损检测）。

⑨在焊接过程中做好焊接记录及热处理记录。

主弦管焊接完成后，按照图纸要求检查各挡尺寸，测量方法参照船东和船级社认可的尺寸测量规程。在焊接完成的 72 小时后，按船东和船级社认可的探伤规定对焊缝进行 100% UT + MT 检查（船级社见证）。按规定对主弦管进行编号，并按图要求做相应位置标识。最后，整理相关检验报告。

主弦管接长包括齿条板焊接和窗户板焊接，下面分别介绍。

主弦管齿条板焊接过程：

①主弦管吊装上接长胎架，调整主弦管拱度、平面度，对接口预留焊接收缩余量，如图 7-7所示。

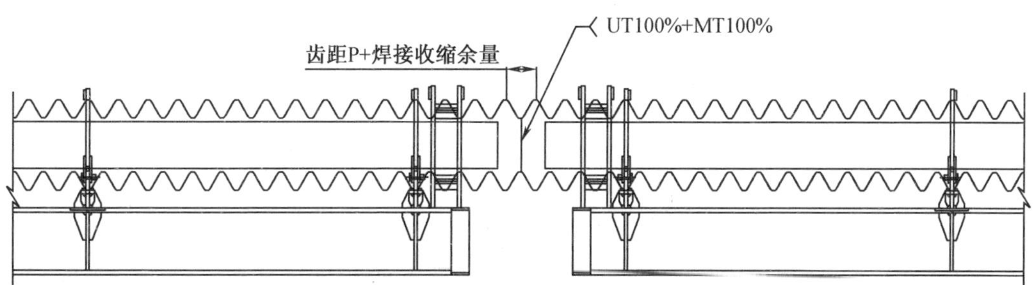

图7-7　主弦管齿条板装配

②安装主弦管齿条固定夹具，严格按照焊接工艺规程（WPS）要求焊前预热。

③主弦管齿条板对接缝焊接，焊接顺序如图 7－8 所示，注意焊接过程中需严格控制层间温度。

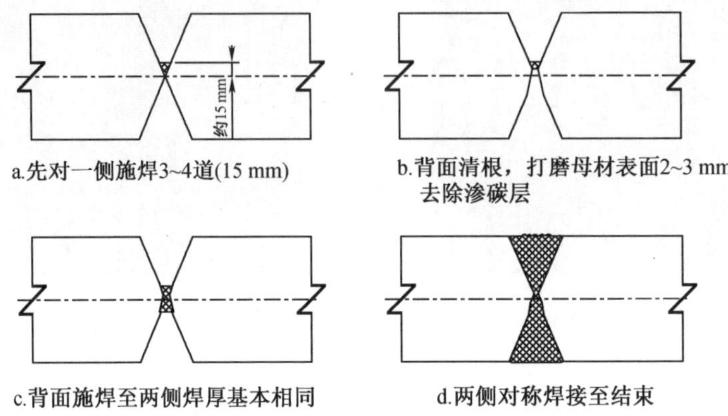

图 7－8　主弦管的齿条板焊接顺序

④严格按照焊接工艺规程（WPS）要求进行焊后热处理。

⑤焊接冷却至环境温度 72 h 后焊接检测。

主弦管窗户板焊接过程如下。

①窗户板装配，定位后使用夹具固定，如图 7－9 所示。

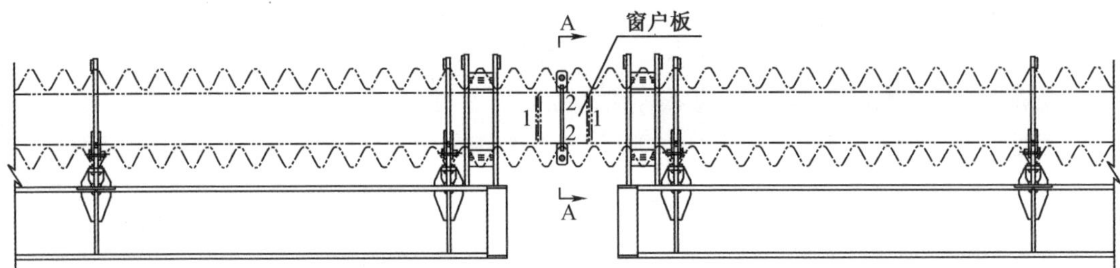

图 7－9　主弦管窗户板装配

②严格按照焊接工艺规程（WPS）要求进行预热。

③窗户板焊缝焊接（四人对称焊接），先焊接窗户板对接的弧形焊缝，再焊接窗户板与齿条板纵焊缝，如图 7－10 所示。焊接过程中需严格控制层间温度。

④按要求进行焊后热处理。

⑤焊接冷却至环境温度 72 h 后进行焊接检测。

⑥拆除主弦管固定工装，在没有约束的前提下检测主弦管的拱度、平面度等尺寸。

（2）桩腿分段立体成形

①水平撑管及内水平撑管焊接

采用跳焊法先同时焊接奇数截面上水平撑管与主弦管相贯焊缝，同一截面上的 6 道焊缝同时施焊，再同时焊接偶数截面上水平撑管与主弦管相贯焊缝，同一截面上的 6 道焊缝同时施焊。水平撑管焊接结束后，采用跳焊法焊接内水平撑管，焊接顺序与水平撑管相同。如图 7－11 所示为水平撑管焊接示意图，图 7－12 为图 7－11 水平撑管焊接操作施工现场实物图。

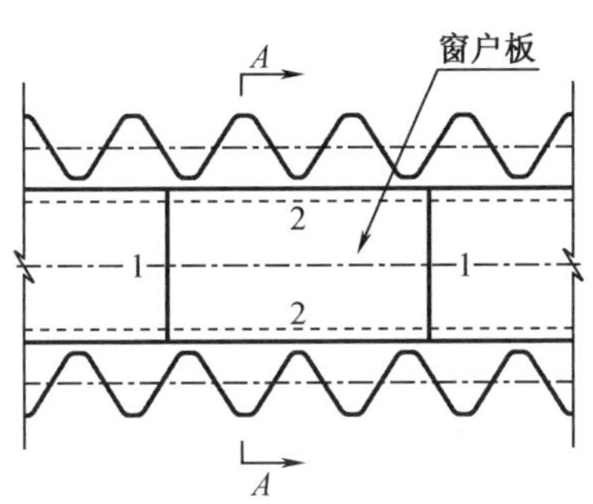

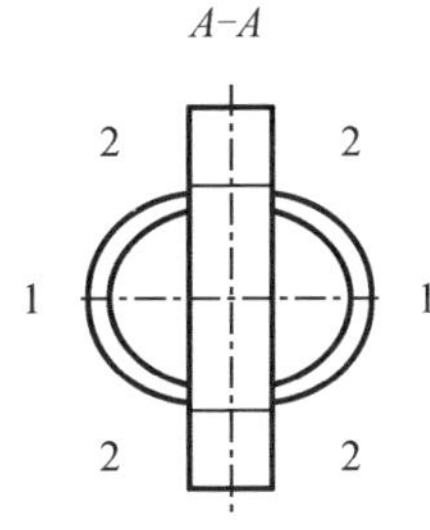

图7-10 窗户板焊接顺序

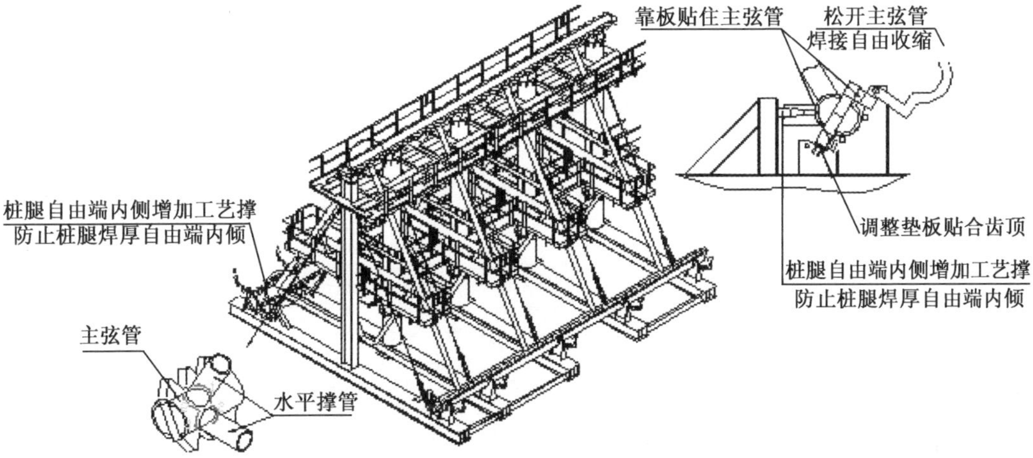

图7-11 水平撑管焊接示意

图7-12 水平撑管焊接实物图

②一次斜撑管焊接

采用跳焊法先同时焊接奇数截面上一次斜撑管与水平撑管相贯焊缝,同一截面上的3

道焊缝同时施焊，再同时焊接偶数截面上一次斜撑管与水平撑管相贯焊缝，同一截面上的3道焊缝同时施焊。一次斜撑管与主弦管相贯焊缝暂不焊。如图7－13所示为一次撑管与水平撑管焊接示意图，图7－14为一次撑管与水平撑管焊接操作施工现场图。

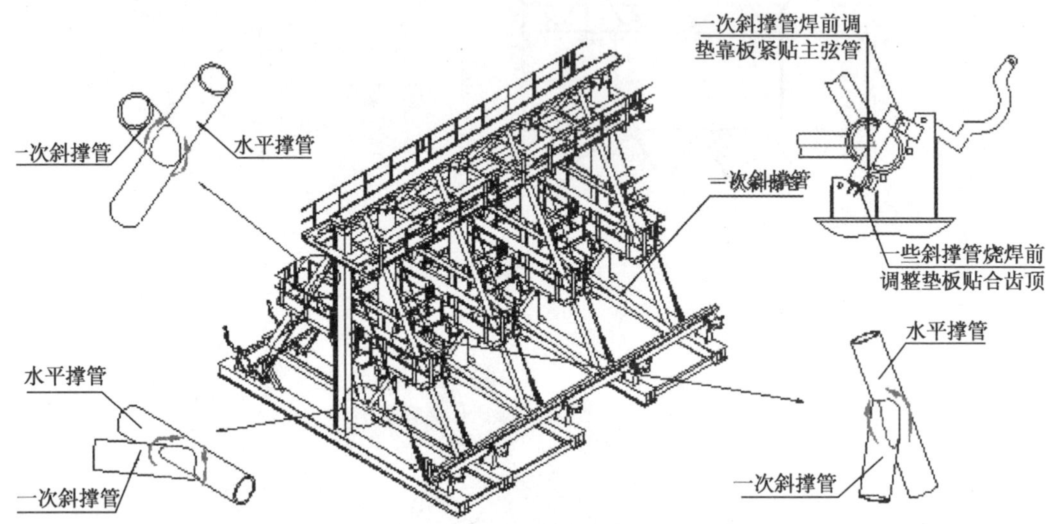

图7－13　一次撑管与水平撑管焊接示意

图7－14　一次斜撑管与水平撑管焊接

③二次斜撑管焊接

采用跳焊法焊接二次斜撑管与水平撑管相贯焊缝，焊接顺序和一次斜撑管与水平撑管相贯焊缝焊接顺序相同。

二次斜撑管与水平撑管焊缝焊接结束后，打磨去除一次、二次斜撑管与主弦管定位焊缝，调整三根主弦管端部同面度及一次、二次斜撑管与主弦管装配间隙，合格后相邻两分段刚性固定，如图7－16所示为二次斜撑管与水平撑管焊接操作施工实物图。

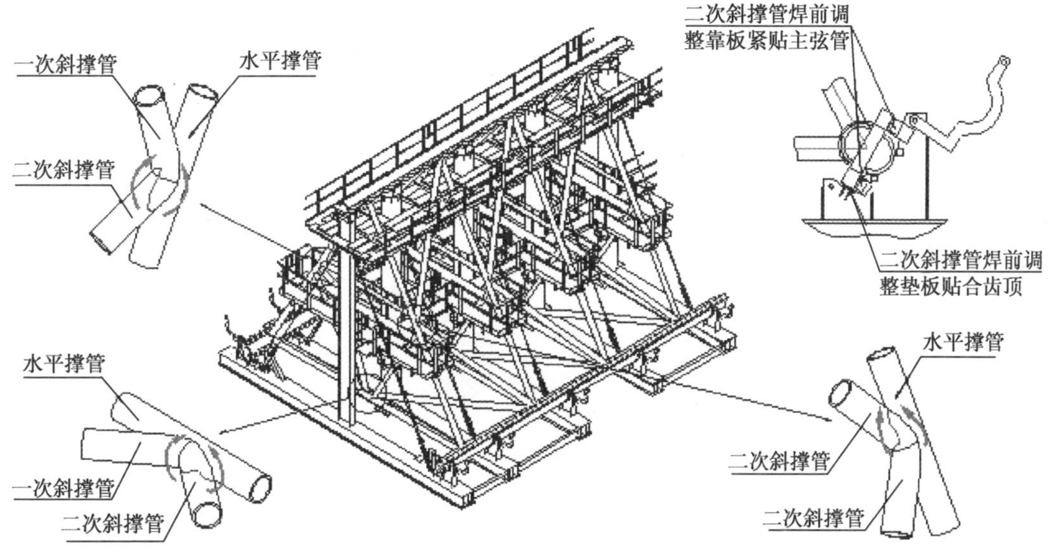

图7－15　二次斜撑管与水平撑管焊接示意

图7－16　二次斜撑管与水平撑管焊接实物图

采用跳焊法先同时焊接奇数截面上一次、二次斜撑管与水平撑管相贯焊缝，同一截面上的6道焊缝同时施焊，再同时焊接偶数截面上一次、二次斜撑管与水平撑管相贯焊缝，同一截面上的6道焊缝同时施焊。

(3)桩腿大合拢导向工装装焊

桩腿分段制作成形后，相邻两分段在桩腿成形胎架上预拼，待合拢口拱度、平面度、齿间距等数据测量合格后安装空中合拢导向对位工装，如图7－17所示。桩腿大合拢主要包括桩腿与桩靴以及各段桩腿直接的装配与焊接。

桩腿大合拢装焊在各段之间主要包括齿条板和窗户板的焊接，过程和要求与前面介绍相同，在此不做赘述。整体桩腿大合拢装焊过程如图7－18所示。

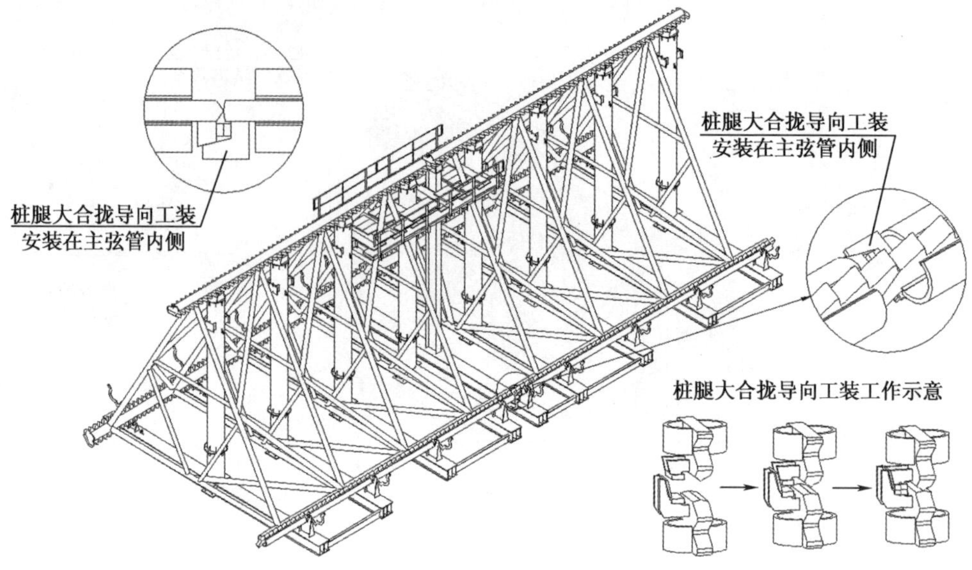

图 7-17　桩腿大合拢导向工装安装

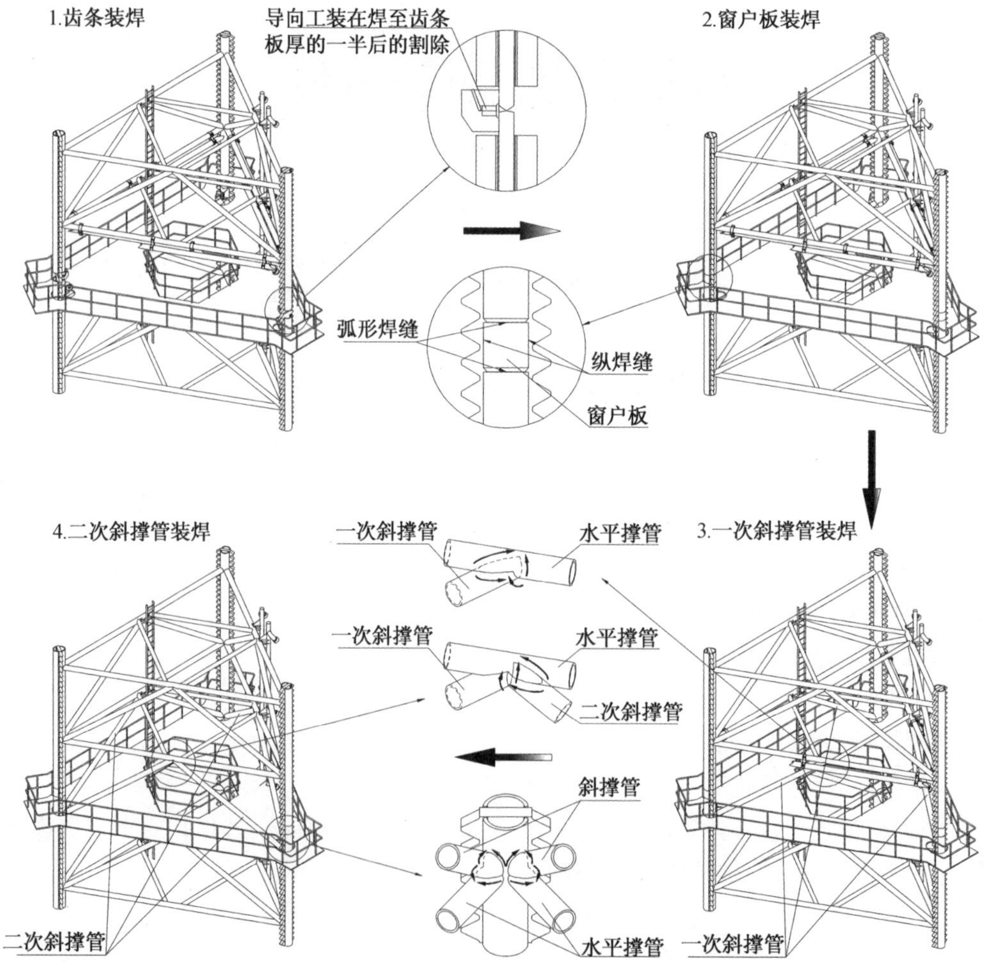

图 7-18　桩腿大合拢的齿条、窗户板、斜撑管焊接

二、悬臂梁结构

JU2000E 型 400 英尺自升式海洋钻井平台的悬臂梁结构主要由主梁、甲板横梁、钻台支撑架三部分组成。悬臂梁总体建造思路：针对主梁工字型结构的特点，可将主梁在腹板拼缝位置处分上下 T 型结构分别预制完成，然后将上部结构吊装至下部结构上完成主梁的对接，对于甲板横梁、钻台支撑架部分分别进行整体预制，分别吊装到主梁结构上，在车间完成总拼装，结构件制作完成后需要利用液压平板车同步转运出车间，冲砂、油漆后转运至外场进行附属件的安装。如图 7－19 所示。

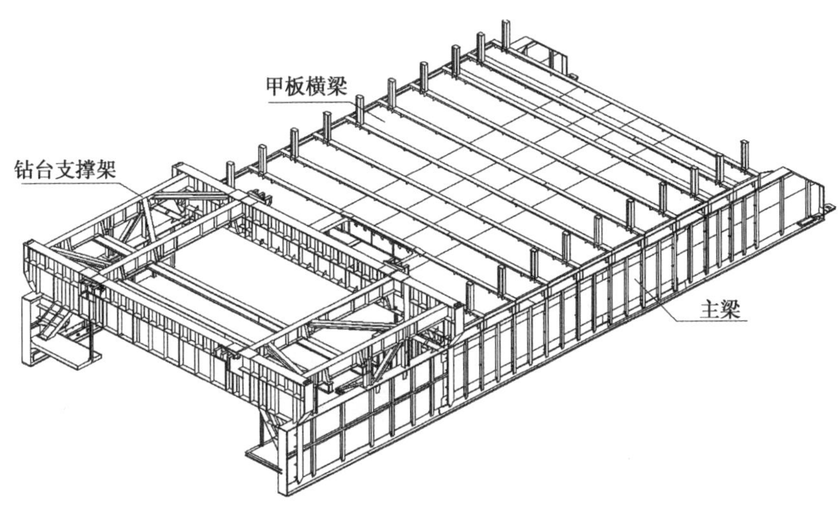

图 7－19　JU2000E 型 400 英尺自升式海洋钻井平台悬臂梁模型图

JU2000E 型 400 英尺自升式海洋钻井平台的悬臂梁结构涉及的材质有 EQ63、EQ56、EQ47、EH36、DH36、AH36 等。悬臂梁结构中主梁结构是悬臂梁结构中精度要求最高、制作难度最大的部分。下面以悬臂梁主梁的制作和焊接为例进行说明。

1. 悬臂梁主梁分段制作

用将主梁分上下两部分 T 形结构焊接、预制，再将上部结构吊装至下部结构完成主梁合拢的制作方法。如图 7－20 所示。

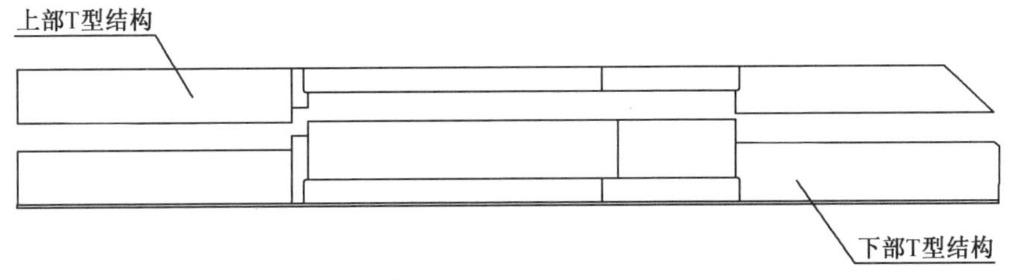

图 7－20　主梁分段示意图

2. 下面板刚性固定、焊接

(1)下面板的变形控制是悬臂梁质量控制的重要因素,利用油压千斤顶将悬臂梁下面板各分段与滚道梁胎架压紧,预制反变形,每压好一段距离则用卡马、楔块等将下面板固定,使下面板全长范围内都进行刚性固定。如图7－21所示。

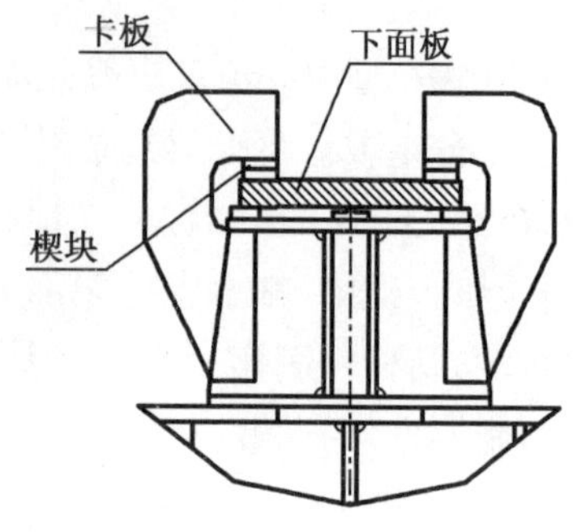

图7－21　下面板刚性固定示意图

(2)测量下面板全长范围内直线度、平整度等尺寸,出具检测报告。

(3)严格按照焊接工艺规程(WPS)要求焊前预热,焊接过程中控制层间温度,焊后需要后热处理。

(4)焊接冷却至环境温度48 h后NDT检测。

(5)划出下面板上腹板安装尺寸线。

3. 下部腹板拼装、装焊

(1)下部腹板整体拼装、焊接后检查整体平整度、对角线、直线度等尺寸,合格后划出腹板上各加强筋的装配位置线及余量线。

(2)检查合格后需要与上部腹板进行预拼装,保证图纸要求尺寸后拆开。

(3)根据下面板上腹板的安装尺寸线,利用车间行车及吊梁整体吊装下部腹板至下面板上,调整后保证安装尺寸与所划尺寸重合。

(4)如图7－22所示,在行车松钩前采用槽钢及螺旋扣等工装将腹板两侧支撑好,调整主梁垂直度后在腹板两侧定位工艺三角板,工艺三角板与腹板及下面板采用间断焊,为防止腹板与下面板焊接过程中,腹板产生波浪的扭曲变形,在腹板一侧全长范围内采用间断焊接H型钢固定。

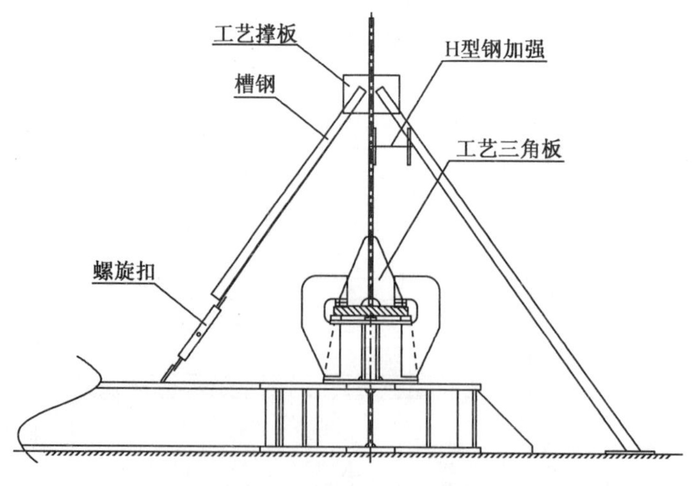

图7－22　腹板固定示意图

(5)根据通过的WPS焊接下面板与腹板的主焊缝,施焊前需要利用电加热板对焊缝位置进行预热。

(6)腹板定位报验后,采用中间向两端施焊、分段跳焊法焊接。如图7-23所示。

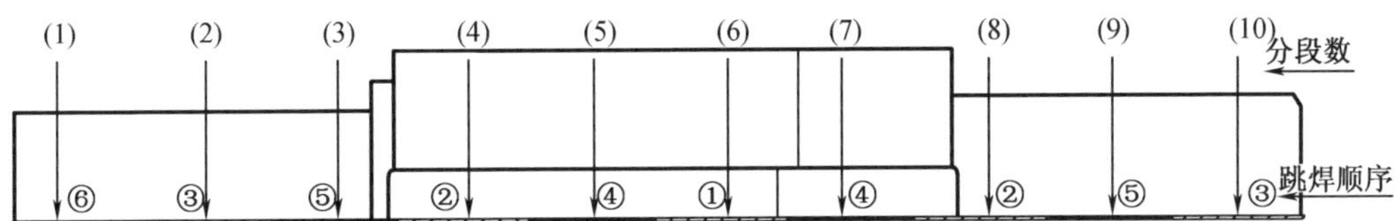

图7-23 腹板焊接示意图

(7)焊接过程中注意控制层间温度,焊后需要后热处理。

(8)焊接冷却至环境温度48 h后进行焊接检测,如不合格,需要按照通过的返修工艺进行返修。

(9)测量下面板全长范围内直线度、平整度等尺寸,出具检测报告。

4. 装焊下部三角板和V板

(1)根据腹板上三角板的划线尺寸,装配两侧三角板。严格按照WPS要求,对称施焊两侧三角板,施焊前需要焊缝位置进行预热。焊接冷却至环境温度48 h后NDT检测,如不合格,需要按照通过的返修工艺进行返修。

(2)下部V板在安装前需要进行整体对接,如图7-24所示,在基础胎架两侧分别布置对接工位,严格按照WPS要求进行对接,施焊前需要对焊缝位置进行预热,焊接后测量V板直线度、平整度等尺寸,如有超差必须进行校正。

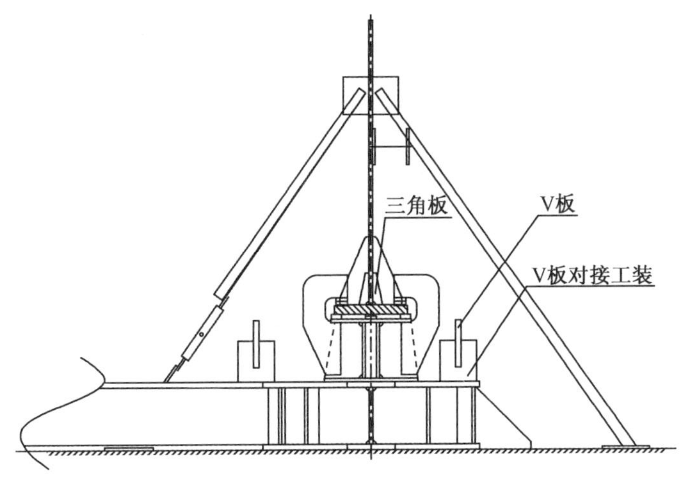

图7-24 V板对接示意图

(3)下部V板对接完成后,整体吊装至下面板上,调整后保证V板与三角板贴合,在焊接前需要采用卡板及楔块将V板与腹板固定。如图7-25所示。

(4)严格按照WPS要求,首先从中间向两端采用分段跳焊法焊接V板与下面板的焊接,完成后再焊接V板与腹板的焊缝,施焊前需要在焊缝位置进行预热,焊接过程中注意控制层间温度,焊后需要后热处理。

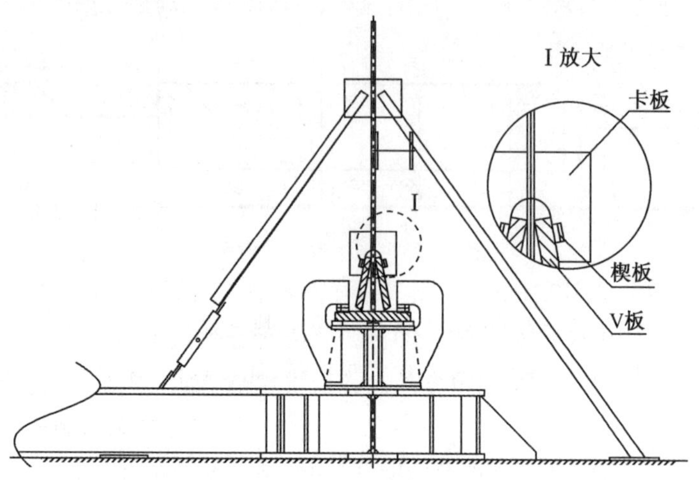

图 7－25　V 板卡板布置示意图

(5)焊接冷却至环境温度 48 小时后 NDT 检测,如不合格,需要按照通过的返修工艺进行返修。

(6)测量下面板全长范围内直线度、平整度等尺寸,出具检测报告。

(7)装配一侧加强筋。腹板两侧加强筋按图纸要求进行预制,完成后必须检查其平整度、直线度等尺寸,不合格必须进行校正,将各预制件做好标记,防止混淆。如图 7－26 所示,根据腹板上加强筋的划线尺寸,将腹板一侧加强筋预先点焊定位至腹板上。上部主梁结构制作同下部主梁结构。

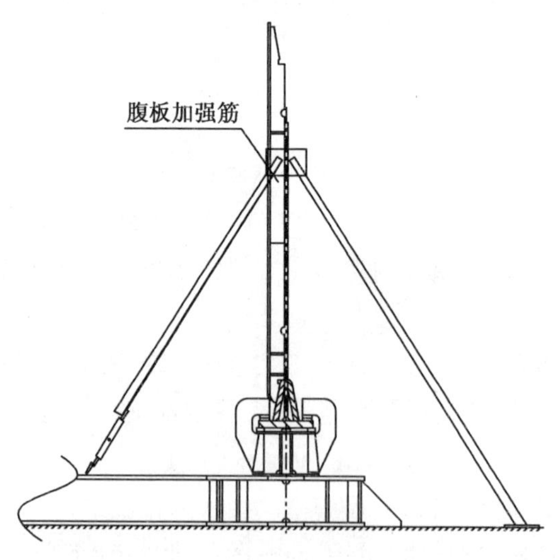

图 7－26　加强筋安装示意图

5. 上、下部主梁结构对接

(1)如图 7－27 所示,用吊梁吊装上部主梁结构至下部主梁结构上。

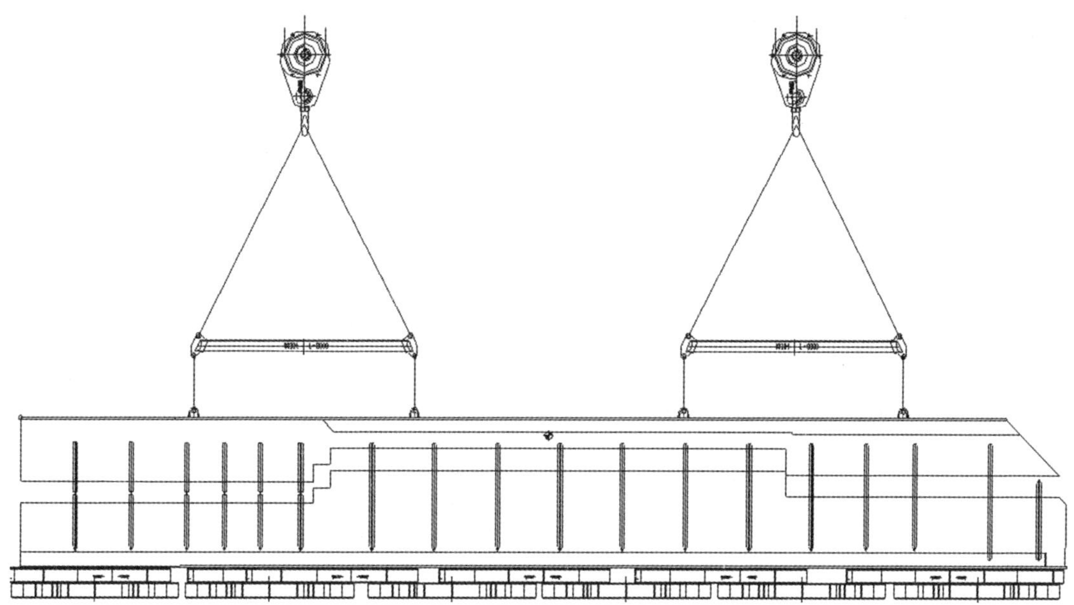

图7-27 上部主梁结构吊装示意图

(2)按图纸要求检查对接后各相关尺寸,调整腹板直线度,合格后点焊定位。

(3)严格按照 WPS 要求,从中间向两端焊接,施焊前需要在焊缝位置进行预热,焊接过程中注意控制层间温度,焊后需要后热处理。

(4)焊接过程中必须反复测量主梁腹板直线度尺寸,如发现超差必须通过正反面螺旋扣等做适当的调整,保证直线度等尺寸要求。

(5)由于焊接拼缝位置较高,必须通过搭制脚手架完成。

(6)焊接冷却至环境温度 48 h 后进行焊接检测,如不合格,需要按照通过的返修工艺进行返修。

(7)测量下面板、腹板全长范围内直线度、平整度等尺寸,出具检测报告。表7-5为悬臂梁结构主要焊接工艺要求。

三、主船体结构

1. 总体概述

JU2000E 型 400 英尺自升式海洋钻井平台的主船体上下一般分三层,底部为双层底(刚度较强),中部机械甲板为平台结构(板较薄),上部主甲板为强力甲板。主甲板、外底板和舷侧外板均为平面板架,没有舭部半径,外底板和舷侧外板之间采用直角连接。上层建筑从整体上看为 U 形结构,以层间甲板划分段,但其钢板薄,整体尺寸大易变形。JU2000E 型 400 英尺自升式海洋钻井平台分 43 个分段,主船体分为七大段,分别生产建造后,进行大合拢,如图7-28所示。

表 7-5　悬臂梁结构主要焊接工艺要求

序号	母材材质	接头类型	焊接位置	焊接材料	焊材规格/mm	保护/焊剂	焊接电流/A	焊接电压/V	焊速/(mm·min^{-1})	预热温度/℃	道间温度/℃
1	EQ63	主梁拼板对接	1G	AWS A5.29 E111T-K3C-J	1.2	CO2	225~275	25~28	190~315	150	150~200
				AWS A5.23 F11A8-EC-F5	4.0	AWS A5.23 F8A2-EB2-B2	405~495	28~32	450~600	150	150~200
2	EQ63	主梁V板焊接	1G/2G	AWS A5.5 E11016-G	3.2	/	100~140	22~26	60~150	150	150~200
3	EQ63	主梁V板焊接	1G/2G	AWS A5.5 E11016-G	4.0	/	140~190	24~27	90~220	150	150~200
4	EQ63	主梁V板焊接	3G	AWS A5.5 E11016-G	3.2	/	90~130	22~25	60~120	150	150~200
5	EQ63	主梁V板焊接	3G	AWS A5.5 E11016-G	4.0	/	120~170	24~27	90~180	150	150~200
6	EQ63	主梁V板焊接	3G	AWS A5.5 E11016-G	3.2	/	90~130	22~25	60~120	150	150~200
7	EQ63	主梁V板焊接	3G	AWS A5.5 E11016-G	4.0	/	120~170	24~27	90~180	150	150~200
8	EQ63	主梁V板焊接	4G	AWS A5.5 E11016-G	3.2	/	90~130	23~25	60~120	150	150~200
9	EQ63	主梁V板焊接	4G	AWS A5.5 E11016-G	4.0	/	120~170	24~27	90~180	150	150~200

表 7－5(续)

序号	母材材质	接头类型	焊接位置	焊接材料	焊材规格/mm	保护/焊剂	焊接电流/A	焊接电压/V	焊速/($mm \cdot min^{-1}$)	预热温度/℃	道间温度/℃
10	EQ63	主梁 V 板焊接	1G/2G	AWS A5.29 E111T－K3C－J	1.2	CO_2	220～250	25～29	160～275	150	150～200
11	EQ63－EQ56	对接/角接	1G/2G	AWS A5.29 E91T－K2C	1.2	CO_2	210～260	24～27	185～280	150	150～200
13	EQ63＋EQ56	对接/角接	3G	AWS A5.29 E91T－K2C	1.2	CO_2	180～220	23～27	125～210	150	150～200
14	EQ63＋EQ56	对接/角接	4G	AWS A5.29 E91T－K2C	1.2	CO_2	190～230	23～27	115～200	150	150～200
15	EQ63＋EH36	对接/角接	1G/2G	AWS A5.20 E71T－K2C	1.2	CO_2	185～225	22～26	140～220	150	150～200
16	EQ63＋EH36	对接/角接	3G	AWS A5.20 E71T－K2C	1.2	CO_2	180～210	22～26	115～200	150	150～200
17	EQ63＋EH36	对接/角接	4G	AWS A5.20 E71T－K2C	1.2	CO_2	180～205	22～26	115～200	150	150～200

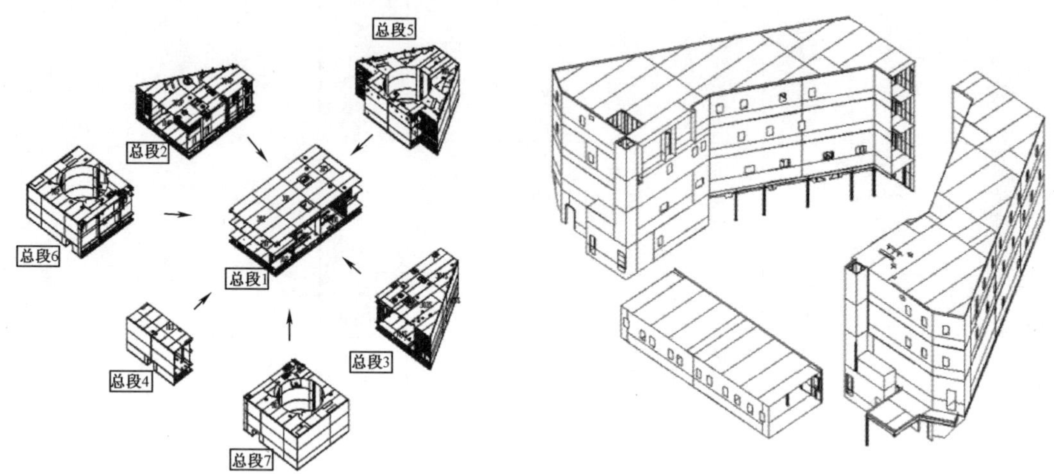

图 7－28　JU2000E 型 400 英尺自升式海洋钻井平台的主船体分段合拢示意

焊接过程中，可能存在变形，因此要对不同的部位加放尺寸略有不同。对于 JU2000E 型 400 英尺自升式海洋钻井平台的焊接过程中，主船体对接缝板厚 14 mm 以下，加放 1 ~ 1.5 mm，板厚 14 mm 以上加放 0.5 ~ 1 mm；上层建筑、机舱棚、烟囱、舱口围、舱口盖等 12 mm以下薄板，每档肋距、每档纵骨间距，加放 0.5 mm 收缩补偿量；横向薄板每 1 000 mm 宽度加放 0.5 mm 收缩补偿量。

2. 主船体焊接工艺

（1）主船体焊接工作的焊工必须持有船级社考核认同的等级资格证书方可进行相关的焊接作业，而且至少有六月以上从事相关工作的经验。

（2）所选用的焊接材料应符合 ABS《材料与焊接规范》篇中的有关规定。

（3）对接焊缝、角焊缝等焊接方法、坡口形式、根部间隙应按 ABS 认可的 WPS 规定进行。

（4）船体结构角焊缝的焊脚尺寸按 ABS 认可的 DWG－ST－0006《焊接规格表》执行。

（5）凡能用高效焊接的焊缝应尽可能采用自动焊、CO_2 气体保护焊等高效焊接方法。

（6）垂直对接缝单面施焊双面成形；若施焊面有缺陷，则另一面要碳刨清根全焊透。

（7）定位焊长度一般为大于或等于 40 mm，定位焊间距一般为 250 ~ 350 mm，焊脚高度不得超过正式焊缝高度。定位焊应全部施焊在结构面，尽量减少外板表面及纵横壁板光面的马脚。定位焊一律使用直径 3.2 mm 焊条，高强度钢板定位焊使用直径 3.2 mm 的低氢焊条进行焊接。

（8）大合拢分段外板的坡口开在外板外表面（非构件面），底部开在内表面（构件面）。

（9）在胎架上反造的立体分段，铺板的对接缝尽量采用手工 CO_2 焊和自动焊，外表面翻身碳刨清根、封底焊。

（10）雨、雾天不得在室外进行焊接工作，除非有一定的防雨设施和烘干措施。

（11）所有焊接材料必须经过烘干处理，低氢焊条焊接一律使用保温桶保温。CO_2 气体保护焊时必须设置防风措施，焊前坡口及打磨清洁工作需经报验认可。控制焊脚尺寸，不宜过大或过小，满足焊接规格表中的要求。

(12)分段焊接应严格按照以分段中间向前后、左右对称焊接,先焊构件对接缝、立角焊后焊板材对接缝。分段大接缝的焊接,必须在相应的大接缝装配结束后进行。

(13)船台大接缝焊接应在分段定位及加强结束后,才能对已合拢分段接缝焊接,同时应采取有效的控制上翘反变形措施。外壳板马脚批磨时不得伤及母材(涉及 PSPC 分段严格禁止外壳板表面的油漆损毁),所有定位焊与板尽量施焊在内部,保证外表美观。

3. 分段建造精度控制

分段的精度质量误差来源于分段建造、转运吊装诸多工艺环节,各个环节的误差经过叠加、传递和积累,构成了最终分段的建造积累精度误差,然后再进一步影响整个平台建造精度,如图 7－29 所示。

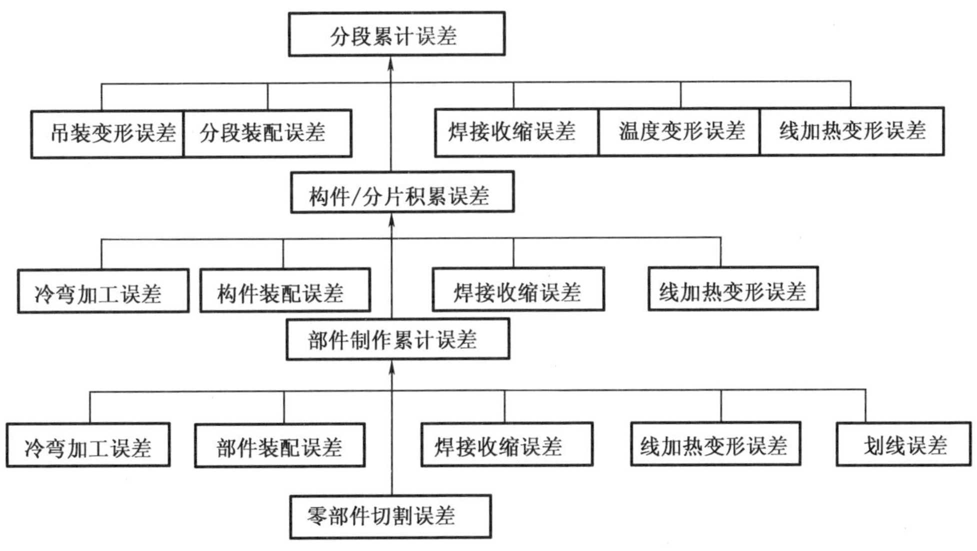

图 7－29　主船体分段建造过程误差的累积

(1)基准线是放样、安装、精度控制、测量的基准,每个分段完整时必须划出中心线、中肋位线、水线或直剖线印记,作为船台合拢和精度控制准线。

(2)胎架底脚线(包括角尺线)划好后经自检、互检无误后方能竖立胎架,对角线误差 ±1 mm。施工队确认分段在车间布置位置后需检查该区域胎架的完整性,局部薄弱部位需加强。而且需用激光经纬仪对该区域的胎架进行水平度检测,检测合格后方可投入使用。

(3)板材零件尽量采用等离子切割,减小切割变形,如切割后零件变形,应经轧平后送下道工序。

(4)分段焊接后,需经过甲板水平度测量,首、尾、中肋位、左、中、右(共 9 处)水平误差 ±4 mm。如超差经过火工校平直至达到标准为止。测量数据在中合拢时送船东及驻厂验船师认可。

(5)分段的肋骨检验线、高度检验线及宽度检验线在分段完工后应划出,并做出硬印记号。

(6)定位分段船台定位:定位分段基准线以船底板上表面为准,包括标杆上的测量线;定位分段中心线误差小于 1 mm,中肋位误差 ±1 mm,底板前后挠曲误差 ±2 mm,左右四角

水平度 ±4 mm;用拉条将分段左右前后与船台用钢性撑固定。

(7)双层底分段对接合拢:首先要测量已定位的分段水平度情况来决定未定位分段前后的高度;长度以中肋位为准量取;待双层底分段装焊基本结束,重新测量内底平整度,测量数据交质管部门;同时按船台中心线重新开出(内底板上)船体中心线及 FR20 肋位线号圆铳标记;竖标杆标出各大接头水线,作为舷侧分段的定位基准线。

(8)其他分段以双层底分段为基准搭载建造。当主甲板搭建完成(除桩腿围井区域的分段未上)时,可修正主甲板船体中心线,以便后续围井总段的吊装。

(9)涉及 PSPC 要求的分段在大合拢时应为无余量对接,后上分段余量在分段完工验收后割除,在割除前应先测量与本分段对接的分段余量切割后的数据,以此数据对应切割后上分段余量,然后开出剖口、打磨光滑、送涂装。如果后上分段接缝留余量,则需二次定位来确定切割余量值,吊离现场,做好涂层保护措施后再切割、再定位对接。

4. 分段吊运和翻身时结构薄弱区域加强

为了确保分段在吊运翻身过程中具有足够的刚性,防止产生变形与损坏,应根据分段制造工艺和吊马布置图进行加强。加强材的布置应根据分段形状、结构形式及翻身方向确定。

(1)船体结构薄弱区域的补强形式举例

①当舷侧分段无舷侧纵桁或刚性较差时,必须作纵向加强,如图 7-30 所示。

②当甲板分段或机舱分段尺寸较大时,应在大开口或大舱口处加强,如图 7-31 所示。加强材应与大开口或大舱口的加强结构(如舱口纵桁)相连接,且其端部应超出舱口纵桁。

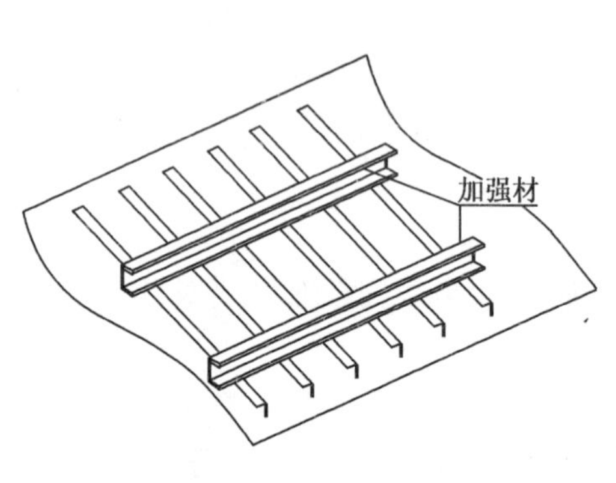

图 7-30　纵向加强

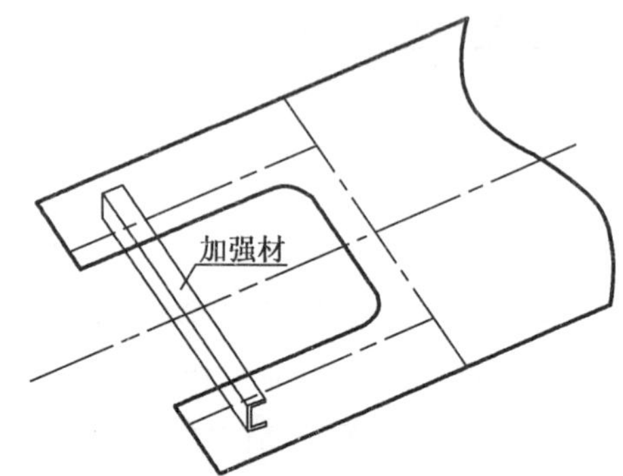

图 7-31　大开口或大舱口处加强

③当槽形隔舱分段、围板无横束腰时,必须加强,如图 7-32 所示。

(2)JU2000E 型 400 英尺自升式海洋钻井平台的主船体后的加强措施举例

①为了防止和最大限度减小开口变形,及分段整体扭曲,在开口位置做如下槽钢加强,槽钢既要保证连续,又要保证与大拼板骨材布置方向的垂直,如图 7-33 所示。

②容易造成壁板隆起变形,必须还采取相应加强。采取等间距布置肘板加强材方式,从而防止角隅处变形,如图 7-34 所示。

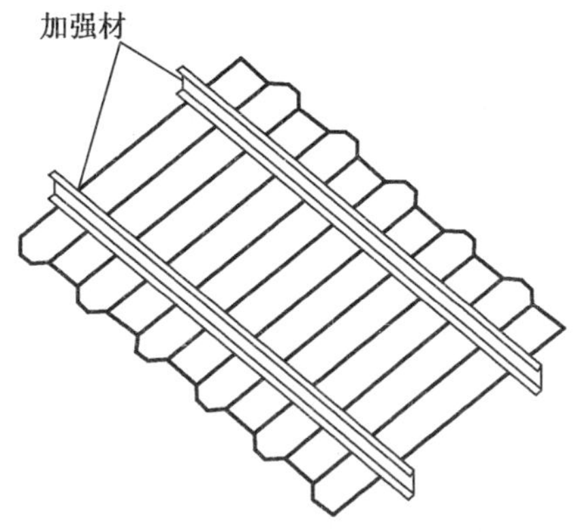

图 7－32　无横束腰时的加强

图 7－33　开口处槽钢加强

图 7－34　肘板加强方式

主船体结构在制作过程中，对结构尺寸精度的控制要求很高，构件从冷作、装配到焊接，每道工序都必须严格控制精度。

模块 8　焊接质量检验

项目 1　常见的焊接缺陷分析

焊接焊缝的缺陷按其所处位置可分为两大类。

(1)外部缺陷:缺陷位于焊缝的表面,主要有焊缝尺寸不符合要求、咬边、弧坑、焊瘤、表面气孔、焊穿、表面裂纹等。

(2)内部缺陷:缺陷位于焊缝的内部,主要有未焊透、内气孔、内裂纹、夹渣等。

为了预防和消除焊接缺陷,我们必须对焊缝缺陷的主要特征、产生的原因有所了解。下面介绍一些常见焊接缺陷的主要特征、产生原因及其预防和消除措施。

一、焊缝尺寸不符合要求

1. 特征

焊接结构的焊缝尺寸不符合设计要求时,将影响焊接接头的质量,一般有如下特征:

(1)焊缝成形粗劣;

(2)焊缝宽度过窄、过宽或不均匀;

(3)焊缝增强量过高或过低;

(4)角焊缝单边或下陷量过大,焊脚尺寸不合要求。

2. 原因

产生这些缺陷的原因很多,主要有如下几种。

(1)焊件坡口开得不当,或装配间隙不均匀;

(2)焊接电流过大或过小;

(3)运条速度或手势不当,焊条(或半自动焊手把)角度选择不当;

(4)在埋弧自动焊中主要是焊接工艺参数选择不当。

3. 预防措施

上列缺陷会增大焊缝内部的应力集中,降低接头的强度并损坏焊缝形状,对焊接结构的强度是不利的。这些缺陷的预防措施是:

(1)选择正确的坡口角度和尺寸,以及装配质量;

(2)选择合适的焊接电流;

(3)熟练掌握运条手势和速度,随时适应焊件装配间隙的变化,以保持焊缝的均匀;

(4)角焊时,注意保持正确的焊条角度;

(5)焊脚尺寸必须符合设计要求。

如果焊缝尺寸不符合要求,应进行补焊修复。一般用风铲或碳弧气刨进行修整后,低的加高,窄的加宽,单边的可加焊一道,太高的可适当用风铲修复。

二、咬边

咬边是指电弧将焊缝边缘熔化后,没有得到熔化金属的补充而留下的沟槽,如图8-1所示。咬边是一种危险的缺陷,它不但减小了母材的厚度,还在咬边处造成应力集中,承受载荷(特别是动载荷)时有可能在咬边处产生裂缝,导致焊接结构破坏。

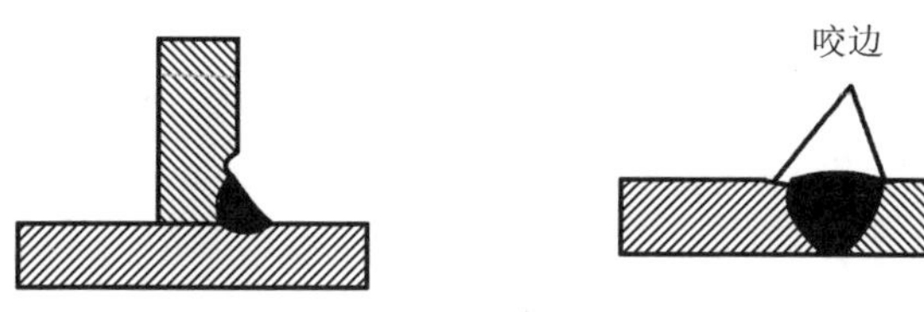

图8-1 咬边

产生咬边的原因主要是焊接电流太大以及运条方法不当。在角焊时,咬边经常是由焊条角度不当或电弧太长造成的。埋弧自动焊时也往往由于焊接速度过快而产生咬边。

防止产生咬边的措施主要有:正确选择焊接电流和运条方法;角焊时采用合适的焊条角度,并保持一定的电弧长度;埋弧自动焊时正确选择焊接工艺参数。

在焊接生产中,对咬边都有一定的限制。如在一般的结构中,咬边深度不允许超过0.5 mm;在比较不重要的中厚板构件中,允许咬边深度不大于1.5 mm,长度不超过焊缝长度的10%;对于特别重要的结构如高压容器、管道等,咬边是不允许存在的。对超过允许的咬边,可将咬边处清理干净,进行补焊填满,但不允许以磨光母材的办法来修正。

三、弧坑

弧坑是指在焊缝尾部或焊缝接头处有低于基本金属表面的凹坑,如图8-2所示。

产生弧坑的原因是焊条收尾时未能供给足够的焊着金属而使焊缝在该处有较明显的缺陷,焊接电流较大时更易产生严重弧坑。

防止产生弧坑的措施是:焊条在收尾处稍加停留一会。有时停留时间过长会导致熔池温度过高,造成熔池过大或产生焊瘤。此时应采用几次断续灭弧焊法来填满,即焊条在该处稍停留后就灭弧,待其稍冷后再引弧并填充一些熔化金属,这样往复几次便可将弧坑填满。但采用碱性焊条焊接时不宜采用断续灭弧焊法,以免产生气孔。

弧坑形成凹陷表面,其中常有气孔、夹渣或微裂缝,所以应将弧坑内的这些缺陷加以清除,然后再进行焊补填满。

四、焊瘤

焊瘤是指正常焊缝外多余的焊着金属。焊瘤经常产生在横焊、仰焊和立焊焊缝中,如图8-3所示。埋弧自动焊焊接小环缝时,也常常出现焊瘤。焊瘤影响焊缝的成形美观,而且往往在焊瘤处存在夹渣和未焊透。

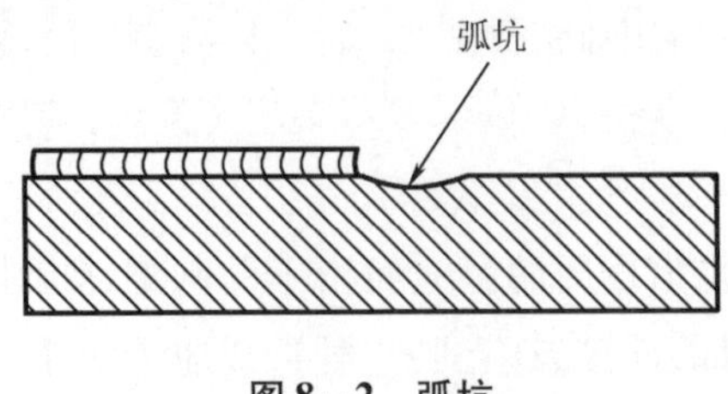

图 8－2　弧坑

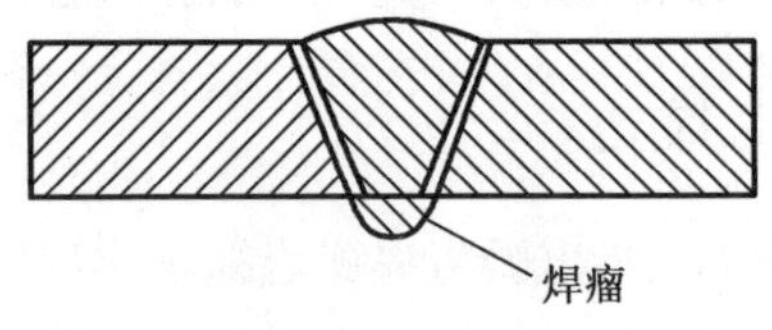

图 8－3　焊瘤

产生焊瘤的主要原因是：焊接电流太大，使焊条熔化太快，电弧过长或运条方法不当，焊接速度太慢。这些因素都使熔池金属温度太高而造成下淌形成焊瘤。

防止焊瘤产生的措施主要是严格掌握熔池温度（不能过高），选择合适的焊接电流，压短电弧施焊，采用正确运条方法等。

严重的焊瘤应采用风铲或碳弧气刨铲除，并使焊缝边缘平滑，不应有槽痕。

五、夹渣

夹渣是指夹杂在焊缝金属内部的非金属熔渣，它是焊缝金属中最常见的缺陷之一。夹渣的存在会降低焊缝强度。某些连续状的夹渣是危险的缺陷，裂缝就往往发生在这些地方，如图 8－4 所示。

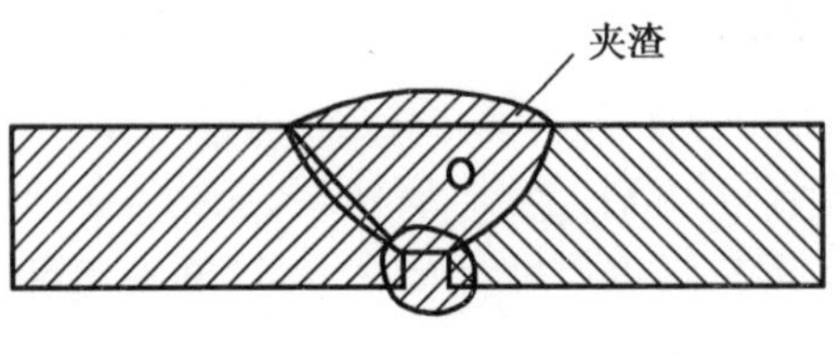

图 8－4　夹渣

产生夹渣的原因主要有：焊件边缘和坡口不清洁，运条不当和焊条角度不当，使熔化金属与熔渣混杂在一起；焊接电流或坡口角度过小；焊条的工艺性能不好；多层多道焊时，每层熔渣清理不干净。另外，第一层焊缝的形状不好或焊缝冷却太快也会使熔渣来不及排出而造成夹渣。

避免产生夹渣的主要措施有：采用工艺性能好的焊条，正确选用焊接电流，正确选用焊接坡口角度（不能太小），多层多道焊层层彻底清除熔渣，在操作过程中注意熔渣流动的方向。

要分清熔化金属和熔渣，根据熔池的情况正确运条，特别是在使用酸性焊条焊接时，必须使熔渣在熔池的后面，若熔渣流到熔池的前面，就很容易产生夹渣。另外，碱性焊条在立焊或仰焊时，除了正确选用焊接电流外，还应采用短弧焊接，运条要均匀，以免产生焊瘤，因为焊瘤处往往会出现夹渣现象。

如果焊缝内的夹渣数量超过允许限度，就应采用碳弧气刨将焊缝内的夹渣彻底清除干净，然后补焊修复。

六、未焊透

未焊透是指焊缝不透彻，未焊透根据产生的部位，可分为根部未焊透、层间未焊透和边缘未焊透等，各种接头的未焊透如图8－5所示。

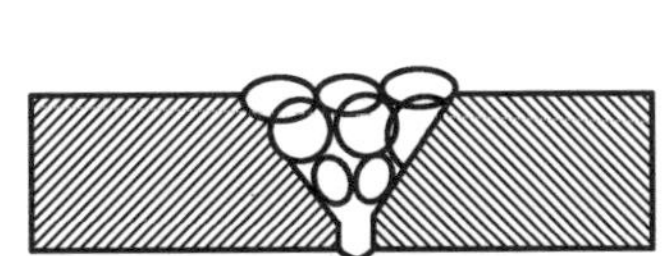
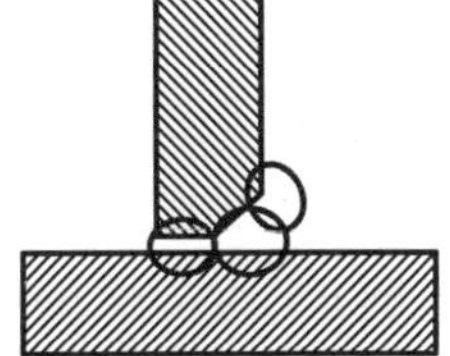

图8－5　各种接头的未焊透

未焊透会使焊缝的强度严重降低，容易引起裂缝，使结构破坏。它是不允许存在的缺陷，一旦产生，必须消除后重新焊。

产生未焊透的原因是：焊件边缘和坡口不清洁，电流过小或焊速太快，坡口角度太小，钝边太高和间隙太小，焊条直径过大未能将焊条伸进根部或焊条角度、运条方法不当，双面焊时背面挑焊根不彻底等。

防止产生未焊透的措施是：焊件边缘和坡口焊前彻底清理干净，正确选择焊接电流和焊接速度，正确选用坡口形式、角度和间隙，选择合适的焊条直径，同时要认真操作。焊缝产生未焊透，应采用风铲或碳弧气刨将它彻底清除干净，然后开合适的焊接坡口进行补焊修复。

七、气孔

气孔是指熔池中的气体来不及逸出而停留在焊缝中形成的孔眼，如图8－6所示。气孔也是焊缝中常见的一种缺陷。气孔根据产生的部位可分为表面气孔和内部气孔，根据分布情况又可分为单个气孔、密集气孔和链状气孔。由于产生的原因不同，气孔的形状也不同，有球形、椭圆形等；大小也不同，小至用显微镜方能看清楚，大至长几毫米。

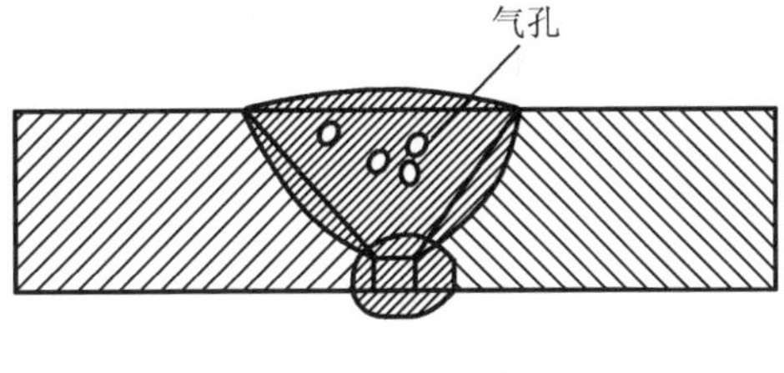

图8－6　气孔

气孔的存在对焊缝强度影响很大，它使焊缝有效工作截面减小，降低了焊缝的力学性能，对弯曲和冲击韧性影响较大，同时也破坏焊缝的致密性。

严重的气孔还会导致焊接结构破坏。因此，必须认真分析气孔产生的原因，并防止气孔的产生。

1. 产生气孔的主要原因

(1)使用药皮受潮、变质、脱落或焊芯锈蚀的焊条焊接。

(2)埋弧焊时,焊丝严重油锈或焊剂受潮未按规定要求烘焙。

(3)焊件坡口和坡口两侧焊前未将油、锈、油漆、水、气割残渣等污物清理干净。

(4)焊接时采用过大的电流造成焊条发红而保护失效。

(5)由于焊条药皮偏芯或磁偏吹造成电弧的强烈不稳定。

(6)埋弧焊时,电弧电压过高或网路电压波动太大。

(7)手工立焊、仰焊时,运条手势不熟练,引弧与操作不当。

2. 防止产生气孔的主要措施

(1)焊条或焊剂必须按规定的烘焙温度进行焊前烘焙干燥,然后才能使用。

(2)已经变质的焊条(如药皮脱落和焊芯锈蚀等)不能使用。已经生锈的焊丝必须除锈或重新冷拔除锈,然后才能使用。

(3)焊前应将焊件坡口以及坡口两侧的水、油、锈、油漆、气割残渣等污物彻底清除干净。

(4)正确选择焊接电流,认真操作。使用碱性焊条时要用划擦引弧和短弧操作。若发生磁偏吹,要立即转动焊条角度纠正。对偏芯过大的焊条应禁止使用。

(5)在保证不焊穿的前提下,适当加大焊接电流,降低焊接速度,以延长熔池停留时间,有利于气体逸出焊缝。

八、裂纹

裂纹是指存在于焊缝或基本金属(母材)上的缝隙,它是焊缝中最危险的缺陷,大部分焊接结构的破坏都是由裂纹造成的,因此裂纹在焊缝任何部位都不允许存在。

裂纹按其产生的部位可分为纵向裂纹、横向裂纹、熔合线裂纹、根部裂纹、弧坑裂纹,以及热影响区裂纹,如图 8-7 所示;裂纹按其产生温度又可分为热裂纹和冷裂纹两大类。

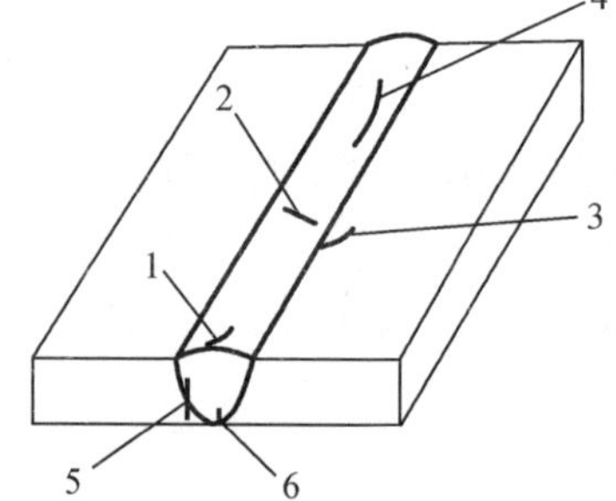

1—弧坑裂纹;2—横向裂纹;
3—热影响区裂纹;4—纵向裂纹;
5—熔合线裂纹;6—根部裂纹。

图 8-7　裂纹

裂纹产生的原因不仅与焊接时的冶金因素有关,也与焊件的化学成分以及可焊性有关。如焊件含碳量或碳当量较高,以及使用含硫、磷量很高的焊接材料时,若不采取一定的工艺措施,就很可能产生焊接裂纹。

裂纹的产生也常与结构在焊后产生的应力和变形有关,如:

(1)焊接结构设计得不合理,使焊缝过于集中;

(2)焊接结构的刚性过强,焊接时的收缩应力超过了焊缝金属的强度极限;

(3)焊接程序不适当而造成大的焊接应力。

裂纹的产生还与焊接的预热规范有关,这对焊接一些可焊性较差的合金钢结构尤为重要。

防止产生裂纹的主要措施:

(1)根据焊件的化学成分正确选用焊接材料;

(2)根据焊件的可焊性和气温正确选用焊接预热规范,焊后保温缓冷和进行焊后热处理;

(3)正确选择焊接顺序;

(4)设计焊接结构时,选择合理的结构形式,尽量避免焊缝过于集中。

经过检验,如果发现裂缝,应彻底清除,方法是用风铲或碳弧气刨将裂缝彻底消除,然后加以补焊。

项目2　焊接检验

一、焊接检验目的及意义

焊接检验是以近现代物理学、化学、力学、电子学和材料科学为基础的焊接学科之一,是全面质量管理科学与无损评定技术紧密结合的一个崭新领域。

由于焊接结构本身及应力分布的复杂性,在制造过程中也会有新的缺陷产生,焊接结构时常发生泄漏、断裂、爆炸等破坏性事件,这些事故将造成重大的损失和灾难性的后果,所以焊接质量的控制至关重要。为了保障焊接结构在制造和使用过程中安全、经济、可靠,相关部门制定了相应法规标准,确保焊接质量。焊接检验不仅对焊接结构的质量起保证作用,也可把生产检验所反映的问题再反馈给生产部门,从而作为验证和改进工艺的依据,促进产品质量进一步提高。归纳起来,焊接检验的主要作用有:

(1)确保焊接结构的制造质量,确保其安全运行;

(2)促进焊接质量提高,提高产品生产质量;

(3)提高生产率,降低生产成本;

(4)由于焊接检验的可靠保证,可促进焊接检验的广泛应用。

焊接检验最根本的目的就是监督焊接产品的质量,使其在规定的使用条件下和预期的使用寿命内,焊接接头都不会发生破损,避免危险事故的发生。

二、焊接检验的分类

焊接检验是对焊接接头和焊接件质量按照有关规程和标准所进行的检验。

焊接检验按检验程序,分为焊前检验、焊接过程的检验和焊后质量检验三个阶段;按检验的数量,分为抽查检验和全部检验两大类。

焊接检验按检验的方法分为非破坏性检验和破坏性检验两大类。破坏性检验主要包括焊缝的化学成分分析、金相组织分析和力学性能试验,主要用于科研和新产品试生产。其方法是从焊接件上切取试样,或以产品的整体做试验。非破坏性检验的方法很多,由于不对产品产生损害,因而在焊接质量检验中占有很重要的地位。非破坏性检验分为外观检验、致密性检验、强度试验、无损检测等。

无损检测在广义上是指在不破坏试件的前提下,以物理或化学方法为手段,借助现有的技术和设备器材,对试件内部及表面的结构、性质、状态进行检查和测试的方法,即非破坏性检验;狭义上是指不破坏被检材料或成品的性能与完整性而检测缺陷的方法,在本书中所提到的无损检验全部采用狭义上的解释。

无损检测除了常规的渗透探伤、磁粉探伤、超声波探伤、射线探伤、涡流探伤以外,还有声发射检测、激光全息照相、中子射线照相、红外线探伤等方法,但这些方法使用范围比较小。

1. 外观检验

外观检验是用肉眼或借助焊缝检验尺、低倍放大镜等工具观察焊缝,以发现表面缺陷以及测量焊缝外形尺寸的方法。在测量焊缝外形尺寸时,一般采用焊接测量器。焊接测量器是一种精确测量焊缝的量具,使用范围较广,如图 8 - 8 所示。

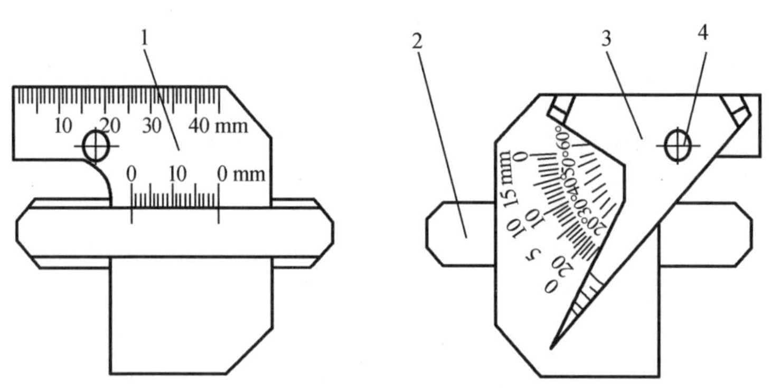

1—主尺;2—活动尺;3—测角尺;4—铆钉。

图 8 - 8　焊接测量器

焊缝表面缺陷主要有未熔合、咬边、焊瘤、表面裂纹、表面气孔等。在多层焊时,应重视根部焊道的外观质量,因为根部焊道最先施焊,散热快,最易产生根部裂纹、未焊透、气孔、夹渣等缺陷,而且还承受着随后各层焊接时所引起的横向拉应力。对低合金高强度钢焊接接头宜进行两次检查,一次在焊后立即检查,另一次隔 15 ~ 30 d 后再检查,看是否产生延迟裂纹;对含有 Cr、Ni 和 V 元素的高强度钢或耐热钢若需做消除应力热处理,处理后也要观察是否产生再热裂纹。

焊接接头外部出现缺陷,通常是产生内部缺陷的标志,须待内部检测后才能最后评定。

外观检验通常要检查整个焊接过程,如待焊面的清洁程度,焊件装配精度(直线度、角变形、装配位置、坡口形状、坡口角度、钝边及间隙等),定位焊、多层焊时的层间清洁度和脱渣程度,有无可见的缺陷(表面裂纹、表面气孔、夹渣、焊瘤等),焊缝背面成形,焊后的焊缝表面清理(焊渣清理、飞溅清理),焊缝表面成形质量(表面尺寸、凹凸、余高、焊缝宽度、焊脚尺寸、焊透程度等)。

(1)错边量及焊缝余高的测量

错边量及焊缝余高的测量以焊件表面为测量基准,用焊接测量器主尺和活动尺进行测量。测量时,主尺窄端面紧贴测量基准面,使活动尺尖轻触被测量面,然后在主尺上读出测量值,如图 8 - 9 所示。

(2)坡口角度的测量

坡口角度的测量可选择接口表面或焊件表面作为测量基准,用焊接测量器主尺和测角尺进行测量。测量时,将主尺大端面紧贴测量基准面,使测角尺的长端面轻触被测量面,然后在主尺上读出测量值,如图 8－10 所示。

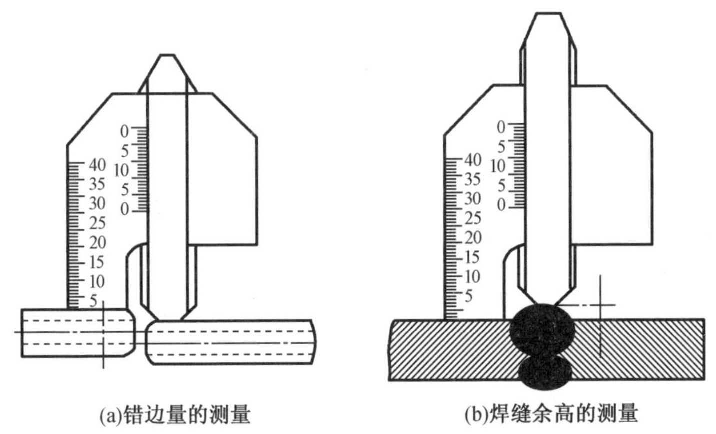

图 8－9　错边量及焊缝余高的测量

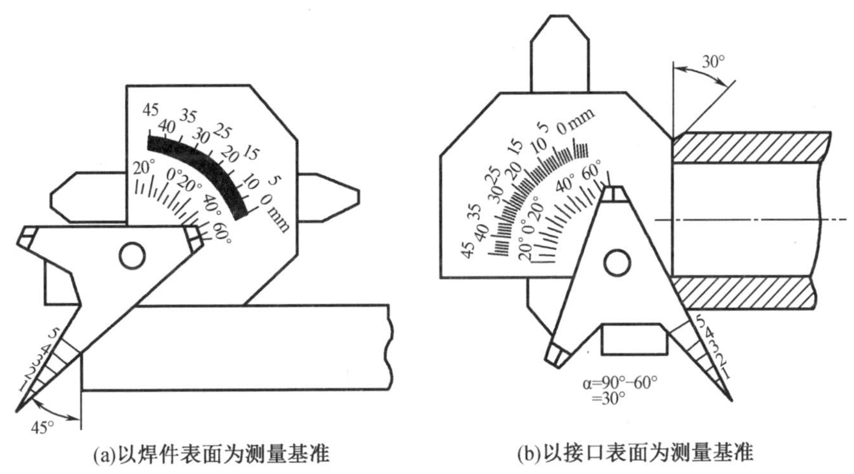

图 8－10　坡口角度的测量

以焊件表面为测量基准时,在主尺上读出的测量值即为坡口角度值,如图 8－10(a)所示;以接口表面为测量基准时,坡口角度值等于 90°减去主尺读数值,如图 8－10(b)所示。

(3)角焊缝厚度及焊脚尺寸的测量

当以焊缝侧的焊件表面为测量基准面时,用焊接测量器主尺和活动尺测量。测量角焊缝厚度时,将主尺 45°端面紧贴基准面,使活动尺尖轻触焊缝表面,在主尺上即可读出角焊缝厚度的测量值,如图 8－11(a)所示。测量焊脚尺寸时,将主尺端面紧贴焊件表面并使主尺窄端面对准焊趾处,活动尖轻触焊件另侧表面,在主尺上读出焊脚尺寸的测量值,如图 8－11(b)所示。

2. 密性试验

密性试验是一种检验船体焊缝致密性的试验方法。根据船体结构的不同，被试验部位可采用灌水、充气、冲水或煤油试验等方法。

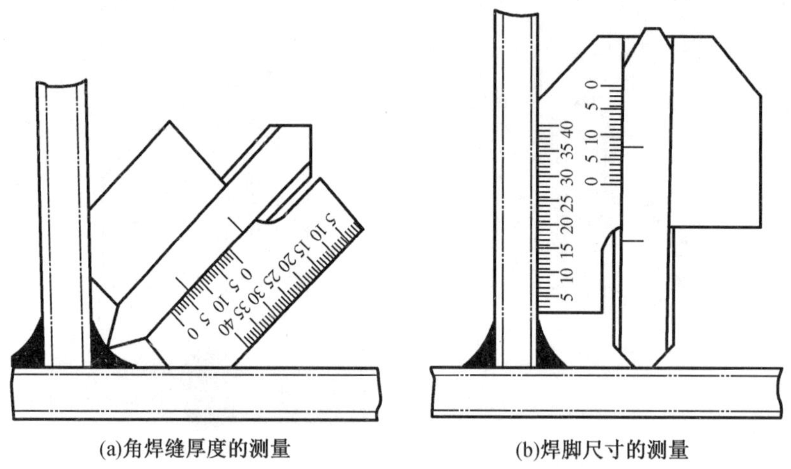
(a)角焊缝厚度的测量　(b)焊脚尺寸的测量

图 8－11　角焊缝厚度及焊脚尺寸的测量

我国船舶建造检验规程规定的海船和内河船船体密性试验要求见表 8－1 和表 8－2。

表 8－1　海船船体密性试验要求

编号	试验部位		试验要求
1	艏、艉尖舱	作水舱时	水柱高度至空气管顶
		作燃油舱时	水柱高度至舱顶以上 2.5 m
2	双层底舱		水柱高度至空气管顶
3	单层底船的底部		水柱高度至中内龙骨面板
4	深水舱		水柱高度至空气管顶
5	深油舱或货油舱		水柱高度至舱顶以上 2.5 m
6	隔离空舱		水柱高度至舱顶以上 0.6 m
7	泵舱		至水柱高度满载水线
8	舷侧外板、各层甲板、舱壁及露天甲板室顶和第一层甲板室的外围壁、风雨密门和窗、舱口围舱口盖		冲水试验
9	海底阀箱	无吹洗设备	水柱高度至舱壁甲板以上 1 m
		有吹洗设备	0.2 N/m^2
10	舵、导流管		充气试验
11	厨房、配膳室、浴室、厕所蓄电池室等		围壁下沿做煤油试验或灌水试验，水柱高度至门槛
12	第一层甲板以上的甲板室的外围壁及其门窗		淋水试验

表8-2　内河船船体密性试验要求

编号	试验部位		试验要求
1	艏、艉尖舱	作水舱时	水柱高度至空气管顶，且至少高出舷甲板0.5 m
		作燃油舱时	水柱高度至满载水线，以上做冲水试验
2	双层底舱		水柱高度至空气管顶
3	单层底船的底部		水柱高度至平板龙骨以上0.6 m
4	深水舱		水柱高度至空气管顶，且至少高出舱顶0.5 m
5	深油舱或货油舱		水柱高度至舱顶以上2 m
6	隔离空舱		水柱高度至舱顶以上0.5 m
7	泵舱		淋水试验
8	舷侧外板、各层甲板、舱壁及露天甲板室顶和第一层甲板室的外围壁、风雨密门和窗、舱口围舱口盖		冲水试验
9	海底阀箱	无吹洗设备	水柱高度至舱壁甲板以上1 m
		有吹洗设备	0.2 N/m^2
10	舵、导流管		充气试验
11	厨房、浴室、厕所、蓄电池室等		围壁下沿做煤油或灌水试验，水柱高度至门槛

3. 无损探伤检验

本书仅对渗透探伤、磁粉探伤、超声波探伤和射线探伤进行详细介绍。

（1）渗透探伤

渗透探伤是利用带有荧光染料（荧光法）或红色染料（着色法）渗透剂的渗透作用，显示表面缺陷痕迹的一种探伤方法。这种方法不受材料磁性的限制，应用范围比磁粉探伤广泛。除多孔材料外，几乎一般材料的表面缺陷都可以采用此种方法探伤，且能够获得满意的结果，但操作工序比较繁杂。

探伤时，将渗透剂涂刷在焊缝表面。渗透剂渗入缺陷后，除去焊缝上多余的渗透剂，再涂显像剂。经过一段时间，显像剂呈现出颜色鲜明的缺陷形状图像。从图像中可以看出缺陷的位置、大小及严重程度，从而判断出焊接接头的表面质量。渗透探伤主要用于船舶轴系、螺旋桨及其他构件的表面探伤。

（2）磁粉探伤

磁粉探伤是利用磁场磁化铁磁性金属所产生的漏磁来发现焊接缺陷的一种无损探伤方法，一般分为湿粉法和干粉法两种。

磁粉探伤时，让磁力线透过待检部位，当焊缝表面或近表面无缺陷时，磁力线平行通过，焊件表面磁粉分布呈一定规律，无突变现象；当焊缝表面或近表面有裂纹、气孔或夹渣时,磁力线就会绕过磁阻很大的缺陷而发生弯曲,铁粉由于漏磁的作用在缺陷上堆积并显示缺陷的形状。若缺陷与磁力线平行,则缺陷显示不出来。

磁粉探伤由于采用的方法不同,发现缺陷的能力也不一样。一般来说干粉法比湿粉法灵敏,直流磁化比交流磁化灵敏。磁粉探伤主要用于磁性材料表面和近表面的微细裂纹的检测。

(3)超声波探伤

超声波探伤是把频率超过 2 000 Hz 的超声波渗入金属内部,利用超声波由一种介质进入另一种介质时在界面上能发生反射波的特性来检验焊缝内部缺陷的一种探伤方法。

超声波探伤时,超场波通过表面的耦合剂将超声波传入工件,超声波在工件内传播,遇到缺陷和工件底面就反射回探头。无缺陷时,探伤仪的荧光屏上只有始波和底波;有缺陷时,荧光屏上会出现始波、缺陷波和底波。通过对脉冲波形和正常波形的鉴别比较,可判断出缺陷的位置和大小。

超声波探伤具有灵敏度高、设备轻便、操作方便、成本低、对人体无害及当场就可以作出质量评定等优点,因而在船舶焊缝的检验中得到广泛的应用。

但超声波探伤是以脉冲波形图间接显示缺陷的,对缺陷进行定位和定量判断存在一定困难,同时探伤精度在很大程度上取决于操作者的熟练程度和经验。

(4)射线探伤

射线探伤是利用射线可穿透金属,并且在金属中有衰减和使胶片感光的特性来发现缺陷的一种探伤方法。

常用的射线探伤方法有两种:X 射线法和 γ 射线法。船体结构的焊缝主要采用 X 射线法。如果曝光规范、照射方向和暗室处理等工作都正确,从射线照出的底片上,我们就可以正确地判断焊接接头的各种缺陷,如裂纹、气孔、未焊透、夹渣等。

焊接部位由于有余高,射线衰减量大,在底片上均呈较白颜色;有焊接缺陷的部位,由于缺陷处衰减量小,底片感光短,底片上呈现不同的黑色影像。了解各种焊接缺陷在底片上呈现的不同影像,学会识别各种缺陷的影像特征,将有助于我们正确确定缺陷位置,更好地做好缺陷的修补工作。

X 射线底片上典型焊接缺陷的识别方法如下。

①裂纹

焊缝中裂纹的显露与射线方向有关系。当照射方向与裂纹的裂向重合时,在底片上显露最清楚,否则裂纹很难显露。裂纹在 X 射线底片上的特征为一条黑线,裂纹在 X 射线底片上的影像为黑线或黑色图形,轮廓清晰可辨。裂纹有时在焊件金属内,有时出现在热影响区。

②未焊透

未焊透在底片上一般呈直线或断续的黑色线长影像,宽度同坡口一致,颜色深浅不均。未焊透可分为根部未焊透、层间未焊透和边缘未焊透。其中后两种未焊透有时也呈条状和块状,且呈较暗的黑色影像。

③未熔合

未熔合一般出现在坡口边缘上，只有射线与坡口边缘平行时，影像才较黑；若重合，影像模糊不清。

④夹渣

夹渣在底片上呈不同形状的点状和条状影像，有时也单个存在，其形态为球状和块状。其外观不规则，都带有棱角且黑度较均匀，有时也呈链状。

⑤气孔

气孔在底片上一般是单个存在，有时也密集和链状存在。气孔在底片上呈圆形或椭圆形黑点，中心较黑，并均匀地向边缘变浅。

射线探伤由于直观性比超声探伤强，又便于保存底片备查，因此是焊缝内部质量检验的主要检验方法，广泛应用于外板板缝及纵向主要构件的对接焊缝检验。超声探伤对面积性的缺陷如裂纹、未焊透等的显示比射线探伤敏感，主要用于自动焊缝和角焊缝的探伤，例如舷顶列板与强力甲板边板的角焊缝。

4. 检验前的准备工作

检验员在船体分段开工建造时应将船体焊缝无损探伤布置图交验船师。该图内为反映船体左右舷的外板板缝的外板展开图与强力甲板板缝平面图，图中应包含大接缝纵向主要构件的位置，如肋位号、纵骨号、纵桁编号、板列编号等均应标注完整，以利于检测人员寻找。

船体焊缝无损探伤的数量查阅所验船舶的焊接工艺文件，探伤位置先由检验员标注在船体焊缝无损探伤布置图上，然后交验船师审阅。

焊缝内部质量检验必须在焊缝焊接规格尺寸与表面质量检验合格后进行。

5. 检验内容与评级标准

船体焊缝无损探伤的数量和位置根据不同船舶的入级要求，按相应的船级社建造规范由船厂技术部门编制在有关船体焊接工艺的文件中。

有关规范与专业标准目录提供如下

(1)钢质海船

《钢质海船入级与建造规范》(中国船级社)、CB/T 3177—1994《船舶钢焊缝射线照相和超声波检查规则》、CB/T 3558—2011《船舶钢焊缝射线检测工艺和质量分级》、CB/T 3559—2011《船舶钢焊缝超声波检测工艺和质量分级》和 CB 3127—1982《船舶焊缝射线照相技术条件》等。

如 CB/T 3558—2011《船舶钢焊缝射线检测工艺和质量分级》中规定：底片评定范围内的缺陷按性质分为裂纹、未熔合、未焊透、条形缺陷和圆形缺陷。根据底片评定范围及缺陷存在的性质、数量和密集程度，焊缝质量等级划分为Ⅰ，Ⅱ，Ⅲ，Ⅳ，Ⅴ级。

(2)钢质内河船

《内河钢船建造规范》(中国船级社)。

6. 检验注意事项

(1)对无损探伤评片的等级，由具有 2 级或 2 级以上资格证书的人员进行复评审核，然后出具报告。

(2)被评定为不合格的焊缝,应及时进行返修。返修工艺可按照《船体建造精度标准和偏差许可》要求进行。

(3)如返修后经探伤复查仍不合格,对该段焊缝中认为缺陷有可能延伸的一端或两端应延伸增加检查段,直至达到邻近合格的焊缝为止。

(4)当所有被检焊缝的一次合格率低于80%时,应对重要部位焊缝追加检查,其数量为总检查段数的10% ~20%,并应对全部焊接工艺注意。具体要求也可按相应标准执行。

项目3 焊接工艺评定

一、概述

焊接工艺评定是船舶与海洋工程建造企业技术储备的标志之一,是验证所确定的焊接工艺正确性的必要方法,同时也是评定船舶与海洋工程建造企业完成符合设计要求的焊接结构能力的依据。

焊接工艺评定(welding procedure qualification test,WPQT)是根据产品结构特点、技术条件、设计要求和施工条件进行焊接工艺试验,通过对焊接接头的常规检测和理化检验,验证焊接工艺规程的正确性及合理性的一种程序。其主要目的是考察焊接材料能否满足生产需要,并通过试验来确定焊接材料的最佳焊接工艺参数,以保证焊缝的机械性能和焊缝内在质量,试验是根据船级社规范和业主规格书中的要求在船级社的监督下完成的,通常简称为"焊评"。

二、初步焊接工艺评定方案

初步焊接工艺评定方案(preliminary welding procedure specification,PWPS)由焊接工程师参照相关资料及经验来进行编制,并将此方案提交给船级社或业主,初步焊接工艺评定方案通常要结合公司的实际情况,包含如下重要信息:

(1)母材的生产厂家、材料牌号、等级、炉批号、厚度等;

(2)焊接方法,焊接设备的型号;

(3)焊接材料(如焊条、焊丝、焊剂和保护气体、衬垫)的生产厂家、牌号、等级、规格;

(4)试板的尺寸、接头形式、轧制方向、坡口形式及相关信息;

(5)焊接工艺参数(焊接电流、电弧电压、焊接速度、热输入等)、焊接位置和方向、焊接顺序和焊道尺寸;

(6)预热温度、层间温度和焊后热处理等;

(7)无损探伤要求;

(8)机械性能试验要求(如试验的种类、数量、取样的位置、试验温度等);

(9)其他,诸如验船师或业主要求增加或改变的条款。

三、试板加工

初步焊接工艺评定方案被船级社或业主所接受后，以报验单的形式通知验船师或业主进行下料、转移钢印。在这之前，焊接工程师要根据初步焊接工艺评定方案中的要求，在钢板上画出试板的尺寸和钢板轧制方向，并将钢板的等级和炉批号转移到试板上，以便船级社或业主对试板进行检验和钢印转移。

试板下料并转移钢印后，按初步焊接工艺评定方案中的要求完成坡口加工和接头的装配，在装配之前将试板的坡口及周边至少 30 mm 范围内打磨出金属光泽。

四、试件焊接

在焊接之前验船师或业主对已装配好的试板和焊接材料进行检查，主要包括船级社的钢印、试板的等级、炉批号、试板的长度、试板的宽度、钢板的厚度、坡口的间隙、坡口角度、坡口深度、错边量、焊接材料的牌号、焊接材料的批号等。

试板的焊接由焊工根据初步焊接工艺评定方案中的工艺参数在验船师或业主的监督下完成。焊接工程师对焊接过程进行控制，并将焊接要求传达给焊工，焊接过程中由专人负责对焊接工艺参数进行测量和记录。

测量需准备电流表、电压表、测温笔、秒表和焊缝检验卡尺、卷尺等，这些仪器仪表要经过专门的计量检测中心检测，并在有效期限内使用。

记录内容包括试板编号、焊接位置、是否预热、焊工姓名、电源极性、焊材直径、焊接电流、电弧电压、焊接速度、层间温度和焊道布置等。

五、无损检验

(1)验船师或业主焊后对试件正反面进行外观检查；

(2)外观检验合格的试件依照初步焊接工艺评定方案要求完成其他探伤检验；

(3)外观检验或无损探伤检验不合格的试件要按照相关的要求重新制备，并按要求完成试板的焊接工作；

(4)外观检验和无损探伤检验合格的试板，按照初步焊接工艺评定方案的要求在试件上画出相关力学性能试验试样的位置，并将船级社钢印转移到试样上。

六、试样机械加工

(1)试件按船级社规范或业主说明书的相关要求完成试样的机械加工工作；

(2)对小试样在机械加工期间可能存在去除钢印的情况，应通知验船师或业主完成试样钢印的转移工作。

七、机械性能试验

(1)加工好的试样转到机械性能室，以报验单的形式通知验船师或业主做机械性能试验，机械性能试验按船级社规范或业主说明书的相关要求进行；

(2)依据船级社规范或业主说明书的要求衡量机械性能试验结果是否合格,不合格,视情况决定是完成补充试验还是重新进行;

(3)试验结果合格的,编制试验报告。

八、试验报告

试验报告由焊接工程师或验船师进行编制,报告包括船级社的报告、试验记录、无损探伤报告、机械性能试验报告、焊接材料的认可证书、工厂资质证书,以及试板的材质证书等,只有试验报告经验船师或业主认可,焊接工艺评定试验才算最终完成。

参考文献

[1] 陈之祥. 船舶焊接工艺[M]. 哈尔滨:哈尔滨工程大学出版社,2015.

[2] 王鸿斌. 船舶焊接工艺[M]. 北京:人民交通出版社,2007.

[3] 吴润辉. 船舶焊接工艺[M]. 哈尔滨:哈尔滨工程大学出版社,2008.

[4] 曾平. 船舶气体保护焊工艺设计[M]. 哈尔滨:哈尔滨工程大学出版社,2011.

[5] 姜锡瑞. 造船焊接与切割技术[M]. 哈尔滨:哈尔滨工程大学出版社,2004.

[6] 许志安. 船舶焊接工艺与操作[M]. 哈尔滨:哈尔滨工程大学出版社,2012.

[7] 孙庭秀. 海洋平台建造工艺[M]. 哈尔滨:哈尔滨工程大学出版社,2015.

[8] 张庆红. 船舶焊接实训教程[M]. 北京:北京理工大学出版社,2011.

[9] 李风波. 船舶与海洋工程焊接[M]. 哈尔滨:哈尔滨工程大学出版社,2015.

[10] 王鸿斌. 船体修造工艺[M]. 北京:人民交通出版社,2006.